W0187811

Wann und wo und wie in Deutschland Wein zu Alkohol destilliert wurde, das sollte einmal Inhalt eines kulturhistorischen Streifzuges werden—diese Anregung gab unser Partner Albert J. B. Sturm.

Aus dieser Idee entstand von sachkundiger Hand dieses Buch — eine interessante, wissenschaftlich fundierte und zugleich vergnügliche Reise durch vergangene Jahrhunderte. Und es ist zur rechten Zeit fertiggeworden: zum 65. Geburtstag des Unternehmers und Weinbrenners

ALBERT J. B. STURM

Wir laden die Freunde des Hauses Asbach ein, an dieser schönen Reise durch vergangene Zeiten teilzunehmen.

Rüdesheim am Rhein, am 3. September 1975

Hans Helmut Asbach

Reinhard Asbach

Helmut Arntz

Weinbrenner

Die Geschichte
vom Geist des Weines

Seewald Verlag
Stuttgart

Alle Rechte vorbehalten. © Seewald Verlag Dr. Heinrich Seewald
Stuttgart-Degerloch 1975. Der Untertitel »Die Geschichte vom
Geist des Weines« wurde für dieses Buch dem Seewald Verlag von
der Weinbrennerei Asbach & Co. in Rüdesheim am Rhein zur Ver-
fügung gestellt. Schutzumschlag von Hela Seewald. Reproduktionen
von der Kunstanstalt Willy Berger, Stuttgart. Satz von H. Laupp jr,
Tübingen. Druck und Einband von Wilhelm Röck, Weinsberg.
ISBN 3 512 00397 4. Printed in Germany

Inhalt

Vorwort

> »Der Wein / als das alleredelste Gewächse aller wachsenden Dinge / wird vom *Theophrasto Paracelso* genandt das Blut der Erden / ein *Spiritus* der da gar subtil und wenig / aber mit vieler *Phlegma* verfasset ist. Dan im Wein seind zwo Substantzen / sagt er / Als eine ist *Substantia vinosa,* das ist die jenige / darinnen der *Spiritus vini* ligt / Ja diese ist das rechte *Corpus* darinnen die wahre *Essentia vini* jhren sitz hat. Die andere ist *supstantia phlegmatica...*«
> Conradus Khunrath I, 1680, S. 7.

Als um 1770 die Wirthe und Herbergierer zusammen mit den commercirenden Gewerben die Brandteweinbrenner in Lübeck hart bedrängen, suchen sie alle Argumente zusammen, um zu beweisen, daß die Kornbrenner – denn das sind die Brandteweinbrenner jener Zeit – Verkauf und Ausschank von Brannt aus Wein ihnen nicht streitig machen dürfen. Nur ein Argument fehlt: daß der Brannt aus Wein schon da war, ehe es den aus Getreide gab; daß er der älteste überhaupt ist und zu Anfang alle, die vom »Wasser des Lebens« schrieben, nur gebrannten Wein meinten.

Ebenso ausgelöscht ist die Erinnerung in Berlin, wo die Weinberge nach dem Großen Krieg nicht mehr in Betrieb genommen werden, in München, wo Rosogliobrenner (die meist gar nicht brennen) die Branntbrenner an die Wand drücken, in Köln und Bremen, wo die Steuergesetze nur noch auf Kornbrannt ausgerichtet sind – bis hin zu den großen Lehrbüchern des 19. Jahrhunderts, in denen der Möglichkeit, man könne auch Wein brennen, nur noch in einem Halbsatz gedacht wird.

Das Duell zwischen Wein und Korn ist nicht unter dem Gesichtspunkt der Qualität gefochten worden, sondern unter dem der Viehmast. Das Brennen sei notwendigerweise ein Verlustgeschäft, lehrt uns der große Neuenhahn, Senior der Nordhäuser Kornbrenner; die Schlempe allein mache es gewinnbringend. Diesen Wettbewerb, in dem seit fast zweihundert Jahren das Korn wiederum von der Kartoffel abgelöst wurde, konnte der Wein freilich nicht bestehen...

Schlempe und Viehmast sind notwendig und nützlich, aber zugleich Begriffe der Entzauberung. Wo sie gelten, ist kein Platz mehr für das Wunder des brennbaren Wassers, des *aqua ardens,* das vom Feuer ohne Rückstand verzehrt wird und damit die klassische Lehre von den vier gleichwertigen Elementen Luft, Feuer, Wasser, Erde aufhebt. Dafür aber weist es den Weg zur Quintessenz, dem Schlüssel zum All, dem Stein der Weisen, jener fünften Wesenheit, der das Forschen der Alchemisten gilt. Dieser Ansatz, fortschreitend die Trennung der Elemente aufzuheben, unterscheidet die Geschichte des gebrannten Weines grundlegend von der des gefeuerten oder süß gehaltenen, des schäumenden oder des verstärkten.

Neben der magischen Komponente steht von Anbeginn eine sehr reale; denn das brennbare Wasser bewahrt das Vergängliche vor Verwesung; noch heute präparieren wir mit Alkohol. Die Alchemie ist auch geistige Grundlage und Zulieferer der Medizin und Pharmazie, und der rasche Wandel vom *aqua ardens* zum *aqua vitae,* dem Wasser des Lebens, vollzieht sich weitgehend unter dem Aspekt der Heilwirkung – »Heilswirkung« wäre sogar sprachgerechter für ein Arcanum, das jedes Leiden kuriert, jeden Schmerz behebt, jede Wunde schließt und den Sterbenden in das Leben zurückholen kann (»es sei denn, er stürbe wirklich«).

Das Wunder des *aqua ardens* und des *aqua vitae* zieht auch die Autoren, die über gebrannten Wein schreiben, so sehr in seinen Bann, daß der Berufsstand, der das Elixier erzeugt, fast unbemerkt bliebe, hielten nicht Ratsverlasse, Abgabenordnungen und vor allem Verbote ihn als einträgliches Glied der Gemeinwesen fest. Durch Jahrhunderte aber liegt eine spürbare Trennung zwischen dem *aqua vitae* der Mediziner, die im Produkt der Destillation weiterhin ein Grundelement Wasser mit wunderbaren Eigenschaften sehen, und dem Genußmittel, das die Weinbrenner produzieren, indem sie den Geist des Weines herausdestillieren, und das aus einer Zeit, als nur Wein gebrannt wurde, noch heute den Namen »Branntwein« trägt – wofür wir, da er sinnlos geworden ist, schlicht Brannt sagen.

Nie ist es den Menschen leichter gefallen, mit einer Medizin auf Du zu trinken. Schon im 14. Jahrhundert lassen die Ratsverlasse, im 15. ein so scharfsinniger Beobachter wie Hanns Volcz der Barbierer uns erkennen, wie der Weinhefebrannt, neben dem bisweilen schüchtern der aus Bierhefe erscheint, den grauen Alltag so sehr verschönt, daß die öffentliche Ordnung in Gefahr gerät. Nun sind nicht mehr allein Medizin, Pharmazie und die frühe Naturforschung (die Alchemie als Vorstufe der Chemie wie als Quacksalberei) mit dem gebrannten Wein befaßt, sondern die Dokumente über ihn sind Quellen zur Geschichte der Städte, der Ausbildung von Gewerbe und Wirtschaft, der Entwicklung der Gemeinwesen, ihrer Obrigkeiten und Zünfte, der Polizei- und Steuerordnungen und vieler Gebiete mehr. Fast unnötig zu sagen, daß aus Jahrhunderten, in denen Eigennamen zuerst unsere einzige Quelle für die Ausübung der Weindestillation sind, in denen eine technische Terminologie sich erst formt, auf die der wirtschaftliche Austausch ebenso Einfluß nimmt wie die in Kriegszeiten durchziehenden fremden Heere, die Sprachwissenschaften eine besonders reiche Ernte einbringen.

Die Geschichte der alkoholischen Destillation beginnt nicht in Deutschland, wenigstens nicht in dessen deutschsprachigen Gebieten, und auch ihr Fortgang ist verknüpft mit der Entwicklung in Italien und Frankreich, in Britannien oder Polen. China mit seinem *frozen out wine* mag nur als interessante Parallele angesehen werden; sicher hingegen scheint, daß Spanien, wo Gerhard von Cremona die Schriften der Araber in das Latein überträgt, eingehender Nachforschungen wert wäre.

Beim Versuch, all diesen Bezügen nachzugehen, wuchs das Material so sehr, daß es unmöglich wurde, alles in einem Band einzufangen. Statt nur Andeutungen zu geben, wurden daher bestimmte Teile ganz ausgeführt, während andere ganz draußen blieben, so die ausgebrannten Wässer, obgleich sie doch die Vorstufe der gebrannten Weine sind, Albertus Magnus und die vielen andern Großen, denen Schriften späterer Zeit untergeschoben wurden, alle die genannten fremden Länder außer Frankreich. Vor der Tür blieben die Entwicklung in Frankfurt am Main und Lübeck (mit dem denkwürdigen Branntweinbrennerprozeß vor dem Reichskammergericht), Bremen und Wien und die Geschichte des Brennens auf dem flachen Land; die Historische Bibliographie und das Enzyklopädische Wissen, die Wortgeschichte von brennen und Brandwein, Alkohol und Weingeist und, was dem Autor besonders schmerzlich ist, das Brennen aus anderer Materie als Wein.

Alle diese Gebiete mußten, schon um dem Inhalt des Buches ein Fundament zu geben, behandelt werden, und dabei ergab sich immer wieder das zunächst Unglaubhafte, daß die Geschichte der alkoholischen Destillation und der Anwendungen des gebrannten Weines in Deutschland noch nie Gegenstand einer zusammenfassenden Darstellung gewesen ist. Der Forscher freilich hat dadurch das ihm heute nur noch selten beschiedene Glück, aus originalen

Quellen schöpfen zu können. Dabei haben sich die Staats- und Stadtarchive wiederum als zuverlässige Hüter der Quellen zur deutschen Geschichte erwiesen.

Mit Rücksicht auf die noch in den Archiven lagernden oder soeben erschlossenen Materialien ist manche Formulierung vorsichtiger gehalten, als sie gelautet hätte, wären alle Unterlagen schon ausgewertet. An vielen Stellen sehen wir den Übergang des Brannts aus Wein zum Kornbrannt, ohne daß die Gründe deutlich würden; an andern läßt das Wort »Brandtewein« in seinen verschiedenen Schreibformen uns im unklaren darüber, welcher Ausgangsstoff gemeint ist; wieder anderswo läßt sich der Vorgang zeitlich noch nicht genau genug eingrenzen. Da die Darstellung nicht nur den Inhalt der Archivalien dem Leser vorführen will, sondern auch das bunte Leben, das die deutsche Sprache vor Gottsched beseelt, ist nicht vereinheitlicht, sondern – einschließlich der Groß- und Kleinschreibungen, Umlaute usw. – der Originaltext der Urkunden genau kopiert worden.

Auch in der geschilderten Begrenzung hätte ein Buch, das so viele Bezüge anspricht, zu dem gesetzten Termin nicht erscheinen können, hätte nicht das Haus Asbach & Co. in Rüdesheim am Rhein seinem Archivar Heinrich Gustav Thurm großzügig die Möglichkeit gegeben, auf Reisen innerhalb Deutschlands, aber auch in Italien, Frankreich, dem Vereinigten Königreich und den Niederlanden, Material zu suchen; eine Aufgabe, der Herr Thurm sich mit Hingabe und solchem Finderglück unterzogen hat, daß er sogar aus Archiven, die sich ganz sicher waren, nichts zum Thema beitragen zu können, wertvolle Belegstücke heimgebracht hat.

Dem Dank des Autors an Herrn Thurm für die wertvolle Hilfe fügen beide den Dank an eine große Zahl von Archiven, Bibliotheken und Forscher an; sie sind am Schluß des Buches genannt. Die eingehende Schilderung der Berliner Entwicklung, die uns die Tür zum Verständnis bruchstückhafter Überlieferung an andern Plätzen öffnet, ist der Festschrift »600 Jahre Berliner Branntweingewerbe« vielfach verpflichtet, die Heinrich Stenger alias Wandt verfaßt hat. Das Kapitel »Nürnberg« konnte reichen Nutzen aus einem nachgelassenen Manuskript »Aus der Geschichte des Weinbrands und Likörs in Deutschland und Nürnberg« von Archivdirektor Dr. Werner Schultheiß ziehen, und für »München« war das mit »Schlichthörle« angeführte Buch von 1845 »Die Gewerbebefugnisse in der k. Haupt- und Residenzstadt München« eine füllige Fundgrube. Für die Entzifferung schwieriger Texte von Archivalien dankt der Verfasser besonders Staatsarchivrat Dr. Dieter Weber vom Hauptstaatsarchiv Düsseldorf.

Schon jetzt hat die Ankündigung des Buches vielerorts Nachforschungen veranlaßt, deren Ergebnisse zuströmen und zeigen, welch reiche Ernte auf diesem Gebiet noch der Einbringung harrt. Dabei würden sich nicht nur, um ein Beispiel zu nennen, in der Geschichte des Whisky in Schottland und Irland deutlicher die Fakten von der Sage scheiden, sondern in vielen Ländern ließe sich mit größerer Präzision bestimmen, wann und aus welchen Ursachen sich der Übergang zu den heutigen Destillationsprodukten vollzogen hat, deren frühe Stufen – wie es zum Beispiel beim Wodka deutlich ist – alle einmal gebrannter Wein waren.

Dieses Buch endet irgendwo an der Schwelle zum 19. Jahrhundert; es sollte nicht die Geschichte noch bestehender Weinbrennereien schreiben. Den deutschen Weinbrennern in ihrer Gesamtheit ist es gewidmet; jenem Berufsstand, der zu Beginn des 14. Jahrhunderts, vor mehr als sechshundert Jahren, in ersten Quellen greifbar wird, damit nur ein Jahrhundert nach dem Zeitpunkt, zu dem wir aus vielfältiger Überlegung den Beginn der Herstellung des »brennbaren Wassers« in Deutschland ansetzen dürfen, und wieder nur ein Jahrhundert später als die ältesten Hinweise auf geglückte Weindestillation irgendwo in der traumhaften Weite des Staufischen Reiches.

Diese Weinbrenner haben zunächst die Anfechtungen der Alchemisten erdulden müssen, weil sie ein Wirtschaftsgut produzieren wollten und kein magisches Arcanum. Dann haben sie durch Jahrhunderte den harten Kampf mit den Metsiedern, den Bierbrauern, den Obstbrennern und vor allem den Kornbrannt- und Likörfabrikanten durchgestanden, wobei die einträgliche Viehmast ebenso wie der Rückgang des Weinbaus in Deutschland, der zum Ausfall der heimischen Weine zum Brennen führte, unablässig ihre Existenz bedrohten.

Nicht allein das. Während die Ratsverordnungen des Mittelalters nur Ausschreitungen des Brannttrinkens galten, brachte das 19. Jahrhundert den Fanatismus der Alkoholgegner, deren einer, Dr. Faust (nicht der Goethe'sche) 1801 im Reichsanzeiger schrieb: »Ja! der Branntwein, der das Menschengeschlecht in ein sinn-, vernunft-, ehr- und freudenloses Gesindel verwandelt, ist des Verderbens der Menschen schuldig«.

Wir setzen uns mit solchen Ausbrüchen nicht auseinander; aber wir stellen ihnen entgegen, was de Pré schon 1723 formuliert hat, daß »der Brandtewein die Krafft in seiner Enge bey sich führet, die der Wein in seiner Weite in sich begreifft«.

Damit sind wir beim Motto dieses Vorworts und bei Theophrast Paracelsus von Hohenheim, der im Wein einen Geist fand, der fein, aber wenig, und von viel phlegmatischer Substanz umgeben, darin beschlossen liegt. Diese geringe Menge des Edelsten im Wein so von der »phlegmatischen Substanz« zu trennen, daß der »Geist des Weines« alle Charakteristika edlen Weines behielt, ist durch die Jahrhunderte Lebensinhalt der deutschen Weinbrenner gewesen. Sie haben dieses Buch schon um der Treue willen verdient, die sie dem Wein gehalten haben, den Paracelsus das Blut der Erde nennt.

Bad Honnef am Rhein,
im Juli 1975

HELMUT ARNTZ

Archipoeta

Als der größte lateinische Dichter des deutschen Mittelalters, den wir nur mit seinem Dichternamen Archipoeta kennen, 1162[1] in Salerno ist, wird es ihm als erstem Deutschen vergönnt, die dort soeben geglückte Weindestillation mitzuerleben. Ehrfürchtig schaut der Erzpoet dem Meister Salernus zu; dann aber formt sich der Eindruck in ihm zu den mächtigen Versen:

> Laudibus aeternum nullus negat esse Salernum
> Illuc pro morbis totus circumdatur orbis,
> Nec debet sperni, fateor, doctrina Salerni;

deutsch wiedergegeben als:

> Niemand leugnet, daß man gern
> Ewig rühmen wird Salern;
> Um der Krankheit Medizin
> Strömt ja alle Welt dorthin.
> Keiner soll Salerner Lehren,
> mein' ich, seine Achtung wehren.

Ist diese gängige Übersetzung[2] richtig? Kann man einem Dichter von solcher Größe zutrauen, daß er holprig in drei Zeilen zweimal »Salernum« wiederholt und preist, und daß er von der »Lehre der Hochschule« spricht? *doctrina* setzt einen *vir doctus* voraus, und keiner ist zu jener Zeit, wie wir aus den Zeugnissen der Zeitgenossen in einem spätern Kapitel erfahren, gelehrter als der Magister Salernus, der mit seiner *doctrina*, der »Lehre von den Krankheiten und der Heilbehandlung«, ein zentrales medizinisches Werk geschaffen hat. Das *nec debet sperni, fateor, doctrina Salerni* »die Lehre des Salernus, bekenne ich, ist hoher Achtung wert« setzt dem Lehrer ein Denkmal, dem Erlebnis ein Zeugnis[3].

Was der Archipoeta zum Ausdruck bringen wollte, läßt sich einfach wiedergeben:

> Bereit ist jeder, auf ewig Salerno zu rühmen;
> Aus aller Welt kommt dort, wer der Heilung bedarf, zusammen.
> Hohen Anteil daran hat des Meisters Salernus Lehre.

Der starken Aussage des »*nullus*« und »*totus*« in den ersten zwei Zeilen ist die dritte mit *nec* angehängt: Wenn Salernos Name in aller Munde ist, und wenn dort die ganze Menschheit Heilung sucht, ist eine der wesentlichen Ursachen, wie der Dichter bezeugt, die Lehre des Magisters Salernus.

Erfüllt von der Gewißheit, Zeuge eines Wunders geworden zu sein, eilt der *vates vatum*, der »Dichter der Dichter«, wie er bescheiden sich selbst nennt, noch vor dem Tod des Meisters Salernus im Jahr 1167 nach Deutschland zurück. Wie stark in Italien Erlebtes in ihm nachwirkt, sehen wir nicht nur aus den unsterblichen Versen, die in das Studentenlied Eingang gefunden haben, vor allem der immer wieder übersetzten Vagantenbeichte *Mihi est propositum in taberna mori.* Stärker noch wirkt es in den gewaltigen Versen weiter, mit denen er, der Freund des Erzkanzlers Reinald von Dassel, Lob und Mahnung zugleich an seinen kaiserlichen Herrn richtet, der damals Friedrich I. von Hohenstaufen Barbarossa heißt.

Die Berichte, die der Archipoeta gibt, konnten nicht unbeachtet bleiben. Vorübergehend zwar strahlt der Stern Salernos dunkler, als die Eroberung durch den Stauferkaiser Heinrich VI. ihm 1194 schwere Wunden zufügt; aber Heinrichs Sohn, Kaiser Friedrich II., macht dies mehr als gut, als er Salerno zur offiziellen Lehr- und Prüfungsstätte für alle jungen Ärzte und Wundärzte bestimmt, die in seinen süditalischen Landen eine Praxis ausüben wollen.

Nun waren die Bindungen zwischen dem Stauferreich und Salerno wieder offiziell. Geruht hatten sie auch nach 1194 nicht, wie wir aus dem »Armen Heinrich« des Hartmann v. Aue wissen, dessen kranker Ritter von Munpasiliere, der berühmten Ärzteschule von Montpellier, wo er keine Hilfe erhalten kann, zur noch berühmteren weiterzieht und dort, in Salerno, »den besten Meister« findet.

In jenen Jahren folgt der Kunde, die der Archipoeta mitgebracht hatte, die Aneignung: Wenige Jahrzehnte nach seinem Besuch in Salerno, noch vor dem Erlöschen des staufischen Weltreichs, das mit den beiden Schwerpunkten Deutschland und Sizilien auch den neapolitanischen Raum mit Salerno fest eingebunden hatte, wird auch in Deutschland Wein gebrannt.

Eine Vision? Gewiß, soweit es um die Mitwirkung des Archipoeta geht; denn in seinen – wenigen – erhaltenen Dichtungen kommen *aqua ardens* oder *aqua vitae* nicht vor. Aber die Daten sind historisch, und beide erwähnten Zeugnisse, das Loblied des Archipoeta wie die Schilderung im »Armen Heinrich«, machen deutlich, wie leicht und schnell salernitanische Forschung und Anwendung im 12. und 13. Jahrhundert den Weg nach Deutschland finden konnten.

Es bedeutet keine Überraschung und kulturgeschichtlich kaum einen Gewinn, wenn in Urkunden Namen wie Müller und Bäcker, Schmied und Schuster auftauchen; denn gemahlen und gebacken wurde seit Urzeiten, und Schmiede und Schuhmacher gab es lange Jahrhunderte vor der Zeit der ersten Urkunden. Die Handwerker führen, wie wir an vielen Belegen sehen, im Namen nicht nur das Gewerbe, sondern vielfach auch ihr Produkt weiter; sie können Mehl und Brotlaib, Hufnagel und Stiefel heißen. Da wird es schon interessanter; denn nun erfahren wir, was hergestellt wird.

Im 13. Jahrhundert tritt etwas Neues auf, begrenzt auf ein enges niederdeutsches Gebiet: 1257 Hermannus Rosenwater und 1258 Conradus Rosenwater in Rostock, 1270 noch ein Rosenwater ohne Vorname in Stralsund, die niederdeutsche Form von Rosenwasser; 1333 als letzter Arnold Rosenwater zu Barth in Pommern[1]; dazu hochdeutsch 1264 Rosenwasser in Wetzlar[1]. In anderem Zusammenhang kommen wir darauf zurück, daß die Herren Rosenwater dem ostelbischen Patriziat angehören.

Mit diesen Wassern hat es eine besondere Bewandtnis; denn sie sind »gebrannt«, eine Kunst, deren intensive Kenntnis in Deutschland vielleicht den Kreuzzügen (seit ungefähr 1190) verdankt wird. Erfunden ist sie im Orient, bei Arabern und Persern, die freilich auch andere Möglichkeiten als Kreuzritter hatten, ihre Kenntnis zu verbreiten: durch die Sarazenen, durch das maurische Spanien oder über Byzanz. Es ist noch ein sehr anspruchsloses Destillierverfahren, wenn die mit Wasser angesetzten Rosenblüten erhitzt werden, die extrahierten ätherischen Öle und das Wasser dampfförmig aufsteigen und, anstatt nur den Raum mit Duft zu erfüllen, unter einem »Hut« aufgefangen werden. Dieser Helm, der Alembik, wird uns durch unser ganzes Buch begleiten, und ohne hier auf Technik einzugehen, werfen wir das Wort »Kühlung« ein. Rosenöl und Rosenwasser erhält man, wenn die Dämpfe sich wieder kondensieren, und das tun sie nur, wenn sie (am ehesten durch Ableitung in ein anderes Gefäß) die Zeit finden, sich abzukühlen. Wegen fehlender Kühlanlagen konnte lange Zeit zwar Rosenwasser, aber keine Flüssigkeit mit niedrigem Siedepunkt, wie es der Alkohol ist, destilliert werden.

Das Destillat aus Rosen gewinnt den Ruf eines vorzüglichen Heilmittels, und nach kurzer Zeit werden ähnliche »ausgebrannte Wässer« aus vielen andern Kräutern, Blumen, Wurzeln und Beeren hergestellt; einhundertvierzig sind es bei Hieronymus Brunschwygk um 1500. Die Brennkunst liegt vielfach zunächst in den Händen von Frauen. Als ein Apothekerstand aufkommt, übernimmt er das Destillieren und sichert sich vielfach sogar ein Privileg. Nicht nur die Apothekertaxen zeigen, wie hoch die Medizin geschätzt wird:
»rōswazzer sol man balde haben, dā mit sol man mīn houbet laben; daz ziucht ūz boese hitze«[2]. Wo das Rosenwasser allein nicht ausreicht, treten andere gebrannte Wässer hinzu:
»ūf in dō gōz si wīn, dā mite wuosch in diu fīn, unde wazzer manigerhant, das von rōsen was gebrant, ūz salvei und ūz rūten«[3].

Der Name Rosenwasser ist ein »mittelbarer« Berufsname, im Gegensatz zum »unmittelbaren«, der in Niederdeutschland zum Beispiel Rosenwaterberner »Rosenwasserbrenner« lauten würde. Er ist ein untrügliches Zeugnis für das Destillieren der Pflanzenwässer; aber dieses Zeugnis liefern uns die Namen nur für ganz kurze Zeit. Dafür taucht vom Jahr 1317 ab, und wieder nur niederdeutsch, aber räumlich weiter ausgreifend, der Name Bernewater auf, von Westfalen im Westen bis Danzig im Osten und sogar, wenn auch ein wenig verändert, bis nach Lund in Schweden (zu jener Zeit Dänemark).

Es wird uns später noch beschäftigen, daß zu unserm *brennen* die niederdeutsche Form (mit Umspringen des *r*, gelehrt als Metathese bezeichnet) *bernen* lautet; Herr Nicolaus Bernewater von 1319 wäre also, hätte er im hochdeutschen Gebiet gelebt, ein Nicolaus Brennwasser gewesen.

Hier müssen wir einen Augenblick innehalten, um uns darüber klar zu werden, daß die Kunst des Destillierens – wie dieses Wort selbst – zu den Deutschen mit lateinischen Benennungen kam und die Fachwörter übertragen werden mußten. Das einfache Übersetzen ist zwar der deutlichste Fall, aber vielleicht der seltenere. Häufiger ist die Nachbildung, zu der das Lateinische einen Denkanstoß gibt, auf den die Deutschen sich mühen, den lateinischen Inhalt mit den Mitteln ihrer Sprache nachzuvollziehen.

So ist es ein Jahrtausend vorher mit dem Wein geschehen, und nun wiederholt es sich mit dem »gebrannten Wein«. Aber so heißt er gar nicht; lateinische Fügungen wie *vinum crematum, vinum adustum* und ähnliche, die den Wein als »gebrannt« oder »verbrannt« bezeichnen, stehen nicht am Anfang. Die ältesten Quellen halten treffsicher fest, daß aus dem Wein etwas Neues entstanden ist: ein farbloses Wasser, was um so bemerkenswerter sein mußte, als die Vorschriften dunklen, roten Wein (bisweilen wird er geradezu *niger* »schwarz« genannt) zum Brennen empfehlen. Farbloses Wasser, dessen hervorstechendste Eigenschaft ist, daß es brennen kann. »Brennbares Wasser«, *aqua ardens,* muß sprachlich wiedergegeben werden. Das ist nicht allzu schwer, denn es gibt Brennholz und anderes Brennmaterial, wie Brenntorf, wo *brenn-* immer »brennbar« bedeutet, und, nun mit jener eben erwähnten Metathese, den Bernstein, von dem schon die Alten berichten, er führe von seiner Brennbarkeit seinen Namen. Da wir darauf im einzelnen eingehen, halten wir nur das Ergebnis fest: *aqua ardens,* das brennbare Wasser, mußte niederdeutsch unser *bernewater* ergeben.

Ein großer Fortschritt, den uns die Namen belegen: Rosenwasser brennt nicht; Bernewater ist also der mittelbare Berufsname eines Mannes, der Wein brennt.

Es ist interessant, daß wir keinen Namen Levenswater finden; denn dank der besondern Kräfte heißt das Destillat seit den alten Quellen auch *aqua vitae* (was in Skandinavien zu *Aquavit* führt, der nichts mehr mit Wein zu tun hat). Die Deutschen haben auch diese Bildung wiederzugeben versucht: 1351 *water des leuens, leuende water* im niederdeutschen (flämischen) Raum, dem ein mittelhochdeutsches *lebentig wazzer* entspricht[4]. Von der Bildung her hätte das gut belegte *levenswater* neben *bernewater* als Name auftreten können; aber so nennt man keinen, das verbietet die kultische Scheu, das »nomen est omen«.

Aqua ardens und *auqa vitae* sind die ursprünglichen Namen des Weindestillats. Wenn in späteren lateinischen Quellen neben *aqua ardens* auch *vinum ardens* auftritt, ist das bereits ein Abgehen von der ersten sprachlichen Festlegung, die im Destillat keinen Wein mehr sah. Aber dieser Übergang hat sich vollzogen und ist von den Deutschen und ihren Nachbarn übernommen worden; sonst würde es nicht niederdeutsch *bernwīn* »gebrannter Wein« heißen Eine altschwedische Quelle[5] spricht von »gebranntem Wein *oder* gebranntem Wasser«; in der lateinischen Fassung *vinum ardens* und *aqua ardens.* Ganz sicher ist es nicht, daß in dieser Verbindung »aqua« Weindestillat war; denn der altschwedische Ausdruck *bränna vatn* bezieht sich bisweilen auf die Herstellung von Rosenwasser und ähnlichen Essenzen[6], so wie noch im älteren Neudänischen *brende Vand* »Absud herstellen, destillieren« allgemein ist und die Deutschen seit alters ihre »gebrannten Wässer« haben. Es erscheint prinzipiell einleuchtend, daß schon um der aufwendigen Einrichtung willen das Brennen von Wein und duftenden Wässern nicht auf verschiedene Berufe verteilt war.

Das Brennen der Essenzen stirbt nicht aus, als der gebrannte Wein aufkommt; aber die Faszination der neuen Erfindung ist so groß, daß mit unsern Hermannus und Conradus Rosenwater aus Rostock[7] und dem Stralsunder Rosenwater von 1270[8] dieser Name in den Urkunden fast schlagartig verschwindet.

Urkunden sind Zufallsbelege; sie sind nach den Kriegen und andern Katastrophen an Wunder grenzende kostbare Zeugnisse der Vergangenheit. Wenn einmal errechnet wurde, daß auf eine erhaltene mittelalterliche Handschrift einhundertfünfzig verlorene anzunehmen sind, steht es um Regesten, Steuerlisten, Kirchenbücher nicht anders. Die ältesten Zeugnisse, die wir vorführen, sind immer nur die ältest erhaltenen.

Wir wissen nicht, was vorausging; aber wir sind ganz sicher, daß, wie es sich zum historischen Gang der Weindestillation fügt, das gehäufte Auftreten von Bernewater- und Weinbrenner-Namen im 14. und 15. Jahrhundert insgesamt beweiskräftig ist. Der erste auf deutschem Boden (auf deutschsprachigem, sollten wir wegen des Stauferreichs in Italien sagen) erzeugte gebrannte Wein geht nicht vor den Anfang des 13. Jahrhunderts zurück. Daß ein Jahrhundert vergeht, bis die Produktion sich in Eigennamen niederschlägt (zumal in uns erhalten gebliebenen), hat genug Parallelen. Wir werden gleich durch den ältesten Beleg noch eine besondere Unterstützung für diese Annahme erhalten.

In einer westfälischen Regeste ist 1317 ein Bernewater belegt[9]. Zwei Jahre später tritt ein Bürger von Stralsund mit dem Beinamen Bernewater auf[10]; 1337 erscheint der Name in Stade[11] und 1345 ein Thid. Bernewater in Stettin[12]. In Wismar tragen in der Mitte des 14. Jahrhunderts zwei Brüder diesen Namen: 1350 erstellt Johannes Bernewater sein Testament, zwischen 1351 und 1359 sein Bruder Thiedeke (Tydeke) Bernewater[13]. Im Danziger Steuerbuch von 1377/78 wird eine an der Röpergasse wohnende Person namens Bernewaters genannt[14]. Die Bildung ist auf das niederdeutsche Sprachgebiet beschränkt; es gibt bislang keinen hochdeutschen Beleg, der »Brennwasser« als Name bezeugte. Merkwürdigerweise (so scheint es wenigstens) gibt es auch keinen »Wasserbrenner«, sondern als typische hochdeutsche Berufsnamen werden wir Weinbrenner und Branntweiner neben Weinbränder finden.

Bernewater ist vielleicht nicht immer ein mittelbarer Berufsname. Es ist nicht anzunehmen, daß jemand Rosenwasser trank; aber das gleichfalls zur äußerlichen Anwendung vorgesehene Weindestillat fand gewiß schnell Liebhaber seiner innerlichen Wirkung. Bernewater kann deshalb auch ein Übername sein, wie ein Geizhals als Küstenpfennig (»Küß den Pfennig«) erscheint.

Für das »brennbare Wasser« würde man *bernwater* erwarten; aber in den Belegen wechseln *berne-* und *bern-*. So heißt der Brenntorf auch *bernetorf* (und ist in der gleichen Zeit – 1334 – belegt wie unsere Bernewater), der Bernstein sowohl *bernstēn* wie *bernesteen, barnesteen*.[15] An ihm wird die weitere mögliche Bedeutungsentwicklung besonders deutlich; denn das Wort bezeichnet zunächst »brennbarer Stein«, dann »gebrannter Stein« = Backstein: Als man nicht mehr mit Lehm, sondern mit gebrannten Steinen *(barnesteyne)* baute, wurde Lübeck erbaut[16]. Ebenso heißt *bernschatz* die Brandschatzung, und kennzeichnenderweise erscheint das Wort 1448 als *Brantschatt*[17].

Prüfen wir trotzdem, ob eine andere Deutung sich anbietet. Bildungen auf *-water* legen Herkunftsnamen nahe; denn das Wasser ist ein häufiges Bildungselement, und gerade in der

Zeit der Bernewater entstehen viele Familiennamen aus der Herkunftsbezeichnung. Es gibt aber keinen Ortsnamen Bernewater[18]; hingegen ist das Substantiv, das den Berufsnamen ergab, vertrauenswürdig überliefert:

Zwei Vokabulare des 15. Jahrhunderts (1429 und 1479) belegen ein mittelniederdeutsches Appellativ *bernewater*[19]: *embilicus* »en de dar bernewater heft«, und *embolicus* »en de dat bernewater heft«. Das merkwürdige *embilicus/embolicus* ist sicher eine Verballhornung von *alembicum* »Alembik« (dem Destillieraufsatz, der auf den »Kürbis«, die Destillierblase, gesetzt wurde). Der Alembik heißt *ain huot vnder dem man wasser brennt*[20], einer *der gebrant wasser hat*[21], *prenn ö. fewr-hût*[22], *brennhelm*[23]. Der Zusammenhang der beiden Belege ist klar (der Alembik »enthält« das hochsteigende, noch nicht verflüssigte Destillat); es gab also ein Substantiv »das Brennwasser« = das durch den Brennvorgang gewonnene, das brennbare Wasser. Die Tatsache, daß das Appellativ erst ein Jahrhundert nach den Eigennamen auftritt, bedeutet angesichts der spärlichen Quellen nichts.

Wegen des relativ späten Auftretens des Appellativs ist auch erwogen worden, daß unsere Personennamen Satznamen sein könnten, um die Tätigkeit zu bezeichnen[24]; Bernewater also »brenne Wasser«! oder »er brennt Wasser«. Die Masse der Satznamen hat aber einen Unterton des Spitznamens (Küstenpfennig, Lobedanz, Lobewein, Wasgehtsdichan usw.), der hier nicht gegeben wäre. Außerdem kann die Parallele zu Rosenwater nicht übersehen werden, das kein Imperativ oder Satzname sein kann; ebensowenig die zu lateinisch *aqua ardens*, dessen Wiedergabe genau Bildungen wie Bernstein entspricht, und zu den vergleichbaren hochdeutschen Berufsnamen wie Weinbrenner und Branntweiner.

Daß Bernewater kein mittelbarer Berufs-, sondern ein Übername war, wird mindestens im Fall des ältesten Belegs, der Urkunde vom 23.11.1317, die in Körde verhandelt wurde, offenbar; denn der Knappe Hinricus de Bunstorpe verkauft ein Erbe mit Zubehör und einen Schmied *(faber)*, der Bernewater genannt wird; also ist Bernewater nicht der Beruf, sondern der Übername des Schmiedes[25]. Zwei Möglichkeiten sind offen: Entweder trinkt der Schmied sich gern einen und verdient damit den Übernamen Bernewater; oder der Berufsname liegt schon mindestens eine Generation zurück. Wir sagten, daß der Beginn des Weinbrennens auf deutschem Boden von uns in das frühe 13. Jahrhundert gerückt wird.

Bernewater haben wir nach der Bildung mit *bernetorf* und *bernstēn, bernestēn* verglichen; wir können noch *berneholt* neben *bernholt*[26], *berneīsern* neben *bernīsern* »Brenneisen (zur Schweinemarkierung)«, *berneprēn* neben *bernprēn* »Brennpfriem, Brenneisen«, *bernemēster* neben *bernmēster*[27] hinzunehmen.

Aber auch als Personenname steht Bernewater nicht allein. Es finden sich zum Beispiel 1393 Tyle Bernekote »Brennhütte« wie Albert Barnecate 1500 in Esens und schon 1319 Joh. Berneblas in Lübeck[28]. Der Hamburger Familienname Barnwater wird als direkter Namenserbe der Bernewaters gedeutet[29]. Auf den Namen Bernewin aus Rostock (1321), das uns schon 1278 den Namen Bernebom liefert, kommen wir zurück.

Haben die Bernekote und Barnecate in ihren Hütten Wein gebrannt? Wir wissen es nicht; denn auch Ziegel, Pech, Kohle und anderes wird gebrannt. So bleibt zunächst auch offen, ob der Joh. Berneblas von 1319 ein niederdeutscher »Brennblase« war. Zunächst; denn die Bedeutungsgeschichte der »Blase« ist noch nicht geschrieben. Es wird angenommen, das Wort (althochdeutsch *blāsa*, mittelhochdeutsch *blāse*) habe nur die Harnblase bezeichnet und sich erst im Neuhochdeutschen auf ähnliche Formen – wie die Seifenblase, Tabaksblase, Brennblase – ausgedehnt. Als aber 1595 die den Branntbrennern in Berlin auferlegte Abgabe als Blasenzins erscheint, muß die Brennblase schon diesen Namen gehabt haben – vielleicht schon, als 1351 der erste Apotheker dort das Brennprivileg erhält; schon 1545 ist sie bei G. Ryff so belegt. Wir merken uns also Herrn Berneblas, ohne die bislang vorgetragene Deutung als »Brandfackel« ausschließen zu können[30].

Zur Sippe der Bernewater stellt sich mit Sicherheit der Lunder Bürger Hennichinus dictus Brænnewatn, dem wir in einer Originalurkunde vom 11. September 1348 begegnen. An diesem Namen haben sich verschiedene Interpreten versucht[31]. Die Auflösung ist nicht schwer, zumal der Lunder den deutschen Namen Hennichinus trägt. Wir dürfen deshalb annehmen, daß Brænnewatn das niederdeutsche Bernewater in Anpassung an die nordischen Formen ist. Da die Familiennamen noch nicht im heutigen Sinn fest waren, ist es nicht unwahrscheinlich, daß deutsche Namen, die im Gefolge der starken Einwanderung aus Deutschland nach Skandinavien kamen, dort nordisiert wurden, wobei *berne-* richtig verstanden und *-water* zutreffend mit *watn* wiedergegeben wurde. Als Beispiel wird auf Værmekyrkia verwiesen[31]; ein deutscher Herkunftsname, der 1322 in Lübeck Wermoldeskerken geschrieben wird[32] und auf den Ort im Rheinland führt, der jetzt Wermelskirchen heißt.

Auch zu diesem Namen ist die Frage gestellt worden, ob – vor allem, wenn Hennichinus wegen innerlicher Branntanwendung diesen Übernamen führte – bernewater als »brenne das Wasser!« verstanden worden sei, also ein Satzname, der bei einheimischen skandinavischen Namen äußerst selten ist[33]. Wir können diese Annahme aber nicht einmal wahrscheinlich nennen; denn gebrannt wird nicht Wasser, sondern Wein, und die »Alembik«-Belege für bernewater sind klar. Wieweit *embilicus (embolicus)* nach seiner Herkunft richtig verstanden wurde, kann offenbleiben; die Funktion des Brennhelms jedenfalls hätte gar nicht zutreffender wiedergegeben werden können. Und wer würde auf die Idee kommen, *berneholt, bernetorf, bernekate* als »brenne das Holz, den Torf, die Hütte!« zu deuten?

Mit dem Jahr 1377 sterben für uns die Bernewater aus. Sie hätten als Waterberner fortleben können, wozu wir den niederdeutschen Familiennamen Waterbecker »der mit Wasser bäckt« heranziehen könnten[34]. Offenbar hat sich aber eine »aufgeklärtere« Vorstellung durchgesetzt, wie es auch im Hochdeutschen nicht Branntwasser, sondern Branntwein heißt: Die Deutschen kommen zu der Überzeugung, daß das Destillat immer noch Wein, wenn auch ein farbloser und brennbarer, sei, und geben ihm den Namen »Wein« zurück. Vielleicht mit feinen Unterschieden; denn das Deutsche Wörterbuch belegt »Brandwasser, den Branntweinbrennern, was bei der ersten Destillation übergeht und bei der zweiten Branntwein wird«. Demnach der Rohbrand ein »Wasser«, der Feinbrand ein »Wein«, *spiritus vini rectificatus?*

Das Ergebnis dieser Entwicklung ist im niederdeutschen Gebiet klar: Zu *bernewīn* »Brannt« wird die Berufsbezeichnung *bernwiner* geschaffen, und wie es bei uns Weinbrenner heißt, gibt es in Norddeutschland später *wīnberner, wienberner*[35]. Damit sind wir für unsern zweiten Namen gerüstet.

Henricus Bernewin

Ob unsere Bernewater von Beruf Weinbrenner waren, haben wir offengelassen; nur bei dem ältesten von ihnen, dem Schmied von Körde, konnten wir es mit Sicherheit verneinen. Auch bei ihrem in Rostock zum Jahr 1321 bezeugten Zeitgenossen Henricus (Hinrik) Bernewin handelt es sich mit Sicherheit nicht um einen Weinbrenner, sondern um einen Knappen, also einen angehenden Ritter, Vasall des Königs von Dänemark und verwandt mit Ritter Ludolf Hake[1]. Er hat einen Sohn Godefrid, der Kleriker wird (was Beziehung zum gebrannten Wein nicht ausschließt).

In dem gleichen Registerband[2] kommt auch ein Rostocker Wechsler (Bankier) Gerhard Bernewyn mit den Töchtern Cäcilie und Margarete vor, die beide Nonnen sind; dazu, ebenso um 1350, ein Eberhard Bernewyn, Wechsler in Rostock, also gewiß verwandt.

Als Substantiv ist *bernewīn* so gut bezeugt, daß die Deutung keinem Zweifel begegnen kann. Es ist der gebrannte Wein schlechthin, den man nach den Belegen zunächst äußerlich anwenden kann[3]: *Bernewin is ghud vor de gicht;* (wer sie hat,) *schal de stede dar mede bestriken* (bestreichen). (Wer heiser ist,) *de bestrike syck myt bernewyne vmme den hals;* und wer alle Morgen einen Löffel davon trinkt, der wird nimmer krank[4]. Dieser gebrannte Weint dient aber auch zur Bereitung des wirksamsten Pulvers, wenn man das Gemisch aus Salpeter, Schwefel und Kohle in eine eherne Schale tut und *bespnenge dat myd bernewyne*[5].

Wie überall, folgt den äußerlichen Anwendungen die innere. Die um 1450 verfaßten Statuten der Stadt Gardelegen verbieten das Trinken und Gästesetzen dazu im Haus, während es vor der Haustür erlaubt ist[6]: *bernewin schal nemant alhir yn synem huse schenken edder geste darto setten, besunderen wil jmant bernewin schencken, dat schal he vor der daren dohn; wol darwedder dohn worde, dem schal bernwin darnha to sellen und to vorkopen jhm gantzen vorbaden sin.* Das gibt uns einen kleinen Vorgeschmack der Verbotskataloge im hochdeutschen Raum; »Entzug der Gewerbeerlaubnis« würden wir heute dazu sagen. 1537 scheint es schon schlimmer geworden zu sein; denn in Dithmarschen wird wenigstens an Sonntagen den Wirten der Ausschank verboten: *also dat neen kröger, neen beer, win effte bernewin vorköpe up de dage, alse me dat wort godes schal prediken*[7].

Den Predigern aber wird geraten, nicht wie die epikuräischen Zechbrüder oder gefräßigen Schlemmer zu leben, sondern wenigstens vor und nach der Predigt der Trinkschale mit Brannt fern zu bleiben: *also de epicurischen Zechebröder vnde velefrassischen slömer, so vor vnde na der predigen... de brendewyns schale rein vthlüchten*[8].

Die Wörterbücher geben deshalb *bernewīn* (auch *brendewīn*) kurzerhand als »Branntwein« und verzeichnen Bildungen wie *bernewīnsglas* »Branntweinglas«[9], *bernewīnsgrōpe* »Branntweinkessel« und als Berufsname *bernewīner* »Branntweinbrenner«. Dazu stellt sich der *wīnberner*, so daß sich das hochdeutsche Paar Branntweiner : Weinbrenner, das uns im folgenden Kapitel begegnet, niederdeutsch wiederfindet. Bis jetzt haben sich allerdings noch keine Wienberner-Namen eingestellt, während es Silverberner, Tegelberner (Ziegelbrenner), Vlasberner (Flaschenbrenner) und die weniger sympathischen Mord- und Scheunenbrenner (Mortberner, Scuneberner) gibt. Wie viele der häufig belegten einfachen *Berner* Wein brannten, wissen wir nicht; ein unterscheidender Zusatz war nur notwendig, wo es an einem Ort verschiedene Brenngewerbe gab.

Ehe wir geradlinig weiterdeuten, müssen wir bei Bernewin wieder fragen, ob unser Weg richtig ist. Das althochdeutsche Wort *wini* »Freund« ist ein reichbelegter Namenbestandteil; es liegt zum Beispiel in Winfried, dem Taufnamen des Bonifatius, Winifred oder Erwin und Liebwin vor. Die große Menge der mit Bern-, Berne- beginnenden Namen wird zu althochdeutsch *bero* »Bär« gestellt[10]; z.B. Bernhard (Bernd), Bernhild, Bernward. Es ist freilich bei Ortsnamen (nicht nur, wenn sie – wie Birnenheim oder Berin-scozo – Wüstungen bezeichnen) nicht auszuschließen, daß nicht der Bär, sondern das Brennen – das meist mit dem Roden verbunden ist – Namengeber war; etwa in Berneburg, Berniuelda, Beranthorp, Brantbach, Brenhorst. Die Deutung aus den Bestandteilen *bero* »Bär« und *wini* »Freund« lassen wir für den 1127 in Zürich belegten Berniwin[11] gelten; dort gab es keine Metathese. Im niederdeutschen Gebiet ist aber *bernewin* so reich belegt, daß unsere Deutung von Bernewin dem Knappen als Übername »gebrannter Wein« sicher ist. Sie gewinnt noch eine starke Stütze durch das Niederländische, das 1464 *barnwin*, 1477 *bernwyn*, 1530 *bernewin* und *bernewinchijs* belegt[12].

Ist es nicht eine kühne Gleichsetzung, wenn wir *bernewater* als »brennbares Wasser« und *bernewin* als »gebrannter Wein« deuten? Unterstellen wir unsern Vorfahren dabei, sie hätten zwischen Wasser und Wein nicht unterscheiden können? Keineswegs. Wie bei Nicolaus Bernewater müssen wir daran erinnern, daß die Deutschen eine lateinische Terminologie wiedergeben mußten. Diese gibt eindeutige Aufklärung; denn dem *aqua ardens* tritt nach kurzer Zeit *vinum ardens, vinum ardiens* an die Seite[13], das die Niederdeutschen, ebenso wie sie *bernewater* gebildet hatten, mit *bernewin, bernwin* wiedergeben mußten.

Es ist ein lateinisches Nacheinander, das in den deutschen Quellen, da sie jünger sind, als ein Nebeneinander erscheint. Damit tritt *bernewin* (ganz ähnlich, wie wir zum Beispiel »schäumender Wein« als Gegensatz zum stillen oder gebrannten sagen) zu den vielen Zusammensetzungen mit *win*, die in genau der Zeit unserer Belege bezeugt sind, wie *banwin* »Bannwein«, *bitterwin*, *alantwin*, *kriuterwin* (lauter Gewürz- und Kräuterweine), *lüterwin* »heller, weißer Wein«, *mirrenwin* »Myrrhenwein«, *ströwin* »Strohwein« usw. Einhundertsiebenundzwanzig solcher Zusammensetzungen, in denen *win* den zweiten Bestandteil bildet[14], zeigen, wie leicht sich berne-*win* dort einfügt.

Es haben sich mithin zwei Entwicklungen vollzogen. In Niederdeutschland setzt nach einer kurzen *aqua ardens*-Periode *(bernewater)* sich *vinum ardens* durch *(bernwin, bernewin)*, während das hochdeutsche Gebiet *vinum crematum* übernimmt und als Entsprechungen *Brandwein* (was später zu begründen ist) und *gebrannter Wein* (daraus *Branntwein*) bildet. Daneben steht *aqua vitae*, das meist sogar unverändert (»wunderbare *aquas vite* brennen«) übernommen, aber immer mehr ein Wort der Medizin und der Apotheker, nicht der Weinbrenner, wird.

Vinum ardens und *vinum crematum* sind zwei verschiedene Anschauungsweisen: vom Ergebnis und vom Ausgangsstoff. *bernewin* ist sprachlich »Brennwein«, unser moderner Ausgangsstoff für das Weinbrennen. Inhaltlich hat es aber nichts damit zu tun, sondern das Wort *Brennwein* unserer Tage wurde erst gebildet, als die Sitte aufkam, zum Brennen bestimmten Wein mit Weindestillat zu verstärken, also im 19. Jahrhundert.

Nach dem rohen mittelalterlichen Brennvorgang wird das Destillat keine edlen Weincharakteristiken (wenn es sie je hatte) mehr besessen haben. Die erste Bezeichnung *(aqua ardens)* war daher besonders vom Standpunkt der mittelalterlichen, von der Alchemie geprägten Philosophie die zutreffendere: eine neue Substanz mit der wunderbaren Eigenschaft, entgegen aller herrschenden Lehre das Wässerige mit dem Feurigen zu vereinigen; ein Wasser, das brennen konnte, niederdeutsch *bernewater*.

Um zu diesem Neuen zu gelangen, mußte der Wein »verbrannt« werden; denn das sagen lateinisch *adurere* und *cremare* auch in der deutschen Wiedergabe aus[15]: *verbrennen, verprennen, virbirnen, bernen, sengen. Vinum ardens* ist im Lateinischen einer späteren Stufe zugehörig, fügt sich aber im Deutschen zwanglos in die lange Liste der Komposita mit *-wīn* ein.

Andere Sprachen gehen andere Wege. Im Französischen des 14. und 15. Jahrhunderts liegt *aqua ardens* als *eau ardente* vor, wird dann aber (wie im Italienischen) durch das gleichfalls seit dem 14. Jahrhundert belegte *eau-de-vie* (lateinisch *aqua vitae*) ganz verdrängt. Das Spanische hingegen sagt bis heute »bernewater«, spanisch *aguardiente*.

Der Knappe Bernewin ist ebensowenig ein berufsmäßiger Weinbrenner wie der Schmied, der Bernewater genannt wird. Es ist gewiß bemerkenswert, daß so früh beide Wörter, die einem ganz jungen Beruf entstammen, schon als Übernamen auftreten. Übernamen sind eine wesentliche Quelle unserer Familiennamen; ein anderer Schmied heißt schon 1208 nach seinem Erzeugnis Hufnagel[16].

An dieser Stelle deuten wir nur an, daß nach geläufiger Meinung *bernewin* die Quelle des schwedischen *brännvin*, norwegisch und dänisch *brændevin*, ist, die wie das deutsche Branntwein später »alkoholisches Destillat« schlechthin bezeichnen[17]. Über den Ursprung dieser skandinavischen Formen wird noch ein Wort zu sagen sein; denn möglicherweise ist das Niederländische ihre Quelle. Wir halten nur fest, daß wir für den ganz kurzen Zeitraum von genau sechzig Jahren (von 1317 bis 1377) eine eindrucksvolle Folge von neun Personen gewinnen, die nach dem gebrannten Wein benannt sind; ein Zeichen dafür, wie auffällig und neuartig das Gewerbe der Weindestillierer ist.

Daß die Namen dann plötzlich aufhören, bedeutet gewiß nicht, daß das Gewerbe ausgestorben wäre. Es wird uns noch beschäftigen, wie *brandwīn*-Formen, vielleicht von Holland herüberkommend, an die Seite des alten *bernwīn* treten und sich weitgehend durchsetzen. Das Aufhören der Namen kann aber auch mit der Reglementierung des Gewerbes, etwa dem Privileg der Apotheker, zusammenhängen, für die das Weindestillat jedenfalls nicht mehr so bestimmend ist, daß es zum Namengeber wird[18].

Das neuniederdeutsche *bramwin* (»Hei drinkt gar keinen Bramwin[19]«) ist wohl eine moderne Entstellung aus Branntwein.

Die Umstellung des *r* von *brennen*, jene Metathese, die *bernen, bornen, burnen* (vergleiche das englische *to burn*) ergibt, begleitet uns zu den weiten Familien der Weinbrenner; denn sie reicht über das niederdeutsche nach Süden in das mitteldeutsche Gebiet. Es wird uns also vertraut ankommen, wenn wir dort *Wynberner* und *Weinborner* finden.

Warum die niederdeutschen Namen, obgleich sie weiter vom Ort der Entdeckung des Weinbrennens – den wir in Italien vermuten – entfernt sind als die hochdeutschen, älter sind als diese, wissen wir nicht. Auch die ältesten Runendenkmäler finden wir nicht nahe dem Alpenraum, wo die Entlehnung geschah, sondern hoch in Norwegen. Jeder Tag kann uns aber, wie dort eine Inschrift, so hier eine Urkunde bringen, die das Primat des Nordens aufhebt.

Weinbrenner, Weinbränder, Brandweiner

Die Weinbrenner tragen wie die Kalkbrenner und Aschenbrenner unmittelbare Berufsbezeichnungen, das heißt der jeweils erste Namenträger übte das Gewerbe aus. Im allgemeinen folgt ein Sohn dem Vater, schon wegen der Fachkenntnisse und der Einrichtung, im gleichen Gewerbe nach. Wo sich die Notwendigkeit ergibt, können die Generationen unterschieden werden, und häufig werden solche Namen fest – wie »des Schmiedes (Sohn)« als Schmitz, der »Sohn eines Peter« als Petersen. Dann gibt es noch die Frauen, die zu einem Wynborner die Wynbornerin oder Wynbornersche heißen; mit dem feinen Unterschied, daß die Wynbornersche im allgemeinen die Frau, die Wynbornerin aber die Weinbrennerin, also die Gewerbetreibende, bezeichnet.

Verschiedene Quellen behaupten, das Weinbrennen sei zuerst von Frauen, vielleicht von heilkundigen oder wahrsagenden, betrieben worden. Nur so läßt sich das häufige Auftreten von Frauen in den Urkunden erklären. In Augsburg zum Beispiel sind es von 1479 bis 1522 sieben Frauen und nur vier Männer. Wenn an einem Ort nur Männer belegt sind, mag es häufig ein Indiz dafür sein, daß dort das Brennen bereits ein Apothekerprivileg geworden war. Daß jemand, der Weinbrenner heißt, auch einer ist, wissen wir nur dann mit Sicherheit, wenn es entweder der Urkundeninhalt (zum Beispiel Steuerbücher) ergibt oder der Zusatz »der Weinbrenner« lautet.

Daß solche Sippen selten durch Generationen hindurch greifbar werden, liegt nur daran, daß das Quellenmaterial, das die Verwüstungen zum Beispiel des Dreißigjährigen Krieges überdauert hat, ganz lückenhaft, vielerorts schlicht ein zufälliger Restbestand ist. Immerhin gibt es sie, wie gerade das genannte Beispiel zeigt: 1406 ist in Jena die Wynbörnerin belegt, 1446 der Wynberner, 1483 die Wynbornerin[1] (alle drei mit dem Umspringen des *r*, das uns von Bernewater und Bernewin vertraut ist).

Als die Berufsbezeichnungen fest werden, also Familiennamen im heutigen Sinn entstehen, ist die Identität von Namen und Beruf aufgegeben. Dieser Vorgang wird zu recht verschiedenen Zeiten vollzogen; am frühesten in Süddeutschland und am Rhein: Um 1150 in Regensburg, schon 1106 in Köln. In Wien erscheint nach 1288 kein Einzelname, das heißt kein zusatzloser Taufname, mehr. In Hamburg hingegen sind im Anfang des 13. Jahrhunderts die ersten Spuren von »Familiennamen« zu finden, in Görlitz zu Anfang des 14. Jahrhunderts Einzelnamen noch häufig, in Bremen erst im 15. Jahrhundert Familiennamen allgemein üblich.

Kurz nach 1300 treten, wie wir es im Kapitel über Nicolaus Bernewater eingehend beschrieben, im niederdeutschen Sprachgebiet Namen auf, die für Destillation zeugen. Der früheste »hochdeutsche« Vertreter ist Klaus (Clewelin) Winbrenner, 1363[2] in den Colmarer Bürgerlisten bezeugt, und als Gegenpol zum Westen 1365 ein Weynprenner in Brünn. Das Zentrum des hochdeutschen Raums schließt sich 1376 mit einem Winbrener (so!) im Steuerbuch von Eßlingen[3] und 1396 mit einem »Winbrenner hinterm Spital« in Schwäbisch Hall an.

Zeitlich folgt der erste Vertreter des »Jenaer Weinbrennergeschlechts«, jene »Wynbörnerin« vom Jahre 1406 aus dem Haus am Steinweg[1], 1409 Heincz Winbrenner, Bürger zu Würzburg[4], und 1414 wieder aus Schwäbisch Hall ein Wyhenprenner, dessen Zusammenhang mit dem hinterm Spital von 1396 nicht deutlich wird. Zwei Frauen aus Konstanz schließen sich an:

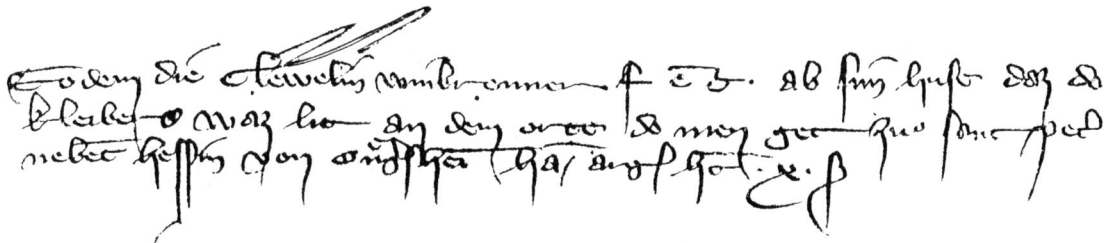

Der erste hochdeutsche Beleg eines Weinbrenners: die Zuerkennung des Bürgerrechts von Colmar an Clewelin Winbrenner an dominica ante purificationem = 29. Januar 1363)

die »Winbrennerin an der Spitalbrücke« im Jahr 1418 und 1425 eine Winbrennerin, die möglicherweise die gleiche ist[5].

Nur drei Jahre später ist der erste Winbrenner aus Basel bezeugt, das diesen Namen dann bis 1546 fünfzehnmal belegt. Da wir in einem eigenen Kapitel ein wenig Baseler Familiengeschichte an diesen Namen treiben, nennen wir hier nur Hans Winbrenner (1428), Hans Winbrenner aus Freiburg (1461), Hans Elhart der Winbrenner (1471), Johannes der Winbrenner (1469), Hans Winbrenner der Karrer (1480) und Heinrich Franck der Winbrenner (1496/1497). Wie fest das Gewerbe im 15. Jahrhundert etabliert ist, weist die rasche Folge der Belege aus: 1428 matrona dicte dy Wynbennersche[6] (also wahrscheinlich zur Unterscheidung von andern gleichen Namens) in Neustadt an der Saale, 1431 Hañs Winbrenner aus Rappoltzwiler[7], 1444 ein Heinrich Wynbrener, wieder mit einfachem *n*, aus Schwäbisch Hall, 1446 der uns schon mit seiner Familie bekannte Wynberner zu Jena, der wie seine Vor- und Nachfahren keinen Vornamen trägt; 1451 jung Winbrenner Decker aus Eßlingen; 1452 gleich zwei: Wolffg. Weinprenner aus Marburg an der Drau, dem heutigen Maribor, und ein Weinbrenner uff der Fischergassen aus Kitzingen, der durch seinen Zusatz wie die Konstanzer Winbrennerin an der Spitalbrücke von 1418 deutlich macht, daß es in den betreffenden Orten noch andere Weinbrenner gab (oder gegeben hatte; denn die Zusätze bleiben vielfach als feste Familiennamen erhalten, wenn der Zwang zur Unterscheidung nicht mehr bestand).

Ebenso belegt uns Freiburg im Breisgau einen Heinrich Winbrenner hinterm Storchen[8] (1460) und im gleichen Jahr Eßlingen eine Els Winbrennerin, denen 1462 ein Weynprenner aus Marburg an der Drau, 1463 ein Weinbrenner aus Mainz, 1473 aus der gleichen Stadt ein Hermann Weinborner, der noch ein weiteres Mal erscheint, und 1473 bis 1488 aus Reichshofen im Elsaß ein Winbrenner folgen, der Wein und Hefe kauft. Unmittelbar darauf, von 1479 bis 1509, belegt Augsburg den Namen Weinbrenner neunmal, darunter fünf Frauen, wie Elisabeth, Anna und Agathe, alle aus den Steuerbüchern. 1481 steuert Freiburg im Breisgau Heinrich Winbrenner (vielleicht wieder den hinterm Storchen) bei, und 1483 schließt wieder eine Wynbornerin[9] die uns vertraute Jenaer Sippe ab – soweit die Urkunden erhalten geblieben sind.

Noch ein paar Beispiele für die Weiträumigkeit: Zerbst bezeugt 1487 Hans Wynberner[10], Ingolstadt 1488 Lenhard Weinbrenner, Meran 1489 die Weinprenner Knoll und Cuntz, 1494 Jochin Weinprennerin, 1496 einen Weinprenner in des Übernhals Hus und Greth Weinprenner, Merseburg 1490 Henrich Weynborner[11] und eine Winbornerin, 1491 Colmar Joss Winbrenner und Mainz Andreas Wynborner, der als Zeuge auftritt, Frankfurt am Main 1495 Frank Weinbrenner und Kitzingen Hanns Weynbrenner; 1499 Regensburg Cristoff Weinprenner[12]; 1505 Riga Hans Winberner, 1512 Rothenburg ob der Tauber Michael Weinbrenner und Anna Weinprennerin, 1513 Mülhausen im Elsaß einen Winbrenner, 1517 Schwäbisch Hall Chlor Weynbrennerin, 1518 Kitzingen Martha Weinbrennerin, 1519 Regensburg Chungundt Weynprennerin (als »Tochter des Prenner«), 1520 Basel eine Wynbrennerin, und, um die Liste der Brennerinnen mit einem Mann abzuschließen, der wohl der Prenner von 1519 war, wieder Regensburg 1523 einen Weynprenner, dem 1522 Hans Füchslin der Jüngere, Winbrenners Sohn, aus Freiburg im Breisgau vorausliegt. Zu den interessantesten Zeugnissen gehören geographisch die beiden Weinbrennerfrauen, die Stockholm beisteuert: 1516/1519 Birete Wynbrennerske und 1518 bis 1526 Karin Vinbrennerske; dazu Biretä Winbrennere 1517[13].

Ein Weinbrenner, der keiner war, hat durch die »Geschichte des Weinbrennerschen Handels« von 1547 wohl am meisten zum Bekanntwerden des Namens beigetragen. Wilhelm von Werden, genannt Weinbrenner, Bürger zu Frankfurt, hatte unter der Folter gestanden, er habe im Auftrag des Landgrafen Philipp von Hessen einen Anschlag auf die Freiheit der Reichsstadt Frankfurt am Main vorbereitet. Er wird am 12.4.1547 ebenso wie Hans Eckart von Gelnhausen, der ihn als Mitwisser angegeben hatte, hingerichtet. Vorher ist er »greulich in der folter mit heißem speck und gebranntem wein«, womit man die empfindlichen Teile des Körpers belegte, »zerrissen und zermartert« worden, »so daß er alles gesteht, was er gestehen soll«[14].

Wir sind in so rascher Folge durch dieses reiche Namengut hindurchgeschritten, weil es dem Verständnis keine Schwierigkeit bietet. Kulturgeschichtlich ist die Ausbeute groß; denn ein ganz junges Gewerbe, kaum mehr als ein Jahrhundert vor den ersten Belegen eingerichtet, erscheint fast gleichzeitig von den westlichen bis zu den östlichen Grenzen des deutschsprachigen Raumes (dessen Norden wir um der abweichenden Sprachformen gleichen Inhalts und der älteren Belege willen schon vorweggenommen hatten).

Es liegt kein Grund vor anzunehmen, der so eindeutige Name habe etwas anderes als den Hersteller von Brannt aus Traubenwein bezeichnet, und so wie die Aussage eines bekannten Namenbuchs[15] im ersten Teil falsch ist, wird sie auch für den zweiten durch nichts gestützt. Es liegt nahe, daß die Weinbrenner zugleich die duftenden Essenzen durch Destillation gewannen, die in Norddeutschland zu dem Namen Rosenwater geführt haben. Dieser Name ist im hochdeutschen Sprachgebiet in alten Quellen nur ein einziges Mal als Rosenwasser bezeugt; einen Wasserbrenner gibt es überhaupt nicht.

Die ursprünglich mitteldeutschen Weinborner, Weinbörner[16] leben noch heute in Frankfurt, Dortmund, Herford, die Weinbrenner über das ganze deutsche Sprachgebiet; allein neunzehnmal in Stuttgart, fünfmal in Wuppertal; ferner in Straßburg, Augsburg, München, Eßlingen, Lübeck, Hamburg, Schwäbisch Hall, Karlsruhe, Mülheim/Ruhr, Nürnberg, Frankfurt, Gießen, Herne, Düren, Dortmund, Chemnitz, Magdeburg, Berlin, Stettin[17]. Zum erstenmal liegt wohl ein eindeutiger Berufsname in P. Bruckner, Weinbrenner (1409 in Rothenburg ob der Tauber) vor. Ihm folgen rasch Johannes der Winbrenner und Hans Elhart der Winbrenner (1469 und 1471) aus Basel, Henchin von Hanau, Weinbrenner (1475) und Hans Frank, Weinbrenner (1495), beide aus Frankfurt am Main.

Das Deutsche Wörterbuch bringt weitere Belege für das Gewerbe selbst, allerdings erst seit 1445.

In der Namenreihe erscheint 1472 ein »Cleysgin Winbrender an der Dietzer Pforte« zu Limburg an der Lahn. Der Name ist deutlich eine Ableitung zu Weinbrand mit dem gleichen Umlaut wie in Rossetränker zu Trank, Linkshänder zu Hand, Minnesänger zu Minnesang. Die Ableitung setzt voraus, daß vor ihr das Sachwort *winbrant* bestand. Es ist ein merkwürdiger Zufall, daß der Winbrender, der älteste Beleg für ein Wort »Weinbrand«[18], keine Autostunde von Rüdesheim entfernt lebte, von wo mehr als vier Jahrhunderte später der heutige Begriff Weinbrand ausging; und es mehrt den Zufall, daß 1634 bis 1650 im benachbarten Hachenburg ein Jakob Weinbrender (auch Weinbrander) bezeugt ist[19].

Noch einmal können wir dem Namenbuch nicht zustimmen, wenn es den Namen Wienbrandt[20] auf den (spärlich bezeugten) althochdeutschen Mannesnamen Winiprant »Schwertfreund« zurückführen und das Wort Weinbrand, von dem wir Besseres wissen, erst 1921 geschaffen lassen sein will[21]. Der Name Weinbrand (Wienbrand) lebt bis in die Gegenwart; so ist er in Berlin und fünfmal aus Danzig belegt[22].

In Eßlingen kommt 1438 eine *brenderin dw alt* vor. Wir erinnern daran, daß das Brennen im Anfang vielfach von Frauen ausgeübt wird und Eßlingen mitten im Weinbaugebiet liegt, so daß man bei den Brenner-Namen zuerst an Weinbrenner denken darf. Die Kohlen-, Aschen-, Pech- und Kalkbrenner sind kaum weibliche Berufe. Mit diesen Vorbehalten möchten wir in der Brenderin eine Weinbrennerin sehen und hätten damit ein um eine gute Generation älteres Gegenstück zum Winbrender von Limburg.

Einen andern Weg, aber ebenfalls als Ableitung vom Produkt, nicht von der Tätigkeit (und damit wiederum eine Stütze für Winbrant), sind die Brandweiner-Namen gegangen, die genau gleichzeitig wie der Winbrender 1468 in Wien auftreten und dort häufig belegt sind. Als erster erscheint ein Michael Brandweiner, dem schon 1469 ein Michel Niederperger, der Prantweiner, vor dem Widmerstor zu Wien folgt. 1472 nennt man Mert Tusler ebenfalls den Prantweiner, und bis zur Jahrhundertwende belegt Wien diesen Namen noch sechsmal. Dazu stellt sich 1486 Egidius Prantweyner aus Posing in Ungarn und 1504 Franciscus Prantweyner aus Brünn; alle Namenbelege stammen also aus dem Südosten.

Gleichzeitig besitzen wir die Berufsbezeichnung aus dem Westen; denn in einer Kurpfalzbaierischen Landesverordnung vom 16. April 1479 werden die Branntbrenner (in diesem Fall die aus Bierhefen) *brandweiner* genannt[23]. Noch wesentlich älter – aus dem Jahr 1351 – ist der *brandwijner* aus Mechelsen, der in einer Brüsseler Handschrift auftritt. Wiederum irrt der Autor des Namenbuchs, wenn er sagt[24], es gebe den Brandweiner erst »als jungen oberdeutschen Berufsnamen«; denn seine Belegkette beginnt erst 1723 mit einem Wenzel Bra(n)dtwein aus Löschwitz in Bayern[25]. Dieser Name ist seinerseits interessant, weil er das Erzeugnis selbst nennt; die Vorfahren des genannten Wenzel werden sich einmal diesen Übernamen verdient oder mittelbaren Berufsnamen erworben haben. Es gibt aber in den Wiener Bürgerbüchern einen wesentlich älteren Beleg: 1590 wird Sebastian Brandtenwein Neubürger. In Osnabrück gibt es dazu die mundartliche Form Brandewie. Die Prandtnerin Salome, die im gleichen Jahr das Bürgerrecht erhält, zeigt, daß es wie Brenner auch den Namen Brandner gab. Der Name Branntweiner lebt weiter; er wird allein in Wien sechsundvierzigmal, in Breslau zehnmal, aber auch in Heidelberg, Nürnberg usw. aufgefunden[26]. Das ursprüngliche Verbreitungsgebiet dominiert also bis in die Gegenwart[27].

Auch in diesem Fall schließen die Eigennamen in überzeugender Weise Lücken, die im sonstigen Sprachgut klaffen (nicht nur in den Wörterbüchern, die uns für diese frühe Zeit völlig im Stich lassen). Sie belegen für spätestens 1450 (möglicherweise aber viel früher) unzweideutig die Benennung des gebrannten Erzeugnisses, das im Westen offenbar Weinbrand *(winbrant)* hieß, im Südosten Brandwein und Branntwein – diese beiden letzten in gleicher

Bedeutung, nicht notwendig als gleiche Bildung. Brandwein ist am eindeutigsten: es ist das Resultat des Brennens wie Brandwunde, Brandfleck, Brandmal usw. Es ist nicht auszuschließen, daß das alte Branntwein dieses Wort – wegen der gleichen Aussprache Brand neben Brannt geschrieben – und damit nicht dasselbe ist wie das heutige Branntwein, das in den Belegen nach und nach aus »gebrannter Wein« zusammengerückt wird.

Dieses Kapitel handelt von den Namen, nicht von den Berufen und dem Stand derer, die sie ausüben. Davon wissen wir für die Frühzeit wenig; aber wir glauben zu erkennen, daß die ersten Brenner nicht den späteren Zünftigen gleichgesetzt werden können. In vielen Fällen – besonders deutlich im niederdeutschen Raum – dürfen wir ihnen sogar passive Lateinkenntnis zutrauen, so daß es nichts Auffälliges hat, wenn der Verfasser der brabantischen Handschrift von 1351 zweimal in das Latein überwechselt oder Taddeo Alderotti, auf den wir später kommen, mit Anleitungen in lateinischer Sprache in deutschen Handschriften auftaucht, die ganz offenbar auch von »Brennern« gelesen werden sollten.

Die Branntweiner-Namen stimmen genau mit den hochdeutschen und wieder südöstlichen Quellen überein; denn die erste Hälfte des 15. Jahrhunderts belegt uns[28] bairisch *prann wein*[29], die zweite bairisch *brantwein*[30]. Dadurch sind wir in einer glücklicheren Lage als bei Weinbrand, wo uns nur Namen das Vorhandensein des Sachbegriffs erschließen lassen.

Als sollte auch die letzte Möglichkeit der Namenbildung ausgeschöpft werden, erscheinen zwei Frauen, Agathe und Anna, 1522 mit dem Namen Prantenweinerin in Augsburg. Damit gewinnen wir einen dritten Ausdruck für den gebrannten Wein. Ein Partizip kann Pate gestanden haben, in dem das -en berechtigt war. Wir nennen in anderm Zusammenhang den begrifflich nahen Namen Gesottenwasser (zum Sieden des Weines, also gleich Weinsieder wie Weinbrenner), bei dem sich das -en freilich aus dem Neutrum *Wasser* ergab. Das -en von Branntwein kann auch aus einer Mundart stammen, die den Akkusativ für den Nominativ eintreten läßt, wie das Mittelfränkische (*mingen vatter* »mein Vater« in Köln), und schließlich kann eine Satzbildung »der gebrannten Wein [herstellt]« Ausgang gewesen sein. Der Abfall des *ge-* ist vor allem in Zusammensetzungen über das ganze deutsche Sprachgebiet gut belegt.

Solange man nur Wein brannte, waren Branntenwein, Brandwein, Branntwein eindeutig. Als es auch andere Ausgangsstoffe gab, kam man zu Fruchtbranntwein, Kornbranntwein usw. und mußte nun auch Weinbranntwein bzw. Weinbranntenwein sagen. Dieses Wortungetüm ist gut belegt. Das Deutsche Wörterbuch[31] bezeugt es für 1657 als Weinbrandtenwein[32]; zu einer Zeit also, als längst andere Ausgangsstoffe dem Begriff »Branntwein« seine Klarheit genommen hatten. Weinbranntenwein ist die gleiche unschöne Bildung wie unser heutiges »Branntwein aus Wein«, mit dem der Gesetzgeber sich behelfen muß, solange er sich nicht entschließt, Branntwein zu *Brannt* zu verkürzen.

Die Sprache hat das aus Weinbranntenwein mit Sicherheit zu erschließende Substantiv Branntenwein nicht bis in die Gegenwart bewahrt; wieder sind wir den Namen dankbar dafür, daß sie es festhalten.

Die Namen halten – außer den Bernewater und Bernewin, denen eigene Kapitel gewidmet sind – wahrscheinlich noch mehr fest, als wir erkennen können. Wo nur Ziegel oder nur Asche oder nur Wein gebrannt wurden, bedurfte es der Unterscheidung in Ziegelbrenner usw. nicht. Der zuhauf belegte einfache Name Brenner geht mit Sicherheit, ohne daß sich dies noch ausmachen ließe, zu einem großen Teil auf berufliche Weinbrenner zurück. Ganz deutlich wird es 1519 bei Chungundt in Regensburg, die selbst Weynprennerin, aber »Tochter des Prenner« heißt. Schon Üli Brenner, 1425 in der Weinstadt Colmar bezeugt, mag Weinbrenner gewesen sein. Dasselbe darf für Eßlingen im württembergischen Weinbaugebiet angenommen werden, wo 1345 brenner, 1438 brenerin dw alt (siehe oben) belegt sind.

Daß es aber – wie bei all unsern Weinbrenner-Namen – auch um Familiennamen gehen kann, die nichts über den Beruf aussagen, zeigt im Jahr 1356 der brenner der Zimmermann, also ein Bürger namens Brenner, dessen Beruf das Zimmerhandwerk ist. Auch in weinreichen Gebieten sind bei einfachen Brenner-Namen nie die andern Möglichkeiten auszuschließen; denn Aschen- und Kohlenmeilerbrenner ebenso wie Kalk-, Ziegel- und Pechbrenner gibt es überall, und auch wer den Wald rodet, heißt zuweilen Brenner. Sogar Aufseher über die Öfen tragen diesen Namen[33], so daß die Deutung von »Brenner« als »Weinbrenner« immer nur eine von vielen Möglichkeiten bleibt.

Unklar ist noch das Verhältnis der Weinbrenner zu den Weinsiedern. Ihr Produkt konnte, so wie gebrannter Wein Brennwasser hieß, Gesottenwasser heißen, sonst ließe sich dieser Name nicht verstehen. Bedeutet haben mag er jemand, der heilkräftige Wässer, vielleicht auch mit Verwendung von Brannt aus Wein, herstellte.

Als letztes sollten wir die Weinbrauer nennen, die offenbar den Bierbrauern nachgebildet sind und sicher mit Recht als Weinbrenner gedeutet werden[34]. Belegt sind sie als Wienbreyer, Wienbreier. Das Namenbuch weist in Quedlinburg seit 1635 Weinbrewer, 1669 Wienbräuer, 1677 Wienbreier[35] und heutiges Fortleben aus Wiesbaden, Hannover und Magdeburg nach.

Während sich in Berlin oder München die Entwicklung des Gewerbes genau verfolgen läßt, bietet Basel Familiengeschichte. Wir erfahren aus den Quellen nichts über eine Organisation, aber über die Praxis der Erbfolge, zu der Altona, oder Lübeck, oder wieder München uns einschlägige Bestimmungen, teilweise sogar ganze Zunftordnungen, liefern.

Im Historischen Grundbuch der Stadt Basel taucht der Name Winbrenner zwischen 1427 und 1557 vierundzwanzigmal auf. Er kann uns in seiner Gleichförmigkeit keine sprachlichen Erkenntnisse bieten; aber schon als Zeugnisse über die Wohnstätten und ihre wechselnden Besitzverhältnisse würden die Grundbucheintragungen, Steuerbelege und Gerichtsprotokolle hohen Wert besitzen.

Welche Kraft der Tradition in Basel waltet, zeigen die Straßennamen, die es erlauben, die »Weinbrenner« und teilweise ihre Betriebe genau zu orten; denn sie sind sich durch ein halbes Jahrtausend gleichgeblieben. Was 1518 »an den Spalen« heißt, ist noch jetzt Spalenberg; die Rebgasse von 1427, die Webergasse von 1461, der Blumenrain von 1480, an dem Hañs Winbrenner der Karrer wohnte, heißen bis heute so.

Für die Namenbildung sind die Belege unschätzbar. »Christen Müller der Kuefer«, »Michel Hůgell der Zimbermann«, »Hans Abrellen des Baders sel. Witwe«; »Zwischen Hansen Bots des Schnÿders… Hüsern«; »Zwischen dem Huse zu den dryen Bergen… gelegen und zum halben Rad genañt«; »Heinrich Ottendorf genant Repphun«. »Eberhard Koler der Kübler«; »Martin Salate der Scherrer«; »Peterhans Meigenberg aurifaber« (= der Goldschmied) – es gibt also feste Hausnamen, die an dem Besitzer haftenbleiben können, und feste Familiennamen. Sie müssen, wenn sie Berufsnamen waren, nicht den Beruf ausdrücken; denn Eberhard, dessen Vorfahren Köhler waren, ist Küfer wie Christen, der von Müllern abstammt. Jegki von Mentz (1428) heißt der brodtbegk; der nach seiner Herkunft aus Mainz Benannte ist also Bäcker, usw. Wenn jemand Winbrenner heißt, muß er keiner sein.

Wir lernen ganze Hausstände kennen. 1497 treten auf Heinrich Franck der winbrenner, und Anna sin hußfrow, Symon sin sun, Katherin Vogelsperg, sin hußgesind, sodenn ein kneht; alle in der Webergasse Nr. 282.

Der Zusatz »der winbrenner« deutet darauf, daß Weinbrenner der ausgeübte Beruf ist; so schon 1469 Johannes der Winbrenner am Spalenberg Nr. 494, der 1471 Hans Elhart der Winbrenner genannt wird; sein voller Name war also Johannes Elhart (auch Ellhart), sein Beruf Weinbrenner. Auch bei der Winbrennerin Ursula Haffner, die von 1502 bis 1521 am Spalenberg Nr. 495 belegt ist, dürfte am Beruf kein Zweifel bestehen, selbst wenn es in der Urkunde, die sie nennt, nicht um einen Brennofenkamin ginge; wissen wir doch, daß die Häuser 494 und 495 ursprünglich vereinigt waren.

Einfache Winbrenner-Namen ohne Zusatz können Familiennamen irgendwelcher Berufe sein. In dieser frühen Zeit, als das Wort »Weinbrenner« noch von jedermann als Beruf verstanden wurde, ist es jedoch wahrscheinlicher, daß der nur als Nachbar beim Hauskauf der Nr. 150/151 genannte Winbrenner von 1427 aus der Rebgasse ein Weinbrenner ist. Bei der Winbrennerin vom Spalenberg Nr. 493, die 1502 und 1508 erscheint (auch wenn diese nicht mit Ursula Haffner identisch war), ist es schon deshalb glaubhaft, weil sie die Nachbarin von Hans Elhart dem Weinbrenner ist. Diese »Weinbrenner« können gleichzeitig Weinbrenner als

	Grenze der Altstadt von Basel
① Spalenberg	② Spalenberg	③ Blumenrain
④ Webergasse	⑤ Rebgasse
⑥ St. Leonhardsstapfelberg

Familiennamen gehabt haben, oder ihre wirklichen Familiennamen können uns unbekannt geblieben sein; denn auch später noch nennen die Quellen häufig nur Vornamen und Beruf. Die 1518 am Spalenberg, wiederum im Haus Nr. 493, bezeugte Wÿnprennerÿ wird gewiß von der »Winbrennerin« betrieben, die wir uns als des erwähnten Johannes Elhart Wittib oder Tochter vorstellen möchten, wenn Wÿnprennerÿ nicht sogar, wie in einem anderen Beleg, für Winprennerin steht.

Bei den andern Namen ist Familienname Weinbrenner sicher, noch ausgeübter Beruf Weinbrenner möglich, wie bei dem nur gelegentlich eines Hauskaufs als Nachbar genannten Hans Winbrenner 1428, einem isolierten Vertreter in der Riehenthorstraße[1]. Offenbar ein anderer gleichen Namens ist der aus Freiburg stammende, der 1461 im Haus Nr. 282 der Webergasse in der »mindern Stadt« bezeugt ist. Sehr rühmlich ist das Zeugnis nicht; aber es belastet nicht den Berufsstand der Weinbrenner. Das Gerichtsprotokoll hält fest, daß Hans Winbrenner von Frÿburg der Glaser – dies also sein Beruf – sein Haus überschuldet hat, so daß es der Schaffner des Nonnenklosters Clingenthal kaufen soll. »Das solle man och dem winbrenner verkünden, syd er ein ußburger« (da er kein Bürger von Basel ist!). Nachdem dies ordnungsgemäß geschehen, hat das Kloster das Haus für per summa 37 Gulden gekauft; so wird es »versessener Zinsen wegen« auch durch eine Urkunde des Klingenthaler Klosters vom Mittwoch nach Peter und Paul 1461 bestätigt.

War Hans Winbrenner wirklich nur Glaser? Daß man es auch »dem winbrenner verkünden« soll, könnte dagegen sprechen, weil die Urkunden jener Zeit meist die Familiennamen mit großen, die Berufe mit kleinen Buchstaben schreiben; Hans Winbrenner aus Frÿburg der glaser heißt er in der gleichen Urkunde. Merkwürdig bleibt, daß der sichere Weinbrenner Heinrich Franck ab 1496 im gleichen Haus Nr. 282 erscheint, das als »Haus und Hoffstatt genant Emrach... nemlich das halb Huss und der Teil, so Hansen Winbrenner von Friburg zugehörende und..., mit dem vorderen Huss underschlagen ist«, beschrieben wird. Dieses »Haus Emmerach« bestand also aus einem Vorder- und einem Hinterhaus. Im genannten Jahr 1496 nun verkaufen Heinrich Franck der Weinbrenner und seine Ehefrau Anna, die hier mit ihrer Verkleinerungsform Annelin sin Eewirtin auftritt, »den Frowen des Gotzhuses Clingenthal 1 ℔ und B. Pfg. Gelts von uff und ab iren *zweyen* Husern, aneinander gelegen zu mindern Basel... genant Emmerach..., zinsend bede von Eygenschafft wegen den Frowen des Gotzhuses zů Sant Claren...«.

Mindestens im Jahr 1496 wohnt also nicht nur ein Namensträger Weinbrenner im Hinterhaus der Webergasse 282, sondern einem Weinbrenner gehören beide Häuser oder Hausteile, und dort befindet sich mithin eine Brennerei, solange in der Webergasse gebrannt werden darf, anscheinend bis 1548; denn auf der Rückseite der Urkunde, die wegen der Reichssteuer Heinrich Francks Familie aufzählt, ist er mit einer letzten Zinszahlung verzeichnet. Dann meldet am Lichtmeß 1548 Claus pfliegy der rebman den Verkauf und löst den Zins ab. Grund dafür könnte gewesen sein, daß das Brennen auf die Vorstädte beschränkt wird, wie es der Weinbrennereid nach 1596 festhält.

Im Bereich des Hauses Emmerach tritt zwischen 1496 und 1548 noch einmal ein Johannes Winbrenner auf. Da er nur im Jahr 1507 als Grundnachbar bei einem Hauskauf (der Nr. 285) genannt wird, scheint er nicht näher zu identifizieren. Das Haus 285 grenzt aber unmittelbar an die Nr. 282 und war bis 1425 mit ihm vereinigt, also Teil des »Hauses Emmerach«. Da Nr. 285 zur einen Seite an Cunrat Berting grenzt, kann das Haus zur anderen Seite, also Johannes Weinbrenners Haus, nur die Nr. 282 gewesen sein. Möglicherweise ist Johannes

Weinbrenner ein Verwandter des Weinbrenners Heinrich Franck (dessen Sohn, wie wir wissen, Simon hieß), der im Hinterhaus die Nachfolge des Glasers angetreten hat, und der den Berufsnamen als Familiennamen führt.

Zwischen Meister Rudolf Supper und Jacob Hüsler liegen in der Rebgasse Nr. 181 Haus, Hofstatt und Garten dahinter, für die (1541) Hans Winbrenner dem Spital den Zins zahlt. Dies wissen wir aus einem 1541 angelegten Urbar des St. Petersstifts, dessen erster Teil aus einem früheren Urbar abgeschrieben ist. Bei der Anlage des neuen Urbars wird »Git jetzt Hans Winbrenner vorhin Jacob Hercker Hauptverkoufer« gewissermaßen als Bestandsaufnahme für das Jahr 1541 eingetragen[2], während die alte Eintragung, die übertragen ist, sich auf den Zustand im Jahr 1527 bezieht. 1537 ist es derselbe, aber nun »Hanns Franck genannt Winbrenner der Rebmann«, der jährlich den 1534 erworbenen Besitz zinst, dessen Garten »stosst hinden an den Gang by der stat Rinckmuren« – die alte Ringmauer von Basel. 1561 erfahren wir, daß »Hanß Frangkh gnant Wynbrenner Burger zu mindern Basel und Agtli Vischer sin eefrow« eine Tochter Margretha Frangkh haben und ihr und ihrem Mann jenes Haus »zwischen Jacoben Suppers des brotbekhen seligen und Symon Hüßler des rebmans hüßern« (also in beiden Fällen eine neue Generation der Nachbarn) übertragen. So verzeichnet das Spital in seinem Einnahmenbuch 1561 zum letzten Mal, daß »Hanns Franckh der Rebmann« den Zins zahlt. Ab 1562 tut es der Schwiegersohn, Ulrich Rümlin der Werkhmeister (in der andern Urkunde zýmmerman und werglenmeister genannt).

Warum Hans Winbrenner zu seiner und seiner Frau Lebzeiten das Haus, das er 1534 von Jacob Hercker gekauft hatte, 1561 seinen Kindern vermachen konnte, wissen wir nicht; vielleicht ist es nur eine steuerliche Überschreibung.

Die Rebgasse ist sicher altes Weinbrennerareal; schon der erste Baseler »Winbrenner« (1427) wohnt dort (im Haus neben 150 und 151). Aber die Zeugnisse über den Hans des 16. Jahrhunderts führen auf einen Rebmann (Beruf) von Namen Hans Frank, der aus einer alten Weinbrennerfamilie stammt und Weinbrenner genannt wird. Warum er so genannt wird, läßt sich vielleicht aus dem schon genannten Weinbrennerschwur entnehmen. Es ist aber erwähnenswert, daß bei allem äußerlichen Wechsel (einmal Frank genannt Winbrenner, einmal Winbrenner genannt Frank) es keinmal »Hans Frank der Winbrenner« heißt.

In der gleichen Rebgasse erscheinen Anna Winbrenner und Bärbelin Winbrenner, beide Schwestern des Hans Frank genannt Winbrenner. Im Jahr 1522 verkaufen sie ihr Haus, das einen Teil der alten Nr. 175 bildet, also nur um ein weniges von der Nr. 181 abliegt, in der ihr Bruder wohnt. Vielleicht war es das elterliche Besitztum; wir wissen nicht, seit wann es die Familie Winbrenner besaß.

1516 wird eine »frow Ennelin Winbrennerin die witfrowen« als Besitzerin eines Teils des Hauses Untere Rebgasse Nr. 272 genannt, das sie in diesem Jahr an das Große Almosen verkauft[2]. Ob eine Verbindung zu den Winbrenner in der (Oberen) Rebgasse besteht, ob etwa gar Frau Ennelin die Mutter von Hans, Anna (: Ennelin!) und Bärbelin ist, läßt sich nicht sagen.

Eindeutig ist der beim Verkauf der Badstube als Nachbar genannte Haños Winbrenner der Karrer (1480, am Blumenrain neben der Nr. 111), der deutlich Winbrenner nur als Familiennamen hat. Deutlich scheint aber auch, daß der Karrer den Familiennamen Weinbrenner nicht ganz von ungefähr trägt; denn zweieinhalb Jahrhunderte später taucht das Haus Nr. 111, das 1480 mit Hofstatt und Kesseln an einen Bader verkauft worden war, in den Protokollen des Fünfergerichts auf. Es heißt nun Caffee Haus ob dreý Königen, später Café des Trois

Rois. Das Café wird betrieben von Niclaus Eglin dem Kuefer, der 1734 »besprochen ward wegen brennen und destilliren«; also scheinen die ehemals für die Bäder bestimmten Kessel nachher (und wenn wir Hans Winbrenner den Karrer richtig deuten, auch schon zuvor) mit ihrer Hitze auch der Destillation gedient zu haben. 1769 verkauft dann Niclaus Eglins des Caffee Wirts sel. Wittib »das Caffé Haus sonst das alte Bad genannt«.

Mit den Balneatores, den Badern und Selbadern, verbinden wir vom Namen her unzutreffende Vorstellungen. Sie sind ursprünglich von den Barbieren getrennt und baden nicht nur, sondern in den Badstuben lassen sie die Kundschaft zur Ader, schröpfen, üben wundärztliche Tätigkeit aus und behandeln Verrenkungen und Brüche. Seit im 16. Jahrhundert ihre Zünfte (die Societates balneatorum), mit denen der Barbiere (Tonsores, barbitonsores) verschmolzen sind, verdrängen sie mit ihren Wundbehandlungen allmählich die alten »chirurgi«, deren erster in Würzburg Sifridus Cyruricus, dictus Pfaffenarzet, war und dort von 1312 bis 1321 bezeugt ist. Das gemeinsame Zunftsiegel der Bader und Barbierer zeigt die Heiligen Cosmas und Damian, die Schutzpatrone der Arzneikunst. Ungeachtet der Apothecarii, die seit dem 14. Jahrhundert in allmählich steigender Zahl erwähnt werden, haben die Bader zur Wundheilung (die Öffnung von Pestbeulen durch sie wird ausdrücklich erwähnt[3]) gewiß Medizinen bereitet. Daß dazu auch gebrannte Wässer und Arcana mit gebranntem Wein gehören, nehmen wir an. In manchen Orten erscheinen sie sogar offiziell unter den Destillierern und haben Schankkonzession für ihre Kundschaft.

1471 wird uns Hans Ellhart der Winbrenner an den Spalen mit Agta, Hans Ellhartz des winbrenners frow, und Tochter Elsi im »Glückshafenbüchlein«, dem Register des Hafens von Basel, vorgestellt. Er wohnt an den Spalen Nr. 494 (heute Spalenberg Nr. 28) und entrichtet nach dem Einnahmebuch des Spitals den Fronfastenzins von 1469 bis 1475 in sant Peters Kilchspiel von dem »Hus zum krumen Heberling«. Hans Elhart ist unzweifelhaft Weinbrenner von Beruf; der Zusatz »der winbrenner« sagt es.

Neben seinem Haus liegen Haus und Hofstatt, die »zum halben Rad« genannt werden, und die 1488 Heinrich Ottendorff genant Repphun »um versessen zins« kauft. Es ist deshalb sicher, daß, als Conrat Ottendorff genant Rephun 1502 das gleiche Haus verkauft, die Bezeichnung »zwischen der Wynbrennerin und... gelegen« sich entweder auf die Witwe des inzwischen verstorbenen Elhart, also Frau Agta, oder auf die Tochter Elsi bezieht. Die gleiche Formulierung kehrt 1508 wieder, wo wir auch erfahren, daß das andere Nachbarhaus »zu den drÿen Bergen« heißt, und als statt »der Winprennerin« es 1518, immer für das gleiche Haus am Spalenberg, »zwischen der Wÿnprennerÿ und... glegen« heißt, ist deutlich der Betrieb noch im Gang; angesichts des langen bezeugten Zeitraums von 1469 bis 1518 wohl unter einer neuen Generation.

Das Haus zur andern Seite von Johannes Elharts Haus heißt »Kerinbrot« (= Spalenberg 495), das ihm wiederum folgende »zer gloken«, so daß wir eine Folge von sechs Häusern mit ihren Eigennamen kennen. Von der Nr. 495 erfahren wir 1469, daß die Qotidian zu St. Peters sie an Alexius frÿen den schnider verkauft. Der Schneider wird nicht gebrannt haben; aber Beziehungen müssen zum nachbarlichen »Johannes des Winbrenners hus« von 1469 bestanden haben; denn 1521 klagt laut Fünfergerichtsprotokoll »Hans Schimmel der Buchdrucker contra Ursulenn der Haffeneren an Spalenn, betr. dem Brennofenkamin hinden im Höfflin; ferner wegen einem Mürlin«.

Das Haus, das heute die Nr. 30 am Spalenberg und den schönen Namen »Zum Morgenstern« trägt, war ursprünglich mit der Nr. 28, Hans Elharts Haus, vereinigt. Wir halten es für möglich, daß Ursula Haffner die Weinbrennerei übernahm, möglicherweise sogar die 1502 und 1508 bezeugte »Weinbrennerin« ist, und Buchdrucker Schimmel dem Schneider in das Haus Nr. 495 nachgefolgt ist. Auch im diesem Fall betreibt anscheinend eine Frau das Gewerbe, deren Mann möglicherweise einem andern Beruf nachging.

Daß Frauen Brennereien führen und weiterführen können, ist sogleich wichtig für Claus Schrÿber den Küfer, auch Claus Winbrenner genannt, da er mit Katherina (Cathrin) Wynbrennerin wohl nicht nur die Erbin einer Brennerei am St. Leonhardsstapfelberg geheiratet hat, sondern die Betriebschefin. Sie tritt zuerst 1509 auf, als sie (durchaus selbständig als Katherina Claus Schrÿbers des Küffers Efrau) des verstorbenen Martin von Thann Haus in dem obern Gerwergesslin und an sant Lienharts stegen, das sogenannte Löwlinshus, erwirbt. Nach Eintragungen der Fronfastenzinse von 1521, 1531 und 1543 heißt dieses Haus under Steineck oder Loewlis Hus, und so klärt sich, warum Frau Katherin Winbrennerin auch von 1531 bis 1543 regelmäßig den Zins für das Haus under Steineck zahlt. In diesem Jahr ist sie wohl verstorben und ihr Ehemann, der Küfer, ihr in Besitz und Beruf nachgefolgt; denn 1544 und 1545 wird der Zins von »Claus Winbrenners Hus genant Lowlis Hus« gezahlt. Damit war möglicherweise sein Leben, sicher aber sein Besitz abgeschlossen; denn nach dem Frönungsbuch vom 11. Oktober 1542 hat der Schaffner des St. Lienhardtklosters Clausen Wÿnkremers Hus und Hofstatt..., Lewlis Hus genant, versessener Zinsen wegen gefrönt. Gegen die Pfändung hat Claus, der hier weder als Küfer noch als Weinbrenner, sondern als Weinkrämer erscheint, offensichtlich protestiert; denn am 25. Januar 1543 kommt es zu zwei gleichlautenden Urkunden, in denen den Herren zu St. Lienhart bestätigt wird, daß sie »des Winbrenners Huss« (in der andern »Clausen Wÿnbrenners Hus... und Lewlis Hus genant«, mit Recht an sich ziehen.

Ein erstaunlicher Namenswandel: In dem Augenblick, als Claus Schrÿber der Küfer die Brennerei übernimmt, heißt er auch in den amtlichen Eintragungen Claus Winbrenner, und dies wiederum wechselt ohne Unterschied mit Claus Winkremer[4]. Ob im Haus »Unter Steineck« gebrannt wird oder dort nur die Brennerfamilie wohnt, ist nicht auszumachen.

Durch die Pfändung erklärt sich auch, warum es 1531 heißt, daß Katherin Winbrennerin den Zins gibt, 1544 und 1545 aber das Haus genannt ist (»Claus Winbrenners Hus genant Lowlis Hus git obigen Zins«), weil Claus Winbrenner zu jener Zeit schon nicht mehr Besitzer ist und Frau Anna Beich offenbar erst 1545 das Anwesen erwirbt.

Frau Katherina, deren Betrieb und Erbe damit vertan war, stand zu Lebzeiten auch in Beziehung zum Nachbarhaus, St. Leonhardsstapfelberg Nr. 685; denn 1526 erwirbt sie es von Charlin Prenner dem Münzmeister, der mit seinem Namen »Brenner« von einem anderen Vertreter dieses Berufs stammt. Es ist »zwischen Martin von Thann und den andern der Käuferin hus gelegen«, was man nur so verstehen kann, daß M. von Thann früher, so wie jetzt Frau Katherina, zwei Häuser besaß; denn das eine, das Loewlis Haus = Unter Steineck, hatte sie ja 1509 aus dem Besitz des Martin von Thann erworben.

Frau Katherina Winprenneri (ohne n!) heißt sie hier, als sie Käuferin für drei Jahre oder eher Teilkäuferin wird; denn schon 1529 treten gleich vier Verkäufer des gleichen Hauses auf: »Eucharius Buchholtz zu Nüwenburg, Haus (so!) Frÿg der Rebman, sodan Claus Schriber der Küffer... und seine Frau Kathrina Winprennerin, verkaufen an Hansen Watro den Barethlimacher und seine Frau Sophia, das Haus... zwischen dem andern claus schribers und Martin von Thunn (so!) sel. hus gelegen«.

Den Grund können wir nur erraten: 1524 wird vor dem Fünfergericht die Sache »Das

Lonambt contra der Wynbrennerin, Besitzerin eines Huses am Sant Lienhartsberg, betreffend Gebuw der Kemÿ« verhandelt. Die so stark an *cheminée* erinnernde *Kemÿ* war, was in andern Fällen als Brennofenkamin erscheint. Wenn das Lohnamt Einspruch erhoben hat, kann es eigentlich nur wegen der Feuersgefahr geschehen sein. Wir nehmen an, daß Frau Katherina sich zutraut, die Bedenken auszuräumen, und deshalb das Haus Nr. 685 (teilweise) erwirbt. Als ihr dort die Einrichtung einer Brennerei nicht genehmigt wird, weil die Brennstätten generell aus den Wohngebieten in bestimmte (Vorstadt-)Gebiete ausgelagert werden, stößt sie es wieder ab und brennt in der Nr. 684 weiter.

Da Claus Schrÿber wechselnd Weinbrenner und Weinkrämer heißt, wundert es uns nicht, daß auch Michell Bauler der Wynnkremer am Blumenrain Nr. 95 einen Wynnbrennofen besitzt. Gegen Bauler und Michel Hugell den Zimbermann klagt dieses Ofens wegen 1557 Christen Müller der Küefer vor dem Fünfergericht. Wir wissen nicht, ob es wieder um die Feuersgefahr geht oder um die Konzession, was naheliegt, da der Kläger keine öffentliche Stelle, sondern ein Küfer (die in vielen Städten als Konkurrenten der Brenner auftreten) war.

Gute einhundertdreißig Jahre, von 1427 bis 1561, haben wir die Weinbrenner und die Namensträger Weinbrenner in den Baseler Urkunden verfolgt, um deutlich zu machen, welch reichen Gewinn das gleiche Unterfangen in andern Städten ebenso wie das Weiterverfolgen von 1560 bis in die Gegenwart bringen würde.

Nichts über eine Organisation, charakterisierten wir zu Eingang die Baseler Quellen. Es gibt aber ein Zeugnis, das, ohne eine Zunftordnung zu sein, inhaltlich reicher ist als die Mehrzahl der erhaltenen Ordnungen. Diese Vorschrift der Canntzley Basel (jetzt im Staatsarchiv ebendort) aus der Zeit zwischen 1596 und 1609 mit der Marginalie »Weynn brennen« legt fest, »Was die schwören und halten sollen, die gebrannten Wein brennen«.

Den Küfern und Weinschenken ist das Brennen verboten. Eine eigene Brennerzunft gibt es nicht, sondern die Weinbrenner sind in die »Kleine Zunft der Weinleute« korporiert (neben der »mindern« bestand vielleicht eine große für die hauptberuflichen Rebleute).

In der Stadt darf weder rechts noch links des Rheins gebrannt werden, sondern es sind feste Brennstellen[5] bestimmt. Auch an diesen sind die Brennöfen feuersicher anzulegen und werden inspiziert.

Wie ernst die Feuersgefahr angesehen wird, folgt daraus, daß dem einleitenden »sie sollen schwören, den Wein nicht in ihren Häusern zu brennen«, am Ende noch einmal »sie sollen auch keine Brennöfen in ihren Häusern haben« angefügt wird. Jeder Wein soll mindestens zweimal gebrannt werden, »damit er recht geläutert sei und ein jeder für sein Geld bekomme, was ihm zusteht[6]. Alles aufrichtig[7], auf ehrbare Weise und ohne Hintergedanken[8]:

»Was die schweren vnnd halten sollen die gebranten wein brennen.
Alle die, so gebrenndten wein brennen, sollendt nit wein schennckhen, noch Küeffer sein, vnnd dannocht der wÿnleutgenn mindrer Zunfft han, vnnd darzue schwerenn, den wÿn nit in Irenn heuseren zue beiden Stätten[9] sonder allein ahn den nachbestimpten vnnd sonst keinen anderen Ohrten zuebrennen, das ist zue St. Alban bey den Müllenn, Item in Steinen Vorstatt vnnd ihensyth[10] Rhÿns zwischen den Tÿchen auft Rappoltzhoue, vnnd dann solchen Ennden, die Brennöfen nach erkanndtnus der Fünferherren[11] dermassig besorgen vnnd ahn sichere ohrt machen damit wa feuwr auffgienge, das Gott gnediglich abwennde, meniglicher daruor sicher wehre.

Sÿe sollendt auch keine Brennöfen in Iren heußern annderst dann ahn obbestimpte ohrten bey peen[12] eines Marckhs Silbers haben vnnd den wein recht vff sein statt brennen vom ersten Brannd der so zue letst lauther laufft nit vnnder den andern geleuterten wein müschen, sonnder eheuor Jeden wÿn zue dem wenigisten zweÿ mahlen brennen, damit er Recht geleuthert vnnd einem Jeden vmb sein gelt werde, was pillich seÿe. Alles auffrecht, Erbarlig vnnd ohne geferdt.«

Eine Fülle nützlicher Information, wenn wir richtig interpretieren. Da die Brenner mit den »Weinleuten«, also den Weinkrämern, in einer Zunft zusammengeschlossen sind, wird es einleuchtend, daß 1557 Michael Bauler der Weinkrämer einen Brennofen besitzt und bei Claus Schrÿber 1542/43 die Bezeichnungen »Weinbrenner« und »Weinkrämer« wechseln. Weinbrenner kann aber Claus Schrÿber erst werden, als er seiner Frau im Gewerbe nachgefolgt und folgerichtig, da ein Küfer nicht brennen darf, aus der Küferzunft ausgeschieden ist.

»Der Weinleute mindere Zunft« hat wohl nicht die Rebleute umfaßt. Wäre es anders, könnte sich Hanns Franckh der Rebmann den wiederholten Zusatz »genannt Weinbrenner« dadurch verdient haben, daß er im Gegensatz zu andern Winzern auch Wein brannte.

Der wesentliche Inhalt kreist um die Feuergefahr, die es notwendig macht, das Brennen – unabhängig von den Wohnstätten – auf bestimmte Gegenden der Stadt zu beschränken. Vorstufen dazu sehen wir in den Prozessen von 1524 gegen Frau Katherina, der offenbar der Bau der »Kemÿ« – das heißt die Einrichtung einer Brennerei – am Sankt Lienhartsberg abgeschlagen wird, und vorher schon gegen Frau Ursula Haffner, die im Hinterhof einen Brennofen betreiben wollte, was ihr trotz dem anscheinend zur Sicherung gegen Feuergefahr errichteten Mäuerchen nicht gelingt.

Der Schluß ist die Brennvorschrift, den Nachlauf des ersten Brannts, vor allem die schon übergehende wässerige Substanz, nicht unter das Destillat zu mischen und jeden Wein mindestens zweimal zu brennen, damit jeder für sein Geld einen gerechten Gegenwert erhalte. Darin und in der Schlußformel ist etwas vom Appell an die Ehre des Kaufmanns zu verspüren, den wir in mancher Zunftordnung schmerzlich vermissen.

Item an den zweyn enden wine bornen lassen, da die schornstein versichert
sin (Frankfurter Bürgermeisterbuch, 28. Juni 1487).

Die Zünfte der Brannthändler und Weinbrenner

»Worauf die Branntweinbrenner beschlossen, sich zu einer Zunft zusammenzuschließen und ihre Angelegenheiten selbst in die Hand zu nehmen« – nein, so einfach geht es nicht. Die Gründung einer Zunft ist ein hoheitlicher Akt; sie kann verweigert werden, wofür wir Beispiele geben, oder von Bedingungen abhängen, die die »Freiheiten« der Zünftigen stark einschränken. Ist aber der Zusammenschluß gelungen und besteht ein gutes Verhältnis zur Obrigkeit, kommen die Zünfte bald zu Einfluß, der bis zur Steuerung des städtischen Gemeinwesens durch sie gehen kann.

Den Städten verdanken die Zünfte überhaupt ihre Entstehung, und da uns teilweise noch altertümliche Zustände begegnen, müssen wir ein Wort über die Anfänge sagen. Sie reichen weit zurück; von Zünften der Tuchscherer und Krämer wissen wir in Hamburg schon 1152, der Gewandschneider (Tuchhändler) in Magdeburg 1153 und der Schuhmacher dort 1157. Zünfte, Innungen, Nahrungen, Zechen haben die Handwerker; »Gilden« heißen die Korporationen der Kaufleute und Krämer. Wer Mitglied einer Zunft werden will, muß nachweisen, daß er ehelich geboren, ehrlichen Standes und Herkommens und christlicher Religion ist. Den Juden verschafft erst das Edikt vom 10. Juni 1813 Zutritt zu den Zünften. Protestanten geht es in katholischen Gegenden vielfach nicht besser; sie werden erst nach dem Deputationshauptschluß von 1803 aufgenommen. Bis 1731 ist den Kindern der Gerichts- und Stadtknechte, Feldhüter, Nachtwächter und vieler andern der Zugang versperrt.

Die Handwerker wohnten in den Städten, armselig zuerst, häufig weitab von den Zentren. Um ihre Produkte verkaufen zu können, errichten sie »Bänke« nahe den Kirchen und Rathäusern, die, überdacht und mit Wänden versehen, zu »Lauben« und verschließbaren »Läden« werden. Die Obrigkeit, die den Zünften allmählich einen festen Platz im Gemeinwesen geben muß, beaufsichtigt, beschränkt und sucht vor allem diejenigen zu kontrollieren und in Schranken zu halten, die, wie unsere Weinbrenner, Lebensmittel herstellen und verkaufen.

Die Zünfte haben aber ein Faustpfand im Verbietungsrecht, dem *ius prohibendi,* das auch in unsern Schilderungen merkwürdige Blüten treibt. Der »Zunftbann« erlaubt es der Zunft und jedem ihrer Mitglieder, jedem nicht der Zunft Angehörigen den Gewerbebetrieb wie auch die Anlegung von Produktionsstätten zu untersagen. Anfänglich geht das Recht so weit, daß sogar der Betrieb von Gewerben, für die eine städtische Zunft besteht, auf dem Land oder in einer gewissen Entfernung von der Stadt, und das Hereinbringen von Waren in den Stadtbezirk (außer während der Kirchweih usw.) verboten ist.

Um das Verbietungsrecht ausüben zu können, haben die Zünfte das Pfändungsrecht. Arbeiten, die von Unberechtigten in der Stadt unternommen oder von draußen hereingebracht werden, dürfen sie selbst wegnehmen. Die Nahrungsgewerbe sind außerdem berechtigt, von dem Käufer, der nicht bar bezahlen kann (»beraiten pfenning« hat), Pfand zu verlangen und es selbst zu verkaufen, wofür sie an den Stadtrichter eine Gebühr abführen.

Die Landhandwerker dürfen zuerst nur Flickarbeiten ausführen. Nach langen Mühen werden sie bei den Stadtzünften »eingezünftet«. Dessenungeachtet dürfen sie aber, häufig bis tief in das 18. Jahrhundert, keine Gesellen und Lehrlinge halten, nicht in die Stadt hineinarbeiten, die Wochenmärkte nicht beschicken... Auch in den Städten gibt es keine freie Lieferantenwahl. Kein Meister darf das von einem andern Meister begonnene Werk übernehmen, ein Kunde entweder gar nicht oder erst nach Verstreichen einer Aufkündezeit seinen Meister wechseln. Lauter Beschränkungen, die bis ins 19. Jahrhundert, als die Bannrechte, die praktisch Monopole sind, aufgehoben werden, eine freie Gewerbeentwicklung oft unmöglich machen.

Zunft gehört sprachlich zu »sich geziemen«; sie ist das Gesetzmäßige, Schickliche; dann die Regel, nach der eine Vereinigung zu leben hat, und wird daraus diese Vereinigung (der Handwerker) selbst. Wenn mittellateinische Urkunden das Wort mit *monopolium* übersetzen, halten sie damit zugleich den Zunftzwang fest. Die Zusammenschlüsse sind festgefügte Ordnungen, die von der Obrigkeit formuliert werden oder von ihr genehmigt werden müssen und außerhalb derer es keinen Platz für die Ausübung des betreffenden Berufs gibt (von den wenigen »Freimeistern« können wir absehen).

Das Zunftwesen erwuchs aus guten Absichten und sollte gute Wirkungen haben, wie die Sicherung des Einkommens der Zünftigen und annehmbare Preise für die Verbraucher. Aber auch bei den Weinbrennern zeigen sich die unguten Begleiterscheinungen; die Versuche der Zunftgenossen, die Konkurrenz loszuwerden und unerwünschte Einfuhren zu verhindern; das Bestreben der Obrigkeit, durch die Einspannung der Zünfte die städtischen Einnahmen zu sichern (mit dem Ansporn zum Beispiel, daß ein Drittel der Strafe erhält, wer die Steuerverkürzung eines Kollegen meldet...).

Wer meint, die Zunft der Branntweinbrenner, wo immer sie errichtet wird, hätte sich mit dem *ius prohibendi* die Konkurrenz vom Hals halten können, wäre schlecht beraten. Da von Stadt zu Stadt die Entwicklung anders läuft, greifen wir München heraus, weil dort das Bild so schön bunt ist. In dem Beitrag über die Entwicklung des Brennens in jener Stadt gehen wir bis in die gute alte Zeit zurück, als jeder brennen durfte. Hier ist unser Anfangsjahr 1575, als eine Zunft der Branntweiner (und der Methschenken) errichtet wird, die am 8. April Zunftsätze erhält. Die Branntweiner erhalten am 5. Mai 1751 eine neue Zunftordnung; wir werden sehen, wieviel inhaltsreicher die alte ist.

Nach gängiger Ansicht sind 1575 die Branntweiner und Metschenken in einer einzigen Zunft zusammengeschlossen worden. Wir glauben es nicht. Die Entwürfe von 1571 und 1575, die uns erhalten geblieben sind, deuten darauf hin, daß sie gleichzeitig das Zunftrecht erhalten und versucht wird, die Bestimmungen gleich zu halten. Am Rand steht aber laufend »beide« oder »M. allein«, und eine Zahl von Artikeln, die fast die Hälfte des Dokuments ausmacht, betrifft nur Metschenken (und die mit diesen seit alters in Wechselwirkung stehenden Lebzelter), hingegen nicht die Weinbrenner, die am Ende der Ordnung für sich allein noch ein paar Bestimmungen erhalten.

Bis ins 16. Jahrhundert ist Met das bayerische Volksgetränk; erst dann verdrängt ihn das Bier. Met (Meet, Medt, Meth, Meeth) ist ein aus mit Wasser verdünntem Honig, teilweise Honig mit Wein oder Honig mit Bier und andern Stoffen bereitetes Getränk. In Frankfurt am Main wird er bei seiner ersten Erwähnung 1299 ebenso wie Wein und Bier in Wirtshäusern ausgeschenkt. Bier ist zwar uralt, aber seine Herstellung eigentlich kein Gewerbe, sondern jede Haushaltung bereitet sich das Bier für ihren Bedarf. Gebietsweise kommt es deshalb erst spät zu Zünften der Brauer.

Herstellung und Verschleiß des Mets sind ursprünglich frei; aber schon 1543 wird er bei der Einführung des Getränkeaufschlags mit erfaßt und bleibt auf Dauer aufschlagpflichtig. Zehn Jahre später führt das Landrecht die amtliche Metbeschau ein, und 1575 beschließt der

Stadtrat den Zunftzwang. 1616 wird das Metsieden auf dem flachen Lande verboten. In München ist es fortab Anhang der Lebzeltergerechtigkeit.

Seit 1575 darf niemand, der nicht der Branntweinerzunft angehört, mit Brannt Handel treiben. Das wird am schärfsten formuliert in einem Mandat vom 10. Mai 1730, das rigoros befiehlt, sowohl die unberechtigten Brennereien wie die Zapflereien mit Ausreißen der Kessel und Wegnahme des Brannts und Geschirrs abzustellen.

Wir sind in der glücklichen Lage, aus dem Jahr 1571 eine Vorlage zur Ordnung von 1575 zu besitzen, die durch ihre Zusätze zeigt, daß die vorgesehenen Bestimmungen eingehend erörtert wurden. Auch die Ordnung von 1575 zeigt in ihrer handschriftlichen Überlieferung noch Zusätze und Erläuterungen, aus denen deutlich wird, daß angestrengt nach einer Form des für beide, Rat und Branntweiner, erträglichen Zusammenlebens gesucht wird – ein wohltuender Unterschied zu späteren Ordnungen, von denen wir auch ein Beispiel geben werden. Die 1575 in München erlassene »Sätz vnd Ordnung der Metschenckhen vnd Prantweiner«[1] beginnt mit der Feststellung: »Als bisheer das Metschenckhen, welcher dermassen Methsieden khünnen, das man Ime denselben in der Statt vnd auf dem Land abkhaufft Item auch der prantwein handl etlicher massen frei vnd nit zünfftig gewest, auch nit Sätz vnd Ordnung ghebt, dardurch allerlai vnordnung eingerissen, Welches ein E(rwälter) F(ürsichtiger) E(rsamer) M(ünchner) Rathe alhie solcher gestalt lenger nit gedulden oder gestatten wellen, derwegen hat Er den Metschenckhen vnd Prantweinern nun hinfüro wie andern Zunfften die Zunffts gerechtigkait zuegelassen. Auch hiemit Sätz vnd Ordnung gegeben, also das sich nun mer khainer des Metsieden vnd ausgebens noch des Prantwein handls nit vnderfahen sol, Er hab dann die Zunfft bei ainem Ersamen Rathe alhie erlangt vnd aufbracht vnd auf hernach beschribne ordnung die Pflicht than, auch an Gemainer Stat Camer vnd in die Zunffts Püchsen erlegt, was die ordnung vermag.«

Die im folgenden häufig genannten *prantweiner* sind also die Brannt*händler;* nur der *prantwein handl* wird durch die Schaffung einer Zunft geregelt. Das erklärt, warum 1618 und 1633 zwei verschiedene Zünfte bestehen, die Branntweinschenken und die Branntweinbrenner. Auf Brenner nimmt die Satzung keinen Bezug; sie werden erst in einem angehängten Nachtrag erwähnt. Die Zünftigkeit hat zum Ziel, daß künftig sich keiner mehr des Metsiedens und -ausgebens noch des Brannthandels unterstehen soll, wenn er nicht bei einem Ehrsamen Rat die Zunftgerechtigkeit erlangt hat. Daß sich dies auf *eine* Zunft für beide Berufe bezöge, kann dem Text nicht entnommen werden.

Schon in der Einleitung wird die Pflicht, sowohl in die Stadtkasse wie die Zunftlade[2] zu zahlen, verankert.

In der folgenden Wiedergabe des wesentlichen Inhalts lassen wir die Metschenken (die auch die Metsieder einbegreifen) aus, soweit sie nicht für den Zusammenhang wichtig sind.

1. Die Branntbeschauer und Ältesten[3] der Brannthändler, die Zunft insgesamt und jeder Zunftgenosse einzeln haben die folgenden Vorschriften gehorsam und getreu zu befolgen (»bei vermeidung aines Ersamen Raths schwärer vnd vnablässlicher straff«).

2. Niemand wird in die Zunft aufgenommen, der nicht von seinem Geburtsort den Nachweis erbracht hat, daß er ehelich geboren, fromm und wohl beleumundet[4] und in Ehren fortgezogen[5] ist.

3. Ebenso muß er zuvor der Stadt Genüge getan und das Bürgerrecht[6] von München ordentlich erlangt und bezahlt haben.

4. Dies entfällt für den, der eines Bürgers Sohn ist oder eines Münchner Zunftgenossen Tochter, Witwe oder sonst eine (Münchner) Bürgerin oder Bürgerstochter heiratet[7].

5. Wer zuvor keine Zunftgerechtigkeit hat, muß, wenn der Rat ihn zur Zunft der Prantweiner zuläßt, sogleich sich bei den Kämmerern melden und in die Stadtkasse 8 Pfund, in die Zunftkasse 4 Pfund Denare (Pfennige) zahlen.

6. Nur die Hälfte dieser Beträge hat zu entrichten, wer die Zunftgerechtigkeit von seinen Eltern ererbt hat oder dadurch erlangt, daß er eines verstorbenen Zunftgenossen Witwe oder Tochter heiratet. Ausdrücklich wird bestimmt, daß jedes Prantweiners Sohn, Tochter oder Witwe ebenso wie die, die sie heiraten, die gleichen Zunftrechte besitzen, die ihre Eltern oder Ehegatten gehabt haben (jeder von diesen kann die Rechte also auch auf seine Ehegatten oder seine leiblichen Nachkommen vererben).

7. Wenn aber jemand die Zunftgerechtigkeit erkauft[8] oder erheiratet, der schon aus einer früheren Ehe Kinder hat, erwerben diese die Zunftgerechtigkeit nicht, sondern allein die von ihm nach der Einheirat erzeugten.

8. Jeder Prantweiner soll (außer seinem Bürgerrecht) auch eigenen Herd[9], eine feste Wohnung und ein Eheweib haben (es sei denn, er wäre verwitwet)[10].

9. Wer vom Rat in die Zunft aufgenommen wird, soll den bestellten »Führern«, die ihn zur Ratsverhandlung begleitet haben, 2 Gulden Rheinisch und ein Frühstück[11] geben, aber nicht mehr.

10. Aus der Zunftlade (oder durch Zusammenlegen aller Zunftgenossen zu gleichen Teilen[12]) sollen sogleich[13] gekauft und fortab in gutem Stand gehalten werden: 2 Spieße, 2 Hellebarden, 4 Flinten oder Büchsen[14]; ferner 4 Schaufeln, 2 Spitzhacken[15] und 2 einfache Hacken, so daß diese Gegenstände auf Ersuchen des Rats jederzeit mängelfrei vorgelegt und besichtigt werden können.

11. Wie den andern Zünften und Handwerkern sind auch den Brannthändlern Absprachen[16], heimliche Praktiken und Verbindungen verboten. Sie dürfen auch einander nicht Bußen oder Strafen festsetzen, aus der Zunft ausschließen oder sonst etwas unternehmen, was ihnen nicht vom Rat erlaubt oder befohlen ist.

In diesem und den folgenden Paragraphen kommt zum Ausdruck, wie besorgt der Rat um seine Rechte, aber auch gegenüber der Gefahr von Geheimbündelei ist. Er will alles bis ins kleinste in der Hand behalten; dafür werden fünf Paragraphen benötigt, und die Bedrohung für Zuwiderhandelnde geht bis zum Entzug der Zunftgerechtigkeit. Der nur hier erscheinende Zusatz »wie auch bei andern Zunfften vnd handwerckern alhie« unterstreicht es. Wir würden ihn viel nötiger finden, wo die »vierer« auftauchen; denn offenbar gibt es für alle Zünfte gültige Vorschriften hinsichtlich Wahl und Obliegenheiten von Ältesten und Beisitzern, Zunftlade, Kassenverwaltung, Rechnungslegung usw. Sie werden hier vorausgesetzt, während sie in späteren Ordnungen den wesentlichen Inhalt ausmachen.

Das Generalprinzip ist: Was der Rat den Zünften in der Ordnung nicht ausdrücklich zugestanden hat, ist ihnen verboten. Deshalb

12. dürfen die »Führer« (vierer) auch keiner Absprache wegen zusammenrufen, sondern eine Einberufung darf nur aus satzungsgemäßen Gründen erfolgen.

13. Auch die Ältesten der Brannthändler dürfen in ihrer Zunft und bei ihren Zunftgenossen nichts Strafbares oder durch Buße zu Sühnendes[17] durch Vergleich beilegen[18] oder schlichten[19], wenn dies Sache der Obrigkeit ist. Alle Vergehen – auch die, von denen sie erst später Kenntnis erhalten – haben sie an den Rat, wohin sie gehören, zu verweisen und anzuzeigen,

aber nicht selbst darin tätig zu werden. Widrigenfalls werden sie außer der Strafe durch den Rat mit dem Verlust der Zunftrechte bedroht.

14. Wenn im Namen des Rates auf einer Versammlung Frieden zu halten geboten und das Gebot nicht gehalten wird, sind die, welche sich so vergehen, durch die gewählten Führer dem Rat mit genauer Darstellung des Sachverhalts anzuzeigen. Der Rat wird über sie die Strafe verhängen, die auf Friedensbruch[20] steht.

15. Wer innerhalb der Zunft etwas[21] hört, sieht oder sonstwie erfährt, was gegen die Landesherrschaft, den Rat oder das Wohl der Stadt ist und woraus Schaden erwachsen könnte, darf es einem Ehrbaren Rat und Bürgermeister nicht verschweigen, sondern muß es getreu und »förderlich« (so daß es verfolgt werden kann) anzeigen.

16. Wenn eine Zunftversammlung[22] angesetzt ist (was aber ausschließlich gemäß den Satzungsvorschriften geschehen soll), hat ein halbes Pfund Wachs in die Zunftlade zu zahlen, wer ohne triftigen Grund[23] nicht erscheint, bis ein Kerzenlicht ausgebrannt ist[24], derer man zwei für einen Heller kauft.

17. Liegt aber etwas Wichtiges vor, besonders etwas im Auftrag des Rats zu Behandelndes, darf die Einladung mit Genehmigung des Bürgermeisters die Androhung der Ratsstrafe enthalten. Wer dann nicht erscheint, soll von den Führern beim Rat angezeigt werden, der ihn gebührend strafen wird[25].

Nach diesen 17 Paragraphen, die die Generalia regeln, folgen:

18. Eich der Kanntten vnd Maß betreffend.

19.–23. Verpotne Zeit des schenckhens (was als Überschrift unzureichend ist; denn es werden auch andere Probleme behandelt).

24.–39. Von der Bschau des Mets (was nichts mit der Ordnung für die Prantweiner = Brannthändler zu tun hat).

40. Der Metgschauer pflicht vnd glüb (desgleichen).

41,–49. Von dem vmbgelt (desgleichen).

50.–54. Von der Beschauer besoldung (desgleichen); mit einem nicht numerierten Nachtrag: Von dem Wags (desgleichen).

55.–57. Den Hönig Khauff betreffent (desgleichen).

Erst dann, ganz am Ende der Ordnung, tragen die §§ 58–61 die Überschrift

Die Prantweiner allain betreffenndt,

gefolgt von einer Ergänzung, die zum erstenmal das Brennen betrifft: Von dem Prantwein so alhie prent werdet. Daß es sich um einen Nachtrag handelt, ergibt sich schon aus dem Fehlen einer Nummer. Dies gilt ebenso für den Schlußabsatz: Bschlüs der metschenckhen vnnd Prantweiner Zunfft. Beide Nachträge sind wie die Vorbemerkung und die Marginalien von dem 1554 bis 1575 nachweisbaren Stadtschreiber Magister Martin Gruber geschrieben worden; die übrigen Teile stammen von einer andern Schreiberhand. Es ist daher zu vermuten, daß die Brenner keine Mitglieder der Branntweinerzunft waren[26].

Wer maßweise verkauft, hat die Kannen und Maßgefäße, darin er Brannt abgibt, zu dem vereidigten Zinngießer zu bringen (folgt Beschreibung der Eichprozedur) und darf von keinem ungeschauten oder ungeeichten Gefäß ausgeben, es sei klein oder groß. Wer dem zuwiderhandelt, soll zur Buße jedesmal ein Pfund Denare zahlen. Der Rat behält sich vor, je nach der Schwere des Vergehens noch strenger zu strafen.

Die folgenden Paragraphen[27] betreffen das Gästesetzen zur Nachtzeit[28] und an Feiertagen und damit nur die Metschenken, nicht die Prantweiner, denen das Gästesetzen generell verboten ist. Bemerkenswert ist der Sinn für Gerechtigkeit: Im Prinzip müssen der Metschenk und seine Gäste Buße zahlen. Kann der Metschenk auf seinen Eid nehmen, daß die Zecher wider seinen Willen die Polizeistunde überschritten haben und er ihnen nichts mehr nachgeschenkt hat, müssen sie die Buße für ihn mitbezahlen. Umgekehrt zahlt der Metschenk die Strafe für Gäste mit, denen er zwischen Palmsonntag und Ostersonntag zu trinken gegeben hat, wenn sie beeiden können, daß sie nicht von ihm auf die Sperrzeit hingewiesen[29] oder abgewiesen worden sind.

22. Die Prantweiner sollen die städtischen Diener, wenn sie befehlsgemäß bei ihnen erscheinen, jederzeit bei Tag und Nacht gern und willig einlassen und weder mit Worten noch mit Werken antasten (Strafe[30] ein Pfund Denare).

Diese Bestimmung steht verloren im Metschenkbereich; denn von §§ 23 bis 57 sind Metbeschauer und Umgeld, Wachs und Honigkauf an der Reihe. Voraus geht eine Bestimmung (§ 23), die es verbietet, junge Leute auf Borg trinken zu lassen, damit ihnen »nit vrsach gegeben werde zuuerschwendtlicher Schwölgerey, trunckhenhait vnd andern daraus fliessenden lasstern«. Da es in der Ordnung nur um Brannthändler geht, betreffen diese Bestimmungen ebenso wie die über Met, der mit unerlaubten Zutaten gesotten ist (»der auch den Khopf vnd die sinnligkhait hart angreifft vnd verletzt«), nur die Metschenken; »es soll auch alsbald solcher Medt offenlich an der gassen oder in den Pach verschütt werden«[31]; ebenso die über »den« Wachs, an den keine »vnflettige herd« gelassen werden darf[32].

Mitten in der Metbeschau steht ein Nachtrag »Der Met- vnd Prantweingschauer säz vnd ordnung«, dessen Zuordnung nicht deutlich ist. Er spricht die selbstverständliche Erwartung des Rats aus, daß die bestellten Schauer ihren Pflichten gehorsam und getreu (bei vermeidung aines Ersamen Raths vnerlässlichen straff) nachkommen sollen. Das ist entbehrlich, da es nachher viel präziser formuliert ist.

Über den Einzelfall hinaus ist die Bestimmung in § 36 bedeutsam: »So den geschauern etwo ain Medt furkhumbt an der Beschau, der sy argwenig gedunckht vnd doch den mangl oder betrug nit genuegsamlich erkhennen khönnen, so haben sy guete macht, ainen Medt aus dem Kheller hinweckh zetragen, nach den Vierern zeschickhen vnd Inen bei Iren Pflichten zuezesprechen, das si anzaigen, was der Met für Mengl hat.«

Die Ältesten sind also ausdrücklich verpflichtet, gutachtlich tätig zu sein, und die Beschauer haben Gewalt, Verdächtiges zu beschlagnahmen.

Den gleichen Eindruck grundsätzlicher, für alle gültiger Regelung macht § 37 mit seinem formelhaften »(Die beschauer) sollen hierinn nicht ansehen, weder muet, gab, gunst, lieb, freundtschafft, feindtschafft, Neid, haß, vngunst oder dergleichen, bei Ratsstraff, sonder allenthalben Iren bessten verstandt nach, Armen vnd Reichen gleichlich handln vnd niemandt zuuerschonen«. Solche Vorschriften berichtigen – möchten wir hoffen – die gedankenlos nachgeplapperte Meinung, die Ordnungen des Mittelalters hätten nur den Reichen gedient.

Denselben erfreulichen Eindruck vermittelt auch der Colmarer »Brandenweinschauer Eẏdt« von 1698, der bei seiner Aufzeichnung sicher schon zweihundert Jahre alt ist:

»Ihr sollet schwören einen Leiblichen Eẏdt zu Gott, den Brandenwein recht zu schauen und zu kẏeßen, darin Niemandt, wer das were, aus freundt- oder Feindschafft anzusehen, sondern den Brandenwein, sooft Ihr deßhalben erfordert werden, dem Geschmackh, Farben, undt aller seiner benöthigten qualiteten undt Eigenschafften nach, als Erbar, unsträfflich, undt Kauffmannsguth, zu rechter Prob zu kießen, auch soll keiner seinen Brandenwein selbst kiesen, sondern durch einen anderen Brandenweinschauer kiesen laßen; alles getreulich – sonder gefährte undt argelist.«

Mit § 58 beginnt der »Die Prantweiner allain betreffenndt« überschriebene Teil, der im Rahmen der Ordnung bleibt; denn er bezieht sich wieder nur auf die Händler.

58. Wer in die Zunft aufgenommen ist und mit Brannt Handel treiben will, soll ab jetzt allen Brannt, den er in Gebinden[33] oder Fässern kauft und wieder so verkaufen will, auf dem Weinstadel lagern und der Stadt das übliche Lagergeld[34] davon bezahlen. Keiner mehr darf Brannt in Gebinden in seine Behausung verbringen lassen, wenn er ihn in Gebinden weiter verkaufen will.[35]

Wenn aber ein Brannthändler aus einem Faß mit Brannt maßweise ausschenken will, sollen die bestellten Beschauer diesen Brannt visitieren und nach seiner Güte den Preis festsetzen. Zugleich soll der Reißer das Faß reißen[36]. Der Prantweiner soll jede Quatember[37] davon das festgesetzte Ungeld bezahlen und sich genau so verhalten, wie es durch die Ungeldordnung mit den Landweinen – und auch vorstehend für den Met – geregelt ist. Dabei soll allerdings berücksichtigt werden, daß der Brannt mehr bringt als der Landwein[38].

60. Jeglicher auf unrechtmäßige Art hergestellte Brannt, der für (echten) Brannt ausgegeben wird und den Menschen schädlich ist, auch bei den Frauen Geburten zur Unzeit (Frühgeburten) und die »Wegwerfung«[39] der Kinder (*abortus*) fördert, wird gänzlich verboten und darf hier weder zum Kauf bereitgehalten noch ausgegeben werden. Der Zusatz »bei leibs straff« zeigt, wie ernst der Rat die Branntverfälschung auch bei den Händlern nimmt.

61. Die Prantweiner – also wiederum die Händler – sollen Brannt nicht unter einer ganzen oder halben Maß ausgeben und weder in ihren Häusern jemand zum Trinken setzen noch heimlich oder öffentlich denen Konkurrenz machen, die Brannt glasweise[40] ausschenken dürfen. Hingegen dürfen sie bis herab zu einem Vierteleimer oder jeweils einer oder zwei Maß Brannt auf das Land in Gebinden oder Fässern verkaufen, ihn an die Kleinhändler veräußern und einem Biedermann, der ihn zur Arznei braucht, ein oder zwei Maß – bis zu einem Vierteleimer – geben[41].

62. Den Beschauern stehen je Eimer Brannt, der aufs Land geliefert oder in München verkauft und hier verungeltet wird, 5 Denare Beschaugeld zu[42].

63. Wenn den Brannthändlern aus Weizen, Gerste oder derlei Getreide hergestellter Brannt angeboten wird, haben sie es unverzüglich der Obrigkeit anzuzeigen und keinesfalls zu verschweigen[43], damit der Brannt konfisziert und andere notwendige Bestrafung in die Wege geleitet werden kann. Das gilt für auswärts hergestellten, besonders aber – wegen des grundsätzlichen Verbots – für einheimischen Kornbrannt.

Hier endete der Entwurf wohl; was folgt, ist eine nachträglich angehängte Ergänzung: *Von dem Prantwein so alhie prent werdet.* Das Brennen ist wegen seiner Bedeutungslosigkeit ursprünglich gar nicht in die Ordnung eingebunden gewesen. Das läßt darauf schließen, daß aller Brannt eingeführt wurde (Augsburg und Freysing sind in einem andern Dokument ausdrücklich genannt) und deshalb kein Bedürfnis nach einer Brennerzunft bestand.

Diese Auffassung wird erhärtet durch die minimalen Mengen: schon wenn ein Vierteleimer – oder höchstens ein halber Eimer – Brannt fertig ist, müssen die Beschauer in Tätigkeit treten. In die gleiche Richtung weist, daß für das Brennen eines »unrechtmäßigen« Brannts keine Geldstrafe vorgesehen ist, sondern nur völliges Verbot und Betriebsschließung; dem Rat liegt also nicht sonderlich an diesem Gewerbe. Das gleiche Mißtrauen zeigt sich, wenn an der Zulässigkeit Zweifel besteht: falls gleich alle drei – der Beschauer, der Ungelter und der Ungeltschreiber – zu keiner Entscheidung kommen, müssen Bürgermeister und Rat weitere Sachverständige zum »Cösten vnd Probieren« aufbieten.

Die Bestimmung, die sich schon durch das Fehlen einer Nummer als nicht zur Zunftordnung gehörig erweist, lautet neudeutsch:

»Da etliche Leute hier aus Wein- und Bierhefen[44] Brannt brennen und an die Prandtweiner verkaufen[44], sollen die bestellten Beschauer auch diesen Brannt beschauen und nach seiner Güte den Preis festsetzen, wobei aber der Brannt aus Bierhefen nicht so teuer wie der aus Weinhefen angesetzt werden soll.

Die Beschauer sollen ebenso wie die Umgelter und ihr Schreiber für die hiesigen *Prandtwein Prenner*[46] ein besonderes Register führen, und sooft einer Brannt beschauen läßt, sollen sie in dies Register eintragen, wieviel dem Brenner an dem betreffenden Tag geschaut wurde.

Sobald ein Branntweinbrenner einen Vierteleimer oder im Höchstfall einen halben Eimer gebrannt hat, soll er es den Umgeltern oder dem Umgeltschreiber glaubhaft[47] anzeigen, damit er (der Brenner) das Umgelt an die Umgeltkasse[48] gebe, wie es die Branntweinhändler auch tun müssen.

Wenn ein Branntweinbrenner seinen Brannt ungeschaut und nicht nach der Vorschrift[49] verkauft, soll ihm das Brennen verboten und der Betrieb geschlossen[50] werden.

Ebenso sollen die Brenner sofort der Obrigkeit melden, wenn sie erfahren, daß jemand unerlaubten und schädlichen Brannt brennt, der zur Abtreibung führt und zu ähnlichem[51].

Und wenn sie (diesmal die Beschauer und Umgelter) nicht erkennen können, ob ein Brannt zulässig oder schädlich sei, sollen sie ihn vor Bürgermeister oder Rat bringen, ›damit man Cösten vnd Probieren vnd Inen verrern beschaidt geben müge«.

Der dann folgende Schlußabschnitt erweckt durch seine Überschrift den Eindruck, die Metschenken und Brantweiner gäben hier ihre Zustimmung zur Zunftordnung. Es handelt sich aber um die vom Rat verordneten Formalien, die von den Zünften und für den Fall späterer Änderungen auch vom Rat zu beachten sind:

Beschlüs der metschenckhen vnnd Prantweiner Zunfft

Zunächst behält sich der Rat in einer hier besonders ausführlichen Formel das Recht zu ändern oder ganz neu zu fassen vor; anscheinend ist es ihm bestritten worden.

Dann wird folgerichtig den Metschenken und Prantweinern jede Änderung verboten; sogar die Ausfertigung von nicht amtlich erstellten Kopien. Auch ihnen auferlegte Satzungsänderungen und Bestimmungen dürfen sie nicht selbst in das Zunftbuch eintragen, sondern wiederum muß es, damit die wortwörtliche Treue der Wiedergabe garantiert ist, der Stadtschreiber tun. Nur wenn Bestimmungen ganz aufgehoben werden, darf das »mit ainem durchstrich ausgethan« nebst Datumsvermerk des Ratsbeschlusses von den Vierern geschehen, die zugleich, wenn sie es unterlassen, mit Strafe bedroht werden.

Die Funktion der häufig auftretenden »Vierer« ist die der Ältesten. Offenbar haben sie nichts mit der Zahl »vier« zu tun, obgleich man denken könnte, dies sei die Summe der Ältesten der beiden Zünfte (je zwei Metschenken und Brannthändler), sondern die Ältesten sind als »Führer« ihrer Zünfte bezeichnet. Sie haben diese Satzung jährlich mindestens einmal vor der Zunft verlesen zu lassen; außerdem bei jeder Aufnahme eines neuen Zunftgenossen.

»Wo das die Vierer nit thuen, will sy ein Ersamer Rath vngestrafft nit lassen vnd hiemit gewarnet haben.

Actum den 8. Aprilis Anno 1575.«

Die Brenner, die noch 1575 nur am Rand erwähnt werden, etablieren sich allmählich, so daß es eine Zeitlang zwei Branntwein-Zünfte gibt. Da Getreidebrannt schon seit der Landesordnung von 1553 verboten ist – was durch Mandat vom 22. September 1770 noch einmal bestätigt wird – und Brannt aus Wacholder und ähnlichem nur zur Arzneibereitung an Apotheker und Ärzte verkauft werden darf, bleiben den Brennern als Ausgangsstoffe nur Wein- und Bierhefe, das »Geläger«.

Das ruft eine andere, ältere Zunft, die Bierbräuer[52], auf den Plan, die ihre Brauereiabfälle nicht brennen dürfen, sondern das Geläger den Branntweinern überlassen müssen. Da wollen sie es wenigstens gewinnbringend absetzen und streiten sich jahrzehntelang um den Preis, bis er endlich 1721 durch Mandat festgesetzt wird.

Erst die Verordnungen vom 21. Dezember 1804 und 12. Mai 1812 gestatten den Bierbräuern, Brauabfälle selbst zu brennen, ihr Eigenerzeugnis auch auszuschenken und über die Straße zu verkaufen. Sie dürfen es aber »weder versüßen noch veredeln«. Das dürfen auch die Branntweinbrenner mit ihrem Brannt nicht, sondern es ist ausschließliches Recht der Rosogliobrenner, auf die wir noch kommen. Noch 1819 wird daher einem Bierbrauer folgender Magistratsbeschluß zugestellt:

»Da durch die allerhöchste Verordnungen von 1804 und vom 12. May 1812 den Bierbräuern zwar das Recht eingeräumt worden ist, ihre Bräuabfälle aller Art zum Branntweinbrennen selbst zu benützen und diesen ihren selbst erzeugten Branntwein auch maaßweise an wen immer zu verkaufen; nichts desto weniger aber die Veredlung und Versüßung des Branntweins ein ausschließliches Recht der hiesigen b.[53] Rosogliobrenner geblieben ist, so erhält der b. Bierbräuer N.N. dahier auf die ausdrücklich gestellte Bitte der hiesigen b. Rosogliobrenner hiemit den Auftrag, sich bei der Erzeugung seines Branntweins der Beimischung von Ingredienzien zur Versüßung oder Verfeinerung desselben bei Vermeidung einer Strafe von 12 Rchsth. zu enthalten.«

Andererseits gewinnen die Bierbräuer durch den Erlaß von 1804 »radizirte Gerechtsame«. Diese gelten auch über jüngeres Recht: Als am 29. Januar 1841 der Kleinverbrauch von Brannt von einer Konzession abhängig gemacht wird, werden die Rechte derjenigen Bierbrauer, die sie bereits besitzen, nicht eingeschränkt.

Das mit dem Bier wäre also klar? Keineswegs; denn nicht minder bedeutend als die Bierbräuerzunft ist die Zunft der Bierwirthe, und diese wollen das Recht des Bierausschanks nicht mit den Branntweinern teilen. Noch 1817 wird verordnet, daß sich »die Branntweiner des Ausschenkens selbst eingelegten Bieres und des Auskochens als einer sträflichen Beeinträchtigung der Bierwirthe und Köche in Zukunft gänzlich zu enthalten« haben, und 1832 ergeht ein Magistratsbeschluß:

»Dem Branntweinbrenner N.N. ist die Bierabgabe an andere, als an seine bei ihm übernachtenden Gäste bei Strafe von 5 fl. zu untersagen und zwar mit dem Bemerken, daß er die Befugniß zur Bierabgabe aus dem Rechte der Bierwirthe und der Bierbräuer, welche ihren Gästen auf Verlangen vermöge ihres Zapfenrechtes auch Branntwein vorsetzen dürfen, nicht ableiten könne.« Sogar noch 1841 wird »der Branntweinerswittwe... auf die Beschwerde des Bierwirths... bedeutet, sie habe sich des Ausschenkens von Bier an Individuen, welche nicht als Schrannenmarktgäste, Bothen oder Karner bei ihr zufahren und einstellen, sowie des Haltens einer förmlichen Bierzechstube bei Vermeidung einer Strafe von 10 fl. zu enthalten«.

»Wer sich drinckt voll Brandewein | gehört in dieses Zimmer hierein. | Wer Ihn aber braucht mit maasen | dem mus mann von diesen Zimmer lasen«. Titelbild zu J. F. de Pre, Vom Brauch und Mißbrauch des Brandteweins, 1723

Methsieder, Bierbräuer, Bierwirthe – ja, und die Lebzelter, die schon seit 1473 eine Zunft besitzen. Was haben denn die Branntweiner mit Lebkuchen zu tun? Das Bindeglied sind jene Methschenken, mit denen die Branntweiner 1575 die Zunftgerechtigkeit erhalten. Kurz vorher haben auch die Lebzelter die Erlaubnis zum Metsieden und Metschenken erlangt; mit der Auflage freilich, sich in die Methschenkenzunft einzukaufen, wenn sie von der Erlaubnis Gebrauch machen wollen.

Die so entstandene Zunft hat zwei Vorsitzer, je einen Methsieder und Lebzelter. Unter den Methsiedern gibt es selten einen brauchbaren; deshalb beschließt der Rat am 18. Mai 1575 für diesen Fall die Bestellung von zwei Lebzeltern. Die Lebzelter erhalten 1694 eine neue Zunftordnung und erben das mit dem Ausschank des Mets verbundene Gastungsrecht. Als das Bier zum allgemeinen Getränk wird und der Metausschank stark absinkt, bleibt vom Gastungsrecht nicht viel. Die Lebzelter setzen nun ihren Gästen nur noch Met mit Lebkuchen vor. Brannt zu verkaufen ist ihnen schon in der Zunftordnung von 1575 verboten[54]; ganz eindeutig in den »Neu Säz die Metschenckhen btfdt.« vom 28. August 1584, worin zugleich den Branntweinern das Metschenken untersagt wird[55]. Darin wehren sich die Metsieder erfolgreich gegen das Verschließen ihrer Fässer vor dem Vergären:

»72. Zu wissen. Als sich die Mötschenckhen des verpetschierns des Möths[56] vermög des hieuor stehenden 36 Saz beschwärt, mit fürgebung, das sy die Faß mit dem vngierten Möth alle tag drey oder viermal mit Möth fillen müessten, damit die Gier iren ausgang hab[57]; da sy solches nit thäten vnnd die Faß zueschliegen, volget daraus, das die Faß zerschnelleten[58]; darauf sezet vnnd ordnet wolgemelter ain Edler Rath,

73. Das die gschauer den Möt, wann derselb schon vergiert hat vnnd die Metsieder in die Ausschenckh Fässl ziehen erst gschauen vnd alle mal den Möth in dem angfilten ausschenckhfässl vnd nit in dem grossen Bierfaß mit creizweiß yberzogenem spagat, wie in dem 36 Saz gmelt, verpetschiren sollen[59].«

Dem Bürgermeister und Rat ist bekannt geworden, daß die Metschenken und Lebzelter nicht allein jedem, der es haben wollte, neben Met und Lebzelten auch Brannt kredenzt, sondern ihren Gästen Brannt zusammen mit Met und Lebzelten vorgesetzt haben. Die Kunden haben dann Brannt mit Met vermischt oder beide gleichzeitig getrunken, was nicht nur für sich den Menschen sehr schädlich ist, sondern es ist vielmals geschehen, daß manche an solch schändlichem Trank sich dermaßen bezecht haben, daß sie gleichsam ihrer Vernunft davon beraubt, rasend geworden sind und allerhand Gefährliches zuwege gebracht haben[60]. Da der Ehrsame Rat dies keinesfalls länger leiden will, hat er deswegen die nachstehende Formulierung sowohl in der Lebzelter und Metschenken wie auch in die Satzungsbücher der Branntwein-Schenckhen einzuschreiben befohlen:

»80. Erstlich so soll denn Metschennckhen vnnd Lebzeltern hiemit außtrückhlich vnnd mit ernnst verbotten vnnd abgeschafft sein, das sy hinfüro nit allein weder Burger noch Gessten einichen Pranntwein nit geben oder schennckhen sollen, sonnder sy sollen auch denn Pranntwein gar nit khauffen oder failhaben.

81. Dann eines Ersamen Raths beuelch ist, daß sich die Metschennckhen vnnd Lebzelter des Medts, Hönigs, Wax vnnd Lebzeltens betragen vnnd des Pranntweins gannz vnd gar absteen sollen. etc.

82. Dargegen soll auch den Pranntweinschennckhen nit zuegelassen, sonnder durchaus verbotten sein, neben ihrem Pranntwein auch Medt fail zehaben vnnd auszeschennckhen, damit nit bey ihnen die Vngelegenhait, so hieuor bey den Medtschennckhen gewesen, sich auch zutrage. Welcher dem zuwider hanndelt, es seye Medtschennckh, Lebzelter oder Pranntweinschennckh, der soll, so offt er solches yberfiert, vnnachleßlich vmb zechen Pfundt pfening gestrafft vnnd solche verworchte Straff jedesmalß an gemainer Statt Camer alhie geantwort vnnd erlegt werden. etc.«

§ 80 bestimmt also, daß Metschenken und Lebzelter weder Brannt kaufen, zum Verkauf bereithalten noch an irgend jemand ausschenken, also (§ 81) sich mit Brannt überhaupt nicht befassen sollen. Den Pranntweinschennckhen (die hier mit diesem Namen erstmal auftauchen, den sie auch später als Zunft tragen) ist es hingegen ganz und gar verboten, Met auszuschenken, damit der Verdruß, der vorher mit den Metschenken bestand, sich bei ihnen nicht wiederhole. Wer der Übertretung überführt wird, zahlt jedesmal ohne Gnade zehn Pfund Pfennige.

Die Fassung von 1584 »nachfolgende Säz sowol in der Lebzelter vnnd Metschennckhen als Branntwein-Schencken Sazbüecher einzeschreiben beuolchen« stützt unsere Vorstellung, daß 1575 nicht eine Zunft, sondern eine Korporation von drei Zünften geschaffen wurde, deren jede ihr eigenes Zunftbuch und einige nur sie betreffende Sonderbestimmungen hatte.

Daß damit nicht alles geregelt ist, zeigt das »Protokoll, welches mit den Führern der Branntweiner, Lebzelter und Bäcker in Betreff des Branntweinverkaufes der Lebzelter abgehalten wurde«, vom 1. Februar 1815:

»Der verpflichtete unterzeichnete Führer der Branntweiner sagt bei seinen abgeschworenen Pflichten aus: Die Lebzelter oder Wachszieher dürfen hier keinen Branntwein weder im Großen noch im Kleinen verleit geben. Eben sowenig haben die Bäcker das Recht zu einem derlei Verkauf.

Die verpflichteten Führer der Bäcker erklären, daß die hiesigen Bäcker keinen Branntwein weder im Großen noch im Kleinen verwerthen dürfen. Der unterzeichnete Führer der Lebzelter erklärt bei seinen aufhabenden Pflichten, daß die hiesigen Lebzelter nicht berechtigt seyen, en detail oder en gros Branntwein zu verkaufen.«

Bleiben noch die Obstler[61], die in München keine Obstbrenner, sondern Obsthändler sind, und denen durch ausdrückliche Beschlüsse der Verkauf von Branntwein und Likör ebenso wie der von »Häringen und Sardellen, von Gewürzen, Mandelkaffee und Zuckerwaren...« verboten werden muß. Auch diesmal geht es nicht ohne einen Magistratsbeschluß (vom 6. April 1821) ab: »Der Magistrat etc. hat sich über die Beschwerde der hiesigen Branntweinbrenner gegen den Obsthändler... dahier wegen dessen Branntweinverkaufs Vortrag erstatten lassen und erkennt hiemit zu Recht: Daß der Beklagte... sich des Verkaufes des Branntweins jeder Art gänzlich zu enthalten habe und zwar bei Vermeidung der Strafe der Wegnahme seines vorhandenen Geschirres und Branntweines.«

Damit ist die Flur aber nicht bereinigt; denn da sind die Bier- und Taferwirthe auf der einen, die Weingastgeber und Weinwirthe auf der andern Seite. Die haben hohe Tradition. Zwar ist ursprünglich jedem Münchner Bürger der Ausschank erlaubt, wenn er ihn zuvor dem Magistrat gemeldet hat. Seit ältester Zeit besteht aber auch ein Schankgewerbe, das weniger den Gastgeb (der die Fremden beherbergt) als den Leitgeb betrifft, der für den Ausschank Gerechtsame hat.

Am Ende des 13. Jahrhunderts gibt es schon Vorschriften für alle, die ausschenken. Darin ist ihnen auferlegt, »vor ihrem Anstande feierlich zu geloben, das Getränk nicht zu mischen, nur von einem Zapfen zu schenken, den Käufern über die Gasse, sowie den Gästen im Hause gleich gutes Getränk und im gleichen Preis zu verreichen, nicht mitten unter dem Schenken einzuhalten oder den Preis zu erhöhen, das gesetzte Maß voll zu geben etc. als lib inen Got und die Gerechtigkeit ist.«

Da viele glauben, das Bierzapfen sei eine leichte Art des Geldverdienens, ihren Beruf aufgeben und mangels Branchenkenntnis sich ins Verderben stürzen, wird seit 1420 eine Art Kaution verlangt; außerdem muß mindestens ein Jahr zwischen der Aufgabe der alten Profession und dem Beginn des Schenkens liegen.

Etwa gleichzeitig entsteht im Jahr 1414 eine »Zunft der Schenken«, »Zunft der Weinschenken«, dann »Wirtezunft«. Mit der Entwicklung der Getränke und den steigenden Bedürfnissen spalten sich die Befugnisse auf: Die Bierbrauer verbinden mit dem Bierausschank das Recht, Gäste zu beherbergen und zu bewirten; aber Bier wird auch von den Bierzapflern, die später Bierwirte heißen, ausgegeben. Die Metschenken dürfen Gäste zum Met setzen, und die Weingastgeber und Weinwirthe führen die alte Übung der Gastgeb und Leitgeb fort und bewirten mit Wein.

Mit dem Aufkommen des Brannts fällt, wie wir gesehen haben, sein glasweiser Ausschank nach längerem Bemühen an die Branntweinbrenner und noch viel später der Likörausschank an die Rosogliobrenner, und schließlich wird Kaffee von den Kaffeesiedern verabreicht.

Jeder ist auf seinen Bruchteil beschränkt: die Bierbräuer auf Bier und die Metschenken auf Met. So sind auch die Branntweiner sowohl vom Ausschank anderer Getränke ausgeschlossen wie vom Herbergsrecht. Sie alle haben sogenannte unvollkommene Wirtschaften, während der Gastgeb, der in seiner alten Ausdehnung auf alle Zweige der Wirtschaftsführung erhalten geblieben war, vollkommene Wirtschaft betreibt: Er darf beherbergen, verköstigen, Hochzeiten und andere Feste veranstalten. Die Gastgeb-Betriebe heißen seit der 2. Hälfte des 14. Jahrhunderts Tafernen, in den Städten auch Gastwirtschaften, auf dem Land, in den Gauen, Geywirthschaften.

Die vollkommene Wirtschaft kennt gleichwohl Beschränkungen. Die Zunftordnung von 1566 verbietet[62] den Gastwirten (ausgenommen den Fall, daß der Gastwirt eine Branntwein-brennergerechtsame besitzt) das Ausschenken an Gäste[63] von Brannt aller Art. Die Landes-verordnung von 1553 hingegen erlaubte ihnen, in dem Fall, in dem ein über Nacht beherbergter Fremder Brannt verlangt, ihn zu verabreichen; denn das Beherbergungsrecht um-schließt »auch die Befriedigung der Bedürfnisse des höheren Lebensgenusses, der erlaubten Ergötzlichkeit und Bequemlichkeit«[64], wie im Kapitel über die Entwicklung in München zu lesen steht. Dieser Widerspruch wird erst 1646 gelöst.

Die Branntweinbrenner hingegen sind bis ins 19. Jahrhundert nur befugt, in den Stallungen bei ihren Häusern die zum Besuch der Schranne kommenden Bauern und die Boten zu beherbergen, ohne jedoch ein Schenk- und Gastrecht auszuüben. Es ist deutlich, daß ihnen in den »vollkommenen Wirtschaften« der Gastwirte besonders dann, wenn diese eine Brenner-gerechtsame besitzen, eine erhebliche Konkurrenz entsteht. Vor allem ist in der Polizeiord-nung von 1616 den Weingastgebern die Befugnis eingeräumt, aus ihrem eigenen Weingeläger Brannt zu produzieren und im großen zu verkaufen[65]. Diese Bestimmung wird durch die Verordnungen vom 21. Dezember 1804 und 12. Mai 1812 nicht aufgehoben, bleibt also bis zum Eintritt der vollen Gewerbefreiheit in Kraft. Die Veredlung und Versüßung des Brannts hingegen ist ausschließliches Recht der Rosogliobrenner, die immer wieder als die schärfsten Wettbewerber erscheinen.

Es mag für den Leser ein wenig mühselig sein, von 1575 wiederholt in das 19. Jahrhundert überzuspringen; aber anders läßt sich die Entwicklung vom Beginn der Zunftgerechtigkeit bis zu den Anfängen der Gewerbefreiheit nicht zeigen. Dazwischen liegt in der Mitte des 17. Jahrhunderts der harte Zusammenstoß der Zunft der Wirte und Gastgebe mit den beiden Zünften – von deren Bestehen wir so erfahren – der Prandtweinschenkhen und der Prandt-weinbrenner wegen »hereinbringung vnd verkhauffung des Prandtweins«[66]. Wenn die Wirte mit ihrem Begehren, »den Prandtwein hereinzubringen vnd wider zu verschleussen«, durch-gedrungen wären, hätte das den Branntweinern den Lebensnerv gekappt. Das Urteil weist die Wirte ab (mit Ausnahme der Bestimmung der Landesordnung, daß einem Gast, der in einem Wirtshaus übernachtet hat, auf seinen Wunsch Brannt vorzusetzen ist).

»Beide Zünfte der Prandtweinbrenner und Prandtweinschencken sollen aber bei ihrem Prandtweinhandel, wie sie ihn seit alters betrieben[67] haben, gelassen werden; jedoch haben die Branntweiner insgesamt sich beim Branntkauf und -verkauf gemäß der Polizeiordnung zu verhalten, dürfen auch die festgelegte Menge keinesfalls überschreiten. Der Rat soll viel-mehr,« bestimmt Kurfürst Maximilian, dem der Streitfall zur Revision vorgetragen wird, »genau überwachen und auch nicht gestatten, daß der Brannthandel gleichsam erblich vom einen auf den andern komme oder als eine an den Brennhäusern häftende Gerechtigkeit an-gesehen werde.« So gegeben zu München am 6. August 1646, Dem Fürsichtig Ersamb Weisen Vnnseren Lieben gethreuen Burgermaister vnd Rhat vnsrer Statt München – ex Commissione Serenissimi Domini Ducis Electoris propria.

Der Rat erbittet weitere Aufklärung, weil sich die Wirtezunft offenbar nicht zufriedengibt, so daß am 27. August 1647 »Von Gottes genaden Maximilian Pfalzgraue bei Rhein, Herzog in Ober- vnd Nidern Bayern etcetera, des Heiligen Römischen Reichs Erztruchsess vnd Chur-fürst«, seine vorherige Erkenntnis dahin erläutert, daß »den Wirten zugestanden sein soll, einem auswärtigen über Land reisenden Gast, der über Nacht im Wirtshaus beherbergt worden ist, auf sein Ansuchen einen Branntwein auszuschenken; nicht jedoch auch den Brannt von außerhalb hereinzubringen, sondern das Hereinbringen des Brannts wird ihnen hiermit verboten. Demgemäß habt Ihr denjenigen, die zur Zeit noch über einen Vorrat verfügen, einen Termin zu bestimmen, bis zu dem sie ihn hier abzustoßen und zu verkaufen haben.

Hinsichtlich der Mitteilung, daß etliche Wirte sich auch der Prandtweinschenckhzunfft bedienen[68] und mit Brannt handeln, ersuchen wir um Bericht: wer, und wieviele sind es? Wann, von wem und mit welcher Begründung haben sie diese Erlaubnis erhalten? Sind sie Mitglieder der Prandtweinschenckhzunfft? Wir sehen Eurem Bericht entgegen – vnd seindt Euch mit Gnaden...«.

Die Branntweiner wollen darüber eine Pergamenturkunde haben und erhalten sie:

»Wan dan obernante peede Zunfften der Prandtweinschenkhen und Prandtweinprenner diser, iezt geherter Erkhandtnus ein geferttigte Urkhundt auf Pirment, deren Sie sich der Notturfft nach zuegebrauchen, *Supplicando* underthenigist gebetten: Alß hat man derselben begehren statt gethan, und Ihnen solche Urkhundt, under Höchstgedacht Sr. Churf. Drl. hieranhangendem Hoffrhatt *Secrete* verferttigt erthailen wollen.«

Mit dem Ende des 17. Jahrhunderts geht die große Zeit der Zünfte zu Ende. Die uns aus diesen und den folgenden Jahren erhaltenen Zunftordnungen erschöpfen sich in Trivialbestimmungen, um es hart zu formulieren. Die wesentlichsten, einem Gesetzgebungsrecht gleichenden Funktionen erlöschen mit dem Reichsbeschluß von 1731 gegen die Mißbräuche im Handwerk. Von da ab gewinnt man den Eindruck, daß die »Meister« Kleinbürger sind, die nur durch rigorose Strafbestimmungen in der »Schicklichkeit« gehalten werden können, die das Wort »Zunft« ausdrückt. In den Zunftordnungen dieser späten Zeit steht viel von den Strafen, die den erwarten, der schimpft, flucht, schlägt oder dem Sarg eines Kollegen nicht folgt; fast nichts mehr von Qualität, der Güte des Produkts, und gar nichts vom Standesbewußtsein eines königlichen Kaufmanns.

Der Abstand wird deutlich, wenn wir zur letzten Münchener Zunftordnung greifen, den 1751 erlassenen

»Erneuerte Sätz- und Ordnungen
Einer gesamten Ehrbahren Zunfft der Verburgerten Prandtweiner dieser Churfrtl: Haubt: und Residenz Statt München.
Nachdeme bey Einen Hoch Edl: und Wohlweisen löbl: Statt Magistrat dieser Churfrtl: Haubt: und Residenz Statt München Eine gesamte Zunfft der Verburgerten Prandtweiner alhier geziements eingelangt, und gehorsamblich gebetten, umb daß deren Vor alters her Verhandene Zunffts Articuln mit Neuen Sätz- und Ordnungen Verbessert, somithin solche zu deren Sicherheit, und zur erhaltung guter ordnung nach beschaffenheit der jezigen Zeiten desto heylsamer eingerüchtet werden möchten; alß hat derowegen Wohlgedacht: Ein Hoch Edl: und Wohlweiser Löbl: Magistrat ... geschlossen und resolviert, daß nachfolgende Sätz: und Ordnungen gedachter Zunfft der verburgerten Prandweiner alhier der konfftig getreuen darobhalt: und nachgelebungs Willen zu einer Rüchtschnur, und schuldiger Daranhaltung iedoch dergestalten aufgerüchtet seyen und Verbleyben sollen, daß mehr wohlernant Einen Hoch-Edl: und Wohlweisen Löbl: Statt-Magistrat hierinfahls in allweg die Mehr: und Münderung nach erforderung der Umstände, wie es wohl deroselben von selbsten ohnehin zuestehet, ganz Unmitlbahr gebührt. Unnd zwar

Erstlichen Weillen es zu erhaltung guter ordnung, beforderist aber um *Conservation* deß Göttlichen Seegens auf dieses haubtsächlichen ankoṁet, daß Vor allen Gott dem allerhöchsten Wür die Verliechen und fürwehrende Unermessliche gnaden der allzeit schuldigste Danckh souill ihmer möglich, abgestattet werde. Alß solle alljährlichen um Beförderung der Ehre Gottes nach dem Neuen Jahr in nechtsfolgender Wochen zum lob: und Ehr des Neugebohrnen Heylands Jesu Christi um 7 Uhr Ain heil: Lob Aṁt auch Aine Seel Meeß für die abgestorbne Zunfftsgenossene bey denen H. Hl. P. P. Augustinern fleißig gehalten werden, wobey dann all: und jede Prandweyner neben den Ehewürthinen [69] mit ihren gebett ohn mitlbahr zuerscheinen Verbunden seyn, da aber ain: oder andere ohne erhebliche Ursach hiebey auß bleyben wurden, solte ain solcher Thaill mit ainen pfund wachs nach dem lauffenden *valor* in die caßam bey der Zunfft verfallen seyn.

Andertens Sollen an denen ieder wochen gewöhnlichen Donners-Täglichen Processionen die 2. jüngsteingezunffte Prandtweiner sich gebührents und mit Andacht einfünden, somithin daselbst die zwey allda befündliche Stangen, nebst denen aufgesteckten Waxkörtzen so man Von der Zunfft zu bestreiten habe, wehrender Proceßion persohnlich herumtragen, im fahl aber derselb auß Ehehafften Ursachen, oder Unpässlichkeit hierzu verhindert were, hatte selber hierzue iemand Tauglichen abzuordnen und selbsten zubestellen.

Drüttens Sollen auch in Festo *S. S. Corporis Christi* bey der alljährlich sobenanten Antlas Proceßion die 2. Verflüchte [70] Zunffts-Führer nit weniger die 2. jüngst Verburgerte Prandtweiner mit gewöhnlichen Fahnen, und Partisanen dan 2 knecht der bemelten Führer mit denen gebräuchigen zweyen Stangen Unausbleyblich erscheinen, und hierbey zur Ehre Gottes in Nahmen der Zunfft ihre schuldigste Devotion bezeigen, wiedrigen fahls gleichwohlen Von Einen Hoch Edl: und Wohlweisen Löbl: Statt Magistrat der übertrettende Theill die gebührende Straff zugewarthen hatte, in massen selber hiernach zur Zunfft mit 2 pfund Wachs in die *caßam* besonders puncktiert werden sollte, dahingegen waß

Vüertens die ordnung bey der Zunfft selbsten betrüfft, so sollen unter denen Zunfftgenossen zween Führer auf drey Jahr lang gesetzt die selbe zu Außgang der 3 Jahr ausgewechslet und iederzeit, wan dergleichen Führer von der Zunfft Vorgeschlagen seind, Einen Hoch Edl: und Wohlweisen Löbl: Statt-Magistrat um Leistung der Pflüchts-wegen Vorgestellet werden.

Fünfftens zu der Haupt-Laad sollen die zween Führer ieder Einen Schlüssel haben der Zunfft Paarschaft und anderes Vermögen, aber an aufliegenden *Capitalien* so anderen sollen sie führer zu der Zunffts Nutzen threulich Verwalten, die Wax Straffen und Andere geföhll [71] fleissig aufzeichnen, einbringen, hieuon in ihren selbst aignen Nuzen nit das geringste Verwendten, und dasie eine ziemliche Parrschaafft beyhanden dieselbe mit Vorbewust deren Herrn Zunffts-Coṁißarien an sichere Orth auf züns auflegen, nicht allein aller Unnöthigen Zöhrungen [72] sich gänzlichen enthalten, sondern auch andere außgaben souil möglich, und sich immer Thuen lasset, einziehen, ob dem gottseelig und anderen Stüfftungen damit selbe gebührend Vollzochen werden, würcklich halten und ihres Einnehmens und Ausgebens ordentliche Rechnung iärlich in der wochen nach dem neuen Jahr Vor denen sonderbahren darzue Deputierte Herrn Coṁißarien leisten.

Sechstens da iemand Eine befuegt Bürgerliche Prandtweiners-Gerechtigkeit an sich zubringen entschlossen, der solle sich bey denen Verordneten Führern der Zunfft geziements Anmelden. Nachdeme Von Einen Hoch Edl: und Wohlweisen Löbl: Statt Magistrat desselben Anlangen um die Zunffts Erinderung ehevor gewöhnlicher massen herauß geschlossen, wornach selbe mit demeselben zu denen Verordneten Herrn Zunfft-Coṁißarien sich zu Verfügen, und um Haltung Ainer Zunffts-Seßion anzusuechen hatten, in welcher sie eine Umfrag ergehen lassen und ieder Zunffts Genossener in seiner Stiṁ – oder *voto,* ob etwas wieder den Supplicanten zu erindern seye, es wohlerwegen, und da nun eine Zunfft wieder dessen Anlangen und Persohn Ainiges Bedenckhen hatte oder nicht, sollen bey einen Hoch Edl: und Wohlweisen Rhat sie führer worzue der mehren Teil der Stiṁen von ihren Zunfftsgenossen ausgefahlen, in deren einzureichen habenden Zunffts Erinderung mit gelassenen Worten und gebührender bescheidenheit ein solches geziements anfuegen und hierüber weithern Rhats Resolution gewärttigen.

Siebentens Und sobald von Einen Hoch Edl: und Wohlweisen Rhat mehrgedachter Supplicant für einen Burger und Prandtweiner alhier an- und aufgenohmen worden, solle er sogleich zu entrüchtung der erforderlichen gebühr angewiesen indessen aber keineswegs zur Zunfft gelassen werden biß derselbe seine Schuldigkeit abgeführt haben werde und zwar solle ein solcher Supplicant, da er eine befuegte Brandweinersgerechtigkeit an sich gebracht habe, im fahl er eines Zunfftsgenossnen Sohn, oder doch Vorhabens ist sich mit eines Zunfftsgenossenen Tochter oder nachgelassene Wittib zu Verehelichen zur Statt Caṁer Vier Gulden 4 ß und in die Zunfft-Pixen auch souil alß 4 fl 4 ß erlegen, inso stehen aber derselbe weeder eines Zunfftgenossenen Sohn noch eine hiesige Prandweinerswittib, oder Tochter erheyrathen wurde, soll selber zur Statt Caṁer 9 fl 1 ß und in die Zunffts-Pixen auch souil alß 9 fl. 1 ß paar zuentrüchten haben. Man gelebt aber Vielmehr der zuversüchtlichen Untherthänigen Hoffnung, es werde ein Hoch Edl: und Wohlweiser löbl: Statt Magistrat alhier ehender zur Versorgung der alhiesig Zunfftsgenossenen Söhnen, oder Töchter, wan ainige bey ergebender gelegenheit Verhanden, und derley gegen heyratl: oder etwan Kauf vacant werdent burgerl. Prandtweiners Gerechtigkeit zu behaupten in Stand seyn werden, Von selbst nach erheischender Billichkeit Vor anderen gnädige *Reflexio* machen.

Achtens Soll auch ein jeder, der zu der Zunfft ist gelassen worden, denen von Einem Hoch Edl: und Wohlweisen löbl: Statt Magistrat deputierten chfl: Commißarien Jeden 2 fl auch denen führern ieden Zwey gulden Weegen ihrer Miehwaltung zu geben schuldig sein mit den übrigen aber es bey den alten Herkommen sein Bewendten und Verbleyben haben. Jedoch aber niemahl ein Yberfluß gebraucht werden.

Neuntens Wan zu der Zunfft bey der Straff ordentlich angesagt wird und ein anderer Zunfftgenossene nach Verlauf einer halben Stund ohne ehehafft wahre entschuldigung nit erscheinet, solle derselbe zu ainer halben pfund Wax in dermahligen *Valor* auf ermessigung der chfl: Zunffts Coṁißarien Verfallen und ohnwäigerlich gestrafft sein, gestalten hierzu der Jüngsten in Persohn: und keinesweegs durch seine Hausgenossen auf daß genauiste anzusagen sohin denen Führern in Zunffts-mässigen sachen ieder Zeit willig: und förtiglich zu folgen habe, mit den Anhang daß in fall solch jüngster Pranndtweiners unpässlichkeit halber Verhindert sein wurde, selber anstatt seiner den Jüngeren Prandtweiner für ihme derentwillen zu ersuchen haben und solcher diese Verichtung zu machen Vnweigerlich gehalten sein solle. Wan dahero

Zechentens die Zunfftsgenossen zusaṁen komen sollen sie sich in der Zunfft beschaidentlich halten nicht zanckhen oder greinen, welche solches überschreutten werden sollen die Verordnete chfl: Zunffts Coṁißarien der gebühr nach beschaffenheit um 1 oder 2 pfund Wax in gleichmässigen Anschlag abzu straffen macht haben, da es aber nit Verfanget, so solle ein solcher *in corrigibler* Zunfftsgenossen bey gehörig löbl.obrigkeit der weit schärfferen abwandlungß willen Vorställig gemacht werden.

Aylfftens Solte auch ein: oder anderer Zunfftgenossner den andern bey der Zunffts Seßion zu schändten zu schmähen und anehren anzugreiffen noch sträfflicher anmassen, weill die abstraffung dergleichen Verbrechen und *Jnjurie* händl für den /: Titl :/ hl. Stattoberrichter alhier gehörig seind, sollen die Führer diese Sache wegen solch sträfflicher Vermessenheit bey dem löbl. Stattoberrichter Amt *pro Correctione* formblich anbringen in massen hiernach ein solcher bey der Zunfft um 2 pfund Wax nach dem lauffenten *Valor* in die *caßam* zur Straff *a parte* verfallen sein solte.

Zwölfftens Solten die Führer und Zunfft ohne Vorwissen und beysein der von einem Hochedl: und Wohlweißen Rhat Verordneten chl. Comißarien keine Zusammenkonfft bey Vermeydung der Straff halten.

Dreyzechentens Solle ein ieder Zunfftsgenossner den Satz deß Pranndtweins der von Einen Hoch Edl: und Wohlweisen Löbl: Statt Magistrat Einer gesamten Zunffts-Resolution-mässig verliehen worden in seinen Hauseingang heraus hängen, damit ein ieder der von ihme einen Prandtwein erkauffen will, dessen Nachrücht habe, dahingegen in fall wieder dießes zunfftmäßig und biß anhero so schlechter dings gehaltene Verbott sich ein und andere Verfallen, oder solches etwan gahr überschreutten würde, somithin hiernach zur obrigkeitlicher Abwandlung von dem löblichen Bueßamt alhier gezochen werde, so solle derselbe bey der Zunfft *extra* in die *Caßam* ain pfund Wax nach den laufenten *Valor* verworcht haben.

Vüerzechentens soll die außschenkung deß Prandtweins denen, die solchen nit selbst brennen und dieser Zunfft nit einverleibt seind, alß Clöstern, Pierzapfler herrschaaftliche Haußmeister und anderen von Land /: welche daß Jahr hindurch ein grosse *quantitaet* in die Statt hereinschwärzen auf solche weiß Mautt: Zohl: und aufschlagsgebühr Jhro Churfürstl: Drtl: und dero höchsten *aerario* ein undwiederbringlichen schaaden zuwachset, Jhnen künfftig und hierzu einzig berechtigten Prandtweiner aber alle Erfahrung und gewerbschaafft Völlig geheñet und darnieder gelegt wird :/ in waß Sorten Prandtweins sein oder bestehen möge, gar und gänzlichen Verbotten seyn.

Fünfftzechentens ist nit allein denen Zunfftsgenossenen die Prandtwein auß Waizen : Korn : gersten und anderen getrayd /: weil solches gemainen Nuzen sehr schädlich und ohnehin Vermög Lands Pollicey ordnung aine Verbottene sach ist :/ Zumachen, sondern auch andere hiesig : und freind Unzünfftige-Personen Pranndtwein zu brennen, und Verleit zegeben, durchauß abgeschaafft.

Sechzechentens solle kein Zunfftsgenossener dem andern zum Schaaden den ihme zu geordneten Pierbrauer auß Neudsucht und unerlaubten Paßion, oder suechender Nahrungs-Schmälerung abwerben, da ein solcher aber darwieder thuet, oder handlet, der mag daß erstemahl um 1 pfund Pfennig gestrafft werden und warde

Siebentzechentens dergleichen ainer, oder der andere Zunftsgenossenen sich solcher abwerbung zum anderen mahl zu unternehmen unterstehen derselbe solle 2 pfund pfenning zur Straff verworcht haben.

Achtzechentens Solt er aber zum drittenmahl hiemit betretten werden, alß dann solle ein solcher bey einem Hoch Edl: und Wohlweisen Löbl: Statt Magistrat zur weither Polleceymässiger Besorgung und *Manntenenz* der Zunfft einfolg zur ergibigen obrigklichen Bestraffung beschwers weiß vorgeschrieben werden.

Neunzechentens damit nun ein ieder Zunfftsgenossener solcher ordtnungen und Sätz desto bessere Nachrücht habe und genau zu vollziehen weiß, sollen solche in der Zunfft wenigstens *quartaliter* ainmahl in beysein der chfl. Zunffts-Comißarien abgelesen werden.

Zwanzigstens, da aber bey ordentlicher Ansag der Zunfft und Verlesung brühft, dieser Säz: und ordtnungen ain: oder andern ohne wüchtig und erheblicher Ursach auszubleiben sich an massen und bereiths aller Vorenthaltenen Puncten sich mit der Unwissenheit entschuldigen wollte, solte ein solcher alß ein Übertretter wiederhollt Zunfftmäßigen articuln Säz und ordtnungen nit nur angesehen, sondern auch zur Straff mit 2 pfund Wax ieztigen werths zu bezallen allen ernsts obrigkeitlichen angehalten werden. Doch will

Ain: und zwaynzigstens und letzlichen eingangs wohl ermelt: Ein HochEdl- und Wohl-weiser Rhat diese Verstandene Säz und ordtnungen auf abgelegt ordentliche Relation unter zu End stehenten *Dato* gnädig und großgünstig ratificiert : dabey doch ihme diese zu allen Zeiten zu mindern, zu mehren und nach erheischenter Nothdurffts dauon : und dazu zu thuen Vorbehalten haben. Dahero hat auch derselbe solche Säz mit gemeiner Statt daranhagenden Jnsigl /: doch deme in all anderweeg ohne Schaaden :/ zu verförtigen *Decretiert* und anbefolchen: So geschehen in München in Aintausend-Siebenhundert-ain und fünffzigsten Jahre
(L. S.) Stattschreyberey alda.«

Kann uns der Inhalt der 21 Artikel erheben?

Erstens: Um Gottes Segen zu erhalten, Hochamt und Seelenmesse am Jahresanfang. Strafe für Fernbleiben: ein Pfund Wachs.

Zweitens: Jeden Donnerstag Teilnahme der beiden jüngsten Zunftmitglieder an der Prozession; Pflicht, bei Verhinderung einen Ersatzmann zu stellen.

Drittens: Teilnahme an der Fronleichnamsprozession; bei Fernbleiben Bestrafung durch den Rat.

Viertens: Auf Vorschlag der Zunft vom Rat zwei Älteste auf jeweils drei Jahre bestimmt.

Fünftens: Diese sollen Schlüssel zur Zunftlade und Barschaft haben; Aufruf zur Sparsamkeit, Abrechnungen.

Sechstens: Wer sich um eine Konzession bewirbt, muß Antrag an den Rat stellen, dem auch das Ergebnis einer Zunftabstimmung über den Antragsteller mitzuteilen ist; darauf Entscheidung des Rats.

Siebtens: Ermäßigte Gebühren für Kinder von Brennern oder Einheiratende im Fall einer Konzession, die nicht vor Entrichtung der vollen Abgaben erteilt werden darf. Die Brenner hoffen, daß freiwerdende Stellen mit Nachwuchs Zünftiger besetzt werden können.

Achtens: Bei Zulassung eines Mitglieds an die vom Rat bestimmten Kommissare und die Ältesten zu entrichtende Abgaben.

Neuntens: Wer auf Ladung zu Veranstaltungen nicht erscheint, hat Strafe zu zahlen.

Zehntens: Wer bei Zusammenkünften zankt, zahlt Strafe; hilft es nichts, Meldung an die Obrigkeit, die schärfer strafen wird.

Elftens: Wer bei Zunftsitzungen einen andern schändet, schmäht oder an der Ehre verletzt, wird vom Stadtoberrichter gestraft.

Zwölftens: Strafandrohung für Zusammenkünfte, die von den Ältesten ohne Wissen der vom Rat bestimmten Kommissare gehalten werden.

Dreizehntens: Jeder Zunftgenosse hat den vom Rat festgesetzten Verkaufspreis des Brannts im Hauseingang auszuhängen.

Vierzehntens: Verbot des Ausschanks, Imports und der Herstellung durch nicht der Zunft Angehörige.

Fünfzehntens: Verbot des Kornbrennens.

Sechzehntens: Verbot der Abwerbung »aus Neidsucht und unerlaubter Passion, oder um die Nahrung zu schmälern«; Strafe: 1 Pfund Pfennig.

Siebzehntens: Im Wiederholungsfall Strafe: 2 Pfund Pfennig.

Achtzehntens: Im zweiten Wiederholungsfall obrigkeitliche Bestrafung.

Neunzehntens: Zur sicheren Beachtung ist diese Satzung wenigstens einmal im Vierteljahr im Beisein der kurfürstlichen Kommissare vorzulesen.

Zwanzigstens: Wer bei der Verlesung fernbleibt oder sich mit Unwissenheit entschuldigt, zahlt 2 Pfund Wachs Strafe.

Einundzwanzigstens: Der Rat hat diese Ordnung ratifiziert, behält sich aber Änderungen aller Art jeder Zeit vor.

Das ist der ganze Inhalt...

Dieses Absinken gilt nicht nur für München oder den süddeutschen Raum. Der Münchner stellen wir die Revidirte[73] Brandtewein Brenner Zünfft-Ordnung gegenüber, die 1692 vom Magistrat zu Altona verabschiedet wird, das damals dänisch war, und demgemäß vom König von Dänemark und Norwegen bestätigt wird.

Der erste Absatz läßt mit seiner Bitte, Einfuhren von Brannt schlicht zu verbieten, bereits deutlich werden, welchen Zwecken die »Ordnung« dienen soll; nicht weniger der zweite, der auf ein Verbot für Nachwuchskräfte hinausläuft, sich selbständig zu machen und damit zur Konkurrenz zu werden:

»*Revidirte Brandtewein Brenner Zünfft-Ordnung, geschehen von Magistrat zu Altona de Anno 1692 den 14. Martii.*

Wir Cantzeleÿ-Rath und Praesident so dann Bürgermeister und Rath der Königl. Dennemarckischen in der Graffschaft Pinnenberg an der Elbe belegenen Stadt Altona:

Thun kund hiemit, daß für uns heute dato erschienen die Ehrbahren, Achtbahren Barthold Galley, Schwibedt Lutkens, Jochim Tiebrock und Frantz Meÿer, als respective Elterleute und Beÿsitzer, der Vereinigten Brandtwein Brenner alhie, und zu vernehmen geben, welcher gestalt Sie aus bewegenden Ursachen resolviret und beschloßen, eine gewiße Zunfft und Ordnung aufzurichten, darüber sie einige gewiße *Articulos* verfaßet, mit dienstlicher Bitte wir geruheten solche zu *revidiren,* und nach deren Revision und Erwegung zu *Corrigiren,* zu *Confirmiren* und großgünstig zu bestättigen.

Es lauten aber die überreichte und auf gebührendes Ansuchen nach fleißiger überwegung *Corrigirte Articuln* wie folgt:

1.

Weilen eine Zeithero von Fremden Ohrten der Brandtwein zum Nachtheil derselben, so dieser Stadt *Onera*[73] tragen, häuffig eingebracht worden, daß solches hinführo möge von der Obrigkeit verbothen und abgeschaffet, auch wieder diejenigen, so dem Verbott zu wieder handeln Straff angesetzt werden.

2.

Nach dem sich die Brandtewein Brenner alhie so häuffig setzen und die Knechte und Magde so bald sie nur ihren Herren die arth zu brennen etwas abgesehen, also fort sich dazu begeben, und dahero die Nahrung verdorben wird, daß keiner ein Stück Brodt davon haben kan, solche auch keine beständige Bürger abgeben, da durch die Stadt gebeßert seÿn könte, daß die jenige, so anjetzo sich des Brennens bedienen und außer diesen Vereinigung sein, zwar

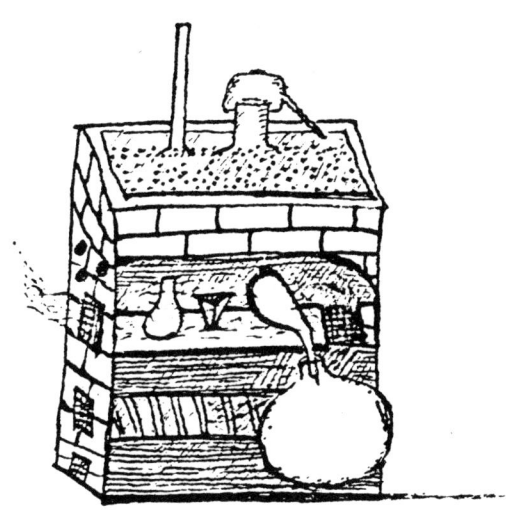
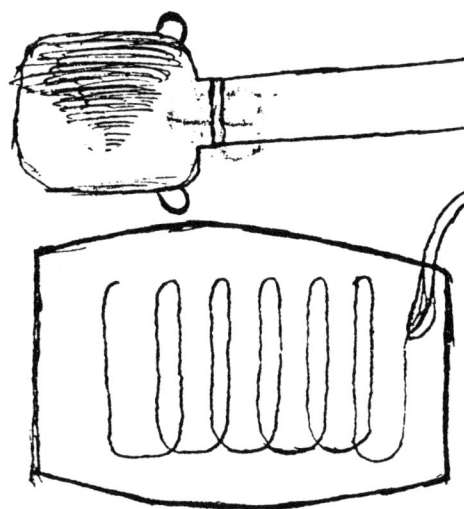

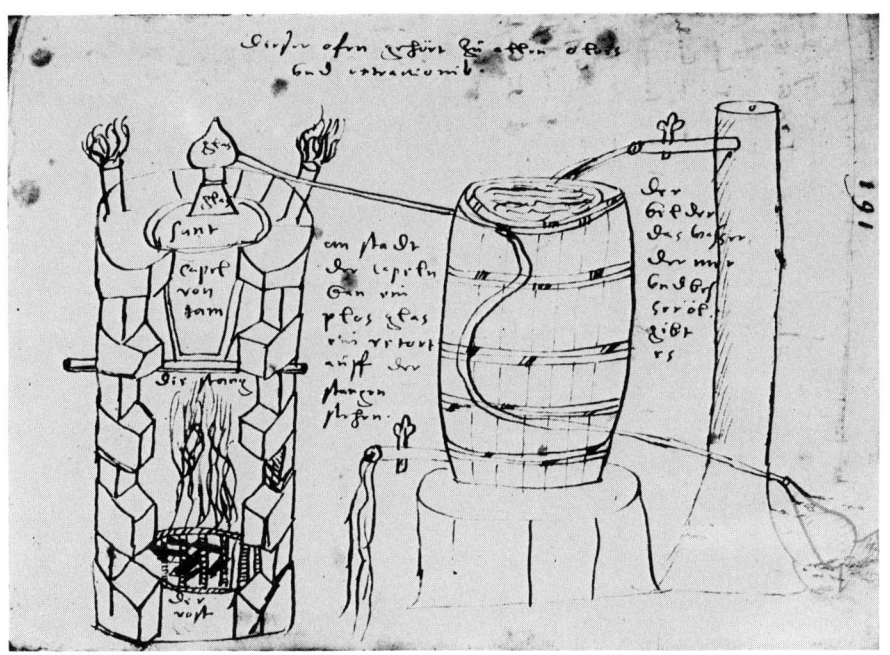

Zeichnungen von Destilliereinrichtungen aus der Briefsammlung des Nürnberger Arztes Dr. Christoph Jacob Trew (1695–1769) in der UB Erlangen[75]

solche ihre Nahrung ferner treiben, aber keine neue hin zu antreten mögen, ohne was ehrliche Bürger sein, und die als dann wie sonsten üblich ein gewißes, als an der Stadt 15. Rthlr. und an die Brandtwein Brenner Lade 15. rthlr., so dann dem Herren *Patrono* Rthlr.[74] erlegen müßen.

3.

Ein Brantwein[75] Brenners Sohn, Tochter oder Wittwe, die hinwieder heýrathet, so[76] von vorerwehnten Eintritts Geldern nur 10 Rthlr. zu erlegen schuldig seýn, die jenige aber, so in dieser Brüderschafft und Vereinigung nicht mit begriffen, sollen als frembde Neu antretende angenommen werden.

4.

Wes wegen wir dan aus unseren Mitteln[77] zweý *qualificirte* und tüchtige Persohnen zu Elter Leute ernennen, welche wann sie sich gebührend in ihrem Amte verhalten zeit Lebens dabeý verbleiben, von welchen einer Ein Jahr umbs andere Worthaltender seýn, und dafern einer oder ander laut folgenden *Articuln* Sie in billigen Sachen nicht pariren würden, selbige dafür ernstlich angesehen werden sollen.

5.

Seýnd auch denne Elter-Leuten zwenne Beýsitzer zu geordnet, deren Eltester, gleich dem worthaltenden Alten auf alle Einnahme und Ausgabe fleißige Obsicht haben, und richtige Rechnung darüber halten soll.

6.

Soll alle zwei Jahre auf Johanni von denen zween Beýsitzern der Elteste abtreten und an deßen stelle ein anderer, wen zu vor die rechnung, von der sämptlichen Vereinigung gesambten Einnahmen und Ausgabe vor dem Herrn *Patrono,* welcher davon jährlich ein gewißes zu erheben hat, der gantzen Brüderschafft oder denen so dazu von selbiger verordnet werden möchten, gebührlich abgeleget und richtig befunden worden, erwehlet werden, womit es folgender gestalt zu halten, wann also gemeldeter Eltester Beýsitzer abgetretten, so sollen die Elter-Leute zweer tüchtiger Persohnen Nahmen aufsetzen und auf zetteln schreiben, und dieselbe ins Loß werffen, und welcher als dann aus dem Loß gegriffen wird, vor den Jüngsten Beýsitzer gehalten werden und dabeý zweý Jahr verbleiben, da aber jemand dem das Loß also gefallen, deßen sich wegeren[78] solte, der soll der Lade dafür dreý Marck erlegen, und davon dennoch nicht erlediget seýn, und imfall er beý solcher Verweigerung beharren sollte, zehen Marck zahlen.

7.

Da auch einer den andern Vor offener Lade in Gegenwarth der Alten und Beýsitzer zu beklagen oder besprechen hätte, soll solches ohne geringste schmäh-Wörter und Eýffer gebührlich geschehen und von gegentheil bescheidentlich geantwortet, und demjenigen was die Elter-Leute nach Anweisung der *Articuln* darin sprechen von beýden Theilen, falß sie mit dem Spruche friedlich, beý Straffe dreý Marck nachgelebet werden, daferne aber einer mit solchem Spruch nicht friedlich seýn, sondern zu dem Herren Patronum gehen; und von demselben der Spruch der Elter-Leute *Confirmiret* würde, soll Er die Straffe gedoppelt erlegen. Im Fall aber eine Sache von denen Alten und Beýsitzern nicht geschlichtet und beýgeleget werden kan, soll Sie zur Erkandtnuß des Herrn *Patroni* verstellet seýn.

8.

Wann auch von dem Wort haltenden Alten beý gemeiner zusammen Kunfft etwas *proponiret* und für getragen wird, so soll demselben billige *audientz*[79] geben, auch von Niemandt, ehe und bevor ordentliche umfrage gehalten, darinne geredet, wie es den auch ebener maßen, beÿ der Verantwortung in acht genommen werden, maßen dann derjenige der da wieder handelt ohne ansehung der Persohn vier schilling Lübsch zur Straffe erlegen soll.

9.

Wie dann auch vor guth befunden, daß zu Verwahrung der zu dieser Zunfft gehörigen Gelder eine sonderliche Lade mit zween Schlößern verfertiget werden, und davon der Jüngste (und) Elteste Beÿsitzer ein jeglicher einen Schlüßel haben die Lahde aber entweder an dem Orth, wo die Brandtwein Brenner ihre *ordinaire* zu sammen kunfft halten, oder auch beÿ dem Wort-haltenden Alten, falß er dazu gelegenheit hat, in Verwahrung bleiben, welcher dann solche woll und fleißig zu verwahren pflichtig und schuldig seÿn, wie dan auch zwenne Bücher angeschaffet, worinn alles ordentlich aufgeschrieben und was in der Lahde ist richtig ver-zeichnet, davon den daß eine in der Lahde beÿ geleget, daß andre aber von den Eltester Beÿsitzer in guther obacht gehalten werden soll.

10.

Wann die Eltesten und Beÿsitzer zur Behueff und Angelegenheit der sämptlichen Zunfft ge-noßen, ein und anderes zu verrichten haben, und desfalls an ein oder anderm Ohrte zu sam-men kommen und eintreten[80] müssen, soll Ihnen aus erwehnter Lahde allemahl solchen Tages in gesambt ein halber Rthlr. guth gethan werden.

11.

Da auch ein Alter sich seines Alters oder anderer wichtigen Ursachen halber beschwehren und deßfalß Ihm von seiner Eltermannschaft zu verlaßen begehren würde, soll Er damit wie billig gegönnt und dabeÿ wieder seinen Willen nicht aufgehalten werden.

12.

Damit man auch zu denen hinkünfftig beÿ dieser Zunfft unausbleiblich vorfallenden Ausgaben etwas in Vorrath, wovon dieselben zu nehmen, haben möge, als ist von den sämptlichen Inte-reßenten beliebet, daß beÿ denen alle *Qvartal* zu haltenden zusammenkünfften ein jeder dieser Vereinigung Jedes mahl acht Schilling Lübsch in die Brandtwein Brenner Lahde erlegen, wovon nicht allein die vorfallende Unkosten genommen, besonderen auch dar ab alle Jahr von den Eltesten richtige Rechnung abgeleget werden soll.

13.

Die Straff-Fälle und davon fallende Straff-Gelder betreffend, so sollen dieselbe in einen Buche richtig verzeichnet, und davon nach gehaltener Jährlichen Schluß Rechnung, ein Drittel dem Herren *Patrono* die andere Zween Drittel aber in die Brandtwein Brenner Lade verwahrlich beÿgeleget werden.

14.

Da auch beÿ vorfallender Gelegenheit und guth achten die Eltesten und Beÿsitzer die Brantwein Brenner an einen gewißen Ohrte zusammen beschieden würden, so soll ein jeder wann er zu Hause, und daran unpäßlichkeit und Ehrhafften halber nicht behindert wird, an bestimten Ohrte und auf den angedeuten Klockenschlag, beÿ Straffe vier Schilling Lübsch und zwar auf dem nechsten Büchsen Tag zu erlegen, zu erscheinen und was also in seiner abwesenheit, von den übrigen oder den meisten beliebet und nöhtig beschloßen vor angenehm zu achten und verbunden seÿn, beÿ welchen zu sammen künfften dann ein jeder sich ehrbahrlich und bescheidentlich zu betragen und aller unnützen reden auch scheltens und schmähens beÿ Straffe ein Marck Lübsch des schlagens aber beÿ Sechs Marck welche Er den nechsten Büchsen oder Laden Tag, ohne geringste Wiedersetzung, beÿ gedoppelter Straffe zu bezahlen schuldig zu enthalten hat.

15.

Letzlich ist von uns gesambten Brandtwein Brenneren beliebet worden, daß wann einer von uns und den unserigen verstorben, daß so dann die sambtliche Intereßenten beÿ dessen Beerdigung auf beschehene Umsage der Worthaltenden Ältesten, welchen der Leidt tragende solches anzumelden hat, zu behöriger Zeit in erforderter Ordnung und schwartzer Kleidung erscheinen, und beÿ acht schilling Straffe folgen, jedoch daß der Leidt Tragende dem Bohten, welcher diese Einladung verrichtet eine *Discretion* von acht schilling davor erlegen soll.

Wann wir nun vorher gemeldter Elter-Leute und Beÿsitzer *nomine* der übrigen Brandtwein Brenner hiesiger Stadt Altona gethanes Gesuch ziehmlich und der Billigkeit gemäß befunden auch dahero Tragenden Obrigkeitlichen Ambts halber dieselbe nicht enthören können. Alß haben im Nahmen Ihro Königl. Maÿ. zu Dännemarck Norwegen etc. unsern allergnädigsten Königs und Herren *Articuln* zu halten nach zu leben und zu genießen, und ihnen aus Unsern Mitteln einen *Patronen* zu erwehlen.

Deßen allen zu mehrem Urkunde und unverbrüchlichen Haltung haben wir mehrgemeldte Cantzeleÿ Raht und Praesident so dann Bürgermeister und Rath hiesiger Stadt großes Secret Insiegel unter denen jetzo *Confirmirten* und *in duplo* außgefertigten Articuln /: wovon ein Exemplar hiesigen Gerichts *Archivo,* daß ander in der Brandtwein Brenner Zunfft genoßen Lade verwahrlich beÿgeleget werden soll :/ drücken und vom *Secretario* eigen händig unterschreiben laßen.

So geschehen in der Königl. Stadt Altona d. 14. Martii dieses Eintausend Sechs Hundert Zweÿ und Neunzigsten Jahres.

L. S. (Stadt) *Ex Speciali Commißione Amplißimi Domini Consilarii et Praesidis atque Senatus* *subscripsit* (gez.) Wilhelm Klüver, *Civitat. Altenav. Secret.*«

Wir sagten vorab, dies sei eine klägliche Ordnung. Von dem Produkt, das erzeugt werden soll, seiner Güte und Reinheit steht nicht ein Wort darin; nur kleinkarierte Vorschriften über die Pflichten, gemischt mit Strafdrohungen für die, so sie nicht erfüllen.

Die Altonaer Zunftordnung bestätigt, was wir anderswo vorfinden, daß Sohn, Tochter oder Witwe einem Brenner ohne weiteres nachfolgen kann. Der Zusatz »die wieder geheiratet hat« bei Witwen bedeutet nicht, daß eine Witwe das Gewerbe nicht fortführen könnte, während es eine Tochter kann, sondern nur, daß ihr zweiter Ehemann ohne weitere Formalitäten (und nach Zahlung einer ermäßigten Gebühr) den Platz des ersten Ehemanns unter den Zunftgenossen einnehmen kann.

Dies ist eingehender in der Lübecker Brandweinbrenner Rolle von 1644[81] dargestellt: (Sollte ein Brenner sterben), »so sollen die Ältesten der Wittwen so lange, bis sie sich wieder befreiet, in allen, damit sie ihre Nahrung fordern und treiben könne, die hülfliche Hand leihen, auch gute Aufsicht haben, daß das gemeine Gut nicht verkürzet werde. Wann sie sich aber wieder befreiet, so soll ihr Ehemann… sich einschreiben lassen«. Die Wiederverheiratung ist mit Recht nur als eine Möglichkeit angegeben, zumal sie vom Alter der Witwe und andern Umständen abhängt. Bleibt die Witwe ledig, sind die Zunftgenossen zu kollegialem Verhalten aufgerufen.

Die Lübecker Rolle nennt nicht nur die Gebühr, sondern beschreibt den formalen Weg bei Wiederverheiratung: »soll ihr Ehemann alsbald sich bei den Ältesten (entsprechend den Elter-Leuten von Altona) angeben, daß sie mit ihm vor die Herren der Wette[82] treten, und umb die Verlehnung anhalten, sich einschreiben laßen, und die Gebühr als 5 Rthr. der Wette, und in der Brüder Lade 5 Rthr, entrichten bei Verlust derselben« (= à fonds perdu).

Die Lübecker Ordnung bringt – ganz anders als die Altonaer – trotz ihrer Kürze weitere Aufklärung wichtiger Sachverhalte. Trotzdem fehlen auch die Strafen nicht: 4 Schillinge für den, der der Leiche »einer ihres Mittels«[83] nicht folgt; ebensoviel, wenn einer zur viertel-jährlichen Zusammenkunft nicht erscheint; 12 Schillinge sogar, wenn er ohne wichtigen Grund ausbleibt. Wer bei den Zusammenkünften schlägt, flucht oder schilt, zahlt – außer etwaiger Bestrafung – 2 Rthr.

Die Strafandrohung geht sogar noch weiter, was – wie in München – den Charakter der öffentlichen Ordnung unterstreicht: »Und behält sich E. Hoch Rath diese Ordnung zu ver-mindern oder zu vermehren in alle Wege bevor.« Wer ihr zuwiderhandelt, soll von den Älte-sten zur Wette gebracht und bestraft werden. Zwei Drittel der Strafe verfallen dem gemeinen Gute, also dem Fiskus, ein Drittel der Brüderschaft, so daß diese daran interessiert sein muß, Missetäter zur Anzeige zu bringen.

Nicht die Strafen jedoch sind das für uns Aufschlußreiche, sondern die Beschränkung der Zahl der »verlehnten Brandtweinbrenner« auf fünfzig und der Kessel auf zwei je Brenner (»den einen zum Brennen, den andern zum Klaren«; danach ist also sogar nur jeweils ein einziger Brennkessel zugelassen).

»Wenn ein Brenner oder *distillator* von fremden Brandtwein kauft, solches soll er denen *pro tempore* verordneten[84] Ältesten anmelden, und den Brandtwein selber, und nicht der Fremde veraccisen.« Daß hier die Sorge um die Steuereinnahme bestimmend ist, deren man nur bei Einheimischen sicher war, geht daraus hervor, daß der Zuwiderhandelnde sogar mit Entzug der Konzession (»Entsetzung des Lehens«) bestraft werden kann.

Die *distillatores,* die hier genannt sind, treten auch in der folgenden Bestimmung auf, in der die Abwerbung von Kunden verboten wird: »Ein jeder soll sich an denen, die aus freiem Willen zu ihm kommen und *gedistillirte* oder gemeinen Brandwein holen wollen, genügen laßen, bei Strafe 4 Rthr.«

Den Fragen des gemeinen Brannts und des Brennens aus Wein oder Korn sind wir an ande-rer Stelle nachgegangen. Ehe wir die Lübecker Rolle verlassen, werfen wir einen Blick auf die beiden Ergänzungen von 1657 und 1689. Die erste, »auf bittliches Suchen der Ältesten« verfügt, regelt die Nachfolge bei Tod oder Geschäftsaufgabe einer Brennerswitwe: »Wollte aber die Wittwe sich der Verlehnung und Gerechtigkeit gänzlich begeben, oder daß sie wegen Unvermögenheit ihres Alters[85] oder das Amt nicht länger halten könnte…«, haben Kinder Vorrang vor Fremden. Hart, mit Verlust der Verlehnung, wird bedroht, wer sie ohne Ge-nehmigung auf einen andern überträgt.

1689 wird ein Tatbestand geregelt, der offenbar die Zunft verärgert: Wer in der Stadt genug verdient hat, läßt sich häufig in fremden Gebieten nieder und fügt mit seiner Produktion der Stadt Schaden zu (weil er seine alte Kundschaft weiter bedient, die von ihm gezahlten

Abgaben aber nicht mehr in die Stadtkasse fließen). Wenn er es draußen nicht mehr aushalten kann, soll er unter keinen Umständen wieder in Lübeck zugelassen werden; außerdem ist er natürlich aller Ansprüche an das Zunftvermögen verlustig. Daß es sich um die Abwehr von Konkurrenz handelt, sagt die Ergänzung für den Fall, daß ein Weggezogener »wieder ans Amt *admittiret* wird«; nämlich »sezet er sich (draußen) an solchem Orte, da es der Stadt und dem Amt nicht zuwider ist.«

Aus einer Ordnung vom 20. Januar 1712 lernen wir, was es mit der jährlichen »großen Zusammenkunft« für eine Bewandtnis hat: »Wenn die Morgensprache geschehen ist, so muß der Älteste bei offener Lade die Brüder zusammen fordern und übergeben ihnen nochmahl die Rechnung[86], alsdann so muß er seinem *Collegen* das Wort übertragen, und wird auch ein neuer Beisitzer erwählt, und sodann mögen die Brüder, was Gott bescheret hat, in Liebe und Friede miteinander verzehren. Wer Lust zu zanken hat, der mus zur Strafe erlegen, was das Fas Bier kostet«.

Bei der Bestimmung: »Wann von den 12 verlehnten Krahmern einer Bruder wird, so bekommen wie aufs Amt 10 Rthr. von der Wette, davon die Ältesten 4 Rthr. u. in die Amtslade 6 Rthr.« handelt es sich um Weinkrämer, für die ein erleichterter Einstieg in die Brennerzunft vorgesehen ist. Gegenüber 50 konzessionierten Brennern ist die Zahl von zwölf Weinkrämern niedrig.

Man möchte nähere Aufschlüsse über alle offenen Fragen aus den Dokumenten der vielen Streitfälle, Gerichtsverfahren und sonstigen Akten erwarten, die in Lübeck besonders reichlich vorhanden waren. Diese sind aber in das später sowjetisch besetzte Gebiet ausgelagert worden und – bis jetzt wenigstens – nicht zugänglich. Die erhaltenen Aktentitel sind schon aufschlußreich genug, wenn sie sich etwa mit dem Verhältnis der Brandweinbrenner zu den Destillierern (1649 bis nach 1672) oder der Erteilung des Brennerlehens, das als »Destillierkonzession« bezeichnet wird (1625–1661) befassen. In einigen Fällen sehen wir auch den Aktenausgang; so hat das »Gesuch der verlehnten Brandweinbrenner um Beschränkung der Zahl der Brennerlehen und Verordnung von zwei Ältesten« von 1643 deutlich zu der Rolle von 1644 geführt.

Aktentitel wie »Persönliche Vergünstigung des Joh. Hahrhoff mit dem Brennen und Distilliren ohne Mitgliedschaft des Branntweinbrenneramts« (1674), »Streitsache einer Brandweinbrenner-Witwe, geschiedene Ehefrau Hinrich Tieleking, samt dem Brandweinbrenneramt gegen Hinrich Tieleking und das Kremeramt wegen Weiterausübung des Brennerlehens durch Tieleking« (1696 bis 1714); »Anspruch der Destillirer im Amt auf Berücksichtigung bei der Wahl der Ältesten« (1747 bis 1796); »Strittiges Brudergeld des Hans Brasch, dem sein Amt schon zu Lebzeiten der Eltern abgetreten war« (1747); »Widerstand des Jürgen Riessen gegen eine gemäß Amtsbeliebung abgehaltene Visitation zur Verhütung von Zugaben und Unterbietung der Preise« (1757/58) sprechen für sich selbst, so daß wir die Akteninhalte entbehren können – ungern freilich; denn sie würden unser Wissen reicher machen.

Verständlich sind auch die unzähligen Streitfälle, das Abwählen von Ältesten, die Verweigerung der Verlehnung, der Kampf von Kindern um die väterliche Konzession, der Weiterverkauf von Ämtern; oder »Beschwerde des... über eine Amtsstrafe wegen Versäumnis seiner Pflicht, als Deputierter die Einfuhr am Thor zu überwachen« (1773/74) – ein einziger Titel, der ein ganzes Bild der Zeit mit ihren Pflichten, Kontrollen, Maßnahmen zeichnet.

Wie plastisch ist schon der Aktentitel »Streit des Amtes mit H. H. Vogt, der bei der Ältestenwahl übergangen wurde und deshalb den Zusammenkünften des Amtes fernzubleiben wünschte« (1775). Herr Vogt hatte nämlich, wie eine andere Akte ergibt, gelegentlich der Jahresrechnung 1773/74 die Ältesten beleidigt; das hätte er freilich, wenn er Ambitionen hatte, nicht tun dürfen.

Es ist bezeichnend, daß die meisten solcher Streitigkeiten in das 18. Jahrhundert gehören Hier zerfällt etwas, was im 15. Jahrhundert aufgebaut worden war, und es kündigt sich an, was in zwei sehr summarischen Titeln erscheint: 1866/67 Anzeige, daß die Ältesten keine Amtsversammlung abgehalten und keine Rechnung gelegt haben; 1867 Auflösung des Amtes.

Spät sind auch die Auseinandersetzungen über Brennereibetrieb als Nebenberuf; sie können schon von der Sache her nur als Lockerung der strengen Zunftdisziplin verstanden werden. 1724 beschweren sich die Brandweinbrenner gegen Doppelberufe. Vorausgegangen war 1715 der Betrieb einer Brennerei durch einen Holzkäufer. 1727 kauft ein Schneider ein Brenneramt an, und von 1776 bis 1778 laufen die Bemühungen des Jochim Karp um die Erlaubnis, das Brennen neben seinem Knochenhauergewerbe betreiben zu dürfen.

Es ist der Alltag auf Schritt und Tritt, den die Aktentitel verraten, wenn sie etwa unter »Beeinträchtigung« fein sauber verzeichnen

- a durch Zoll und Akzise
- b durch Kommerzierende
- c durch Krämer und Distillirer
- d durch Krüger
- e durch Fabrizierung des Rosenwassers
- f wegen Ankaufs von fremden Brandwein
- g wegen Verkaufs unter der Taxe;

und dementsprechend lauten die Überschriften
»Streit der Brandweinbrenner mit den Krämern...
Streit mit den Weinhändlern...
Einspruch der Brandweinbrenner gegen Brennereianlagen vor dem Holstentor...
Verbotswidrige Brandweineinfuhr aus der näheren und weiteren Umgebung (Mölln, Plön, Lüneburg, Ratzeburg, Braunschweig, Fehmarn, Lütjenburg, Überwohlde« mit den Daten 1643 bis 1765: Mehr als ein Jahrhundert lang kämpfen die Lübecker gegen die fremde Konkurrenz. Die Zunftordnung allein würde es uns nicht verraten, wie der Alltag aussah; ihre Bestimmungen lassen uns nur ahnen, was vor allem abgewehrt (oder gesichert) werden sollte.

Können wir, um ein gerechtes Bild zu entwerfen, uns auf München und Altona-Lübeck beschränken? Andere Zunftordnungen haben bislang nichts erbracht, was das Bild entscheidend verändert; vielleicht läßt dieses Buch unbekannte Archivschätze sichtbar werden. Unsern Lesern möchten wir die Brandteweinbrenner Ordnung von Lüneburg nicht vorenthalten; mit dem Zusatz freilich, daß – so das Archiv der Stadt – weder ihr Datum bekannt ist, noch feststeht, ob es nicht beim Entwurf geblieben ist:

»Brandteweinbrenner Ordnung

Ob wol vor dieser Zeit in dieser Stadt nicht üb= noch gebräuchlich gewesen, von dem lieben Getreyde Brandtewein zu brennen, auch noch jetzo bedencklich ist, solch Gewerb weit zu *extendiren,* und zu gemein werden zu lassen: So ist doch Einem E. Raht allewege freÿ und offen gestanden, deßwegen aus erheblichen Ursachen, und nach Erfindung der Gelegenheit, zu *dispensiren,* und solch Brandteweinbrennen zu vergönnen und einzuräumen. Weil sich dann anitzo N. N. angegeben und gantz inständig umb solche Nahrung zu vergönnen, angehalten: Als seyn Sie auf folgende Vorbedingung zugelassen worden.

1. Erstlich sol Er Einem Ehrenvesten Raht für solche Einwilligung des Brandteweinbrennens zum Eintritt erlegen 12 Rthlr.

2. Zum andern sol Er wegen solcher Vergünstigung jährlich zur *recognition* 10 Marck zu erlegen schuldig seyn.

3. Zum dritten soll Ihme nicht anders, als gemeinen Brandtewein, aus Korn, Maltz, Gersten, Weitzen etc., doch außer einiges Gewürtz, Anniß, oder andern Zusatz, dadurch Eines Ehrenv. Rahts *Apotheken* Schaden und Abbruch geschehen möchte[87], zu brennen vergünstigt seyn.

4. Demnach auch andere Bürger mit dem Ausschencken des Brandteweins belehnet; als sol Ihm zum virdten nicht vergünstiget seyn, sein selbst gebrennten, oder andern Brandtewein bey Stübichen, Quartieren und Kösseln viel weniger mit kleinen Vasseln, in oder außer haußes auszuschencken; sondern Er sol denselben in oder außer der Stadt, bey gantzen Vasseln, und weniger nicht als N. Stübgen miteinander zu verkauffen verbunden seyn[88].

5. Weiln auch fürs fünffte wohl zu erachten, wann er die behuef des Korns oder Holtzes auf freyen Marckt erkauffen thäte, daß dadurch die Armuth an Irer Nohtdurfft zum Kauffen behindert[89] werden möchte: Alß sol Er, dergleichen Nohtwendigkeiten außerhalb der Stadt zu erkauffen, und von andern Orthen hereinzubringen schuldig und verbunden seyn.

6. Zum sechsten, weil zu dergleichen Nahrung guete und bequeme Feuerstädte höchstens von nöhten: alß sol zuvor seine Feuerstatt durch beeydigte Zimmer- und Mauermeister besichtiget werden, damit in Ermangelung derselben nicht Er selbst und andere Benachbarte in Feuers Gefahr gesetzet werden mögen.

Inmaßen sich auch E. Erb. Raht insgemein Ihm *reserviret* und vorbehaltet, nach Lauff und Gelegenheit der Zeiten, und aus erheblichen Ursachen, diese *conceßion* und Vergünstigung *ad tempus* zu *suspendiren,* oder auch dieselbe mit alle aufzuheben und abzustellen.

Hiernach Er sich in allen Puncten bey willkürlicher Straffe, auch wol Niederlegung der Freyheit[90] zu richten und zu achten, und für Schaden zu hüten.«

Wir bedauern, so wenig zu wissen, weil diese Ordnung ungeachtet ihrer Kürze reicher und aussagekräftiger ist als die von 1751 aus München oder 1692 aus Altona.

Zum Abschluß wollen wir mit zwei Beispielen belegen, wie »Branntweingerechtsame« an Orten entstehen, an denen es wegen des geringen Gewerbeumfangs nicht zur Gründung einer Zunft kommt. Das erste Dokument, vom 2. April 1653, ist aus Osnabrück, wo die Krämer diese Rechte erwerben, das zweite, vom 5. September 1757, aus Reutlingen, wo die Küfer sie für sich sichern.

»Copia Privilegij

Wir Bürgermeistere Vndt Raht der Statt Oßnabrück Vrkunden vnd bekennen für Unß vnd Vnsere Ambts Succeßoren offenbahr bezeugendt; waßmaßen Wir Vnd andere zu Raht gehörige Stände mit wohlbedachtem gemuhte, mit reiffen rahte vndt einhelligen schluße, den Gildemeistern vndt Vorstehern des hiesigen Kramer Ambts für Sie auch sämbtliche ietzige vnd künfftige eingeseßene deßelben Ambts, auff beschehenes gepührsahmes ansuchen, beständig vndt vnwiederruflich bewilliget vnd zugelaßen haben, bewilligen vndt laßen auch zu hirmits vnd in Krafft dieses versiegelten Brieffes in gestaldt eines ewig wehrenden privilegij /: Vmb vndt für eine sichere vereinbahrte Summe geldes von Sechshundert Reichsthaler, so wir bahr vberzahlet empfangen, vnd zu hiesiger Statt kendtlichen nutzen vndt zwar zu abfindung Herrn Droßen Wilhelm Otto Von Kornbergh zur Auwburgh, so bereits wegen seines ----- schuldtpostes einiger bürger wahren angehalten, vmb eröffnung des freÿen paßes nohtdwenglich soforth hingekehret haben, deswegen *cum expreßa renunciatione; non numerata vel in vtilitatem Reipublici non versa pecunia* bester formb rechtens quitirendt :/ daß die eingeseßene des Krahmer Ambts allerley duchtige vndt alhir zuläßige Brandtweine, so sie zware zu verkauffen, ohne deme berechtiget, iedoch auch andern Einwöhnern vnd Bürgeren hieselbst biß hiezu auff gewiße maßen vnverbotten gewesen, hinführo privative vnd allein verkauffen vnd außschencken mugen, vnd sölches Niemandten anders unter keinerley prätext erlaubt oder zugelaßen, Vndt die Verbrecher nicht allein ernstlich dauon abgehalten, sondern auch in daß Kramer Ambt vndt deßen Gildemeistere vndt Vorstehere zum pillig-mäßigen Abtragh vorwiesen, vndt also daß Kramer ambt Vndt deßen eingeseßene sampt vndt sonders beÿ sölcher erworbenen gerechtigkeit kreftiglich in alle wege geschützet werden söllen.

Deßen zu vrkundt vndt Zeugnuß der Wahrheit haben wir Bürgermeistere vndt Rhat obgemelt, Vnser Statt größer insiegel an diesen Brieff wißentlich gehangen.

So geschehen im Jahre nach Christi heilsamer gebuhrt Ein thauset Sechshundert drey vnd fünffzig den zweiten monats Aprilis newen Calenders.   L. S: M: [91]«

Es handelt sich also um eine Vereinbarung des Rats mit den Meistern der Krämergilde, die ein »ewig währendes Privileg« darstellt. Der Rat ist in Not; er muß dem Drosten eine Schuld bezahlen, der zur Eintreibung seines Anspruchs bereits Waren beschlagnahmt hat. Die Krämer zahlen an den Rat die benötigten 600 Reichstaler und lassen sich dafür das alleinige Recht zum Brannthandel übertragen. Allen andern Bürgern, die nicht der Krämergilde angehören, wird das Recht des Verkaufs und Ausschanks rigoros genommen, jede Zuwiderhandlung mit Strafe – einschließlich von Bußzahlung an das Krämeramt – bedroht.

In Reutlingen ist es Schultheiß Stechenfinger, der 1757 im Namen des ganzen Küferhandwerks sich über die überhandnehmenden Brudlereien [92] beschwert. Sie bestehen darin, daß einige Bürger, obwohl sie bessere Professionen haben, Brannt brennen und dadurch das Küferhandwerk gänzlich zugrunde richten. Die Küfer möchten daher ihren Zunftartikeln einverleibt sehen:

»1. Kein Bürger ausser dem Küferhandwerk darf Hefe und Trester aufkaufen bei Strafe nach Erkenntnis der Obrigkeit.

2. Kein Bürger ausser dem Küferhandwerk darf Kirschen, Zwetschgen oder gar Frucht zum Brennen aufkaufen bei Strafe nach Erkenntnis der Obrigkeit.

3. Es ist ja einem Bürger erlaubt, von seinen eigenen Gütern Eingeheimstes zu Branntwein zu brennen, und wird von niemand widersprochen... Wenn einer aber den Branntwein, den er zum Hausbrauch nicht ganz nötig hat, verkauft, so ist's ein Commercium. Es wird entgegengesetzt, das Branntweinbrennen sei eine freie Kunst und jedem erlaubt. Dem wird mit grösstem Nachdruck widersprochen. Seit hundert und mehr Jahren ist nicht erwiesen worden, dass es nicht den Küfern zugehörig sei. Auch an allen Enden und Orten im ganzen Reich ausser den Biersiedern in Bierländern wird dieses Recht den Küfern nicht abgesprochen«

– womit, wie wir in Colmar sehen werden, der Schultheiß nicht ganz richtig informiert ist. Der Magistrat holt ein Gutachten des Syndicus vicarius ein, dem zwei Fragen zugrundeliegen: Kann das Küferhandwerk andere Bürger vom Branntbrennen ausschließen? Wie steht es mit dem Umgelt?

Das Gutachten schlägt vor,

1. keine neuen Brennstellen mehr zu gestatten.

2. Den Bürgern, die nichts Aufgekauftes destillieren, sondern nur die Erlaubnis haben, ihren Eigenbau in ihren eigenen Brennhäfen zu brennen, die Zeit von Egidii bis Martini zum Brennen vorzuschreiben, während die Küfer das ganze Jahr hindurch unbeschränkt Hefe und Treber, auch andere eingeschlagene Obstfrüchte und davon abfallende Treber, nur keine Halmfrüchte, zu brennen berechtigt sein sollen.

3. Den Bürgern, die Most-Pressen haben und davon Treber beziehen, der nicht von Früchten aus ihren eigenen Gütern herrührt, von dem sie also Brannt brennen könnten, dies zu verbieten. Andererseits wird denen, die in einer fremden Trotte Most machen lassen, geboten, ihre Treber zurückzufordern. Für den Fall, daß diese Besitzer von Trebern sie weder selbst zu brennen noch sonst zu nutzen wüßten, wird den Küfern auferlegt, die Treber von ihnen zu gerechtem Preis anzukaufen.

4. Bürger, die keinen eigenen Brennofen besitzen, aber doch von eigenen Gütern etwas zu brennen hätten, sollen es bei ihrem Küfer, den sie sonst in ihren Kellern brauchen, oder bei einem andern Küfermeister brennen lassen.

Zur 2. Frage lautet die Antwort kurz:

»Von der Zeit an, da der Branntwein nicht mehr als eine Arznei, sondern gleich einem andern gewöhnlichen Getränk gebraucht wird, pflegt er mit Recht verumgeltet zu werden. So ist es kein Wunder, dass in dem vom Kaiser bestätigten Oeconomieplan in der Umgelts-Instruction darauf reflektiert wird, dass vom Branntwein Umgelt bezogen wird.«

Nach Norden und Süden ein Blick in den deutschen Osten. Das Schlesische Museum für Kunstgewerbe und Altertümer in Breslau beherbergte bis zum Ende des Zweiten Weltkriegs Petschaften der Breslauer Brandweinbrenner-Zunft aus den Jahren 1588, 1627 und 1660. Gipsabgüsse davon brachte Dr. Richard Klose, der die Petschaften 1937 im Museum entdeckt hatte[93], bei seiner Flucht in den Westen mit, wo eine Weinbrennerei davon neue metallische Stempel anfertigen ließ. Auch das Schild der Zunft aus dem Jahr 1610 ist, farbig bemalt und in Kupfer getrieben, im Bild erhalten geblieben.

Ein zweites Schild der Brandweinbrenner Zunft aus dem Jahr 1679, eine Arbeit des Breslauer Goldschmiedemeisters David Kriebel (Meister von 1674 bis 1693) ist aus teilweise vergoldetem Silber. Es trägt am Kopf die Namen der Zunftältesten von 1645 bis 1677. Die Zunftschilder wurden bei feierlichen Anlässen gezeigt und verstorbenen Zunftmitgliedern während der Beisetzungsfeierlichkeiten auf den Sarg gelegt.

Dieser Vorbemerkung bedarf es, weil die meisten Nachrichten aus den deutschen Ostgebieten verloren sind. Daß aber »Den 17. Januar 1587 der Brandweinbrenner Zunft aufgerichtet und bestätigt« wird, wissen wir. Im gleichen Jahr wird (am 10. Juli 1587) die Kornbrennerei der Firma H. Hennig ebenfalls in Breslau gegründet. Von den nach 1945 noch bestehenden Kornbrennereien war nur die landwirtschaftliche Brennerei Galenbeck in Lüneburg, die 1965 erloschen ist, älter.

Das Siegel von 1588 gehörte der Weinbrennerzunft, die beiden andern wurden von den Branntweinbrennern benutzt. Wann der Übergang vom gebrannten Wein zum gebrannten Korn in Breslau erfolgt, wissen wir nicht, weil die Archivalien verloren oder unzugänglich

AEs nün geendet ist das ander bůch mit hilff des öbersten/on welches hilff ich nit volbzingen mag wie ein yede kranckheit des menschen widbzacht wirt mit krefftigung vñ sterckung d natur/ welche da ist ein meisterin der natur. So aber das nit gesein mag durch vberfluß der matery/werd sie gedigeriert/ gidünert/ vñ flüssig gemacht gehorsam zůsan dem purgiern vñ euacuiere̅/ als reinigen/ vßtreiben vnd leren. Darnach die geblödigten vñ geschwecherte̅ co̅plexion wid zů bzingen durch co̅fortieren/vnd krefftigen die natur/weliche alle zeit begeren ist der gesuntheit. Seit enmal ich dir hievoz in einer gemein geoffenbart hab wie man das nützen vñ bzuchen sol in einer gemein/ wer nitt vnzimlichen als ich gedenck mit vzloub der gelerten/ weiter auß meinem bůch/ welches ich gemacht habe vo̅ dem haupt biß zů den füssen/nitt allein de̅ Láyen/ sund auch den gelerte̅ als den Phisicis meine̅ lieben Herzen/ deren diener vñ schüler ich alle zeit bin/wie man ein iede herschung der vier co̅plexion/ als Sanguius/Colera/Melåcolia/vnd Fleugma/digirieren/euacuiere̅/ vnd co̅foztieren sol/ So doch ein iede kra̅ckheit vo̅ dem haupt biß zů den füssen anhangen ist. Jedoch so bekenn ich ein iedes glidt in sunderheit/ mer eygenschafft hat zů einer complex dañ zů der anderen/als das herze Sanguinem/ die

»So doch ein iede krāckheit vō dem haupt biß zů den füssen anhangen ist«: Ärzte am Krankenbett (nach Hieron. Brunschwygk, 1512)

sind. Der Name »Weinbrennerzunft« wird den Lesern dieses Buches (oder denen, die danach etwa bei Grotjan nachlesen) nicht mehr als sicheres Indiz dafür gelten, daß wirklich Wein gebrannt wurde. Eine Zunft aus dem Jahr 1587, fast gleichaltrig der Münchner und nur um ein Jahrhundert jünger als die Wiener, ist aber Zeugnis dafür, daß wie bis ins Deutschordensland im Norden und den mährischen Raum im Süden auch in Schlesien im 16. Jahrhundert in so großem Umfang destilliert wird, daß sich Brennerzünfte bilden.

Aqua vitae

Was aber brannten die Bernewater und Bernewin, die Winbrenner, Winbrender und Brandweiner? Wässer aller Art – so viele, daß ihnen ein eigenes Kapitel zusteht – und darunter (oder: vor allem) das Wasser des Lebens, das in frühen lateinischen Quellen schon als *aqua vitae* erscheint und auch in deutschen (nach der mittelalterlichen Art *aqua vite*[1] geschrieben) oft unübersetzt bleibt.

Aqua vitae dürfen wir als die Krönung der »ausgebrannten Wässer« betrachten, und es steht im Mittelpunkt der medizinischen Heilwirkungen. An dieser Stelle lassen wir uns von den Alten erklären, was *aqua vitae* sei, in welchem Verhältnis es zur fünften Wesenheit, der *quinta essentia*[2], steht, und nennen einige der berühmtesten *aquae vitae* mit ihren Bestandteilen. Mehr Raum ist uns nicht vergönnt, so reizvoll es wäre, die Entwicklung von Brunschwygk, den wir mit guten Gründen als Lehrmeister wählen, über Ryff zu Khunrath und bei ihren jeweiligen Zeitgenossen im einzelnen zu verfolgen.

Der »Werkplan« der beiden Bücher des Hieronymus Brunschwygk (Straßburg 1500 und 1512; ausführlich behandelt auf Seite 99) folgt einem klaren Ablauf: »So ist not vnd gebürt dir zewissen vnderscheyd zwischen der *quinta essentia* | *Auro potabili* | *Aqua vite simplice* vnd *composita*. Darumb gebürt zů offenbaren | erklären | vnd zůzeigen | was da ist *quinta essentia* | welches da ist das fünffte weßen gescheyden vñ abgezogen von den vier qualiteten. *Aurū potabile*[3] ein guldiner tranck | darumb dz er mit goldt vnd von gold gemacht wirt.

Aqua vite | eyn wasser des lebens | darumb das es das leben erlengert vnd auffenthalt[4] | vmb seiner grossen tugent vnnd krafft willen | welche in ym verborgen ist. *Balsam* ein öl oder tropff einer Edelen pflantzung | welche fürtreffen ist alle wachsende pflantzung. So man den nit haben mag | wie man an stat des natürlichen balsams | kunstreichen balsam machen sol | vñ wie er auch darfür gebraucht werden soll. *Aqua composita* | welchs da ist gemacht von vilen recepten | zů hilff vnd trost menschlicher kranckheit vnd blödigkeit[5] | zů vffenthaltung des menschen lebē | biß auff dz zil das ym von Gott auff gesetzt | vnd geordnet ist | das niemāds übergan[6] mag | als Job der heylig weissager spricht.

Quinta essentia | welchs da ist dz fünffte wesen auß einem yeden *simplici* | vnd *composito* | außgezogen die seel | krafft vnnd tugent durch die distillierūg so man die vier element von einander scheydet | vnnd wider in ein einigs wesen bringt.

Aurū potabile | des geschlecht zwo vnnd mer gstalt seind | als *Aurum potabile* | welches meer den Artisten oder Alchemisten zugehörig zů tingieren[4] vnd colorierē | wañ menschlichem leib gesuntheit zů erlangen. Der ander weg | *Aurum potabile* | welchs da ist ein auffenthaltung[4] menschlicher natur | als ich vor daruon geredt hab.

Aqua vite | welcher gestalt auch zwo seind als *aqua vite simplex* | welchs da ist gebräter wein | gemachet durch distillieren vnnd sublimieren. Vnnd *aqua vite composita* gmacht von *aqua vite simplici* | mit zů geeigten *speciebus* | menschlichs leben auffzehalten.

Balsam | des gestalt zwo seind | als *balsamū naturale* | vnd *balsam artificiale* | gemachter vnd kunstreicher[7] balsam | als gedistillierter oder gesotner balsam | dē *Phisico* als dem leib artzet | oder dem *Cirurgico* als dem wund Artzet | zůgehörig ist.

Aque composite | der zesamen gesetzten vnd vermischeten wasser in ein compositz vnd vereinigung / vnd auß willen in ein einigs wesen bracht dē *Phisico* als dē ineren vnd *Cirurgico* als den aussern oder wūd artzet[7] zugehörig / deren vnzalbarlich ist[8].«

Die *Quinta essentia* zunächst; sie »ist das fünffte wesen / welches ist das subtilest / vnd die seel gezogen von dem *corpore* als vom groben / vn̄ von dem vberflusß der vier qualitet gescheyden / vnd außgezogen durch die hohe übertreflliche kunst der aller subtilisten distillierung / welche *Quinta essentia* durch günnung götlicher gnaden / hie geoffenbaret / erklärt / vnd gezeygt wirt / wann es eyn secret / vnd eyn heymlicheyt der naturen / dē gemeinen als dem Leyen verborgē ist / darumb das der mensch mag behalten / vnnd wider kummen / vnnd erlangen die gestalt vnd krafft / im wesen[9] seiner jungheit...«

Freilich ist unser aller Leben ein natürliches Ende gesetzt; aber wem Gott vergönnt, sein Leben zum rechten Ende und Alter ohne Beschwernis zu bringen, der hat das fünfte Wesen:

»Vnd das ist dz fünfte wesen / welchs also geordnet ist durch sein gleich temperierte qualitet / den menschenn mit gūtem regiment seins lebēs / von Gott ym gegünnet / durch vermeidung vnnd abschneidung des lebens / biß zū einem volkum̄enen rechten alter / on grosse oder schwere arbeyt vnnd pein zesterben«; denn »das fünfft wesen ist ein ding / ... gar nahe vnzerstörlich / welches meeret vnnd wider bringt die krafft vnsers leibs / vn̄ den geyst des lebens / ... vn̄ schneidet ab alle überflüssigkeyt der vier qualitet / darouon alle kranckheyten entspringen / vnd erquickt vn̄ widerbringet ein yegkliche verlorne qualitet / machet genūgsam natürlich feucht / schaffet wider zū entzinden das geschwecht natürliche feūr.«

Aus dieser Auffassung folgt ganz natürlich, daß die *quinta essentia* den vier Elementen nicht zugehört – sie ist »nit ein element des luffts, nit des feūrs, nit des wassers und nit des erdtrichs«, sondern »es ist die seel vnd krafft / vnd edelkeyt außgezogen von dem überfluß der elementischen ding / ... wann es ist nit kalt / nitt feücht / nit truckē / nit heiß / als die andern vier elemēt«.

Daß der Weg zum fünften Wesen über die Destillation führt und der Wein ihre beste Grundlage ist, stellt die Verbindung zum Thema des Buches her:

»... vnnd ist ein wesen nach dem aller höchsten getemperiert vber alle elementische ding... gereiniget vnd gezogen von den *fecibus*[10] / als von den trūsen[11] vnd vnreiner materiē / die da ist ein vrsch[12] der zerstörung / der ding die da wirt abgescheyden durch die kunst der distillierung / als ich hie zeigen will / wan̄ *Quinta essentia* ist ein gemeyner nam aller ding / die da haben form vnnd gestalt / darin̄ gesengt die materi auß zūziehen mit distilleren. Aber aller meist in dem wein / vnd on den wein vil ander ding auch außgezogen werden mag durch die distillierung. Aber gemeynlich in dem wein der nam *Quinta essentia* des weins fürtreflich ist / vmb seiner suptilitet willenn die durch die kunst der distillierung auß gezogen werden mage / wirt gegleicht dem himmel... Wirt auch genant ein brennen wasser[13] / wan es brēnt im feur / wirt auch gnant die seel des weins[14] / wan̄ als die seel edeler ist dan̄ das *corpus* / als ist auch edeler die essentz des weins / die durch die distillierung außgezogen ist / dann der wein wann sie ist onzerstörlicher vnd onmaterlicher[15].«

Damit ist die Brücke von der *Quinta Essentia* zum gebrannten Wein geschlagen. Zwar wird sie durch Destillation auch aus andern Stoffen gewonnen (von »safft der kreüter / früchten / fleysch der thier / feyßt öl / metal / vnd ander *materialia*«); aber die »von dem wein fürtreflicher ist / dan̄ die andern«.

Aqua vitae simplex, was häufig gemeiner Branntwein heißt, das einfache, noch nicht hochkonzentrierte Destillat ist also Ausgangsstoff für die *Quinta essentia,* die die zerstörbaren vier Grundelemente (Luft, Feuer, Wasser, Erde) unzerstörbarer macht. *Quinta essentia* ist die

Seele, die vom einfachen Weindestillat (durch Scheidung des Subtilen vom Groben) ausgezogen wird; daher die Vielzahl der wiederholten Destillationen.

Andererseits ist *aqua vitae simplex* der Ausgangsstoff für die *aquae vitae compositae,* die »mitt mancherley spezerey« angesetzt werden und in ihrer Wirkung bisweilen sogar die *quinta essentia simplex,* die aus dem einfachen Brannt gewonnen ist, übertreffen; besonders wenn ihnen »gold zůuermischt vnd gesetzt wirt / dañ gnant aurū potabile«, das menschlicher Vernunft unbegreiflich und der Zunge unaussprechbar ist.

Die vielfache Destillation reduziert die Menge auf ein Sechstel bis ein Zehntel: »Auch ist zemercken wañ du am ersten den wein einsetzest so magstu nit meer dañ von zehen massen ein maß distillieren / oder anderhalb / vnd das überig im kessel ist nit mer wert / das ist dz wasser auß welchem wirt der lufft / das feür / vnd die erd. Darumb solt du zehen oder zwölff omen weins distillieren... biß es kumpt auff zwo maß der gůt vnd gerecht ist zů dem *Aurum potabile* / also daß du darinnen goldt soluieren magst[16].«

Wenn man in einem Rezept *aqua vite* ohne Zusatz findet, ist es also *aqua vitae simplex* »gebrannter Wein, besser *aquam vitis* / Rebwasser / zu nennen, weil es destilliert wird vom Wein, der an den Reben wächst«. Im Gegensatz dazu ist das *aqua vitae composita* vor allem durch die Zusätze gekennzeichnet, und von diesen gibt es unzählig viele.

Bei Brunschwygk liest sich das so: »*Aqua vite* ist gesprochē ein wasser des lebens / vmb seiner grossen tugendt vnnd krafft willen menschlich leben auffzůhalten / vor mancherley zůfelliger kranckheyt / vñ darumb billich zewissen ist den vnderscheyd / zwischen *aqua vite* vnd *quinta essentia* / vnd *auro potabili* / wañ warumb *Quinta essentia* von einer einigen matery die krafft vnd macht außgezogen wirt die zerstörlicheyt der vier qualitet vnzerstörlicher zemachē / darumb das *Quinta essentia* die seel ist / die da außgezogen wirt von dem *Aqua vite simplici* / als das edelst vñ subtilest gescheyden von dem groben. Als so da ist die seel von dem leib gescheyden also vil edeler ist wann der leib / also vil edler vnnd besser ist *Quinta essentia* wann *Aqua vite simplex.* Aber *aqua vite composita* in dem vil hilff funden wirdt / über *aquam simplicem* / wann warumb es mitt mancherley specerey gemacht wirt nicht allein mit *aqua uite simplice* / auch mit *quinta essentia simplice* / darum *aqua vite cōposita* übertreffen mag *aquāvite simplicē* vnd *quinta essentia simplex* inn mancherley wirckůg durch yr hilff funden ist / die in seinē *compositis* gesetzt vnd ym vßgezogē wirt / zů gleicherweiß noch vil merer vnnd edeler / so ym gold zůuermischt vnd gesetzt wirt / dañ gnant aurū potabile das mēschlicher vernunfft vnd zungen nit außzesprechen ist.

Darumb so ist ein vnderscheyd in der beschreibung / so man in eim recept findet *aqua vite* on ein zůsatz / soll verstanden werden *aqua vite simplex* / welliches da ist gebranter wein / dem man billiger sprech[17] *aquamvitis* / rebwasser / darūb das es außgezogen wirdt vom wein der an den reben wechßt. Aber vmb der grossen tugent vnd krafft willen / die in ym verborgen ist / mag man wol sprechen *aqua vite* / aber so jm zůgesetzt ander specerey / ist ym wol zesprechē *aqua vite composita* / nit alleyn auß der vrsach sunder vmb seiner vbertreflich kraft vnd tugendt willen / das wort *vite* für *vitis* genummen wirt / aber zimlich vnd wol wer gesprochen so da stat *aqua vite* on ein zůsatze *Aqua vite simplex* / vnd *aqua vite composita. Aqua vite cōposite* welch gemacht seind von specerey vnd *aqua vite simplice.* So aber in übung vnd fast allzeit inn gewonheyt ist / so ein nammen wirt in einer gemeyn soll verstanden werden der gemeinst namen / also so man schreibt *aqua vite* / on ein zůsatz soll verstanden werden *aqua vite simplex* / gebrannten wein... So aber die *(aquae vitae compositae)* vil vnd manigfaltig gemacht werden / vnd ich verheyssen hab zůleren / als wol für die armen als die reichen gebürt

Schnecken wasser.

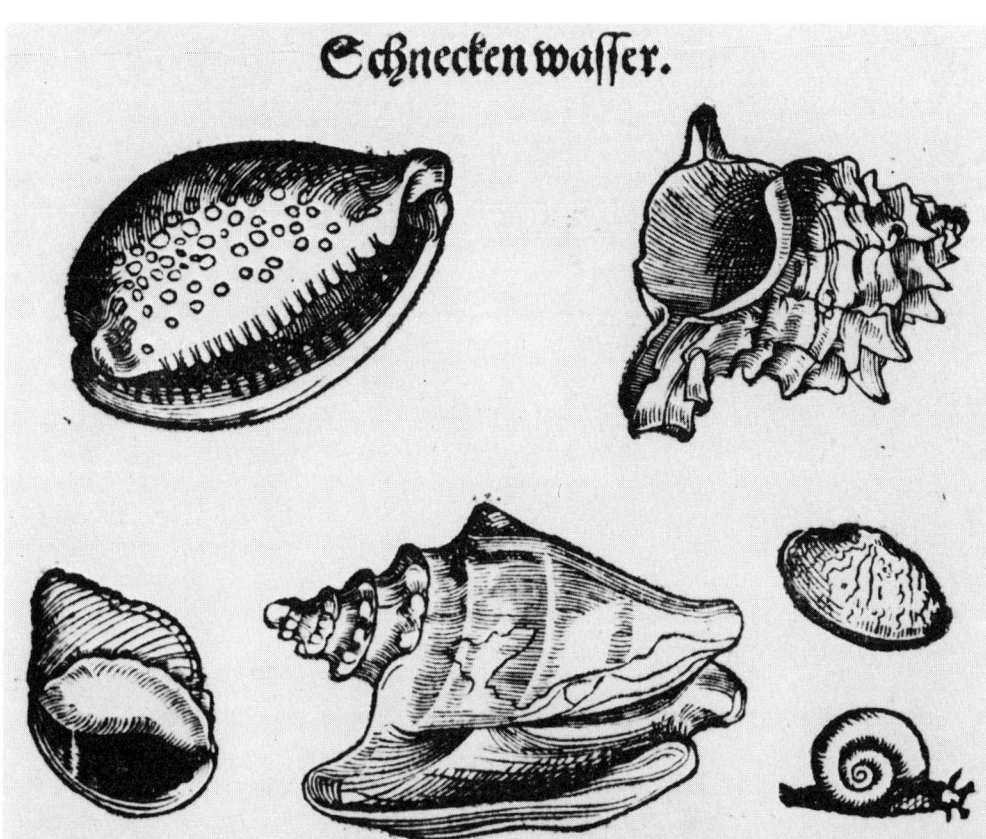

Onn den Schnecken / welcher gar mancherley art sind / als wir in vnserm newen Thierbůch genůgsamlichen angzeygt haben / pflegen die ärtzt gar ein gůt nützlich krefftig wasser zu Distillieren / denen so mit der schwindtsucht vnnd abnemen beladen sind / jedes mal auff drei oder vier lot eingetruncken / vnnd auch sein täglich tranck darmit vermische. Aber ausserhalb des leibs braucht man solchs wasser fast nützlichen zu den wartzen vnd Kroenaugen / vorhin auff das genawest beschnitten / dañ dises wasser mit leinin tüchlin übergelegt.

So man das angesicht / so von der Sonnen verbrant vnnd schwartz worden ist / deß gleichen den hals / hend vnnd andre glider wol erwascht mit dem Schnecken wasser / das macht es schön lauter / vnd ein weisse haut.

Wie du aber die Schnecken weitter mit anderen stuckenn / den abnemenden oder schwindsüchtigen / nützlich Distilliern solt / wirdt hernach vnder den vermischten wassern weiter angezeygt.

Eygentlicher

»Vonn den Schnecken pflegen die ärtzet gar ein gůt nützlich krefftig wasser zu Distillieren«
(nach Gualth. H. Ryff, 1567)

mir zů offenbaren von dem *aqua vite simplice* | als von *aqua vite composite* deren vil on zal[18] gemacht werden.«

»Ist der geschmack vnd geruch gegenwertig so wunderbarlichen gůt vnd wol riechen | das mā ym kein irrdisch ding in dem geschmack geleichen mag | vnnd erscheinet recht als wer der geschmack vnd geruch himlisch | ob dz in eim heimlichen vnd verborgē winckel eines hauß auffgethon würd das gātz hauß erfult mit dem gůten gschmack | die vnsichtigen durch sein geschmack | dem selbigen winckel des hauß nachfolgen werend | das doch zůuerwundern ist. Als dañ hast du *Quintam essentiam* … Hat auch nitt alleyn den geruch oder geschmack | sunder ein vnzerstörlichere zerstörung gegen den anderen artzneyen. Hat auch nicht das breñen in dem mund als der gebrant wein noch die wässerige feůchtigkeyt die verzert wirt durch das stetig auff vnd ab steigen | also bleibet die irrdische substantz an dem boden des glaß. Wañ himmel vnd erden haben als wol *compositiones* oder versamlung als *Quinta essentia* von materien vñ gstalt. Aber nit als die sachen der vier elementen | sundern alleyn der hymel von jnen gescheyden | wañ es ist so lauter vnd so reyner materi | darzů also löblich | das sie an yr höchsten gestalt oder form kummen ist | vñ als vollkummen | biß das es von Gottes gewalt zergat. Auch so ist das fünffte wesen vnzerstörlich gegē vnserm leib | als der himmel gegen den vier elementen. Des geleichen gegen anderen medicinen ist es vnzerstörlicher. Wer es aber gantz vnzerstörlichen on alle gebresten | so macht es vnserē leib ewig | das da verbotten hat der schöpffer der natur | vnnd aller creaturen« – eine vorzügliche Begründung dafür, daß selbst die *Quinta essentia,* die zu erzeugen dem Menschen gegeben ist, zwar Krankheiten lindern, aber nicht immer heilen, und den menschlichen Leib nicht ewig machen kann.

Gottes Güte hat das fünfte Wesen nicht allein im Wein, sondern auch in den Weinhefen verborgen, die also – ebenso wie unreiner oder verdorbener Wein – gebrannt werden dürfen. »Die fürsichtige barmhertzigkeyt Gots versehen hat die armen als wol als die reichen *Quintam essentiam* außzůziehen vō trübem vnreinem verdorbenem wein | als von dem gůten dem gemeynen man zů zeiten vmb ein zimliches | garnach vmb sunst geben wirt. Nicht allein der wein | sunder auch auß wein trůsen außgezogen der gebrant wein | in welchen das fünfft wesen verborgen ist | vnd bleibt die überflüssigkeyt der trůsen | oder des verdorbnen weins in dem instrument das werd hingeschüttet[19]. … Darum̄ in allem wein außgenommen essigsen wein[20] wiewol er faul | trüb | oder stincken ist | so ist doch allwegen *Quinta essentia* darinn verborgen | on zweifel das bewert wirt also. So man nimpt verdorbenen wein | der da übel schmackt | vnd vnreyn ist | doch gůts gewechß oder gůt gewesen | darauß gůter gebranter wein wird« – so großzügig ist keiner seiner Vorgänger oder Nachfolger. Vor allem armen Leuten ist es deshalb nicht zu verwehren, noch aus geringsten Weinen das fünfte Wesen zu gewinnen, und nun erinnern wir uns, daß Brunschwygks Buch sich *thesaurus pauperum,* einen Schatz für die Armen[21], nennt.

Trotz allem Preis der *Quinta essentia* bleibt Brunschwygk mit den Beinen auf der Erde. Als er vom »trinkbaren Gold«, dem *aurum potabile,* berichtet, ist der Unterton des »meer wircklicheyt in der Alchamey dañ in der Artzney | als die artisten vil daruon reden | vnd wenig nutz darbey ist« nicht zu überhören. »Aber in mir wenig | vnd garbey[22] kein glaube yhm zůgeben dem menschen nützlich ist | hie geredt artzeneyisch vnd nit alchimeyisch«, heißt es wenig später; »o wie offt die menschen inn den zeiten betrogen seindt | meineten zemachen gold durch *Quintam essentiam* … vnd die selbig *Alchami* vff disen tag kein nütz | sunder mer schedlich dañ nützlich ist.«

Negelin drey quintlin.
Eniß sot zwey lot
Süßholtz zwey lot
Rosenmarinen krut mit den blůmen yedes ein lot
Cubebel die vsserwelt seint ein halb lot
Zuccari drey oder vier lot
Daruß mach ein puluer/ vnd nüß es des nachts vff einer gebeyten schnitten brots oder morgens/ vnd daruff ein stund oder zwo gefast so sichstu das es zů allen gebresten des magens gůt ist.

Ein gůt Aqua vite Welches gebrucht hat Keiser Friderich zů einem kaltē magen/ vnd den gantzē leib in gesuntheit zů behalten.

Nym ein maß Aqua vite simplici das gůt vnd gerecht sey.
Ein maß malmasier.
Zimet vj lot   Negelin zwey lot
Ingber drey lot   Muscatnuß zwey lot
Zirwan ein lot
Musat blůt ein lot
Galgan ein halb lot   ysop ein lot.
Cubebel ein lot   Benedictē wurtzel ij lot
Salbeyen ein lot.
Lauender blůmen ein lot.
Mellissen krut vnd stengel zwey lot
yreos zwey lot
Biment oder Balsam zwey lot
Weiß rosen bletter drey lot
Die genanten stuck clein gequetschet/ vñ in ein grossen cucurbit gethon/ der drey od vier maß helt/ vnd darzů gethon
Zucker oder zucker Candit sechß lot
Clein rosinlin ein halb pfund
Venedisch fygen ein halb pfund
Campher ein lot   Rosen wasser
Endiuien wasser
Holder blůt wasser yedes ¿ maß
Alles in ein glaß gethon/ wol vermacht mit wachs vnd Terpentin das die spiritus nit vßriechen/ rier es allen tag/ vnnd laß es ston an der sonnen zehen tag vor sant Johans tag/ vnnd zehen darnach Darnach seig es ab/ oder distillier es per Alembicum/ vnd behalt es an einer dur-

zen stat die da nit fücht sy. Vnd im winter in der stuben:/ vnd im sumer stel es an die sonne. Es sol auch kein fraw darüber gon die menstrů hat. Wer krafftloß vnd kranck ist der trincke des wassers ein halben löffel vol so sichstu wunder.

Ein edel wasser so einem menschen der magen zů vil hitzig vñ enzündet ist. Das werd also gemacht.

Nim wegweisen wasser zwelff lot
Blaw violen wasser
Latich wasser yedes sechß lot
Burtzelen wasser
Rot rosen wasser yedes drey lot
Species Triasandali zwey lot
Trocis: de Spodio Mesue
Trocis: de Camphora secundũ Mesue yedes vff ein quintlin
Das zů puluieren ist werd gepuluert/ vñ mit einander geputrificiert vff achttag in ein roßmist/ vnd dañ gedistilliert par Alembicũ in balneo marie/ vnd dañ wider vber die feces gegossen/ vñ drey tag gedigeriert in eim roßmist/ vnd aber gedistilliert per Alembicum in balneo marie we vor Vñ dz geschehe noch ein mal wie vor/ vnd dañ das wasser an die sonne gesetzt zů rectificieren. Darnach werd dz wasser genützt morgens vnd abens/ yedes mal vff zwey lot/ mit drey lot rotem wein/ so lang biß dem menschen das brennen vnd die hitz in dem magen vergat.

¶ Von Triasandali.

Ria sandali seinen namen empfahet von dryerley sandel welcher kumpt in diß recept/ als wieß/ gel vñ rot sandel. Vnd ist vß der leer des Antidotario Nico. als da spricht Johannes de sancto Amando super Anti. Nicolai. Vnd ist gůt für schmertzē des magēs vñ der leberen von hitz/ vnd kranckheit von heissen dingen. Fur hitz der leberē sol man es geben mit wasser melonis/ cucumeris/ citruli/ vñ cucurbite Vnd wid die durst der lungē genāt ptisis/ mit gersten wasser od ein kochũg gemacht von dragagant-

Ein gůt Aqua vite. Welches gebrucht hat Keiser Friderich zů einem kaltē magen---
(nach Brunschwygk, 1512)

Damals wie heute steigt ein Arcanum im Wert, wenn es auf einen möglichst alten oder hochgestellten Gewährsmann zurückgeht; das »*Oleum balsami* nach Petrum de Hebano; ein *Aqua vite* gemacht eim Pfaltzgrauen bey Rein Hertzog in Beyern fast[22] gůt dem gantzen leib; ein *aqua vite* welches gebraucht hat ein bischoff zu Straßburg Hertzog in Beyern; ein grün wasser wölches gebraucht hat genanter bischoff der brust vnd magen dienstlich; Beschreibung des Tiriac[23] Galieni[24]; ein ander augen wasser Petri Hispani; ein augen wasser Mesue; In dem hastu ein wasser das gebrucht hat ein Ertzhertzogin in Osterich ein klar angesicht zůmachen; ein mager puluer Keyser Friderichs[25]; ein *Aqua vite* Keyser Friderichs; ein waßer des Hertzogen von Burgund für den stein[26] und ein gůt wasser für den stein des großmechtigen Künigs Alexanders« – sie alle dienen zugleich dazu, den Ruhm des Autors zu erhöhen.

Dabei kann natürlich auch Kaiser Friedrichs Guldinwasser nicht fehlen, das allerdings nicht, wie in manchen Quellen zu lesen, von ihm bereitet, sondern »jm in sunderheyt für manche fehl und gebrechen verordnet worden« ist.

»Nim gůts Rectificierts gebrandts Weins zwey pfundt / vnuerfälschet Maluasier anderhalb pfundt / scharpff außgebissen Zimmet drei lot / frischer feyster Neglin ein lot / weissen reingeschabenen Jmber ein halb lot / Muscatnüß ein lot / Muscatenblüet ein halb lot / Zitwan von würmen vnzerstochenn / Galgantwurtzel / jedes ein quint / Cubeblin / Cordamömlin / jedes ein halben quint / auffgedört Benedicten wurtzel / Auffgetrucknet Hisops[27] / Salbeybletter / Rosenmarin vnd Lauenderblůmen / Můterkraut oder Melissen / jedes auff ein halb lot / Balsammintz / oder Frawenmintz auff ein lot / diese stuck alle wol gestossen / vorhin klein zerhackt vnd zerschnitten / dan gebranten Wein vnd Malwasier darüber gossen / in der wärme der sprewer vnd gehackten stroes[28] / vff ein gůte zeit lang Digeriert oder Fermentiert / dañ auff das aller sennfftiglichst abgezogen / Darunder wirt dañ weitter vermischt auff drei lot weiß Zucker / der grossen Rosin oder Mertreublin / odder Zibeben / feyster Marsilier Feigen / jedes auff sechs lot / Campher ein halb lot / Rosenwasser / Endivienwasser / Holderblüetwasser / jedes auff ein pfunt / Niñ die obgesetzten *Species* oder gewürtz die puluerisier reyn / niñ Ij. lot wolriechender Violwurtz darzu / gieß alles wol durch einander / laß abermals / wie obgesagt / wol Digeriern / vnd ziehe es dañ sennfftiglichen ab / vnd stell es in den hundstagen an hitzigen Sonnenschein / gantz wol vnd geheb vermacht / zu Circuliern.«

Diese berühmten Kronzeugen lassen zugleich deutlich werden, worauf es Brunschwygk ankommt. »Nun wil ich anfahen mit hilff des der ein helffer aller ding ist / vonn dem haupt biß zů den füssen wie vnd wan / vnd welliche zeit man das *aqua vite* bruchen vñ nützen sol / welichs gemacht wirt in vorgemelter maß durch die distillierung vonn wein gezogen vnnd gescheiden.«

So geschieht es auch; vom Kopf bis zu den Füßen bleibt kein Glied und keine Krankheit von den Segenswirkungen des *Aqua vitae* ausgeschlossen; aber nur, wenn die Herstellung »durch ein sanffte distillation / die nit zů gehling[29] gefürt werd« geschieht – deutlich an die Adresse unserer Weinbrenner gerichtet, die mit starkem Feuer große Quantitäten übergehen lassen. »Vnnd diß wasser sol man fleissigklich behalten inn einem gleßlin / oder sylberin gefeß wol beschlossen / das nit die geystlich[30] substätz vnd tugent[31] vßriech.«

Dieses »wasser des lebens... hat die eygenschafft (zu heilen) allein für sich selbs on allen zůsatz / sunderlichen zů den vssern[32] schaden des leibs. Aber vil besser vnd edler / so man jm zůsetzen oder darin legen ist etwas das der selbigē kranckheyt zůgeeyget ist« – daher so viele *aquae vitae compositae*, als es Krankheiten geben mag; oder *aqua vitae simplex* mit andern Medikamenten kombiniert: »Ist es aber das man das haupt salbet mit *aqua vite* / camillen öl /

vnnd baum öly / wunderbarlich stillet es die krankheit des haupts. Des gleichen thůt es auch so man es bestrycht mit fenchel safft / roß öl[33] vnd quendel safft vn̄ die stirn damit gesalbet / wunderbarlich legt es dz haupt we. Aber besser vnd nützer ist / so man in *aquam vite* legt verbena krut / vnd brun bathenigen[34] / vnd es .IIj. tag darob laßt ston / vn̄ damit das haupt gesalbet / nimpt den schmertzē daruon.« …

»Diß *aqua vite* ist auch gut wider schrecken des gemütes / vn̄ apoplexia genützet / vn̄ getruncken mit der edlen mintzen wasser vn̄ bethanien wasser / oder himel schlüssel / der wasser gleich vil .Ij. teil / vn̄ *aqua vite* ein theil / vndereinander gemenget vn̄ getruncken vnd die glider von außen damit bestrichen / vnd von im selber lassen trucken werden«; es kommt also nicht nur der Arzt, sondern auch der Apotheker Brunschwygk zu seinem Recht.

»Item es ist gůt«, schließt dieser Teil, »vnd aller meist in kalten sachen / in tranck genom̄en. … Item es ist nütz zů behalten gesundheit / so man es offt trincket.« Das haben sich die Kranken und die Gesunden, die es bleiben wollten, gewiß nicht zweimal sagen lassen.

»So aber dis wasser offt vnd dick gebraucht würt / etwan hilfft / dz ander mal nit / jm kein oder aber wenig zeglaubē wer / hie mit als ob dis nitt alles war wer / auß solichē einfaltigen worten zů verston ist / alle menschen nit einer cōplex seind. So doch etlicher ist heiß vn̄ feucht / der ander heiß vn̄ trucken / der drit kalt vnd feucht / der viert kalt vn̄ trucken / ob das auch nit wer / so ist auch dz jar in vier getheilt / als der Glentz[35] warm vnd feucht / der Sommer heiß vn̄ trucken / der Herbst kalt vn̄ feucht / der Winter kalt vn̄ trucken / auß solcher bestimpter zeit die kranckheit vermutiert vn̄ verwandelt.«

Der Wundarzt und Apotheker beugt hier vor: Es läßt sich nicht abstreiten, daß die Lebenswässer die Hoffnungen oft nicht erfüllen, die in sie gesetzt werden. Dann liegt es nicht an ihnen, sondern an der wechselnden menschlichen Natur, dem Einfluß der Jahreszeiten, den Krankheiten, die sich wandeln und vier verschiedene Stadien haben: »anfang / merung / volbracht vnd abgang«.

Es geht aber nicht nur um Medizin, mag sie auch noch so sehr mit andern Anwendungen verwoben sein, sondern um Anwendungen in allen Bereichen, an denen Weinbrenner interessiert sein konnten.

Ohne im eigentlichen Sinn ein *compositum* zu werden, kann das *aqua vitae* mit Kräutern und Gewürzen versetzt werden, die drei Tage darin ausziehen. Wenn damit Fleisch oder Fisch besprengt wird, werden die Fliegen ferngehalten; zu Essig gewordenen Wein verwandelt *aqua vitae* zurück, bewahrt den Toten vor Verwesung, bringt Frauen ihre Tage …:

»(*Aqua vite*) zücht auch vß aller krüter krafft / die man darin legt / es sey von blům̄en / wurtzlen / somen oder stengel. Welichen geschmack man wil han in eim wein / der sol das selbig krut oder specerey nemen / vn̄ .IIj. tag[36] darin lassen ligen / vnd darnach das selbig wider vß thůn … Es sei was specerey es wöll / was man wil han gewint seinen geschmack … Wer es aber das fleisch oder fisch das da gesotten / oder raw ist / oder galrei[37] damit besprengt würd / so behalt es sein krafft / vnd die mucken bescheissen es nit. … Es ist auch gůtt zů einem gebrochen wein / der zů essig worden ist / den bringt es wider zů seiner krafft. Vnd weichen zucker macht es wider hart / vnd bringt auch der wurtz jren geschmack wider die in verloren hat / vnnd behelt denn todten leichnam das er nit faullen mag / vnd verweset dester langsamer[38]. Es bringt den frawen jr zeit genant menstruum.«

Brannt und Medizin

Wozu ein eigenes Kapitel? Ist nicht das Aqua vitae seit den ersten, die darüber schreiben, der Inbegriff aller Arzneien; haben wir nicht dort und bei den Autoren, die von der Destillation berichten, gesehen, daß nichts sie mehr fesselt als die Heilwirkungen des gebrannten Weins? Oder sollen an dieser Stelle die wirklichen Kräfte des gebrannten Weins nach neuesten medizinischen Erkenntnissen denen gegenübergestellt werden, die in das Destillat hineingeheimnißt wurden?

Ganz gewiß nicht; denn wir werten nicht. Wir nehmen den Glauben, wie er sich darbietet, und wenn wir »Medizin« sagen, ist es viel, viel weiter als die ärztliche Wissenschaft von heute. Es beginnt eigentlich mit den heilkundigen Frauen, die klassische Schriftsteller bei den Germanen überliefern und die nach der Bekehrung offiziell Zauberinnen werden (der Hexenwahn hat hier seine Wurzeln), aber im Volk nichts von ihrer Macht und Kraft verlieren – mag auch im 13. Jahrhundert Berthold von Regensburg den Frauen vorwerfen, »daz sie mit zouberie umbegant«.

Es ist schwer, die Grenze zwischen Zauberei und der Anwendung wirksamer Pflanzen und Tränke zu ziehen. Selbst königliche Frauen beschäftigen sich mit Heilkunst und heilkräftigen Kräutern; wie Isōt, Königin von Irland, in Gottfried von Straßburgs »Tristan und Isolde«: »diu erkennet wurze... und aller kriut kraft und arzätliche meisterschaft«. In Frankfurt am Main befassen im 15. Jahrhundert Frauen sich mit der Augenheilkunst[1], mochte auch Geiler von Kaisersberg wettern gegen »die alten Weiber, welche die Zeit nie kein Buchstaben auff die Artzeny gestudieret haben«; oder im »Weltspiegel«: »Weiteres wie viel die alten Weiber, Triackerskrämer, Zanbrecher und andere unerfahrene mehr mit ihrer Kunst geheilet haben, weiß ein jeglicher wol, also das sie etliche gelembt, etliche blind, etliche gar dem alten hauffen haben zugeschickt, und ist solchen Kunden recht geschehen, inndem sie die guten Arzt veracht haben unnd sein solchen Leutbescheissern nachgevolget.«

Ähnlich die Nürnberger Apothekerordnung von 1529: »Zum Sechsten vnterstehen sich die Zuckermacherin und andere alte Weiber, oder wer die sein, machen Electuaria, Latwergen, Sefft vnd geben einem jeden einen besonderen Namen, wissen doch nit, was der Kunst noch dazu gehört.«[2] Daß unter den Weinbrennern die Zahl der Frauen, die offenbar das Gewerbe ausüben, auffällig hoch ist, haben wir schon angemerkt.

Eine Wasserbrennerin erscheint auf Michael Puff von Schricks Büchlein »Von den v̄ß gebrenten wassern« als Titelbild. Ihr Stand hat das Recht zur Anfertigung gewisser Heilmittel. Im Jahr 1651 erkennt der Rat von Nürnberg ihretwegen: »So viel aber das Säfft-Sieden und Wasserbrennen belanget, so von geschworenen und andern Frauen bisher getrieben worden, ihnen solches noch ferner verbleiben zu lassen, doch mit dieser ausdrücklichen Anzeig, daß sowohl die geschworen als andere eigene Purgier-Säfft oder dergleichen Sächlein noch andere *purgantia* bei Straff 5 Gulden nicht herausgeben sollen.« Die Medizinalordnung von 1679 untersagt es den Frauen, Arzneien für Frauen im Kindbett und andere selbst zu bereiten[3]; bis zum Ende des 17. Jahrhunderts haben sie es also getan.

Von den Badern haben wir schon berichtet, daß sie im Mittelalter als Chirurgen und Wundärzte tätig sind. Nicht nur das Aderlassen und Schröpfen, sondern sogar die Behandlung der Syphilis gehört zu ihren Verrichtungen, weil sie sich in Hautausschlag und Geschwüren zeigt; ebenso wie die Heilung von Knochenbrüchen, offenen Wunden, Pestbeulen. Sie sind auf Wässer und Lebenswässer angewiesen und stellen sie großenteils her. Auch eine Verbindung der Bader mit den Brennern glaubten wir den Quellen entnehmen zu können.

Größer vielleicht ist der Anteil der Geistlichen. In den Klosterschulen wird seit Karl dem Großen »Physica«, die Heilkunst, gelehrt (daher die Bezeichnung der städtischen Ärzte als Physici civitatis). Das älteste deutsche Originalwerk der Mönchsmedizin, vereinigt mit den Erfahrungen der Volkstherapie, sind die Bücher von Ursachen und Heilung der Krankheiten der Äbtissin Hildegard von Bingen[4], die 1179 verstarb. Wie noch heute in Voiron die Karthäuser, ursprünglich in Fécamp die Benediktiner und viele andere, haben die Orden destilliert und Medizinen aller Art bereitet. Auch hohe Geistliche nehmen daran teil, wie Anton von Rotenhan, Fürstbischof von Bamberg († 1459): »Zur Erleichterung der beständigen Sorgen... war zu seiner meisten Ergötzlichkeit die Botanica, durch welcher vollständigen Erkenntniß und Distilirkunst er zu der menschlichen Gesundheit die herrlichsten Medizinen zu extrahiren und zuzubereiten gewußt[5].« Auch der geheimnisvolle Trithemius, Abt des Schottenklosters in Würzburg, von einigen als Lehrer des Paracelsus angesehen, stellt Arzneimittel her und gibt sie aus; das ergibt sich aus seinem Buch über die Fallsucht.

Den Geistlichen wird allerdings schon im 12. und 13. Jahrhundert vom Papst die Ausübung der Chirurgie als mit der Würde ihres Standes und den kirchlichen Funktionen bei Androhung des Kirchenbanns untersagt. Das oft durchbrochene Verbot hält Bischof Mangold 1298 in einem Erlaß fest: »Nullus clericus, diaconus, subdiaconus aut sacerdos artem chirurgicam exerceat.« Noch weiter faßt es Bischof Gottfried auf der Synode 1446: »Majoris excommunicationis sententia proferatur contra religiosos, leges aut medicinam in scholis audientes.« Die Tradition sitzt aber tief; denn seit der Annahme des Christentums haben Geistliche und religiöse Orden in den Klostergärten Heilpflanzen gezüchtet und sie entweder unmittelbar angewendet oder Medizinen daraus bereitet. Ein Nachklang ist uns bis heute in den Namen erhalten, die auf Heilige als Schutzpatrone für bestimmte Krankheiten führen: St. Antoniuskraut, St. Barbarakraut, St. Rupprechtskraut, Mariendistel, Mariengras, Peters- und Himmelsschlüssel, Dreifaltigkeitsblümchen und viele andere[6].

Auch die Pharmazie wird anfänglich in den Klöstern betrieben. Seit dem 12. Jahrhundert tauchen aber unter den Bürgern *apothecarii* auf, die auch *specionarii, mercatores unguorum* oder *herbatores, ubi species venduntur* heißen. In Köln gibt es 1163 einen Apotheker Godefrid. Die Apotheker bereiten einfache Arzneimittel oder »Spezereien« und gemischte Arzneien oder »Konfekte«. Ein Teil der Konfekte ist gezuckert; so kommt es zur heutigen Bedeutung.

Die große Bedeutung der Apotheker für ärztlichen Erfolg hebt schon 1337 Konrad von Ammenhusen in seinem Schachzabelbuch hervor: »Ein apotheker haben sol trüwe und kunst, das zimt im wol, wan des arzates kunst vil an im stat; ob er weder kunst noch wize hat, so mag dem arzat missegan.« Trotzdem gibt es im Mittelalter kein deutsches Arzneibuch, das den Apothekern die Bereitung der zusammengesetzten Medizinen vorschreibt. Statt dessen sind ausländische Werke im Gebrauch, wie das Dispensatorium des Nicolaus von Salerno, eines späten Zeitgenossen des Magisters Salernus, dem wir ein eigenes Kapitel widmen[7].

Daß die Apotheker Wein brennen, wäre auch dann selbstverständlich, wenn sie nicht verschiedentlich genannt würden und wir sogar sichere Belege für ein Apothekerprivileg auf gebrannten Wein hätten. Der große Ruf der Nürnberger Apotheken beruht großenteils auf der Bereitung des Theriaks und Mithridats; zuerst hergestellt 1595 unter Aufsicht des Senats und, nach einem gedruckten Programm von den Kräften und Wirkungen des himmlischen Theriaks, noch 1736 in der Apotheke des Juliusspitals in Würzburg[8].

Der Apothekerberuf steht unter strengen Beschränkungen. Zunächst dürfen die Apotheker nur Mittel bekannter Zusammensetzung bereiten, starkwirkende sogar nur unter ärztlicher Aufsicht. Den Frankfurter Apothekern zum Beispiel ist nur die Herstellung der bekannten Mittel gestattet, die in den Antidotarien des Mesue und Nicolaus stehen. Den Theriak, die Laxativa, Opiate und »Pillen wider die Pestilentz« dürfen sie nur im Beisein des Arztes produzieren. Paracelsus, der von durch Vermengen gewonnenen Arzneimitteln nichts wissen will, bezeichnet die Gemische und Säfte der Apotheker wiederholt als »Sudelwerk und Suppenwurst«.

Allmählich, vor allem im 17. und 18. Jahrhundert, geben die Apotheker ihre gewinnbringenden Nebentätigkeiten ab: den Handel mit Waren aller Art an die Materialisten, die Konfektbereitung den Zuckerbäckern und gegebenenfalls die Branntbereitung den Brennern, Destillateuren, Rosoglio- und Aquavitmachern, während sie selbst die Verordnungen der Ärzte ausführen.

Die Ärzte selbst kommen eigentlich erst in zweiter Linie in unsern Gesichtskreis; denn sie sollen sich gar nicht mit Arzneibereitung abgeben. Schon um 1350, in der Frühzeit des aqua vitae, erläßt der Rat von Nürnberg eine Anordnung, »daz alle ertzet, die ertzney hie pflegen wollen, ... suln selbe de haine[9] Recept machen weder von Syrupel noch suste, wan sie alle Recept von den apoteken nemen suln, und dehaine recept suln sie hoher rechen[10], danne als sie ez von der apoteken nemen«; ähnlich die Konstanzer Ratsbücher 1387. Freilich müssen die Ärzte die Medizinen in Auftrag geben und verordnen, so daß wir in ihnen die wichtigsten Partner in allen Fällen sehen, in denen es nicht um das Genußmittel Brannt geht.

Mit Medizin beginnt die Historie vom gebrannten Wein überhaupt; mit fragwürdiger zwar, aber das könnte dem Gegenstand gemäß sein. Die erste Nachricht, die wir aus Deutschland besitzen, soll eine »Handschrift des Schultheißen von Frickenhausen aus dem Jahr 1320« sein, in der Brannt gegen Pest empfohlen wird[11]. Frickenhausen gibt es in Unterfranken gleich dreimal, und Pestschriften sind im Mittelalter ganz gewöhnlich; häufig als Abschrift eines der medizinischen Traktate des Arnaldus de Villanova oder des Taddeo Alderotti, die noch gute Bekannte von uns werden.

In einem Münchner lateinischen Codex gibt es einen »Johannis Sculteti Theologi Pruthani tractatus contra pestem«. Sollte Scultetus der Schultheiß von Frickenhausen sein? Leider wissen wir auch über den Johannes des CLM nichts außer der Überschrift.

Unweit von Frickenhausen, in Nürnberg, und noch näher, in Würzburg, wird zwischen 1330 und 1345 Brannt in amtlichen Verordnungen genannt; genauer betrachtet, auch zum Schutz der Gesundheit und damit um der Medizin willen. So meinen wir es freilich nicht mit der Überschrift, sondern wir haben jenen Brannt im Sinn, der nicht nur die Kranken gesund macht, sondern, regelmäßig genossen, sogar das Krankwerden verhindert. So steht es jedenfalls sehr prägnant in der Lobrede auf den gebrannten Wein (anders können wir es kaum nennen), die der Schrift des Michael Puff von Schrick über die ausgebrannten Wasser angehängt ist, die zuerst 1476, vier Jahre nach dem Tod ihres Verfassers, in Augsburg gedruckt wird[12]. Sehr viel ausführlicher steht es in einer mitteldeutschen Handschrift in Wien[13].

Die meisten Brannt-Traktate gehen auf Alderotti (unten S. 227) zurück, der nach 1280 Herstellung und medizinische Wirkungen des Branntes dargestellt hatte[14]. Kein anderes Werk hat so stark auch auf den deutschen Traktat eingewirkt[15]. Der Traktat ist den Consilia medi-

Zů dem vierden wie man die composita vnd simplicia zůsam
men vermischen soll/nach rechter kunst vnd art/vff das sie yr vollkommende würckung
vollbzingen mögen/nach dem die alten Philosophi daruon schreiben.

*Die Mischung der Arzneien: Ärzte visitieren öffentlich die Bestandteile für den Heil-
trunk Theriak (nach Hieronymus Brunschwygk, Liber de compositis, Straßburg, 1512)*

cinalia nur angehängt und keineswegs Gegenstand gleichen Interesses des Autors wie das von ihm in Deutschland, sei es in lateinischen Abschriften und Bearbeitungen oder in deutschen Übersetzungen und Umarbeitungen, erzeugte[16]. Diesen Bearbeitungen sind bisweilen Rezepturen über die Herstellung und den medizinischen Gebrauch von »gebrannten Wässern« angehängt, über die wir an anderer Stelle berichten.

Mittelalterliche deutsche Traktate über die medizinischen Fähigkeiten von Brannt sind verschiedentlich herausgegeben worden[17]. In ihrer Gesamtheit geben sie ein sehr vielfältiges Bild von allen nur denkbaren Erkrankungen, Leiden und Gebresten, die durch Brannt geheilt werden. Zuerst Meister Schrick:

»Von dem geprannten Wein
Der geprannt wein ist gůt für das gücht damit bestrichen. wer heẏser seẏ der bestreẏch sich mit geprañtem wein vmb den halß vñ trīck jn dreẏ morgen nůchtern.

Auch wer all morgen trinckt den gebranten weine ein halben löffel vol der wirt nẏmer kranck.

Item wann eines sterben sol / geüßt man im ein wenig brantes weins in den mūd er wirt reden vor seinē tod.

Wer auch gewßt des weins in einē todten der erfaulet noch erstincket nit auff der erden noch darunder. was fleẏsch man damit bestreicht es seẏ roch oder gesoten / das faulet noch erstinckt nit.

Auch wer trůben wein hat / geüßt er branten wein darein er wirt wider schoen.

Das oel auf pranten wein gegossen vellt zů grund.

Welcher mēsch den stein in der plasen hat der trinck sein all morgen ein wenig / das czerpricht den stein vñ kōmt von im vñ wirt gesund.

Auch wer gepranten wein trinckt all monat einest so stirbt der wurm der da wechßt dē mēschen bey dem herczen oder an der lungen oder lebern.

Der geprañt wein ist auch gůt den mēschen den das haubt wee tůt. wer seī haubt mit czwahet der ist allweg schön vñ lang iung / vñ macht gůt gedechtnuß / wañ der geprañt wein sterckt dem mēschen sẏnn vñ wicz. wer sein antlücz damit czwecht der grouwet nit Er tött auch die nüsse vñ die milben / vñ wem der atem stinckt der bestreich sich damit vñ trinck ein wenig mit anderm wein so wirt im ein sůsser atem,

Item wer den hůsten hat der trinck gebrañten weẏn mit anderm wein so wirt er gesund.

Auch wer trůbe vñ rote augen hab der streich ein wenig an die brawē / vñ wañ er schlaffen geet so trieff er ein tropffen in die augen so wirt er gesund.

Item wer nit gehört der treẏff ein tropfen in die oren so wirt er gehörend.

Auch wer wasser süchtig seẏ der trīck geprañten weī vñ streich jn vmb den bauch wann er auß dē bad will geen beẏ einē fewr / so wirt im baß.

Wer auch auch orwürm oder ander in den oren hat die sterben von dē wein.«

Nun der ausführliche Text aus der Wiener Handschrift, der wohl ein Jahrhundert älter in der Niederschrift, noch älter in der Quelle ist und ostmittelbairische Mundart zeigt.

»Daz ist von der tugenten des gepranten weyns.
Hye ist geschriben von den tugenten des gepranten weyns. Nu scholt du merckchen daz den geprantten weyn mayster Ypocras funden vnd gemacht hat. Vnd hat in auch gehayzzen daz

Hie fahet an das Fünfft Buch: welches genãt würt: Micarum Medicine / vel Thesaurus pauperū / oder das Buch vñ schatz der armen Artzeney. Vnd auch deren / die da auff den Schlossen / vnd in den cleinen Stetlin / vnd dörffern wonen. Die da nit wol die hohen artzeney erreichen mögen. Deßhalb ich in disem buch leer / wie sich ein yeder genügsamlich mit gemeiner Artzney ernerē mag.

»Wer des gebrannten Weines trinkt, der wird nimmer krank – es sei denn, er stürbe wirklich«. (nach Hieronymus Brunschwygk, 1512): Swer des wazzers allew marigen nüecht trinkchet mit anderm guetem wein gemischet alls eyn nvzschall volle den chan chayn siechtvm pegreyffen des tags denn der naturleich tadt (Mitteldeutsches Arzneibuch des Meisters Bartholomaeus, 14.Jahrhundert).

lebentig wazzer Vnd eyn chvnigynn aller ertcznei vnd eyn mueter vnd auch eyn fraw der siechtvm die von challter natur choment. Wann die allten mayster habent ez gehayzzen den andern wallsam[18]. Da von scholt du wizzen, wer daz vergicht hab vnd dem auch die adern zesamen gezogen sindt vnd erherttet vñ auch veralltent seyn Der schol sich damit bestreichen vnd seyn auch alle tag ze aynem male alls eyn halbew nuzzschal volle trinkchen gemischt mit andern guetem weyn, daz vertreibt den siechtum schier[19] vnd machet in gesvndt. Dem dew gelider pydempt vnd auch zytternt der trinkch des wazzers nüechter allew margen eyn halbe nuzzschal gemischet mit andern guetem weyn. Dem der mundt smekchet oder der adem der trinkch seyn eyn halbew nuzzschal gemischt mit andern guetem weyn. Dem dew zvnng hinkhet daz er nicht wol gereden mag der trinkch dez wazzers nvechter allew margen auf eyn halbew nuzzschal gemischet mit guetem weyn. Sey yemant daz antlucz geswollen oder die naslöccher Der salb sich da mit vnd trinkch seyn auch alls vor geschriben ist Daz wazzer ist auch gut zu den zennden[20] die hinreysent oder fawlent, der wassch sich mit dem wazzer vnd trinkch seyn auch alls vil alls vor geschriben ist. Chayn vergicht[21] mag vor dem wazzer nicht genesen wann ez mit seyner chrafft vertreybet den sylen daz ist eyn wurm vnd waechst in dem menschen, swer den hat der wirt da von schier gesvndt so er seyn alle tag trinkchet. Ob auch yemant wurdt gepizzen von eyner natern oder gehekcht daz er aytter hiet, die stat[22] schol man da mit salben so wirt der mensch gesvndt wann ez auch allez aytter vertreybet. Ez ist auch gut für dy müselsuchtigchait vnd stillet si da mit der sich staetigchleich da mit waesschet. Ez machet auch daz gesyccht gut vnd geit ym chrafft, ez zerpricht vnd vertreybet auch die flekch vnd die fel der augen[23] der ez des marigens vnd auch des abents so sich der mensch wil slaffen legen eynen troppfen laet oder gewzzet[24] in daz auge. Ez vertreibt auch die scvmme vnd die stekchen vnd die rat variben flekch[25] vnd auch allen siechtvm der augen. Ez vertreibt auch dew milben vnd alle vnsawbrigchayt des hawptes der ez da mit pestreychet. Dem auch daz hawpt we tuet der salb ez vmb die styern vnd auch vmb den slaff da mit so wirt er gesvndt. Swer hertczslaechtig vnd daz hertz (?)[26] vnd dem dy nas verfallen ist, daz er nicht woll geatmen mag der schol ez staetichleichen trinkchen. Hat auch yemant den haremstayn[26] der schol des wazzers trinkchen vber eyn moneydt eyn halbe nvzschal gemischet mit anderm guetem weyn so wirt er gänczleich vertriben vñ verstoeret.

Swer daz viertaegleich fieber hab der schol eynen tottern nemen vnd schol in allso waychen legen in daz wazzer daz ez rynne, daz vertreybet dann daz tägleich fieber oder man trinkchet seyn eyn halbew nvzschal zwier in dem tag gemischet mit anderm gueten weyn. Ez pezzer auch dew stymme vnd maccht si gut vnd loeset die huesten der ez trinkchet gemischet mit anderm gueten weyn. Ob yemant wundt wirt der gyez seyn eynen troppfen dar in vnd bestreych dew wundten da mit, so laet ez chayn fawlez fleysch dar inne nicht wachsen vnd haylet si auch gar schier. Ob eyn siecher mensch die sprach gelegt[27] hat allso daz er nicht gereden mag dem schol man eynen troppfen oder zwen in den mundt giezzen, so chvmpt er wider zu ym selber vñ wirt reddent. Daz wazzer laet chaynen weyn fawlen, der ez gewzzt dar zu in eyn vaz, so behallt ez in pey seyner sterich[28] vnd macht in lawtter vnd gut vnd auch gesvndt. Ob eyn weyn sawr wirt vnd gewzzet man denn des wazzers dar in zu, ez pringt in wider zu seyner guet.

Daz wazzer hat auch die chrafft ob man fleysch oder vissch dar in layt daz ez denn nicht fawlen noch ersmekchen mag. wenn man ez dann ezzen wil so schol man die sterkch des wazzers da von waschen. Swer des wazzers allew marigen nüecht trinkchet mit anderm guetem weyn gemischet alls eyn nvzschall volle den chan chayn siechtvm pegreyffen des tags denn der naturleich tadt[29]. Der des wazzers zwenn troppfen nuechter trinkchet auz eynem glas mit anderm gueten weyn gemischet, der mag des selben tags nicht trawrig werden vnd macht in albeg[30] froeleich. Ez machet auch den menschen chven vnd starkch vnd geit ym auch guetew gedaechnuss. Swelichew vnperhafft[31] ist von challter natur dy schol des wazzers trinkchen, daz ist ir gut vnd nutcz. Daz wazzer hat auch eyn wunderleichew natur, ob man eynen troppfen oeles darin gewzzet so vellt ez ze podem an der stat[32]. Swer auch nicht woll gehören mag vnd dem die aren verfallen sindt gewzzet er daz wazzer dar eyn daz ist ym gut und machet in auch woll gehoerent.«

Älter noch als die Wiener Handschrift ist ein westbrabanter (niederfränkischer) Text, der sich selbst auf 1351 datiert. Da wir die Kenntnis des Brabantischen, zumal des 14. Jahrhunderts, nicht voraussetzen können, geben wir den Text in neudeutscher Übertragung. Vorher wollen wir aber noch ein Wort über den ältesten deutschen Traktat über *gebranten win* sagen, dreißig Jahre vor dem Brabanter in Speyer aufgezeichnet, Teil des »Speyrer Bartholomäus« (Codex Palatinus germanicus 214)[33]. Beide Texte, der von 1321 wie der von 1351, sind Übersetzungen aus dem Latein, vielleicht sogar schon Kopien älterer Übersetzungen. Der von 1321 wurde von oder für *Juncfrow güteline von Esselingen dv da wanet ze Spire* geschrieben. Wir geben den kurzen Text in neudeutscher Sprache, ohne den etwas schwerfälligen Wendungen wortwörtlich zu folgen:

»Gebrannter Wein[34] ist gut für alle Krankheiten, die den Menschen innerlich im Körper oder äußerlich befallen. Wer von kalter Natur ist, trinke davon eine Haselnußschale voll in einer Schale[35] Wein. Er ist gut für die Wassersucht, für die Fallsucht, die Gehirnlähmung[35], gegen Sprechbeschwerden und schlechten Atem, das Ergrauen der Haare, für alle Krankheiten, die eines Menschen Körper befallen können, wenn er von kalter Natur ist. Ebenso hilft er äußerlich gegen alle Krankheit und Schmerzen und Wunden[36], und wen eine Lähmung befällt. Den Kranken soll man an den wunden oder beschädigten Stellen damit einreiben. Der gebrannte Wein ist gut zu den triefenden Augen und gegen Dunkelheit[37] der Augen, und er heilt alles, was den Augen wegen kalter Natur fehlen mag.

Und wo Wein umgeschlagen ist oder trüb oder schal, tu davon ein wenig hinein, und er wird wieder vollwertig. Leg Gewürz, das seinen Geschmack verloren hat, in den Wein, und gleich gewinnt es seine Kraft zurück[38].

So soll der Wein gebrannt werden. Von zehn Maß (destilliere bis auf nur) eine. In dem Gefäß[39], das den Wein aufnimmt, sollen allerlei gute Gewürze sein. Es soll oben verschlossen sein, bis auf die Stelle, da der (gebrannte) Wein hineintropft. Der gebrannte Wein[40] wird, aus rotem Wein destilliert, besser als aus weißem. Sollte es jemand anders machen, dann ist es falsch.«

Dieser kurze Text vereint schon mindestens drei selbständige Vorschriften: die medizinischen Ratschläge, die Herstellungsvorschrift und das Rezept, kranken Wein gesund zu machen. Dies letzte kehrt auch im Wolfenbütteler Arzneibuch wieder: »Ok maket he ghuden win mer ghud, quaden wyn ok ghud, wo me one dar in do«; ebenso in einer Heidelberger Handschrift aus der ersten Hälfte des 15. Jahrhunderts[41]: »Item er ist auch güt in seigern oder in weichen wine, ob mann des darynn gußet; er hilfft jme vnd bringt den weder an sin tögent. Er machet ärmlichen win gut vnd guten win noch beßer vnd beheldet jn güt vn jn schoner varbe.«

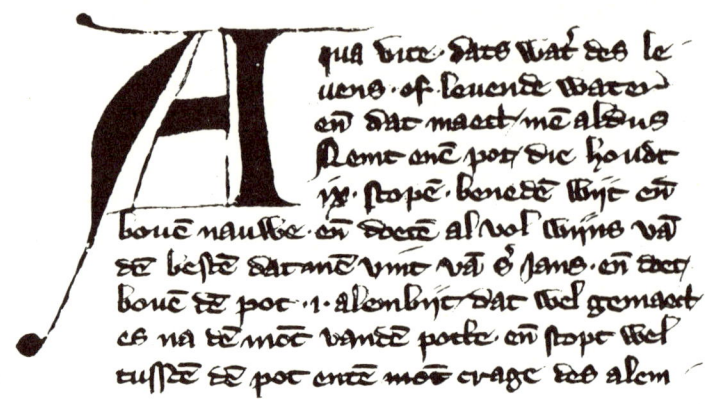

*Der Anfang des westflämischen Traktats von 1351: Aqua vite /
dats wat' des leuens*

Der ausführlichste Traktat ist, was die Länge angeht, von einem rheinfränkischen Arzt dadurch geschaffen worden, daß er um die Mitte des 15. Jahrhunderts fünf verschiedene Branntweintraktate zusammentrug[42]; die meisten darin auf Alderotti zurückgehend. Die nachstehend neudeutsch wiedergegebene erste Publikation über Alkohol in niederfränkischer (genauer in westbrabanter) Mundart macht keine Ausnahme. Sie findet sich in einer Handschrift, die siebzehn Traktate enthält und aus dem 14. Jahrhundert stammt[43]; genauer, wie sich aus einer Anmerkung ergibt, aus dem Jahr 1351. Der Autor des Alkoholtraktats ist unbekannt; aber der Kopist führt sich mit »Deo Gratias per Johannem de Altre« ein, was wir als Jan von Aalter (einer Ortschaft in Flamland) deuten dürfen. Um die Mitte des 14. Jahrhunderts war die Handschrift im Besitz eines »Godefridus Leonijs, aromatarius et notarius Mechliensis« (aus Mechelen), der demnach als Besitzer, kaum als Auftraggeber der Kopie angesehen werden darf.

Der Text zeigt wie der von 1321, daß bereits praktische Erfahrungen vorliegen; denn der Verfasser weiß, daß müder Wein durch Alkohol aufgestärkt werden kann (wogegen genau gleichzeitig die erwähnten Polizeivorschriften in Nürnberg oder Würzburg gerichtet sind) und Alkohol Speisen konserviert. Gegenüber dem praktischen Erfahrungsgut bedeuten die hochgestochenen Attribute des *aqua vitae (water des levens* bzw. *levende water)*, daß es selbst den Tod verhindern könne und dergleichen, nur eine Wiederholung des uns aus andern – besonders lateinischen – Handschriften vertrauten Lobes, das immer wieder auf Taddeo Alderotti zurückführt.

Dem *aqua-vitae*-Traktat folgen Rezepte mit Wein und Ölen, die meist dem Antidotar des Pseudo-Mesue entnommen sind. Hier der Text auf neuhochdeutsch:

»Vom aqua vitae und seinen Fähigkeiten

Aqua vite, das ist Wasser des Lebens oder lebendes Wasser, wird so hergestellt: Nimm[44] einen Topf, der 18 Liter[45] faßt und unten weit, oben eng ist. Fülle ihn mit Wein, dem besten, den man von Saint-Jean[46] bekommen kann. Dann setze auf den Topf einen Alembik[47], der genau auf die Öffnung des Topfs passend gemacht ist, und verstopfe die Verbindung zwischen dem Topf und dem Hals des Alembiks gut mit feinem Mehl und Eiweiß, womit leinene Tücher getränkt sind[48]. Setz nun den Topf auf das Feuer, laß den Wein zum Sieden kommen und fang das Wasser auf, das heraus läuft.

Während des Siedens mußt du prüfen, ob das Wasser brennbar ist. Wenn es länger übergeht, verdirbt es alles andere Destillat[49]. Deshalb soll man mit einem Stück Leinen prüfen, das hineingetaucht, so angefeuchtet und am Feuer oder mit einer Kerze angezündet wird[50].

Das Wasser mußt du gut vor dem Rauch bewahren. (Wenn nichts Brennbares mehr kommt), mußt du wegschütten, was noch im Topf ist, ihn sauber machen, das (destillierte) Wasser wieder hineintun; den Alembik wieder darauf und das Brenngefäß wieder aufs Feuer setzen, ein zweitesmal destillieren[51] und (das Übergehende) auffangen. Leer es in ein gläsernes Gefäß aus (oder in ein anderes, das sauber ist), als ob es Rosenwasser wäre. Und in dieser Weise soll man das Wasser vier- oder fünfmal destillieren.«

Hier endet die Herstellungsvorschrift. Wie wir sehen, ist sie sehr plastisch, aber nicht praktikabel. Von Kühlung ist nichts darin. Die wichtigste Vorschrift fehlt, wieviel nämlich jeweils übergehen soll. Ein unbedarfter Brenner würde bei der zweiten bis fünften Destillation jeweils alles destillieren und am Ende kein *aqua vitae* gewinnen. Wahrscheinlich werden wir dem Autor gerecht, wenn wir seinen Satz *gelic oft ware rose water* aufnehmen: Die Herstellung von Rosenwasser war offenbar so bekannt, daß wegen technischer Details weitgehend auf sie verwiesen werden konnte.

Unvermittelt geht es nun in die Fähigkeiten des Lebenswassers über:

»Dieses Wasser hat mancherlei Kraft, und mehr als alle andern Medizinen ist es gut gegen Krankheiten aller Art. Es heilt jegliche Krankheit, die von Natur heilbar ist; vor allem, wenn man es richtig nimmt und so, wie es seiner Natur entspricht.

Um gesund zu bleiben, soll man jeden Morgen nüchtern davon 2 oder 3 Tropfen gemischt mit Wein nehmen, und abends ebenso; und so hält es den Gesunden gesund und heilt den Kranken.

Es läßt auch den Menschen seine Traurigkeit vergessen und macht ihn von Herzen froh, stark und kühn. Vor allen Dingen macht es gutes Blut. Es tut allen Gliedern wohl, verfeinert die Sinne, verfeinert die Sitten[52] und macht den Menschen von Herzen verständig und ehrbar. Getrunken wirkt es gegen Fallsucht (Epilepsie). Wenn man den Schädel damit wäscht, hilft es gegen Kopfschmerz. Es ist auch gut gegen Hartleibigkeit[53] zusammen mit Wein, in dem Feigen und Süßholz[54] gekocht sind.

Das Wasser ist gut gegen kranke Augen. Dem, der schlecht hört, hilft es, wenn er einen kleinen Baumwollpfropfen damit tränkt und abends, wenn er schlafen geht, in die Ohren steckt[55]. Es hilft ferner gegen verdorbenen Magen und Blähungen und Aufstoßen und alles, was davon kommt; auch gegen alle Verstopfung der Leber und Milz, gegen erkrankte Geschlechtsteile, gegen Nieren- und Blasensteine und jegliche sonstige Erkrankung der Blase, und gegen alle Krankheiten, die von Kälte kommen. Es ist auch gut für die, die ein krummes Gesicht oder schiefen Mund haben[56], daß sie es trinken und sich damit bestreichen. Behält man es im Mund, wirkt es gegen Zahnweh, und es macht auch guten Atem. Es ist auch gut gegen Vergiftung, und es hält einen jung. Die Haare läßt es nicht ergrauen. Es ist auch gut gegen bösartige Säfte[57], die aus dem Kopf kommen, und gegen Herzfehler, die zur Ohnmacht führen[58], und gegen unerwarteten Tod.

Es ist auch gut gegen Theriak[59], das läßt sich so beweisen: Nimm zwei junge Hühner und rupfe sie am Hinterteil, und gib dem einen das Lebenswasser zu trinken und dem andern nicht. Das von dem Wasser getrunken hat wird gesund werden, und das andere wird sterben[60].

Es ist gut für alle Geschwulst, sowohl wenn man es trinkt, wie wenn man sie damit bestreicht. Und für die Gelbsucht[61], und macht die Augen klar und riecht gut[62]. Es ist gut für Frauen, die wegen kalter Natur keine Kinder bekommen können[63].

Dieses Wasser ist subtil und klar und leichter als alle andern Wässer, und leichter als alle Flüssigkeiten und alle Öle. Denn wenn man Öl in dieses Wasser gießt, sinkt das Öl zu Boden, während doch Öl über Wasser schwimmen sollte[64].

Dieses Wasser ist aber nicht allein gut für mancherlei Krankheit; es ist auch gut zu vielen andern Dingen.

Tut man ein wenig von diesem Wasser in Wein, der zäh[65] und verdorben ist, macht es ihn »kurz« und gut. Es macht kranken Wein gut, und guten Wein macht es noch besser. Es macht Speisen gut und läßt sie nicht verderben.

Willst du Gewürzwein machen[66], nimm eine Phiole von diesem Wasser und leg Zittwan hinein, das gut ist, und laß es lange darin liegen[67]; dann nimm es heraus, und tu wieder Zittwan hinein, und das wiederhole drei oder vier Mal. Darauf mische dieses Wasser mit Wein; er wird dann Zittwanwein werden. In gleicher Weise kannst du verfahren mit Muskatnüssen, Nelken und aller Art von Kräutern[68].«

Zittwanwein war ein süßer Gewürzwein. Auf dem Generalkapitel, das die Dominikaner 1417 in Straßburg abhielten, wurde ihnen *zitewenwin* vorgesetzt[69]. Das Rezept, nach dem er hergestellt wurde, ist uns 1484 in Rechnungen der Johanniter von Schlettstadt überliefert[70]: Auf ein Ohm zu nehmen ½ lot *zitwen* = aromatische Wurzel, 2 lot girofle, 4 lot cannelle, 1 lot galanga (Galgant), 1 imsel cardamome, 1 graines du paradis. Geiler von Kaisersberg rühmt den Zittwenwein in zwei seiner Predigten: »der Zittwenwein ist süß, des sei (dem Freund) Dank«; Gott ist ein guter Freund, »der zyttwen weyn vnd wermuot wein schenkket«[71]. Der Zitwanwein (von *curcuma cedoaria*) ist zu manchen Krankheiten gut[72]. 1513 schickt Graf Ludwig von Hanau-Lichtenberg seinem Bruder Wein nach Babenhausen, dazu 12 Ohm Zitwenwin[73].

»Willst du Claret machen[74], so nimm alle Arten von Kräutern, von denen man Claretum macht, und zerstampfe sie zu Pulver[75], und ebensoviel harten Zucker, wie du Kräuter hast, und wickel es in ein ganz dünnes Tuch (von einem Kopftuch) und lege es in das (gebrannte) Wasser, und wenn es einen halben Tag darin gelegen hat, wring es aus und leg es wieder hinein, und so im ganzen drei oder vier mal; dadurch wird das Wasser so gut und so stark, daß du mit einem Löffel davon mehr als einen Stauf[76] Claretwein machen kannst. Um guten Claretwein zu machen, muß man aber das Wasser gut und stark machen. Dann nimmt der Wein zwar den Claretgeschmack an, behält aber dennoch seine Farbe. Wenn du deinen Wein in einen Napf gießt und von dem Wasser dazu, dann wird das Wasser den Wein durchströmen und nach oben kommen[77]. Wenn du dann eine brennende Kerze in den Wein steckst, wird sie so lange brennen wie Stoff von dem Wasser vorhanden ist, und danach wird der Wein so gut sein wie zuvor, aber noch besser schmecken.«

Claret wurde aus rotem oder weißem Wein gemacht[78]. Ein Straßburger Zeugnis von 1224 belegt, daß bester Wein dazu genommen werden mußte[79]. Als die Zürcher 1487 in Altdorf die Fastnacht feierten, »hatten sy auch mengerley guter Winen genug, es war Malfensyer, Klaret, Ipikras, Feltiner, roten und wissen«[80]. Es ist nicht deutlich, ob das »Durchströmen«

des Weins mit Brannt und das Kerzenexperiment noch zur Klaretbereitung gehören oder eine selbständige Anleitung sind.

Ein anderes Wasser... und so geht es noch 75 Zeilen weiter mit Rezepten, die wir hier leider nicht wiedergeben können. Wir lernen daraus Kräuter kennen, die zur Bereitung der Wässer verwendet wurden, wie Fenchel, Weinraute, Eisenkraut, Schellkraut, Agrimonie, wilde Zichorie oder Vogelmiere, Weißdorn und dazwischen wieder Fragaria vesca L., die Walderdbeere, die in so vielen Rezepten auftritt.

Ob nur ausgezogen oder auch destilliert wurde, läßt sich mit den Rezepten klar beantworten:

»Noch ein Wasser, das ist sehr gesund und hilft wunderbar gegen alle Flecken der Augen[81] und gegen das Weiße und um klar zu sehen. Nimm Fenchel, Raute, Eisenkraut[82], Augentrost, Zichorie, Betonie, Rosen und Bergkraut[83], von jedem eine Handvoll, und leg sie einen Tag und eine Nacht in weißen Wein. Danach tu alles in ein Uringlas und setz es auf eine Glasglocke, die man Alembik heißt. Jetzt verfahre wie bei der Herstellung von Rosenwasser und fange (das Destillat) in einem Glasgefäß auf. Das erste Wasser ist gut, das zweite besser, das dritte am besten[84].«

Die folgenden Texte würden in ein Kapitel von den gebrannten Wässern gehören; wir verweilen aber hier ein wenig bei ihnen, um zu zeigen, daß die Heilwirkungen des gebrannten Weins nicht allein stehen, sondern in eine Arzneiwelt hineinwachsen, in der es nicht nur Rosenwasser gab. Zunächst folgen den Wässern die Öle, die auch durch Destillation gewonnen werden und nicht weniger wunderkräftig sind als jene.

»Ebenso wie man mancherlei Wässer macht, so macht man auch vielerlei Öl, das ausgezeichnet ist, und wie man es macht, das werde ich dich lehren. Beginnen will ich mit einem Öl, das man das gebenedeite heißt[85]. ... Dieses Öl ist zu allen Dingen ebenso gut wie Balsam, aber feiner und klarer als Balsam, und von größerer Kraft gegen alle kalten Krankheiten[86]. Es ist gut gegen den Stein und andere Blasenkrankheit, und hilfreich zum Wasserlassen. Auch gegen alle Ohrenschmerzen, die von kalter Natur kommen. Es hilft gegen Gicht und gegen das Zittern kranker Geschlechtsteile[87]. Es stärkt auch das Gedächtnis. Es ist gut gegen Zahnweh und gegen Krämpfe. Es kräftigt den, der es gebraucht, und befreit die Adern[88]. Es macht auch feines gutes Blut. Es ist gut für die Augen und gegen den Biß aller giftigen Tiere oder Schlangen[89].

Fischer, die mit diesem Öl ihr Netz bestreichen, werden viele Fische fangen. *Und es ist gut für alle Dinge, für die aqua vite gut ist.* Je röter es ist und je stärker es riecht, desto besser ist es.«

In der Tat: Die Wohltaten des *aqua vitae* sind getreulich kopiert, einige weggelassen, dafür andere dazugekommen; doch so, daß man das Gefühl hat, es sei gleich, welches der beiden Mittel angewendet werde.

Es scheint auch kaum etwas ausgelassen; aber der Reichtum der Mittel ist nicht erschöpft. Heiliges Öl (*Olie van gayette*) folgt; kein »huile de gaité«, wie man denken könnte, sondern *de gagatis*, von einem Teerstein (lapis gagatis); wiederum nach dem Grabadin, wo »Oleum de gagatis, est oleum sacratum«. Darauf das Rosenöl, das Veilchenöl (*olye van vyoletten*), Bilsenkrautöl (*olye van beylde*, Hyosciamus niger L.), Farnöl ...Nach all diesen und ihren Wirkungen erfahren wir, daß aus Urin gemachtes Öl kräftiger ist als alle andern, und daß man auch eines aus dem Harn von Kühen herstellen kann: »*Een olye maectmen van orinen die dorgenge es boven alle olyen... Ende jn deser selver manieren maectmen olye van coen*[90].«

Nun geht es zu den Sommersprossen und Pickeln. Wie man sie entfernt, wird uns dargestellt,

»so wie es gefunden ist im Latein«, womit der Verfasser ehrlich sagt, daß sein Text eine Übersetzung ist[91].

Ganz unerwartet geht aber der Schreiber mit Zeile 446 bis 457 selbst ins Latein über, als er die Herstellung des *Oleum de cinamono* (Zimtöl) beschreibt, das dem Magen und den Nerven wohltut. »Auf dieselbe Weise«, fährt der lateinische Text fort, »kann man Öl aus Gold, aus Silber, aus Holzarten und aus Steinen, ausgenommen Kristall, herstellen. Terpentinöl wird in ähnlicher Weise durch Sublimierung produziert; es ist klar wie Quellwasser und brennt wie das Feuer. Ein Eisen, das hineingetaucht wird, entzündet sich[92]. Aus dem Terpentinöl und dem (oben beschriebenen) Oleum benedictum »wird das griechische Feuer gemacht« – eine überraschende Mitteilung; denn das griechische Feuer ist eines der wesentlichen Kampfmittel im Feuerbuch des Marcus Graecus. Hier ist es eine Medizin gegen Nervenleiden und Lähmungen[93].

Den Beschluß bildet die pseudo-hippokratische »capsula eburnea«: *tekene der men den veygen mede kent,* Zeichen, die den nahenden Tod ankündigen, und die wieder mit neun lateinischen Zeilen enden.

Das Zahlenspiel der Geschichte ist vielleicht gar keines. 1351 ist das Datum unserer Handschrift, die einem Apotheker zu Mechelen gehörte, und 1351 erteilt Kurfürst Ludwig der Römer einem Apotheker zu Berlin das erste uns erhaltene Privileg zum Branntbrennen. Das läßt uns leichter verstehen, daß Autoren und Übersetzer dieser Texte bei ihren Lesern eine gehörige Portion Kenntnisse voraussetzen und auch keine Bedenken tragen, sie mit Latein zu traktieren. Neben den Apothekern als Produzenten stehen die Ärzte, an die die Rezepte gerichtet sind, als Anwender; im 14. Jahrhundert wissen wir noch nichts von Zünften, in denen Handwerker das Brenngewerbe ausüben.

Gebrannter Wein und gebrannte Wässer sind meist getrennt; aber es gibt auch Vermischung. So in »Keyser Maximiliani Wasser von allerley gifftige Kranckheiten«[94] nach Aufzählung aller möglichen Kräuter und Gewürze (»alles zerschnitten und gröblich zerstoßen, was sich stoßen läßt«).

»... darnach in ein steinern krug gethan vnd vier maß brantewein daran gegossen, der sieben mahl distilliret, vnd darnach eine weile im keller vergraben sey, laß an der sonnen oder auff einem warmen ofen XIIIj tage stehen, gieße den wein ab vnd die stück stosse klein, giesse den wein wieder drüber und distillire es in balneo Mariae, wol vermacht[95].

So einem die pestilentz mit hitz ankömpt, dem gib diß aqua vitae mit sawrampffer, cardobenedicten, blaw violen oder ochsenzungenwasser. Kömpt sie aber mit kelte, so gib es mit rauten oder bethonienwasser vnd laß jhn darauff schwitzen.

So aber jemands gifft gessen oder getruncken hette, dem gebe man diß aqua vitae ein löffelvoll vnd vber eine stunde ein guten trunck hollunderblüetwasser, so treibt es die gifft von einem. Es ist auch gut in böser lufft die ohren vnd nasenlöchen jnwendig damit bestrichen vnd alle morgen ein wenig eingenommen.

Man weiß nicht einen, der an gifft gestorben oder mit der pestilentz oder anderer gifftiger kranckheit gefehrlich were vberfallen worden, der diß wasser alle morgen vnd abend gebraucht hette. Denn wer sich daran gewehnet, bey dem kan kein gifft hafften, wie es jhme auch beybracht würde.

Darumb es denn keyser Maximiliani Leibartzt jhrer keys. Majest. stetigs nachgefuhrt vnd dieselbe an den örtern, da die pestilentz oder de fliessige ruhr oder andere ansteckende kranckheit regieret oder wo man sich giffts besorget, täglich brauchen lassen.«

Das Rezept ist uns in der Sammlung der Herzogin Eleonore Maria Rosalie von Jägerndorf und Troppau (Wien 1600) überliefert.

Etwas jünger als Kaiser Maximilian, der von 1493 bis 1519 regierte, ist ein Rezept, ebenfalls gegen die Pest, von dem der Schreiber angibt, er habe es im Jahr 1544 von seiner Schwester erhalten [96].

»Ain khostlich Recept für die Pestilentz, das mir mein Schwester Anna Tauffkhircherin am tag j feberay 1544 Jar geschickht hat.

Nim Pibernel, Palderian, Tormentilla, Weissen tiptam, entian, Duffels Abbis, yedes zway Lot. Myr, Salue iij vierdung, Ingwer 2 Lot, Nägele, Zimatrörl, Muscat Nuß yedes zway Lot, Rebarbara 2 Lot, Lorber vier Lot, Jndianisch OPffl oder indianisch Nussen j Lot, Spicanardy 2 Lot, Bubergail j Lot, Rauten 4 Lot, Rosmarin 2 Lot, Gafer 4 Lot. Thue die gemelten Stuckh Alles in Ainem Glasierten grossen hafen, der wol vermacht sey. Geus daran 12 Maß guets Prantweins vnnd grab den hafen vnnder die Erden ainer Ellen tueff; las in darin bleiben 4 Wochen. Darnach Seuch den Prantwein wider herab vnnd stoß die Stuckh Alle Zimlich khlain. Darnach thue es wider in den Prantwein. Darinen Las Abermals 3 tag vnnd nacht waichen, vnnd laß khain dampf daruon geen. Darnach brens aus im Sanndt, khiel vnnd nit zu hais. Darnach zu morgens So du dich besorgest, So min [97] dises Wassers ein Löffel vol. So bist du denselben tag Sicher vor Diser khranckhait. Wann es Aber Ains Ankhumen were, So gib jm Ehe es geschlaffen hat 3 Löffel voll ein. Legs darauf nider, Deckhs warm Zue vnnd las etliche Stund wol schwitzen. So wurt es gesunt.«

Auch hier ist Brannt (in der beträchtlichen Menge von 12 Maß sogar) mit Gewürzen verbunden, die ausgezogen werden, und merkwürdigerweise in der Kälte (eine Elle tief in die Erde eingegraben, nicht in hitzigem Pferdedung) und eine lange Zeit (vier Wochen). Nach dem Abziehen des Brannts und Zerstoßen der Materialien wird der Brannt wieder hinzugetan und im Sandbad destilliert; ohne Zweifel der gesamte Kräuterauszug im gebrannten Wein.

Soweit die Weinbrenner sich an der Herstellung von Heilmitteln beteiligen, bleiben sie nicht ohne Konkurrenz; denn die Arcanaproduktion wird im 16. Jahrhundert zur Liebhaberei deutscher Fürsten. Kaiser Maximilian, dessen Pestmittel wir abdruckten, scheint auch andere Medikamente zubereitet zu haben; denn die Kurfürstin Anna von Sachsen bittet ihn um »die Kunst vor den Husten«. Die »Quinta essentia« des Herzogs Ferdinand von Österreich, das aufwendige Likörrezept Kaiser Friedrichs III. (oben Seite 76) sind weitere Beispiele.

Allen voran stehen die fürstlichen Frauen, die über ihre Erfahrungen in der Arzneibereitung korrespondieren. Herzoginnen von Bayern, Württemberg, Mecklenburg und andere sind weitgehend Selbstversorger mit Medikamenten [98]; Gräfin Dorothea von Mansfeld und ihre Schülerin, Kurfürstin Anna von Sachsen, haben einen regelrechten Gewerbebetrieb, wenn auch mit kostenloser Distribution. Gräfin Mansfeld versorgt »zahlreiche Kranke, an manchen Tagen über hundert, mit ihren selbsterfundenen Arzneimitteln... Ihre Hauptgeheimmittel sind ein »aquavitta«, ein »schlagkwasser« und eine »pestilentzlatwergen«, von der sie den Kranken »quentin schwere mit einem loffel foll essigk« gibt... Den Alkohol zum Wässerbrennen bekommt sie von der Kurfürstin Anna, der sie dafür fertigen Aquavit schickt. So sendet sie am 28. Juni 1575 zwei Gläser, wenig später noch »zehen gleser mitt guttem aquavitta« nach Sachsen, mit der Bitte, sie wieder »mitt guttem gebranttem win« zu bedenken...

Bei der Produktion im Brennhaus auf Schloß Mansfeld hilft Dorothea ein besonderer Destillierer. Am 25. November 1572 schreibt sie an die Kurfürstin, daß sie ihr gerne neuen

Aquavit schicken würde, aber augenblicklich ihren Mitarbeiter »margkgraff jorge Friedrichs gemale« geschickt habe, »dan sie hatt ein bren Haus lasen machen vnd batt mich min distelerer sollt ich in schiegken, das er die brenofen solt drin lasen machen« [99].

Noch einer Konkurrenz müssen wir gedenken, der reisenden Quacksalber. Wir könnten uns keine bessere Schilderung denken als die des Grimmelshausen in seinem berühmten Werk, in dem er den Simplizius Simplizissimus erzählen läßt, »wie er ein Landfahrender Storger und Leutbetrüger geworden«. Nachdem er seinen letzten Ring versilbert hat, beschließt Simplizissimus, »ein Artzt zu werden«: »Ich kauffte mir die Materialia zu dem Theriaca Diatessaron, und richtete ihn zu, um denselben in kleinen Staeten und Flecken zu verkauffen.« Außerdem bereitet er noch drei andere Geheimmittel, »ein gruene Salbe zu allerhand Wunden, damit man auch wol ein gedruckt Pferd haette heilen koennen, ein Pulver, weisse Zaehne damit zumachen« und »ein blau Wasser... vor den Scharbock, Mundfäule, Zahn- und Augenwehe«.

Über die Verpackung und Reklame sagt er: »bekam auch ein hauffen plecherne und hoeltzerne Buechslein, Papier und Glaeslein, meine Wahre darein zuschmieren, und damit es auch ein Ansehen haben moegte, ließ ich mir einen Frantzoes. Zettel concepiren und drucken, darin man sehen konte, worzu ein und anders gut war«. Mit der Herstellung seiner Mittel ist Simplizissimus in »dreyen Tagen« fertig »und hatte kaum drey Cronen in die Apotheke und vor Geschirr angewendet«.

Das Geschäft will zuerst nicht gehen, weil ihm »sowohl die Sprache als Storgerische Aufschneiderey nicht von statten« gingen. Eine Änderung tritt ein, als er den Bauern die Wirksamkeit seines Theriaks an einer angeblich in Wasser, in Wahrheit in Branntwein, gesetzten Kröte demonstriert hat: »Indem ließ ich einen von dem Umstand eins von meinen Theriac-Buechslein außwehlen, auß demselben thät ich etwan eine Erbse groß in meinen Brantewein, den die Leute vor Wasser ansahen.« Als das Tier »zuwüten« anfängt und dann »alle viere von sich« streckt, »sperrten die Bauren Maul und Beutel auff«, und der Verkäufer hat »genug zu thun, den Plunder in die Zettel zuwickeln, und Geld davor einzunehmen«.

Einen ähnlichen Trick wie Simplizissimus wendet ein »Qvacksalber und Marcktschreyer« an, der um dieselbe Zeit in Scheibenberg im Erzgebirge seine Bude aufgeschlagen hatte. Er demonstriert dem erstaunten Publikum die Wirksamkeit seines Theriaks an »Küchlein, die er vor Arsenicalischen Gifft ausgab«, die aber in Wahrheit aus »lebendigem« Kalk bestehen [100].

Simplizissimus schließt seinen Bericht über den eigenen Geheimmittelverkauf mit der Mahnung: »Darum ihr liebe Bauren, glaubet den fremden Marktschreyern nicht, ihr werdet sonst von ihnen betrogen, als welche nicht eure Gesundheit, sondern euer Geld suchen.«

Ein Zeitgenosse Grimmelshausens, der kaiserliche Rat Ludwig von Hörnigk, verlangt in seinem 1638 erschienenen Buch »Politia medica« strenge Gesetze gegen »allerhand betrügliche / vermessene / geltsüchtige vnd unbefugte Aertzte, darvnder seynd: Alte Weiber / Beutelschneider / Crystallenseher / Dorffgeistliche / Einsiedler / Fallimentirer / Gauckler / Harnpropheten / Juden / Kühe- vnd Kälberärtzte / Landstreicher / Marcktschreyer / Nachrichter / Ofenschwermer / Pseudo-Paracelsisten / Quacksalber / Rattenfänger / Segensprecher / Teuffelsbanner / Vnholden / Waldheintzen / Zigeuner etc.« Unter den Marktschreiern hält von Hörnigk besonders die »Murmelthier-Schmaltzer« und die Theriakskrämer für schädlich. Den Scharfrichtern wirft er vor, daß sie neben dem ihnen zustehenden »Handel mit Menschenfett oder -schmaltz« noch »viel andere Salben vnd Mittel« vertrieben, deren Bereitung Sache der Ärzte sei [101].

Mit der Mitteilung von Traktaten und Rezepten ist das Kapitel »Brannt und Medizin« nicht erschöpft. Zum mindesten erwähnt werden müssen die medizinischen Vorschriften der Städte und Territorien, die oft auf sorgfältig ausgearbeiteten ärztlichen Gutachten beruhen[102]. Auf Ansuchen des Bürgermeisters der Stadt Frankfurt am Main stellen die Stadtärzte Dr. Johannes Boil (Bohel, Boel, Boels), der von 1469 bis 1495, und Dr. Johann Wonnecke von Cuba, der von 1484 bis 1501 Stadtarzt war, ein Gutachten über die Zuträglichkeit von Brannt aus. Da sie es gemeinsam verfassen, wird es kurz vor 1484 bis 1495 zu datieren sein[103]:

»Vorsichtigen wisen, lieben herren, dem befele nach, als vnß ist vorgeben durch myn herrn dem burgurmeister, des gebrañtes wins halber, sin mir byeynander geweist vnd darvon gereit vnd gesucht vnd gelesen vnd finden, daz der gebrañten win jungen luten vnd die noch in dem wasen[104] sint vnd von natur hitzic sint in keynnen wech[105] guet ist, want daz gebloette sich lichlich darvon entzönet[106]. Auch frauwen, die da kynder segent[107], auch swanger frauwen, nemelich die da hitzic sint vnd ander brunfarbe[108] menschen. Aber alten menschen vnd die verkelt sind vnd die von natuer mit slymige fuechtekeit[109] beladen sint als flecmatici, den zu zyten ist der gebrañten win, mit broet genutzet, erleubet ader starken buerßman, die starcken magen hant vnd ir magen mit wasser verkelt habent, den mag der gebrañten win nit lichlich schaden, nemelich den menschen, die da gichtich sint, vnd doch nit stediß tzu nutzen besunder in dem somer. Daß han mir johan boil vnd johan cuba beyde doctores in der artzenie eynmodich oberkomen, wie vorgeschreben steit vnd mir auch in schrifft der lerer also fūden han, jn sunderheit den gebrañten win zu myden in der zyt der pestilentz[110].«

Interessant, daß »den gebrannten Wein zu meiden in der Zeit der Pestilenz« hier besonders herausgehoben wird, genau in der gleichen Zeit, in der »Kaiser Maximilians Rezept« ihn als Pestheilmittel preist.

Zur gleichen Zeit wie Frankfurt am Main hat sich auch Nürnberg von seinem Stadtarzt, dem berühmten Dr. Hartmann Schedel, ein Gutachten erstellen lassen[111], dem das Jahr 1485 nachgesetzt ist. Es ist in lateinischer Sprache und geht ausführlich auf die positiven wie auf die negativen Wirkungen ein.

Ratsverordnungen, die auf Grund der Gutachten erlassen werden, hatten damals wie heute nur eine begrenzte Wirkung. Das Frankfurter Bürgermeisterbuch vom 29. November 1487 hält deshalb fest: »Item als die Ertze enen Zettel von dem gebrantten win geben han, mit dem pherner[112] reden, das volck zu warnnen und enen Zettel an die phar dore[113] slagen lassen, auch mit den reden solich win feyl haben[114].« Die Kirche erschien als der sicherste Weg, alle zu erreichen und zu beeindrucken (Abb. S. 94).

Vom 14. bis 18. Jahrhundert hat der Glaube an die wunderbaren Wirkungen des *aqua vitae* nichts von seiner Kraft verloren, und wenn man liest, was Zedlers Universallexikon 1733[115] zu berichten weiß, scheinen die ärztlichen Wissenschaften genauso weit wie drei Jahrhunderte zuvor:

»Dieses Spiritus Vini Kräffte und Tugenden sind unzählbar, wenn er recht und mäßig gebrauchet wird: Er ist eine Hauß-Artzeney, welche in unterschiedlichen Kranckheiten gute Dienste thut. Er ist das vortrefflichste Mittel in denen meisten Kranckheiten, und wahrhafftig eine Hand-Gottes, wenn man ihn recht gebrauchet. Denn er unterhält und stärcket unsere natürliche Wärme und Balsam des Lebens (dahero ihm von vielen nicht vergeblich der Name *aqua vitae*, oder Lebens-Wasser gegeben worden), hilfft denselben für Fäulniß und Zerstörung, zertheilet, verdünnet und verzehret daraus die kalten, zähen und schleimigen Feuchtigkeiten, bringet die Lebens-Geister in hurtige Bewegung, und erhält sie gar sehr für Fäul-

»*Item als die Ertze enen Zettel von dem gebrantten win geben han, mit dem pherner reden das Volck zu warnnen vnd enen Zettel an die phar dore slagen lassen, auch mit den reden solich win feyl haben*« (*Frankfurter Bürgermeisterbuch, 29. November 1487*)

und Verderbung. Er wiederstehet allen Gebrechen und Kranckheiten, so von Kälte entstanden, insonderheit wärmet er das kalte, feuchte Gehirn und Haupt, und reiniget es von vielen phlegmatischen Feuchtigkeiten, stärcket des Menschen Gedächtniß, schärffet das Gesicht, Gehör, Sinne und Vernunfft; erfreuet und erfrischet das Hertz, benimmt das Hertz-Klopffen und Zittern, erqvicket die Ohnmächtigen und fast Sterbenden.

Er wiederstrebet mit Macht der Melancholey, maßen er alle scharffe corrosinische Säuer tödtet; er stärcket und erwärmet den Magen, verzehret alle böse Feuchtigkeiten und Cruditäten darinne, befördert eine richtige Dauung derer Speisen, stillet die rothe Ruhr, den Unwillen und das Erbrechen, sonderlich von gebrauchtem Spieß-Glas, erwecket den verlohrnen Appetit, vertreibet das Bauchgrimmen und Colic, zertheilet und verzehret die verschlossene Winde und Blehungen, stillet den Durst. Er räumet, und löset die Brust von allem zähen Schleim, benimmt den kalten feuchten Husten, thut wohl denen Keuchenden und engbrüstigen, eröffnet die von vielen kalten Schleimigkeiten verstopffte Gänge derer innerlichen Glieder, und treibt solche durch die *Emunctoria naturalia*, fürnemlich aber durch den Urin und Schweiß aus, reiniget und säubert solcher gestalt das Geblüt, stärcket und macht es subtil, und befördert die Blut-Machung. Er erwärmet, stärcket und reiniget die Mutter, wie auch die Geburths-Glieder bey Männern und Weibern, treibet die monathliche Reinigung derer Weiber sehr starck, und macht Lust zum Beyschlaff.

Er ist gut wieder gifftige Lufft, alle kalte, herbe und coagulirende Giffte, und bewahret vor dem Pest-Gifft, verjagt die langwierigen, insonderheit viertägigen Fieber, hilfft auch wieder die hitzigen und bösen Fieber. Er zerstöret denen Würmen, so aus Fäulung wachsen, ihre Nester: Denn es ist nichts vortrefflichers die Würmer im Leibe zu tödten, als Wein und Brandtwein. Er giebt denen sehr alten und kalten Personen, wie auch denen Reisenden zu Winters-Zeit, Krafft und Wärme, *vinum fulcit, seniumque remoratur*. Als Antonius della Scarparia das 80. Jahr erlebet hatte, sagte er: *O Aqua vitae per te jam mihi vita annis viginti duobus prorogata fuit*.

In denen Apothecken ist der Brandtwein ein berühmt und fast allgemeines *Menstruum*, massen er nicht allein zu Extrahirung vieler Tincturen und Medicamenten, ihre Tugenden und Kräffte damit zu schärffen, und andere für Fäulniß und Verderben zu bewahren, genutzet wird. *Keine Artzeney kan,* nach den Helmontium[116], *tüchtig und fähig seyn, etwas gutes auszurichten, wenn sie nicht mit Brandtwein versetzet ist.*«

Dem Rühmen folgt sogleich die erschreckliche Liste der Folgen des Branntgenusses »zur Wollust und im Ueberfluß«:

»Gleichwie nun der Brandtwein mäßig und rechtmäßig gebraucht, vielen Nutzen schaffet, und sein Ruhm in denen Ohren derer, die ihn gerne trincken, lieblich und freudig klinget: Also lautet es hingegen schräcklich und erbärmlich, daß, wenn derselbige im Ueberfluß gemißbrauchet, sonderlich aber starck nüchtern von hitzigen Naturen getruncken wird, er vielen Schaden zufügt; offt gefährliche, langwierige und gehlinge Kranckheiten bringet, und müssen wegen des überflüßigen Gebrauchs, viele Leute offt eines unzeitigen und geschwinden Todes sterben, oder doch Lebens-Zeit ungesunde Cörper tragen: Denn aller Ueberfluß und Unmäßigkeit ist schädlich, und kan aus einem Lebens-Wasser leichtlich ein Wasser des Todes werden. Sintemahl der Brandtwein, wegen seiner starcken Hitze und hefftig durchdringenden Krafft, das Haupt, Gedächtniß und den Verstand schwächet, hefftiges Nasen-Bluten, Blut-speyen und hitzige scharffe Flüsse erwecket, die Lebens-Geister entzündet, das Gesicht verfinstert, Hauptweh verursachet, Schwindel, Sausen derer Ohren, rothe und rinnende Augen und ein finnicht Angesicht zuwege bringt, den Schlag, die fallende Sucht, Schlaff-, Schwind-, Gelb- und Wasser-Sucht, Hitzige und abzehrende Fieber erwecket, auch Entzündung derer Hirn-Häutlein verursachet; davon berichtet..., daß in Polen und Moscau, wo man den Brandtwein häuffig säufft, diese Kranckheit am meisten im Schwange gehe:

Ferner macht er Darm-Gicht, Colic, Durchlauff, Krampff derer Sennen, Zittern derer Hände, Gicht und Podagra, verdirbt den Magen und dessen Dauung. Denn vermöge seines gelinden Oels, dämpffet er die natürliche Schärffe des Magen-Saffts dergestalt, daß dieser fast aller seiner Krafft beraubet wird; Er macht auch Entzündung der Lungen, einen faulen und stinckenden Athem, Husten, Röcheln und Keuchen der Brust. Doch soll er aufs Brod gegossen und gegessen, der Lunge im geringsten nicht schaden. Er erhitzet und verstopffet die Leber und andere innerliche Glieder, trucknet und zehret die guten Feuchtigkeiten des Leibes aus, ja er trocknet die Cörper wie ein Feuer aus, verbrennet das Geblüt, ersticket und schwächet endlich die natürliche Wärme, und erstattet, anstatt eines freudigen Gemüthes, Hertz-Zittern, Schrecken, Melancholey, und wie schon erwähnet, offt einen plötzlichen Tod.

Solche übele Folgerungen um zu verhüten, sind einige *Medici* hin und wieder bedacht gewesen, denen Leuten den schädlichen Mißbrauch des Brandtweins abzugewöhnen; dahero sie rathen, daß man Mäuse oder Frösche, oder Aale in Brandtwein soll ersäuffen lassen, und solches Geträncke hernach denen Brandtewein-Brüdern vorsetzen, oder ihnen ein Brech-Mittel darinne verordnen. Doch wollen diese listige Hülffs-Mittel nicht allezeit helffen, deswegen als jener Barbier in Wien, der auch ein großer Liebhaber dieses Geträncks war, sich doch solches Laster gerne abgewöhnet hätte, alles aber vergeblich brauchte, einsmahls hörete, daß eine Neh-Nadel, womit ein Menschlicher Cörper, nach gehaltener Section, wieder zugenähet worden, in Brandtwein geleget, und davon getruncken, dergleichen seltsame Würckung beym Menschen thäte, sich solches Mittels einsmahls bedienet und mit grossem Vergnügen, dadurch einen Abscheu vor dem Brandtwein bekam.

Ferner, so ist auch der *Spiritus vini* oder *Aqua vitae*, sonderlich, wenn er schon etlichermaßen mäßig getruncken wird, denen gemeiniglich sehr schädlich, welche zum Schlag und der fallenden Sucht geneigt sind, auch denen, welche zu vielen Hauptweh, Schwindel, Catharren, Gicht, Podagra, und andern Gebrechen derer Gelencke und Sennen, aus hitzigen und scharffen Geblüt verursachet, Blut-Flüssen, Rothlauff, Erhitzungen der Leber und anderer innerlicher Theile, Schwindsucht, scharffen Tröpffeln des Harns und dergleichen, entweder von Natur dazu incliniren oder schon zum Theil damit behafftet sind. In hitzigen Kranckheiten und jungen hitzigen Leuten, muß man mit dem Brandtwein auch behutsam umgehen, massen ein Feuer das andere vermehret.«

Nun geht es in das Phantastische:

»Und will man so gar Exempel haben, wo der Brandtwein denen Leuten aus dem Halse gebrennet. Ja, es erzehlet… von einem Parisischen Weibe, welche, weil sie nichts anders als lauter Brandtwein genossen, ihr Geblüte und Eingeweide dergestalt entzündet, daß sie einst, als sie auf einem Stroh-Stuhl geschlaffen, von innen heraus lichterloh anfangen zu brennen, und gantz zu Asche verbrannt sey, daß man mehr nicht als den Hirn-Schädel und die äussersten Spitzen derer Finger gefunden. Aber von dergleichen Begebenheiten gibt G. W. Wodelius, Disp. de Spiritu Vini, Jenae 1697, habit. 3. p. 30, gar ein schönes Raisonnement, welches gelesen zu werden verdient [117].

Denen Schwangern und Säugenden ist der Wein-Spiritus auch sehr schädlich, wie denn einige angemercket, daß von dergleichen *Spiritu* oder andern starcken Geträncke, so viel Brandtwein bey sich führen, als starcken Mutter-Wassern, Kinder-Balsam etc. die Frucht im Mutter-Leibe entweder gleich, oder doch bald, wenn sie auf die Welt gekommen, gestorben. Zur Pestzeit soll er gar nichts nutzen. Derowegen wird sich ein jeder vor Ueberfluß zu hüten, und die schädliche Begierde und Lüste zu zäumen wissen.«

Nach einem Hinweis darauf, daß man es den Polen und Russen, die an das Brannttrincken »von ihrer Jugend an gleichsam naturalisiret sind«, nicht gleichtun solle, kehrt der Autor unversehens zum medizinischen Lob des – nun äußerlich applizierten – Brannts zurück:

»Es hat der Brandtwein *(optime rectificatus)*, auch äußerlich, aber fürsichtiglich gebraucht, in vielerley Gebrechen und Zufällen seinen herrlichen Nutzen. Dann so man ihn auf dem Hauptwirbel, wie auch im Nacken anstreicht, so verzehret er alle kalte Haupt-Flüsse, stillet die Haupt-Schmertzen, stärcket das Gehirn, schärffet das Gedächtniß, ziehet das hinabgefallene Zäpfflein wieder in die Höhe, auf den Wirbel des Haupts mit Tüchlein geleget, an die Schläffe gestrichen, oder unter die Nase gehalten, erwecket er die Schlaffsüchtigen, erqvicket die Ohnmächtigen, und die fast in Todes-Nöthen liegen, hemmet das Nasen-Bluten, das Bluten derer Wunden und anderer starcken Blut-Gefässe, mit Baum-Wolle adpliciret, stillet er den güldenen Ader-Fluß, vertreibet das Sausen und Klingen derer Ohren, mit einer darein genetzten Baum-Wolle hinein gesteckt; er verzehret die kalten, subtilen Flüsse, so auf die Glieder gefallen, stillet den Schmertzen und stärcket dieselben geschwächte Theile: er benimmet den Krampff, das Zittern und Beben derer Glieder, bringet die gelähmten, so der Schlag getroffen, wieder zurecht: mit Raucken-Saamen genutzt, curiret er die Sprachlosen.

Er vertreibet das Zahnweh, befestiget die wackelnde Zähne, und behütet das Zahnfleisch für Fäulung: macht auch die Zähne weiß, reiniget sie von aller Unreinigkeit und stärcket das Zahnfleisch; öffnet die Schweiß-Löcher, zertheilet die Materie der Rose, heilet die Bräune und andere Entzündungen… schreibt, daß alle Entzündung der Kehle binnen drey Stunden weichen müsse, wenn man sich gleich anfänglich bey der Bräune mit Brandtwein gurgle, ja alle Entzündung könne durch Auflegung des Brandtweins gehoben werden. Er tilget aus die Flecken, Masen und Finnen unter dem Angesicht und macht die Haut sauber und glatt, er heilet die von kalten Feuchtigkeiten entstandene Augen-Kranckheiten, bringet die rothen und trieffenden wieder zu rechte, tilget alle angehende Augen-Felle, wenn man sich Morgens und Abends damit wäschet, lindert darneben die Schmertzen, und vertreibet die Dunckelheit derer Augen. Das Haupt damit gewaschen oder gebürstet, sonderlich mit dem Vorsprung, vertreibet er die Läuse, Nüsse, Haar-Fresser und Mülben im Haar, trocknet den bösen, flüssenden Erbgrind: Mit Tüchlein übergeschlagen, zertheilet er das Blut, so vom fallen, stossen oder qvetschen, sich zwischen Fell und Fleisch gesetzet hat, reiniget und heilet frische Wunden, Geschwüre und Fisteln. Alle Wunden und falsche Geschwüre zu reinigen, auszutrocknen und zu heilen, ist er von besonderer Würckung, zertheilet und verzehret die kalten Geschwulsten, ist wieder die Fäulniß, und wird mit großem Nutzen wieder den kalten Brand gebrauchet; denn er die natürliche Wärme des beschädigten Theils unterhalten hilfft, das fernere Absterben verhütet, und was verderbet ist, zu der Absonderung befördert: die verstorbene Cörper damit balsamiret, behütet sie lange vor Verwesung. Bringet die erfrorne Glieder wieder zurecht, Tücher darein genetzet und übergeleget: tödtet die Würmer, welche in die Ohren gekrochen, so man ihn hinein tropffet; um die verbrannte Glieder alsobald geschlagen, ziehet die Hitze und Brand aus, und lindert zugleich die Schmertzen[119].«

Dieses Kapitel konnte vielfach nur Andeutungen geben. In die Geschichte des Verhältnisses von Brannt und Medizin spielen noch viele Quellen hinein, wie Ortolfs Arzneibuch[118], um ein einziges Beispiel zu nennen. Wesentlicher noch wird die fortgesetzte Forschung über das Verhältnis der medizinischen Volksbücher, aus denen vor allem Paracelsus schöpfte, zu der klassischen und romanisch-arabischen Überlieferung auch unser Wissen bereichern. Hier zitieren wir nur die Organisationsurkunde der Fürstenschule zu Heilsbrunn von 1581[120]:

»Da unter den Stipendiaten daselbst auch solche *ingenia* befunden werden, welche zum *studio medico* nicht allein Lust, sondern auch bessere Qualitäten und *dona* haben, so sollen solche Knaben *in medicina* vorbereitet werden und dieselben nicht allein *in medicina, qualis a Galeno et Hippocrate traditur,* sondern auch des Theophrasti, sowohl auch in *studio chirurgiae* sich üben.«

Der Beitrag der deutschen Autoren

Das *aqua vitae* wird uns durch wesentliche Teile unseres Buches begleiten. Die Anweisung der deutschen Autoren, wie es zu bereiten sei, ist Handreichung für die frühen Hersteller, mögen sie nun Apotheker, Ärzte, Alchemisten oder einfache berufsmäßige Weinbrenner gewesen sein. An dieser Stelle würdigen wir kurz die Technik seiner Herstellung, auf die wir in den vier Kapiteln der »Frühgeschichte« näher eingehen.

Die Handschriften dürfen wir nicht vergessen, deren älteste erhaltene mit Sicherheit schon 1321 vom gebrannten Wein spricht; zu einer Zeit, als Gutenberg noch nicht geboren war. Aber da die Handschriften dort behandelt werden, wohin sie nach ihrem Inhalt gehören, wollen wir hier ein Wort über die Bücher und Broschüren sagen – nicht die, in denen gebrannter Wein erwähnt wird, sondern die ihm gewidmeten.

Im Kapitel über Brannt und Medizin lassen wir uns eine Strecke von dem Büchlein von Michael Puff geleiten, dessen Manuskript schon 1455 abgeschlossen war, als das Drucken seine ersten Anfänge erlebte, und 1466 druckfertig vorlag. Michael Puff von Schrick, einem Dorf in Niederösterreich, lebte von etwa 1400 bis 1473, starb also vor dem ersten Druck seiner Schrift, die 1476 erschien. Er war seit 1433 Doctor der Medizin und später Professor an der Universität Wien. Der volle Titel des Traktats lautet:

»Hienach volget eyn nüczliche materi von manigerley / außgeprantē wassern wie man die nüczen vñ prauchen / sol zů gesuntheyt der menschen Vñ das buechlin hat meyster Michel Schrick doctor der erczney durch liebe vnnd / gepet willen erberen personen auß den buechern zůsamen / colligiret vñ beschriben.«

Der Autor erlebt also auch die vierzehn Neuauflagen nicht, die bis 1500 in Augsburg (wo die erste Auflage durch Johannes Bämler auf 15 Folioseiten herausgekommen war), Ulm und Straßburg erscheinen. Nach 1500 sind es noch viele mehr, die in Straßburg, Nürnberg und Wittenberg gedruckt werden.

Dem »Schrick« tut es keinen Abbruch, daß schon 1484 eine in Lübeck gedruckte Broschüre den Autor des literarischen Diebstahls bezichtigt und die Schrift einem Bartholomaeus von Benevent zuweist. Damit ist sicher der Salernitaner Bartholomaeus gemeint, von dem aber an keiner Stelle ein solches Werk überliefert wird. Da Schrick sagt, er habe seine Rezepte aus vielen Büchern zusammengeschrieben, wird darunter auch das den »ausgebrannten Wässern« angehängte sein, das die uns aus den Handschriften bekannten Wunderkräfte des gebrannten Weins im Druck festhält[1]. Da Schrick der Meinung ist, »der Miszbrauch mit Artzneien ist so gross dasz kein Wunder wäre weñ die Kelberärzte, alten Weiber, Landfahrer und Apotheker die ganze Welt mit Arztneien verderben«, müssen die destillierten Wässer die Gefahr bekämpfen (freilich nicht im Übermaß).

Hieronymus Brunschwygk (Braunschweig, Brunswick), Wundarzt und Apotheker zu Straßburg, der lange bedeutendsten Weinstadt des Reiches, ist eine Generation jünger; um 1450 geboren und 1512 oder 1513 gestorben; selbst Sproß der bekannten Familie Sauler des Stadtpatriziats und weit studiert, so in Bologna, Padua und Paris, nicht zuletzt Kompilator der »Chirurgia«, mit der er 1497 ein verbreitetes wundärztliches Handbuch schafft. Nicht weniger groß ist der Einfluß seiner beiden Bücher über die gebrannten Wässer, die wir mit »Brunschwygk Simpl.« und »Brunschwygk Compos.« zitieren, um die langen Titel nicht ständig wiederholen zu müssen. Darin ist – zum Inhalt der Handschriften und der Literatur – das ärztliche Wissen der Zeit um 1500 zusammengetragen; »von H. Brunschwick auffgeklaubt«, heißt es in einem Titel.

»Vnd geoffenbart zů trost vnd heyl den menschen / nüczlich yr leben darauß zůerlengern vnd yre leib in gesundtheyt zůbehalten« ist als Zweck hinzugesetzt. Der Verleger der Neuauflage, Bartholomeus Grüninger, des Erstverlegers Hans Grüninger Sohn, untermalt mit markigen Worten, daß dem, der über Gut und Geld verfügt, keine Tür verschlossen ist, zu Ehre und Reichtum zu kommen. Die meisten aber nehmen ihre Gesundheit nicht in Acht, sondern ruinieren sie, um sich bei den Gewaltigen in Szene zu setzen, durch Mittel und Gebärden, die so schändlich sind, daß sie sogar bei Heiden strafbar wären:

»Vnd gedencken die armen reichen nitt / das sie mit all yrem gelt / nit ein stund yr leben lengern oder bessern mögen / vnd mit dem / das sie nit den eren nach streben / so verachten sie auch yre gsundtheyt / wölche doch mit keinem gelt zů bezalen ist. Dañ mancher das er bey den gewaltigen in acht kuṁ / so schonet er weder leib noch leben / welches noch zů dulden wer / so es durch eerliche mittel geschehe / so es nun zum offtern mal / durch schendtliche mittel vnd weg vnderstanden wirt / yetz mit fressen vnd zůsauffen / dañ mit andern schendtlichen geberden / die auch bey den heyden zůstraffen weren / durch wölche ynen leib vnnd seel zů schaden kummen.«

Wie später bei Ryff wird auch die Herausgabe der Brunschwygk-Bücher mit dem Wunsch begründet, deutsche an die Stelle der lateinischen Texte treten zu lassen: »... ist auch die gsundtheyt des leibs / weitleuffig in der artzet bücher begriffen vnd angezeygt. Dieweil aber die selben zů grossem teyl in Lateinischer sprach geschriben seind / vnd nit yederman bey vns der selben kündig ist / so hab ich das bůch für mich genummen[3] / Wölches etwan zůsammē bracht vnd gsamlet hat Meyster Hieronimus Brunschwick /.«

»Brunschwygk Simpl.«, das »Liber de arte distillandi de simplicibus oder Buch der rechten Kunst zu Distiliren die eintzigen Dinge«, erscheint 1500 in Straßburg, mit einem ersten technischen Teil über das Brenngerät und die Brennöfen, darauf die verschiedenen Brennmethoden. Der zweite Teil ist ein Kräuterbuch mit Beschreibung der Pflanzen, ihrer nützlichen Teile, der rechten Zeit, sie zu destillieren, und den damit verfolgten Zwecken. Der medizinischen Anwendung der gebrannten Wässer ist der dritte Teil gewidmet, so daß er den Charakter eines ärztlichen Handbuchs annimmt. Der geschickte Verleger Johann Grüninger baut so schnell Teile des Brunschwygk und andere Quellen zusammen, daß er 1509 bereits mit einem »eigenen« Destillierbuch herauskommen kann. 1512 aber publiziert Brunschwygk sein zweites Werk, das »Liber de arte distillandi de Compositis«, das er selbst, mit Anlehnung an ein berühmtes Vorbild, auch als »Thesaurus pauperum«, einen Schatz der Armen, bezeichnet (= »Brunschwygk, Compos.«). Mit großer Ehrlichkeit sagt er, er habe »die brosamlin gefallen von den büchern d'Artzny und durch Experiment« aufgelesen und geoffenbart, womit er sein Buch als Kompilation vorstellt. Ebenso steht im Vorwort des Brunschwygk Simpl. zu lesen, daß der Autor in dreißigjähriger Arbeit sein Werk aus den Schriften von Hippokrates, Galen, Avicenna und vielen andern, insgesamt aus mehr als drei Dutzend Büchern, zusammengestellt habe.

Dieser »Brunschwygk Compos.« mit 230 Seiten sieht noch mehr Nachfolger als der »Simpl.« und wird immer wieder aufgelegt[4]. Durch die 79 Abbildungen von Brennöfen und Destilliergerät ist er auch für die Geschichte der Technik unentbehrlich. Schon 1517 erscheint eine verkürzte niederländische Ausgabe von Thomas van der Noot in Brüssel[5], 1527 eine englische von L. Andrew[6]. In der zweiten niederländischen wird vom Alkohol gesagt, daß er mäßig getrunken die Sinne von Melancholie befreie, wobei die Mäßigkeit echt gemeint ist; denn es sind sechs bis sieben Tropfen am Tag auf den leeren Magen: »Het suyvert den mensche syne vyf sinnen van melancolyen ende alle onsuyverheden als men't drinct bi maten. Te weten ses of seven druppelen deachs[7] met eenen lepel vol wyns[8].«

Die Technik ist von Taddeo Alderotti vorgezeichnet (unten Seite 227), der Ruhm der *aqua-vitae*-Medikamente von ihm begründet. Seine starke Nachwirkung macht es unwahrscheinlich, daß die Deutschen die Technik in den ersten zwei Jahrhunderten stärker verändert oder den behaupteten Wundern Wesentliches hinzugefügt hätten. Bei Brunschwygk um 1500 hat man nicht mehr den Eindruck, daß eine Vorlage kopiert wird (obgleich der Autor keine Scheu trägt, sein Buch als Kompilation vorzustellen); hier ist die Technik deutlich Straßburger Alltagspraxis:

Nimm roten Wein, vom besten, der zu bekommen ist, nicht verfälscht noch gefärbt, von gutem Körper, eher süß als herb, mittelmäßigen Alters. Wenn roter nicht zu bekommen, tut es auch weißer. Mit dem Wein wird ein Glas *(cucurbit)* zu zwei Dritteln gefüllt, das dritte bleibt leer. Darauf setze einen »helm mit einem langen schnabel genant *Alembick*«. Der Schnabel geht in den Oberteil der Rohre, die zum *Receptackel* führen, »welliche da das glaß zů entpfahen den gedistillierten wein« ist. Die drei Gläser sind so miteinander zu verleimen, daß kein Dampf entweichen kann.

Bei der späteren Beschreibung des *aurum potabile* (als ein *guldiner tranck*) wird das *Balneum Mariae,* das Wasserbad, vorgeführt; hier wesentlich zur Kühlung des Alembiks gedacht: »Item nim des aller besten roten weins den du haben magst / der da wol schmacket / nitt gepuluert / vnd nit von künsten geferbt sey. Vnd distillier zum ersten / zum andern / vnd zum dritten mal im ofen der hienach gefiguriert ist / von etlichen genant *Balneū Marie*. Aber vnderscheidlich von dem *Balneo Marie* / das ich gezeygt hab in dem bůch *de simplicibus*[9]. Warumb dz oberteyl / als der helm der den geyst empfahet / vñ wider von yhm geben ist / soll stan vnd geregiert werden in dem wasser... Das die rören des außtragendē[10] weins / durch ein wasser gand / so man gebrantē wein machet / ... Item der helm / das ist das obertheyl das in dem wasser stat / das selb gefesß soll gemacht sein von kupffer / vnnd inwendig verzint / vnd sollen die zwey ineinander gelöt / vnd die fůgen außwendig mit zin vergossen werden[11] / also dz das wasser nit darauß möge. Also wan das wasser heiß wirt so soll man dz zum han herauß lassen / vñ wider frisch wasser darein thůn / so wirt der gebrant wein dester baß gedistilliert / vnnd wirt dester minder einer hitzigen natur.« Der Alembik steht tatsächlich in einem Wassergefäß, aus dem mit einem Hahn das heiße Wasser abgelassen und kaltes von oben nachgefüllt werden kann; noch eine sehr primitive Kühlung. Ein merkwürdiges Rohr an der Seite dient der Feuerung mit glühenden Kohlen, die wohl über eine Schräge unter den Cucurbit mit dem Wein gebracht werden: »vnnd sol haben ein lange rör an der seiten des ofens / darin werden gethon die kolen / welliche kolen sollen glüen / oder brenen under dem kessel.«

Wenn die Apparatur mit »leymen[12]« gut verschlossen ist, soll sie nicht verändert werden, bis selbst große Mengen destilliert sind. Der Hahn, der sich an der *Cucurbita* befindet, dient zum Ablassen des Rückstands (»des Wassers, aus dem der Wein destilliert ist«)[13]. Wein wird durch eine kleine Röhre nachgefüllt, deren Öffnung darauf wieder verpicht wird:

»Wann so du den wein in den kessel gethon hast / vñ den helm mit dem gefeß da das wasser inn ist soll er lassen bleiben stan / also lang / biß du eyn gantz halb fůder[14] / oder biß das du als vil wein darauß brennest als du wilt. Wann du bedarffest yn nitt meer herab thůn / als

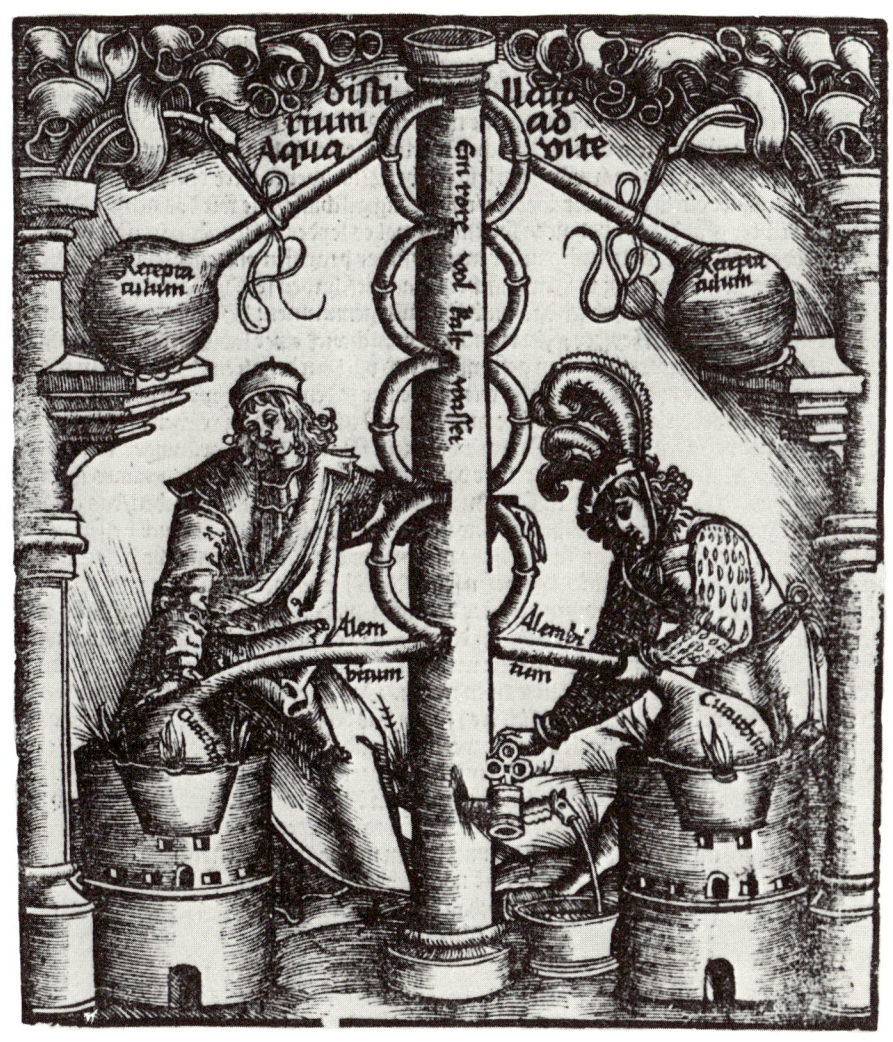

Das Bůch zů Distilieren die zůsamen gethonen ding (Liber de compositis) vñ
das bůch Thesaurus pauperum genant--- von Hieronymo Brunschwygk auffgeklaubt und geoffenbart (Titelblatt der Neuauflage, Straßburg 1532)
Ein für die Zeit um 1500 höchst fortschrittliches »Distillatorium ad Aqua (so!)
vite«; Anlage, um das Wasser des Lebens zu brennen. Über zwei Brennöfen wird
je ein Brenngefäß (cucurbita) erhitzt. Die Dämpfe steigen in den »Helm mit
langem Schnabel« (alembicum) und werden mittels eines »rore vol kalt
wasser« (Canale plenū aqua frigida sagt der lateinische Text) vielfach
gekühlt, bis sie schließlich in kondensierter Form das receptaculum erreichen. Die Kühlung wird durch den Ablaufhahn rechts unten angezeigt: Er-
hitztes Wasser kann jederzeit abgelassen und kaltes von oben nachgefüllt werden.

lang du distillierest mit dem selbigen ofẽ. Darumb hat der selbig kessel oder hafen vnden an dem boden ein grossen han darauß man das wasser laßt so der wein darauß gedistilliert ist. Wan aber nicht meer krafft von dem wein darinnen ist / so geüß andern wein oben durch dz löchlin / das in der rören / oder in dem zütlin ist / darein gesteckt ein trechter / vnd darnach werde vermacht[15] dz selb rörlin als wol dz kein dunst darauß riechen mög / mit einem ziñen zapffen / der darzü gemacht sey mit einer platten / vnd darüber gemacht eyn leymen mit har verwirckt.«

Das abgelassene »flegma (das ist dz wasser / da der wein auß gedistilliert ist)« soll nicht weggeschüttet werden, sondern es wird zusammengeschüttet und so lange weiterdestilliert, bis »kein krafft mer dariñ ist«. Wenn der Wein zum achten oder neunten Mal destilliert ist (wobei jedesmal, wenn Wasser überzugehen beginnt, das Phlegma zum vorigen geschüttet und das Destillat weiterbehandelt wird), erhält man endlich reinen Alkohol.

Das alte Rezept, daß der gebrannte Wein auf einem alkoholgetränkten Tuch verbrennt, ohne es zu versengen, ist uns auf Seite 215 Beweis dafür, daß im frühen 13. Jahrhundert noch kein hochprozentiges Destillat gelingt. Um 1500 kann die Probe zu Ende geführt werden: »Wann dariñ genetzt vnd gefeücht wirt ein leinen tüchlin / mit einer kertzen ahngezündet vnd verbrennet wirt. So aber der wein verbrent / vnd das tůch nit verbrent / vnd gantz blib ist ein zeychen das ernit[16] volkummen ist / oder genüg hat / darumb das er noch vermischt ist mit wasser / darumb soll er baß vnd mer gedistilliert werden zů der vollkummenheit in vorgemelter massen / biß er soliche bewerung thůt dz das thůch gantz vnd gar mitt dem wein verbrant wirt.« Verbrennt das Tuch ohne Rückstand des Destillats, und sind Geruch und Geschmack »schwefelfrei«, ist die *Quinta essentia* erreicht:

»Dann so heisset er eygentlichen *Quinta essentia* / wañ das thůch das in im gefeüchtet vnnd genetzet wirt / mit dem wein verbrant wirt / vñ hingethon ist alle grewliche schwebelische zengerung[17] vnd scherpfung des geruchs oder des geschmacks / in dem mund mit einer süssigkeyt in menschlichem lust.«

Das Ziel der Destillation ist also jene *Quinta essentia,* die nicht mehr eines der vier Elemente Feuer, Wasser, Luft und Erde, sondern ein Neues ist, das sie alle umschließt. Nichts konnte näher liegen, als den »Stein der Weisen« auf diesem Weg zu suchen, da gegen alle herrschende Lehre hier ein Element das andere (das Feuer das »Wasser«) ohne eine Spur zu hinterlassen vernichtet. Deshalb wird der Probe solche Bedeutung zugemessen, das »ohne Rückstand« so eindringlich betont.

Ehe wir auf die *quinta essentia* eingehen, bleiben wir noch bei den technischen Anweisungen:

»Destilliere mit kleinem Feuer – alweg fleiß dich nachzüfolgen der natur / die da nit leidet ein schnelle oder gehe[18] verenderüg / on schaden oder verserung /.« Wenn das Grobe vom Subtilen geschieden wird, bedarf es eines starken Feuers; aber je leichter die Materie wird, desto langsamer muß destilliert werden und geringer die Hitze sein. Von der ersten bis zur siebenten Destillation wird das Übergehende immer subtiler, vergeistigter und immaterieller: »Vnnd so es also ist das es ein mal gedistilliert wirt / ist subtiler vnd dinner / vnd hat sein form vnd gestalt / nit mer in der substantz oder inn der materi / dañ das zů dem andern mal gedistilliert ist / vnd deßgleichen zů dem dritten vnd fürbaß biß vff die sibendt distillation wañ ye meer dz gedistilliert wirt / yhe meer subtiliert vnd spiritualisiert vnmatterlicher / das ist darumb es fürtreflicher wirdt / außzügiessen sein krafft vnd geruch.«

»So vil vnd mer das grob von dem subtilen gescheiden vnd abgezogen ist / vnnd das das subtiler der distillierung gehorsamer ist / durch die vorgenante distillierung gesubtilieret /

vnnd dinner gemacht ist / darumb wirt leichter die materi / vnd das subtiler von den subtilen gescheyden / durch ein geringer vnnd kleiner feur. Deßgleichen in der dritten distillation / so vil subtiler vnnd dinner substantz der distillierung ist / souil meer das subtil von dem groben gescheyden / souil mer dz feür gemindert vnnd kleiner zůwerden gebürt.«

Die Destillation, die wir schilderten, war bisweilen mühselig; denn zwischen der ersten und zweiten soll ein Monat, der zweiten und der dritten drei Wochen, dann ein »halber Mondschein«, ein Viertel darauf (also eine Woche), zwischen der fünften und sechsten vier, von dieser zur siebenten zwei Tage liegen – jedesmal unter Digerierung des Destillats in Roßmist, der mit lauem Wasser zwei- oder dreimal in der Woche übergossen wird.

»Die vorgenante digestion mag auch werden in der Sunnen / also das / man setz das glaß an die sun in den hundstagē / wie hie vndē gefiguriert stat«; besonders wirksam, wenn die Sonne durch einen Hohlspiegel verstärkt wird.

Unsere Weinbrenner finden bei Brunschwygk also nicht nur die Destillation mit Brenngeräten, die in allen Einzelheiten beschrieben ist (wir haben im Kapitel über das *Aqua vitae* Proben gegeben), sondern ebenso eingehend kommt die Sonnenhitze, der Pferdedung *(fumi equini destillatio)* und die Hitze des aufgehenden Brotteigs *(de panis destillatione)* zu ihrem Recht; ja sogar die Hitze eines Ameisenhaufens *(de destillatione formice)*.

Auch das Destillieren *«per descensum* vnder sich vnd nit über sich« ist mit einem eindrucksvollen Bild geschildert. Nicht geringer ist der Gewinn für die Sprache mit *Cucurbit* »darumb das sie gleich seind den Kürbsen / groß und kleyn in teutscher zungen Kolben«; *alembicum cecum* »inn Teutscher zungen ein blinder helm«; oder *Receptackel* »in Teutscher zungen fürsetzgleser«.

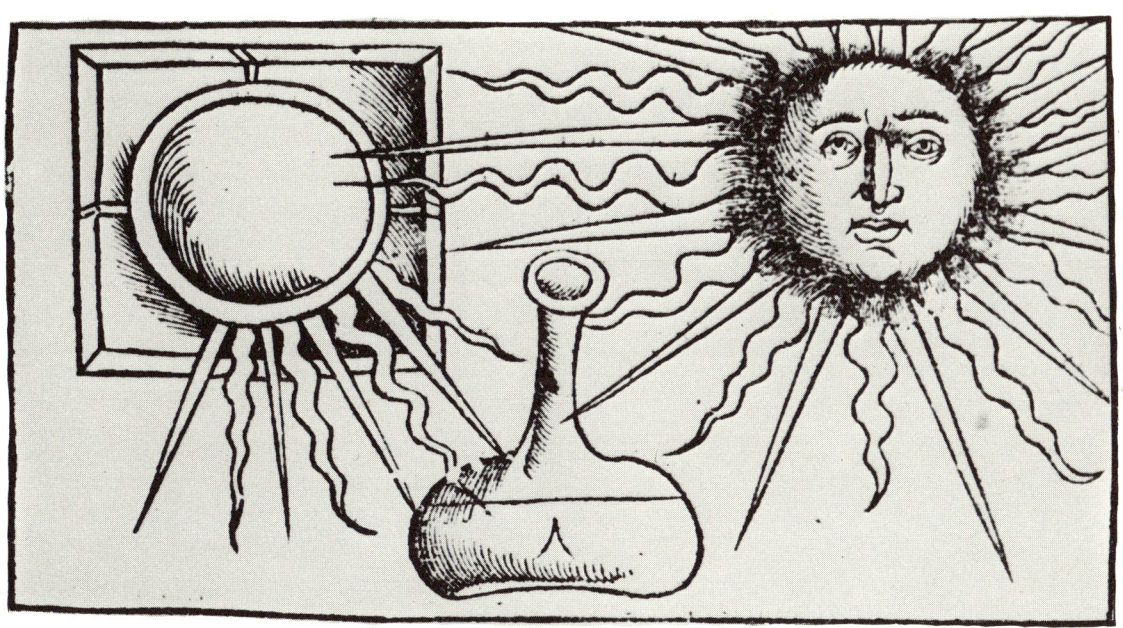

»also | das das glaß | darinn die materi ist | die man digerieren | stand zwischen der sonnen vnnd einem holen spiegel | in den Hunds tagen« (nach Hieron. Brunschwygk, Liber de compos., 1512)

In dem »Von Instrumenten« beschriebenen Teil des »Brunschwygk Compos.« sind, genau gezählt, 32 Geräte abgebildet, darunter recht komplizierte Öfen, mit denen – per descensum wie per ascensum – gleichzeitig sechs und acht, ja sogar dreizehn[19] Brennblasen bedient werden (wir bilden einige ab). Kein Zweifel, daß das Instrumentarium um 1500 den Weinbrennern erlaubte, aqua ardens und aqua vitae zu destillieren. Daß es nicht dazu, sondern zur Destillation von heilkräftigen Wässern geschaffen war, haben wir oft gesagt.

Wir haben Hieronymus Brunschwygk, dessen beide Bücher 1500 und 1512 in Straßburg erschienen, soviel Raum gegönnt, weil wir alle Elemente dort finden, die zum Verständnis des Fortschritts der folgenden Zeit – mögen wir an Jahrzehnte oder Jahrhunderte denken – wichtig sind.

Des Fortschritts? Genau dreihundert Jahre später erschien 1806 der Band von Buschs »Handbuch der Erfindungen«, der den Artikel »Destillation« enthält[20]. Wenn wir lesen, was dort über die destillatio per descensum und per ascensum steht, ist nur die Sprache Neuzeit; der Inhalt könnte Wort für Wort von Brunschwygk stammen.

»Die Destillation geschieht 1. niederwärts, wie z.B. bey dem Rosenwasser. Man nimmt ein leeres Gefäß, bindet ein leinenes Tuch darüber, auf welches man frisch gehackte Rosenblätter legt, über diese bindet man ein Papier, auf welches man einen eisernen Teller setzt, der mit glühenden Kohlen angefüllt ist. Sobald die Rosenblätter warm werden, dringt das Rosenwasser durch das leinene Tuch in das leere Gefäß hinab. Destillirt man 2) aufwärts, so thut man die Dinge, welche destillirt werden sollen, in einen Kolben oder in eine kupferne Blase, auf diese setzt man einen Helm oder Deckel, an dem eine Röhre befestigt ist die durch ein mit Wasser angefülltes Kühlfaß geleitet und an deren Ende eine Vorlage oder ein leeres Gefäß befestigt wird. So bald die Körper in der Blase erhitzt werden, steigen Dünste von ihnen auf, die sich an den Helm anhängen, von da in die Röhre laufen, wo sie durch die Kälte des Kühlfaßes in Tropfen verdichtet werden, die in die Vorlage fallen. Destillirt man 3) seitwärts: so bedient man sich einer Retorte, d.i. eines Glases mit einem weiten Bauche, das oben einen krummen Hals hat, an welchen man eine Vorlage befestigt.«

Was bedeutet für Brunschwygk »Destillation«? Sie dient, wie er im ersten Kapitel des »Simpl.« feststellt, der Scheidung der Substanzen »vff das es werd gehorsamer der distillierung oder distillation / vnnd sich zůscheiden das grob von dem subtilen / vnd das subtil von dem groben«[21]. Es ist aufschlußreich, dieser Definition die gegenüberzustellen, die Conradus Khunrath siebzig Jahre später in seiner »Medulla« gibt[22]: »Die Destillatio ist (daß wir von ihrer Beschreibung unsern Anfang nehmen) misticorporis, in partes simpliciores, vicaloris resolutio; das ist / sie ist eine Aufflösung oder Scheidung eins zusammen gesetzten Leibes in seine einfältigere theile / so geschicht durch Hülff der Hitz.«

Brunschwygk wirkt nicht nur durch seine Schriften, sondern er stößt damit Fachliteratur über das Brennen in einem Umfang an, daß sie die scholastische Medizinliteratur des Mittelalters über Pulver, Syrup und Absud in den Hintergrund drängt. Seine Bücher sind Niederschlag der Praxis und Erfahrung vor allem der Straßburger Ärzte, die sich wie ihre Kollegen in aller Welt bemühen, aus grobem und vergänglichem Grundstoff einen »Geist« oder etwas »Wesentliches«, eben die »Essentia«, herzustellen[23]. Wenn dazu als tauglichster Weg die Destillation empfohlen wird, wird der Zusammenklang mit Paracelsus (1493–1541) deutlich. Nur wenige Jahre später wird Paracelsus den Wert der Destillation hervorheben, um die verschiedenen Bestandteile der natürlichen Stoffe zu trennen, zum Beispiel in »De Natura Rerum«:

»Die Trennung der irdischen Dinge, die leicht brennbar sind, geht auf vielfältige Weise vor

zapffen in der dicke der röz so sie verkleybt ist/und werd dz feür geregiert durch die vier
lufftlöcher des ofens mit etliche zapffen die darzü gemacht seind. Also gat die hitz über
sich uff durch die bun in den knopff der obersten röz võ kupffer/und werß niemãds wa
dz feür her kumen ist. Und auff der obersten bün werd ein hultzen büt gemacht un der
weitte eins grossen wagenrads/züring umb gand den knopff dʾ obern röz der gmacht sol
sein võ kupffer oder plech/wie ein kessel. Und soll haben die büt ein boden dardurch die
röz gat/und der bodem und die röz werden wol vergossen/also dz kein wasser unden uß
mag rinnen. Und die bütt soll sein anderthalb elen hoch/und sol werden gefült nur waf
ser drey vierteyl einer elen hoch vom boden/also dz das wasser den knopff allenthalben
bedeck. Und einer elen hoch vom boden/der bütten werd gemacht ein hultzen deckel mit

»Der aller best ofen ist genant balneum marie inn einer badbütten« —
ein großes offenes Faß, in dem sechs Blasen auf einmal von einem in der Mitte
stehenden offenen Ofen erhitzt und jede in ein Rezeptakel abgeleitet werden;
darunter ein Brennofen, um per descensum, also mit Auffangen der Destillate
unterhalb der Feuerstelle, zu destillieren (nach H. Brunschwygk, 1512)

sich. So wird durch Destillation von ihnen zuerst ein Phlegma getrennt, dann Quecksilber und die fettigen Teile, dann ihr Harz, an vierter Stelle Schwefel und an fünfter Salz[24]«. Die wirksamsten Arzneimittel werden nach seiner Meinung durch Extraktion der Drogen und nachfolgende Destillation gewonnen; denn »es ligt im herausziehen nit im componiren«[25].

Brunschwygk weiß nichts vom Salernus, und gegen die landläufige Ansicht führt er die Erfindung der Destillation nicht auf die Großen der Antike zurück, deren Werke er exzerpiert hat; sondern Winzer seien es gewesen, die bei der Vergärung von Trauben das Kohlendioxyd (»die Dämpfe«) in einem verschlossenen Gefäß gesammelt hätten[26]. Destillation soll nach seiner Meinung nicht *per descensum,* von oben nach unten und Aufsammeln des Kondensats in einem unter dem Feuer stehenden Gefäß, sondern *per ascensum* vor sich gehen, weil das zu feinerem und reinerem Geist führt (wir sehen, wie viel Alchemie hinter der chemischen Technik steht):

»Dieweil die Geister, so über sich getrieben werden, viel reyner und subtiler seynd denn in solchem aufsteigen alles so schwer, irdisch und flegmatisch ist, nit hinaufkommen mag. Darumb die geister des weins am flüchtigsten über sich, aber andere materi so mehr mit flegmatischer feucht behafft[27] under sich getrieben werden[28].«

Es ist bewegt in diesem 16. Jahrhundert. Da ist der »Gelehrtenhimmel« (Coelum Philosophorum) von Philip (von) Ulstadt, Arzt und Professor in Nürnberg und offenbar in Kontakt mit Brunschwygk; denn nicht nur ist dessen starker Einfluß in seinen Schriften sichtbar, sondern er benutzt auch die gleichen Holzschnitte. Sein Werk wird wohl 1525 zuerst gedruckt. Daß er keinen sehr starken Alkohol herstellt, ergibt sich aus seiner »Probe«, Alkohol auf einem Stück Tuch zu verbrennen, wobei weder Wasser zurückbleiben noch das Tuch versengt werden darf – 250 Jahre nach Alderotti ist noch nicht dessen Perfektion erreicht.

Da ist Valerius Cordus, der schon mit neunundzwanzig Jahren stirbt (1515–1544), und der an Bedeutung viel geringere Remacle Fuchs (Fusch, Fuchsius, Renacle de Limbourg, 1510 bis 1587), der ihn an Verbreitung weit übertrifft.

Hingegen bedeutet das Schaffen des Conrad Gesner (auch als Evonymus Philiater bekannt), eine eigenständige Leistung, wenn es auch nur zu einem Bruchteil der Alkoholdestillation gilt. 1552 erscheint »De remediis secretis«, deren zweiten Band der Verleger Caspar Wolff 1569 vier Jahre nach dem Tod des Autors herausgibt. Darin wird wie bei Brunschwygk gesagt, daß Griechen und Römer die Kunst der Destillation noch nicht kannten. Bei Gesner bedeutet *aqua vitae* alle Arten von *compositis,* während Rohsprit bei ihm *aqua ardens* heißt und rektifizierter Alkohol *quinta essentia.* Vom Text ebenso wie der reichen Bebilderung wird deutlich, daß die kontinuierliche Kühlung ihm unbekannt ist; die Kühlrohre laufen nur durch ein Wasserfaß.

Genaugenommen hätte Ryff vor Gesner genannt werden müssen; denn sein wesentliches Werk liegt sieben Jahre vor dem ersten, sogar vierzehn Jahre vor dem zweiten Band der »De remediis secretis«; aber wir wollen vor allem zeigen, in welche neuen Entwicklungen er überleitet. Zunächst freilich sind es alte, mit Fleiß kopierte; denn dieser Walther Hermann Ryff (Ruff, Reiff, Ruif, Riffus, Gualtherius H. Rivius; wie Brunschwygk aus Straßburg, wo er nach 1510 geboren ist; ab 1549 Stadtarzt in Nürnberg) ist vielleicht in seinen Plagiaten nicht weniger bedeutsam als in seinen Schöpfungen. Zu seiner großen Produktion zählen Editionen der Werke des Albertus Magnus, Plinius, Dioscorides und Raymundus Lullus; aber er gibt auch fröhlich unter seinem eigenen Namen deutsche Übersetzungen von Büchern des Conrad

Gesner, Fuchs und anderer heraus. Auch in seinem »New gross Destillierbuch wohl gegrün-
deter künstlicher Destillation«, das zuerst 1545 erscheint, schreibt er ungeniert andere ab
und aus. Bemerkenswert ist sein Kapitel »Über die mannigfache Kraft, Stärke, Eigenschaften
und Wirkung des *aqua vitae simplex,* das ist gebrannter Wein«, in dem er die Rezepte für sechzehn »Goldwasser« gibt.

Wie in der Neuauflage des »Brunschwygk Compos.« wird der Wettstreit mit dem Latein
deutlich, in dem die deutsche Sprache sich in der Medizin ihren Platz erwirbt, so daß auch die
nicht klassisch Gebildeten sich Kenntnis aus der Literatur aneignen können: »Dann allein
dir vnd deines gleichen / die in der hochlöblichen vnnd treflichen Kunst der Artznei / vnd
in der Griechischen vnd Lateinischer spraachen nit erfaren seind / solchs teutsch bůch / dich
darinn zu belustigen / gemacht ist... Es wirt die hochlöbliche artznei / nit auß Kreutter-
büchern / oder auß schlechtem teutschen schreiben gelernet / wie leyder jetzo solche hochlöbliche kunst nit in geringen mißbrauch kompt / viles teutsches vnformiges schreibens halben / welches auch von etlichen die grossen namē in *Medicina* haben wöllen / mehr gelts
halbē / vñ dz sie ehrgeitz beim gemeinen man sůchen / geschicht« – es bestand also ein Bedürfnis nach deutschsprachigem Schrifttum. Da nun, darauf gestützt, ein jeder »artzneien«,
also heilen will, mögen wohl selbst Leute von Stand einem Kurpfuscher in die Hände fallen:
»Aus solchem schreiben wil dann ein jeder der etwas lesen vnd wol schwetzen kan / artzneien /
vñ geschicht dardurch dz der gemein man / ja auch etliche grosse tapffere geachte leut / durch
jhren vnuerstand sich ehe ergeben / vnd jren leib vertrawen / einem Zanbrecher / Juden
Münch vnd alten vetteln [29] / dann einem berhümpten vnd erfarnen gelerten Artzet.«

Der erste Teil, der in die Destilliergeräte einführt, gibt zugleich eine übersichtliche »Philosophie der Destillation«: warum sie erfunden, wozu sie dient, wie sie die Vorgänge der Natur
nachbildet, welche Stadien sie durchläuft, wie sie die Bestandteile scheidet, bis zur *Quinta
essentia,* die keines der vier Elemente ist, sondern das, was beim Menschen die Seele oder der
lebendige Geist heißt:

»Soltu erstlich wissen«, sagt Ryff 1545, »dz die recht gründtlich Distillation an jr selbs
nichts anders ist / dann ein abzug der natürlichen feuchten / von Gewechß / Gethier oder
anderer jrdischen materi / durch gewalt der hitz abgezogē / oder abgetriben... So ist nun
erstlich solche künstliche Distillierung erfunden / inn sonderheyt für die zarten weychen
leut / welche andere artznei nit dulden mögē... Zum andern seind auch solche künstliche
abzüg der Distillation zů theyl erfunden worden / damit mañ die gifftigkeyt vnd schädliche
boßheyt [31] / new auffkommener kranckheit / mit new erfundener artznei Curiert... Weiter
dienen auch solche künstliche Distillaten / es sei von einfachen wassern / ... / Deßgleichen
die künstlichen *Aquae vitae*... denen zu gebrauchen / welchen man andere artznei nit wol einbringen mag...

Es haben aber die natürlichen *Philosophi* solche kunst des Distillierēs erstlich abgenommen
in nachfolgung der natur / welche natur inn der grössern welt durch krafft vnd macht der
Sonnen vnd hitz / die dämpff / in der erden verborgen / für nemlich [32] vō wasser vnd feuchtig-
keyt / auffzeucht oder aufftreibet...

So du nun ein gewechs oder ander stuck distillieren wilt / ... schickt es sich gemeyngklich
also / Nemlich / daß vō aller erst dasselbig so in deiner fürgenoñen substantz am subtilesten /
dünnesten / leichtesten / flüssigsten / vnd aller eusserst solches dings ist / zu aller erst vō der
hitz auffgetriben wirt / Nach disem / wann es hinweg ist / am nechstē das / so jm in der natur
am gleichförmigsten... / Aber zum aller letzten wirt mit grösserm gewalt vnd mehrer hitz /

das / so jrdischer substanz / fett / ölig / oder feyßt[33] / auch biß auff das letzt auffgetriben / aber... mit sterckerem oder hefftigerem trib / das ist mit grosser hitz... / Wo solches auch hinweg ist / bleibt die erbrente jrdische *materi* von vermischung der Element gentzlich gescheyden vnd abgesündert / vnd bleibt nichts dann die *feces*...[34]

Solcher massen wirt von jedem gewechs / kraut / blům / wurtz / samen / oder was daruon seinn vrsprung hat / deßgleichen den gliedern oder glidstucken der thier / erstlich ein wässerigkeyt / oder ein rohe vngedäwete flegmatische feuchte abgezogen / Nach der selben am aller nechsten ein baß gedäwete materi / so auch zarter vnd subtiler / Nach diser das feyßt vnnd ölig / welchs auch etwan auß hartē gebein auff getriben werden mag / Auß solcher vrsach vnd gemelter ordnung / pflegen die Artistē oder fleissigen Künstler in Alchimistischen abzügen oder distillieren / das vierdt Element / vnd zuletst das fünfft wesen abzuziehen / *Quinta essentia* genant...

Welche *Quinta essentia* das aller reinest vnd subtilest ist aller materi / daruon solche nachscheydung der Element abgezogen wirt / vnd wirt in dem menschen die seele genant / oder der leblich geyst. Ein solches fünfft wesen haben auch die altē Philosophen in allen gewechsen / vnnd was von den vier Elementen vermischt ist / vnderstanden zusüchen vnnd finden / nemlich / das aller reinest / subtilest vnd volkōmnest eins jeden solchen dings, daruon dise *Quinta essentia* abgezogen wirt / als die seel von jrem cörper.«

Die alchemistischen Vorstellungen begleiten auch die Gerätekunde, die uns über den Stand der Technik um die Mitte des 16. Jahrhunderts eindrucksvoll unterrichtet. So heißt es von den Destilliergefäßen[35]:

»Vñ erstlich eiñ anfang nemen an den kolbenglesern / welche vō wegen jrer gstalt *Cucurbitae,* oder Kürbsen genant werden / der soltu fürnemlich in der proportion fünfferley art haben / deren je einer höher wañ der ander / doch in gleicher weite / vnd solchs auch vilfaltiger vrsach halb / dañ als wir etlich sonderliche gräd des feurs gsetzt haben / also finden wir auch mācherley gräd des auffsteigens / dañ etlich materi vil höher wann die ander / getribē werden mag / vnnd von jrer selbsteygnen natur vber sich steigt / sonder je mehr vnd offter das jrdisch / grob / vnd flegmatisch daruon genomen wirt / als wir *im geyst des weins* in sonderheyt abnemen / vnd gantz klärlich merckē.«

Es kommt schon eine Art »kontinuierlicher Destillation« vor, wenn der Rosenhut, wie der Alembik heißt, einen zweiten, höher angesetzten Ausfluß zur Sammlung der subtileren Geister erhält: »Sie füren den spitzigen helm... höher hinauff / solcher höhe verordnen sie einn sonderlichen absatz / der die subtilen geyst / so etwas höher hinauffsteigen / vñ sich daselbst Resoluieren / empfahe / vnd durch einn sonderlichen außgang hinweg füre zu der versammlung / welches wasser vil subtiler vnd krefftiger wann das vnderst / so vom vndern schnabel gesamlet.«

Auch des Schlangenrohrs ist gedacht: »Dise külung... dienen / wo mann etwas reines / subtiles / vnnd sehr zartes / abziehen wil / es sei... von Componiertem abzug / als künstlichen Kraftwassern / *Aqua uitae,* vñ andere dergleichen künstliche scheydung der Element vnd abziehūg oder scheydung der *Quintae essentiae* / ... Aber das *subiectum* solcher *Quintae essentiae* / vnd den merern theyl gemelter *Aqua vitae* abżuziehen / Sollen die *spiritus* des weins / wie auch solches bei den gemeynen Weinbrennern im brauch / durch sonderliche Instrument recht digeriert oder gekült vnd von der vnmessigen hitz vnnd erbrennung solcher geyster abgezogen werden / als nemlich mit den rören so mit vilen krümmen durch ein wasser geht / von jrer seltzamen krümme wegen *Serpentina* gnant / das ist die Schlangenrör. Solche rören empfahen die erhitzigten geyster des weins so von der werme auffgetriben werden... damit sie gnůgsamlichen gekület werden... Zu solcher rören magstu wol ein gemeyn *Retort* nemen... Dises *Retort* bestreich... wol mit leymen / vnd setz es in reinen sand oder äschen / auch wo die sehr hitzig were etwan in *Balneum Mariae* / oder wasser.«

Unversehens – und an dieser Stelle unvermutet – holt der Autor zu einem kräftigen Schlag gegen die deutschen Weinbrenner aus, die anscheinend bei ihren konventionellen Geräten bleiben wollen: »Die Teutschen Weinbrenner haben auch jr sonderliche külung der geyster des weyns / aber in der warheyt gantz vbel proportioniert / dann zu eim Kessel / da vil massen eingehn / habē sie allein zwo kleiner rörn / stracks vnder sich gerichtet / durch welche solche *spiritus* gekült werden sollē. Es ist aber solche kleine külūg vil zu schwach / ... solche külung vil zu gering zu solcher vile der geyster / darumb du solchen gebranten wein zu denen wassern oder *Aqua vitae* / die hierinn gemeldet werden / nit brauchen solt / dann zu dem daß die leblichen geyster vnd subtile krafft des weins / welches wir begeren / verbrāt / vnnd zum theyl gar vnmessigklich vom brunst[36] erhitzigt seind / So pflegen sie solchen jhren wein auch nit von reinem guten krefftigen / wolriechenden wein / sonder von allem kot[36] / hefen vnd trůsen abzuziehen / menschlicher gesundtheyt / vnd vnserm leblichen geyst / welchem sich solcher geyst des weins der gleichförmigkeit vermischen vnd vereinigen solt / den selbigen in seinem natürlichen wesen zuerhalten / bekrefftigen vnd stercken / vnd wo er halber erstorben vnd erlegē / widerumb zuerquicken vnd auffzubringen / gantz zuwider vnd entgegen / also daß er vil mehr darvon vnnatürlich erhitzigt / verdorret / vñ zerstört wirt /.«

So pflegt ein Autor eigentlich nicht für seine Kunden zu schreiben. Die Schärfe der Kritik könnte eher ein Hinweis darauf sein, daß es zu den zünftigen Brennern eine Konkurrenz der Ärzte, Apotheker oder Alchemisten gibt, für die nicht die Alkoholgewinnung, sondern die Quintessenz im Vordergrund steht und die das Gewerbe der Weinbrenner geradezu als eine Entweihung betrachten. Das würde auch viele andere Diskrepanzen zwischen den »Alchemisten« und den »Zünftigen«, die den übersinnlichen Gedankengängen offenbar gar kein Verständnis entgegenbringen, erklären.

Die Apotheker kommen aber kaum besser weg. »Hier můß ich in sonderheyt den grossen vnuerstand etlicher Apotecker melden / welche vermeynen / solch verriechung[37] mög in etlichen tagen von heyssem Sonnenschein nit beschehen / sonder halten jhre gedistillierte wasser den gantzen Somẽr also offen vnd vnuermacht an der Sonnen /.

Ebenso sind die Apotheker nicht ausgelassen, als Ryff von der einfachen Methode spricht, die Kolbengläser ohne einen Hitzefilter aus Wasser, Sand oder Asche unmittelbar aufs Feuer zu setzen und zu destillieren:

»... als so wir die Kolbengleser in darzu bereyte öfen aller nechst auff das feur setzen / in darzu bereyte ringe / vnd kein wasser / sand / noch äschen / darzů brauchen / sonder solches gefeß wirt allein / damit es die hitz leiden vnd dulden möge / mit bereytem leymen verlutiert oder verkleybt / vnd vm̃schlagen / Dieweil aber solche hitz gantz vnordenlich vñ vnstedt / auch derhalben vnserm fürnemen mit dienstlich / wöllen wir sie den Alchimisten befolhen haben / Wie wol sie auch võ den Weinbrennern angenomẽ wirt / welche jre kessel oder gefeß / darinn sie die Weinhefen Distillieren vnd abziehen / den nechsten on alle mittel vnder hitzigen / daruon ettlich Apotecker ein exempel abgenommen / pflegen in solchem Instrument oder kessel *so sie ein blasen nennen* / alle jre wasser zu Distillieren ... Solchs wasser ist ... vnkrefftig vnd vntüglich.«

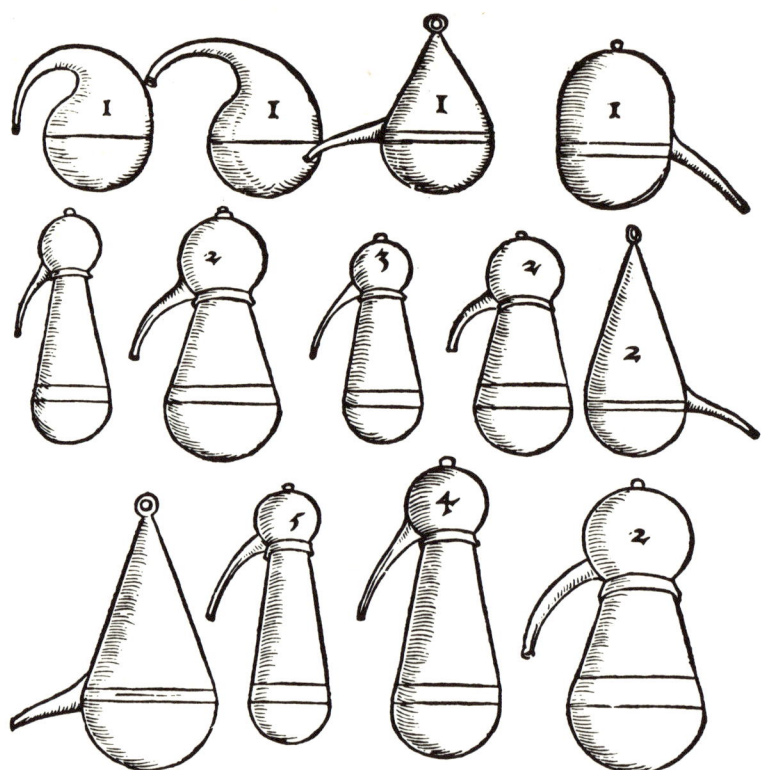

In gleicher geſtalt ſolt du auch mancherley gröſſe haben der gleſer/
zum Putreficieren/Circulieren/Reſoluieren vnd Digerieren/ welcher
auch mancherley geſtalt vnnd form zůgericht werden/wie du ſolche bis
volgend verzeychnet ſiheſt.

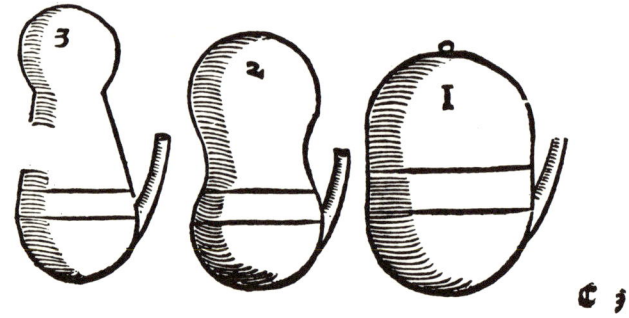

C 3

*Gläser zum Putrefizieren, Zirkulieren, Resolvieren und Dige-
rieren (nach Gualth. H. Ryff, 1545)*

Darnach soltu haben andere gleser zů digerieren vnd circulieren genant circulatorium/der figur also ist·

Auff ein andere maß gleser die man haben soll/darinn man digerieren mag/derē figur ist also·

Darnach solt du haben gleser zů circulieren vnd digerieren/genant pellican/vnd send die besten vnder yn allen/deren form ist/als hienach stat·

Darnach solt du habē gleser zů circu

lieren deren zwey in einand geen/ also was von em auff/in das ander abgeen ist.

Darnach solt du haben glesene trechter mit langen rören/etlich groß etlich kleyn/ Aqua fort damit in die gleser zethůn/ vnd öl vom wasser zůscheyden/ deren figur ist/ als hienach stat·

Darnach solt du haben viol gleser darum ölei von wasser zůscheyden/so sie vmb gekert mit dem finger das loch verstopffet außgelassen das wasser so der finger dannen gthon wirt als lang biß das öl kumpt dañ das glaß wider vmbgekert. Deren figur ist also·

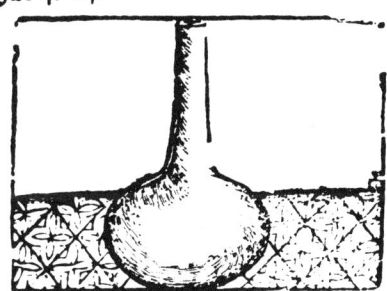

Gläser zum Digerieren, Zirkulieren und um Öl vom Wasser zu scheiden (nach Hieronymus Brunschwygk, 1512)

Andererseits führt der heftige Ausbruch gegen diejenigen, die mit übermäßiger Hitze das Subtile im Wein töten, zu der Frage, ob die deutschen Weinbrenner genug Handreichungen aus der Literatur erhalten, um danach ihr Gewerbe sicher (und ohne daß es »menschlicher Gesundheit ganz zuwider und entgegen« wäre) betreiben zu können. Zwar können wir, um diese Frage zu bejahen, nicht die Texte wiedergeben, in denen minutiös jedes Gefäß, der Leim zum Verkitten, alle Arten von Öfen und was sonstiges Zubehör ist, beschrieben wird; aber wir wollen – wieder nach Ryff – auszugsweise in Ergänzung des soeben schon Mitgeteilten eine kleine Vorstellung davon geben:

»Wöllen wir nun fürt auch solche Instrument beschreiben / vnd anzeygen / welche zu solcher arbeyt am aller bequemesten vñ gebreuchlichsten / ... in allen dingen haben die glesin gefeß den rūff vnd preiß / ...« Da aber die gläsernen Gefäße zerbrechlich sind, muß man sie »gar sittsam und wohlbedacht sanft behandeln und traktieren«, und sie, soweit immer möglich, schonen. Das kann man auch zuwege bringen, »wenn man sie mit groben ungeschorenem Wolltuch, also dicker Wolle, überzieht, indem man dem gläsernen Instrument oder Gefäß einen Überzug nach Art einer Reitkappe anfertigt, den man anbringt, wenn das Gefäß gebraucht wird. Er soll aber oben nicht zugemacht, sondern mit kleinen Schleifen zugebunden werden, so daß man diesen Überzug nach der Destillation rein waschen und wieder trocknen kann, damit er nicht fault. Dieser Überzug beschützt die Gläser nicht nur vor dem Zerbrechen, sondern auch davor, daß sie vom kalten Luftzug zerspringen, wenn sie heiß sind ...«

»Nächst dem Glas sind die irdenen Gefäße am brauchbarsten; aber nicht von lockerer Tonerde, die die Hitze durchläßt, sondern von Töpfererde[38] wie die Vogelhäuschen von Hagenau und die Keramiktöpfe in den Niederlanden, wie man sie zwischen Köln, Aachen und Lüttich auf dem Lande herstellt, die die Hitze besser ertragen und aushalten können als die italienischen und spanischen (valencianer) Töpfe, die für solche Arbeiten zu kostbar sind. Darum sollst du, wenn du die vorgenannten Glasgefäße nicht bekommen kannst, dir welche aus der ›steinernen‹ Erde herstellen lassen, die du dir außerdem nach Weite, Höhe und Größe viel besser in den richtigen Proportionen bestellen kannst, als es bei Glasgefäßen der Fall ist. Solche irdenen Gefäße helfen aber nichts, sobald der Geist des Weins abgeschieden ist; denn er würde sich seiner reinen, feinen, durchdringenden Kraft wegen in solchen Gefäßen verlieren[39], was im venezianischen Glas nicht vorkommen kann. Solche irdenen Gefäße bestreicht man auch mit Leim, damit sie um so länger halten ...«

»Und beginnen will ich mit den Kolbengläsern (siehe Seite 110); von denen mußt du fünf verschiedene haben, von denen der eine höher ist als der andere, aber alle von gleicher Weite ... das will ich dir anzeigen und mit Fleiß zu Augenschein und Beispiel aufreißen« – und so finden sich selbst die kleinsten Gerätschaften nicht nur eingehend beschrieben, sondern auch abgebildet; ein Lötkolben etwa oder ein offener Ring, ein Faß für das Wasserbad und vieles mehr, was zeigt, daß hier an gewerbliche Brenner gedacht ist.

Mit gleicher Sorgfalt beschreiben die deutschen Autoren die Herstellung der verschiedenen gebrannten Weine. Wir geben je ein Beispiel nach Khunrath, dessen Werk 1582 erscheint und ganz dem Geist der Brunschwygk- und Gesner-Zeit, vor allem aber, wie der Autor selbst häufig betont, Paracelsus verpflichtet ist. Das erste Beispiel ist einfach; denn es dient der Bereitung von »gemeinem *Spiritum Vini*«[40]; das zweite höchst verzwickt, geht es doch um »das allerköstlichste Aqua vitae«[41]. Als drittes Beispiel fügen wir die Prüfung an, ob der rektifizierte Spiritus Vini recht bereitet ist[42].

Initiale »Der Alchemist in seinem Laboratorium«
aus Thomas Norton, The Ordinall of Alchimy
(um 1477; Add. MS. 10302, f. 37ᵛ, reproduced by permission of the
British Library Board. British National Library – The British
Museum, London)

Schlehendorn. Prunus syluestris.

In Leib.

Die Schlehen in süssem Wein gesotten sind annmütiger zu essen / man mag sie also wider den Durchlauff vnd rote Ruhr gebrauchen. Darzu dienet auch ein wolbereyter Schlehenwein.

Man pflegt auch die Schlehen mit Honig eynzumachen.

Der Safft auß den Schlehen gepreßt dienet auch zu allerley stopffung. Er kület den hitzigen Magen / dareyn die Gall pflegt zu fliessen.

Weitter so magst du vilgemeltem Aqua uitae sim-
plici, auch ein sunderliche krafft vnd eygenschafft
geben … vnd sind diß solche stuck wie hernach vol-
gen … hart gesotten Schlehensafft …

Erdbeerkraut. Fragaria. | **Weiß Erdbeer.** Fraga alba.
Vagabkeer. | *Fragaria montana.*

Natur/ Krafft/ vnd Wirckung.

Die Erdbeer sind zu külen vnd trucknen gericht.

In Leib.

Erdbeerkraut gesotten / vnnd darvon getruncken / stopfft die bauchruhr / vnnd die Frawen an jhrem Fluß.

Die Erber gessen / leschen den Durst / bekomm en twol dem hitzigen vnd Cholerischen Magen. Die Reichen lassen die Erdbeere / nach dem sie erstlich mit reinem wasser abge-schweifft / mit gutem Wein vnd Zucker besprengen / vnd essens.

Erdper wasser ist gůt wer vnreinen bösen schweiß
hat … vñ treÿbt den steÿn vñ machet gar gůt plůt.
Es ist auch gůt dē die faulung in dē mund haben
(Arzneibuch des Bartholomaeus, 14. Jahrh.)

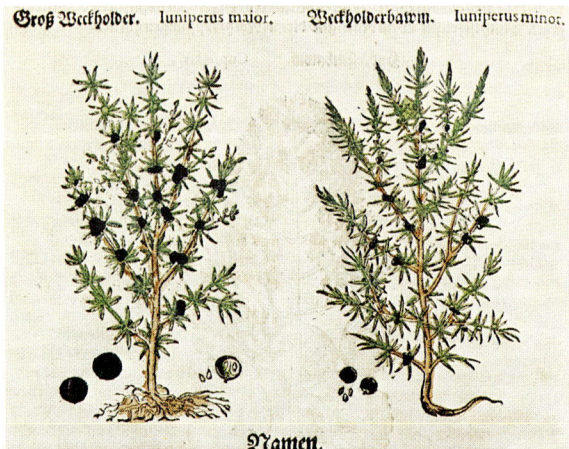

Groß Weckholder. Iuniperus maior. | **Weckholderbawm.** Iuniperus minor.

Namen.

Weckholder nennen etliche Wachalter / Krametstaud / die-weil die Kramettvögel seine Beeren gern essen. Im Latein Iuniperus, φ Iuniores & nouellos fructus pariat, darumb / daß er fast allein vnter den Bäwmen seine Frucht schier in das zweyte Jahr trägt / welche auch nicht zeitigen / wenn schon newe wachsen.

Geschlecht vnd Gestalt.

Deß Weckholders sind zwey Geschlecht / nemlich klein vnnd groß. In deutschen Landen wächst allein der kleine / ist ein Staude männiglich bekandt. Der grosse steigt auff in die Höhe / wie ein rechtmessiger Bawm mit schönen grossen Beeren. Vnter die-sem Bawm hat gelegen der Prophet Helias / als er dem Zorn Isabelis biß in die Wůsten

Weckholterber, das wasser dauon bereyt … benimpt
alle hindernus des harns … Dienet den erkalten wei-
bern | fürdert jnen den fluß jrer gebürlichen reynigung |
treibt die todt vnnd lebendig gebůrt (Ryff, 1557)

Zahm Rosen. Rosæ domesticæ. | **Wild Rosen.** Rosæ syluestres.

Natur/ Krafft vnd Wirckung.

Die Rosen haben vielerley einerley Natur vnd Substantz / wegen vngleicher vnd vn-terschiedlicher Mischung der Element eusserlich vnd jnnerlich. Von dem Wasser vnd Erden haben sie ein kalte zusammenziehende Krafft / von der Lufft einen süßlechten vnd wolriechenden Geschmack / von dem Fewer eine geringe Bitterkeit vnd die rote Farbe / dann die roten Rosen sind wärmer in jhrer Natur / dann die weissen. In den frischen vnd newen Rosen ist mehr Bitterkeit / dann Zusammenziehung / derhalben purgiren sie mehr. Aber die dürren / ziehen mehr zusammen / vnd stopffen eher / dann sie purgiren sol-ten.

Der Rosen Gebrauch ist vberauß treffenlich / vnd zu vielen dingen nützlich / dann es werden darauß gemacht / Safft / Syrup / Zucker / Honig / Wasser / Essig / vnd Oel. Im Gebrauch aber der Rosen sol man das vnterste weisse an den Blettern / welches der Nagel genannt wird / abpflocken / vnd hinweg werffen.

aqua ardens ad modum aquae rosae fit … Rosenwasser
ist geprañt gůt dē krancken leüten die vnmächtig seůd
von vnnatürlicher hitz … vnd sterckt das hertz vñ ist
gůt für die pestilentz (Schrick, 1476)

I. »*Von Distillirung des Weins* / auch was zu einem rechten guten *rectificirten Aqua vitae simplici* oder gemeinen *Spiritum Vini* zu bereiten / für Wein erwehlet / und wie derselbige recht gedistilliret werden sol.

Wisse. Wenn du wilt Wein distilliren / und darauß ein recht gut *Aqua vitae simplex* (einen gar guten reinen Brandwein / der ohn allen zusatz / auch von seiner *Phlegma,* unreiner Feuchtigkeit uñ *Terrestritet* separirt uñ gescheidē seyn sol) bereiten / soltu denselbē nicht vō abgestandenen / seigern[43] / zehē / trübē noch saurē wein / auch nicht von weinhefen / Rappistraube[44] / Trusē[45] oder Hülsen distillirē / sondern erwehle dir dazu den allerbesten / kräfftigstē / wolriechendē / gesundestē rothe oder weissen firnē Wein / je älter je besser er hier zu ist / der bey seinem rechtē gutē weinlichen geschmacke sey / uñ dabey keine schärffe oder eßiger Geschmack gespüret werde / kanstu ihn aber habē / daß er nicht abgezogen / sondern noch auff seiner Mutter liege / jedoch schön lauter uñ klar sey / so nim denselbigen / uñ distillir ihn *per Vesicam* (doch daß solche im Anfüllen der dritte theil leer gebliebē / uñ die fugen überall wol lutiret und verkleibet seynd) mit dem allergelindesten Feuer im rechten Grad regiert / damit der Wein im Gefässe nicht siede / auch mit gnungsahmer rechtmäßiger Erkühlung der reinen / lieblichen / wohlriechenden / zarten / sehr subtilen / kräfftigen Geister / so steiget dir ein geringer (am Geschmack) Brandtwein herüber: Wann du merckest / daß Wässerigkeit oder *Phlegma,* darinnen keine weinichte Krafft mehr ist / kömpt / so höre auff zu distilliren / nimb die Vorlage mit dem Brandtwein ab / die *Vesic* mache wiederumb reine / und distillire die erste herüber gestiegene *distillation* noch einmahl *per Vesicam,* und fahe das subtileste und stärckeste / daß dann allewege erstlich herüber gehet, besonders / solches *distillatum* theile nach seiner viele in besondere Glaßkolben auß / und *rectificirs* von der *Phlegma per Alembicum* im *Balneo Mariae,* zum andern / dritten oder vierdten mahl / oder nach deme du den *Aqua Vitae* sehr subtil und flüchtig haben wilt / zu deinem Wolgefallen / Jedoch habe allewege in Achtung / daß du das Feuer auffs gelindeste haltest / und die *distillation* damit nicht zu geschwinde treibest / so bekömpst du ohn allen Zweiffel ein gar köstlich Aqua Vitae simplex.«

II. »Das Allerköstlichste *Aqua vitae* zu bereiten

Nim fünff und zwantzig Maß gutes Reinischen gebranten Weins / den geuß allen zusammen in eine küpnerne[46] Distillirblase / und distillir durch den Röhrenzeug / oder sonsten *per Alembicum* mit der gelindesttn Wärme / daß der Brandtewein in der Blase nicht siede (dann sonst würde es zu diesem *Aqua vitae* nicht dienlich sein) eilff Maß herrüber. Darnach theile diese eilff Maß in sechs Kolben abe / als in fünff Kolben ein jedern zwo Maß / und in den sechsten Kolben ein Maß / davon distillir *per Alembicum* im *Balneo* auch in gar gelinder Wärme / daß jedes mahl zu vier schlägen ein Tropffe falle / allewege von zweyen Massen ein Maß / so bekömpstu von den eilff Massen sechste halb Maß / die sechste halb Maß distillir abermahls mit der gelindesten Wärme im *Balneo per Alembicum,* daß du nur vier Maß davon bringest / diese vier Maaß thue in zweene Kolben / oder magst es wol auff einmahl in einem Kolben verrichten / und distilliers wiederumb mit gelindester Wärme im *Balneo* / daß von diesen vier Massen drey Maß herüber gehen / Dieselbigen drey Maß nimb also mit der Vorlage / darinnen sie auffgefangen seyn / und setze sie (doch daß die Vorlage gar wol verlutiret[46] sey) in einen kühlen Keller / auff die kalte Erde / oder in den kalten Sand / fünff Tage und Nacht lang alsdann wiederumb herauß genommen / und also zufolgendem Gebrauche auffgehoben / Nun nimb:

Petersilien Wurtzel zwey Loth.

Serpentin Wurtzel anderthalb Loth.

Benedicten Wurtzel / und Engelsüß Wurtzel / jedes ein Loth.

Baldrian Wurtzel / und Bibenell Wurtzel / jedes ein halb Loth.

Meisterwurtzel ein Quintin.

Majoran Kraut zwey Loth.

Petersilien Kraut ein Loth.

Rauthen / Wermuth / und Isop / die Kräuter / jedes ein halb Loth.

Der edlen Salbey acht Loth.

Roßmarien Kraut und Blumen / Poley Kraut und Blumen / Wolgemuth Kraut und Blumen / jedes ein halb Loth.

Der edlen weissen Rosen drey Loth.

Spicanarden Blumen / *Flores Ruglossae, & flores Burraginis.*

Wacholderbeern / Zucker Rosat: jedes ein Loth.

Diese erzehlten Wurtzeln / Kräuter und Blumen / sollen an der Lufft und nicht an der Sonnen gedörret werden. Heruach[47] auffs kleineste untereinander zerstossen / in einen gläsinnen Kolben gethan / und die obgedachten drey Maaß gedistillirten Brandwein darüber gegossen / den Glaßkolben wol verstopfft / und mit Wachs oder sonst starck verwahret: daß nichts herauß verriechen kan / und setze es an eine truckene stäte acht tage lang; Doch rühre es alle Tage Morgens und Abends zweymahl durcheinander umb. Nach Verfliessung dieser Zeit eröffne das Glaß / und seige den Brandtwein abe / und was dahinden bleibt / thue in ein Tuch / und drucke es mit einer Pressen wol auß / schütte es sampt dem Brandwein in einen Glaßkolben / und distillirs *per Alembicum* auß dem *Balneo* mit gelinder Wärme / biß so lang daß eine Consistentz der Honigdicke gleich / unten im Grunde des Glaßkolbens erscheinet / Diese dicke *Materia* thue in einen neuen unvergläseten Topff gar wol verlutirt / und Calcinirs[48] im Töpffer-Offen biß auff die weisse / die Materia aus dem Offen genommen / in ein leinens Tüchlein gethan / und mit warmen Wein eine Lauge davon gelecket[49] / biß so lange keine schärffe mehr nicht dahinden in der Materia ist / alsdann diesen Wein filtirt[50] durch ein weiß rein wüllenes Tuch / und endlich eincoagulirt / so findestu ein Alcali oder Saltz / das behalte biß zum weitern Bericht. In / den herüber gedistillirten Brandwein oder *Aqua vitae* thue diese nachbeschriebene Gewürtz und *Species* klein gepulpert / und wol zusammen vermischet / Nemlich:

Manus Christi / weissen Zucker Candis / Muscaten nüß / weissen Ingber / Pariskörner / Galgan / *Rhapontica* / und Mattkümmel jedes ein Loth: Negelein / langen Pfeffer / Cubeben Cardomumlein / Zittwer / Calmus / geschellte Lorbeern / Lorberbletter / Coriander / Welschen Kümmel / Rinden von Citrinat Apffeln / und des besten Theriacks / jedes ein halb Loth.

Vnd laße es im wolvermachten Kolbenglaß / an truckener stäte / gleich zuvor mit den andern *Speciebus* auch geschehen ist / acht Tage lang (doch täglich offte durch einander beweget) stehen / zuletzt distillirs auch *per Alembicum in Balneo,* biß unten auch eine dicke *Materia* dem Honige gleich im Glaßkolben erfunden wird / mit solcher *Materia* procedire wie mit der vorigen geschehen ist / daß ein Alcali oder Saltz daraus werde / das bewahre auch / das *Aqua vitae* aber / so du herüber gedistilliret hast / brauche auff folgende Weise:

Des besten Caneels oder Zimmetrinden ziemlich klein zerstossen vier Loth / und rothes gefeilten Sandes zwey Loth / soltu in einen Glaßkolben thun / und jetzt gedachtes herüber gedistillirten *Aquae vitae* ein achtentheil einer Maß darüber gegossen / und das Glaßkolblein wolvermachet.

Mehr nim *Lignum Aloes* gar klein gefeilet / zwey Loth.

Eichen Mispel klein gefeilet ein Loth.

Der besten *Rhabarbarae* klein geschnitten ein halb Loth.

Der grossen *Spicae Nardi* gestossen ein Quintin.

Diese vier Stück thue auch in einen Glaßkolben / und geuß ein achtentheil einer Maß des gedistillirten *Aquae vitae* darauff / diß Gläßlein vermache gar wol wie das erste.

Ferner solte zerstossen die Creutzlein auß der Hirschen Hertzen und *Ambrae Griseæ* jedes ein halb Loth / und darzu mische noch des besten Orientalischen Biesembs ein Quintin[51] / schütte es mit einander in einen Glaßkolben / und geuß des vorgedachten *Aquae vitae* auch ein achtentheil einer Maß darüber / und vermache das Gläßlein auch wol.

Diese drey Glaßkolben setze mit einander an eine warme stete / lasse sie zween tage und zwo nacht stehen / doch jedes tages auch offtmahls beweget. Darnach die Gläßlein auffgemacht / und das *Aqua vitae* von einer jeden Materia fein subtil / daß nichts dickes mit gehe / in einen Glaßkolben zusammen abgesiegen[52] / Dieser *Aquae vitae* aller hat sich röthlich gefärbet.

Wann du nun also / wie gesagt / den gefärbten *Aquae vitae* abgesiegen hast / so thue in die drey Kölblein auff die dahinden gebliebene Materia / ein jedes wiederumb einen achtentheil einer Maß des gedistillirten *Aquae vitae* / und lasse es wiederum extrahiren wie zuvor auch geschehen ist / in allen dingen also verfahren / und so offte wieder holet / biß das du allen deinen ungefärbten gedistillirten *Aqua vitae* auffgegossen / und sich derselbige aller gar Roth gefärbet hat.

Die Remanentz[53] darüber das *Aqua vitae* gestandē ist und sich gefärbet / *Calcinire,* gleich forue[54] von den andern *fecibus* gesagt worden / lecke mit wein eine Lauge darauß / filtrirs / und endlich auch zu einem Alcali oder Saltz coagulirt, solchs behalt auch in den gefärbten *Aqua vitae* / wann du in zuvor ihn ein rein Glaß allen zusammen geschüttet hast / thue des Saltzes / so nach der kunst *Chimia* auß den besten Orientalischen Perlen gemacht wird / ein Loth:

Extractio der rothen Corallen ein Loth:

Extractio Saphirorum & Granatorum jedes ein Quintin:

Ferner thue noch darzu die vornbemeldten praeparirten Alcali oder Saltze / so unter einander gerieben / das Glaß vermache wol mit Wachs und sonsten / und setze es hin an eine kühle stete / so hastu das alleredleste köstbarlichste *Aqua vitae* / das lebendige Gülden Wasser / und einen grossen Schatz für gar vielerley Kranckheiten / welche von kälte her entstehen / bereit / damit du / nebenst Göttliches beystandes / wunderbarliche Wirckungen bey den Krancken erzeigen wirst.«

III. »Wie das gerectificirte *Aqua vitae simplex* oder *Spiritus Vini* zu erkennen / daß er recht und gut gemachet / und von seiner groben Phlegmatischen Substantz und Qualität gereiniget sey / Auch Anzeigung etzlicher der fürnehmsten Kräfft / und Tugenden des gerectificirten *Aquae Vitae simplicis* oder gemeinen *Spiritus Vini,* oder Weingeistes / so ihme von den Artzten zugeschrieben werden.

Erstlichen / wann der *Spiritus vini* in einen silbern Löffel gegossen / und mit einem brennenden Wachsliechtlein angezündet / daß er leichtlich von den Flammen des Feuers verzehret wird /

also daß der Löffel gar trucken / und nirgend keine Anzeigung der Feuchtigkeit am Boden des Löffels / darein er gegossen war / gespüret und gesehen werde.

Zum Andern / wann du ein leinen Tüchlein in *Spiritu vini* netzest / dasselbige anzündest / und es nicht verbrennet / sondern allein der *Spiritus Vini* ohn alle Verletzung des Tüchleins verzehret wird.

Zum Dritten / daß man einen Tropffen Oel darein treuffet / und derselbige von stund an zu bodem fellet / und bleibet am Boden ligen / wie fast man es auch umbschwencket.

Er gibt von sich einen köstlichen Geruch / und ist auff der Zungen nicht unlieblich.

Wann das *Aqua vitae simplex,* oder der gemeine *Spiritus Vini* diesen Proben gemeß befunden worden / so hastu ihn recht bereitet.«

Das Destillieren ist inzwischen, gegen die Mitte des 16. Jahrhunderts, so allgemein geworden, daß Jedermann es studiert und anwendet, können wir bei Adam Lonicerus (Lonitzer) lesen, einem Gesnerschüler, der nach 1554 Stadtarzt von Frankfurt am Main ist. Vor allem sein Herbarium (1555), das schon 1578 als Kräuterbuch deutsch erscheint (mit den Druckstöcken, die Gesner für seine unvollendete Historia plantarum vorbereitet hatte), gewinnt weiteste Verbreitung. Sogar die Natur destilliert, wenn es regnet, lesen wir da, und der menschliche Körper, der von einer Erkältung befallen wird, verhält sich genau wie ein Destillierapparat; so hatte auch Ryff den Vergleich angestellt:

»Durch natürliche oder äußere Hitze, die die Leber erhitzt, steigen die innerlichen Dämpfe aus der Brennblase, die der Magen darstellt, in den Kopf, der als Alembik fungiert. Dort werden sie von der Kälte komprimiert und treten aus der Nase, die als Abflußrohr tätig wird, als Schleim aus, der durch Schneuzen und Husten herausgetrieben wird.« Die erste Fraktion enthält »Wässerigkeit«, die zweite »Ungedäwte Phlegmatische Feuchtigkeit«, die dritte »nassgedäwte, zarter und subtiler Materi«, dann »Feynste Olität«, und schließlich geht die »quintessentia« über.

Von einem Franzosen, Claude Dariot, einem Paracelsusschüler (1533–1594), hören wir in dieser Zeit[55], die Destillierapparate sollten aus Kupfer sein; aber man brauche sie nicht im einzelnen zu beschreiben, »da jedermann in Deutschland sie benutze, zum *aqua vitae* zu produzieren«. Es ist auch die Zeit des arg fragwürdigen Leonhart Thurneisser zum Thurn (1531 bis 1596), den wir im Kapitel über Berlin erwähnen, und seiner Arcana, vor allem der Goldtinktur, des *Aurum potabile,* auf die vielleicht moderne Goldwasser zurückführen. Bei ihm gibt es aber auch Amethyst- und Korallenwasser, Smaragd-, Saphir- und Rubintinktur, alles zu Höchstpreisen (nicht nur für die Arcana selbst, sondern für viel Geld sind auch die Rezepte zu haben).

Ein Paracelsusnachfolger soliderer Art, der zugleich über Paracelsus weiterführt in eine geradezu moderne Auffassung chemischer Prozesse, ist Andreas von Libau, dessen Name meist als Andreas Libavius erscheint. In seinen Syntagma, 1611 in Frankfurt am Main zuerst erschienen, sind deutlich auch Apparaturen für fraktionierte Destillation zu sehen. Im ersten Band wird die Destillation von Wein und Hefen (nicht diese allein, auch von Schlangen, Bernstein usw.), im zweiten die von Mais, Roggen usw. behandelt. Zur gleichen Zeit findet sich auch die »cohobatio« in der Literatur erwähnt[56]. Darunter wird wiederholte Destillation verstanden, jedes Mal mit Rückgabe des Destillats in die Rückstände *(faeces),* um den größtmöglichen Ertrag an leichten Fraktionen zu erhalten oder den gewünschten »Geist« süßer zu machen *(edulcorriere)* oder den Brennstoff auszulaugen *(elciere).*

Einen guten Einblick in die Auffassungen um 1600 gibt der Anhang über die richtige Herstellung des gebrannten Weins, der der Neuausgabe des Constelyc Distilleerboec des Philip Hermannus beigefügt ist, 1622 in Amsterdam erschienen[57].

»Über die Art, wie man den gebrannten Wein machen soll, nebst einer Unterrichtung über die Geräte, die man dazu benötigt.

Wenn ihr nun gebrannten Wein machen wollt, sollt ihr nicht tun wie viele Betrüger, die dazu viele Dinge nehmen, mit denen sie den Wein verderben, zum Beispiel Weinhefen oder Bierhefe und dergleichen Unreinigkeiten, denn das ist (obgleich der so hergestellte gebrannte Wein bisweilen auch stark ist) ein großer Betrug, der nicht geschehen dürfte. Ihr sollt dagegen zu eurer Arbeit Wein nehmen, der zäh oder trübe geworden ist, aber noch nicht sauer; denn je süßer er ist, desto kräftiger und besser und auch reichlicher wird der gebrannte Wein sein. Und obgleich es besser wäre, nähme man guten, gesunden und wohlriechenden Wein (zum Destillieren), habe ich euch, um die großen Kosten zu vermeiden, (diese Erleichterungen) zugestanden, und damit gibt es auch guten (gebrannten) Wein.

Von dem vorher beschriebenen Wein sollt ihr eure Kessel zu zwei Dritteln vollgießen und das dritte leer lassen, dann sollt ihr den Helm wieder daraufsetzen (folgt die Beschreibung einer Paste mit Mehl und Eiweiß, um Helm und Abflüsse zu verdichten). Auch das Auffanggefäß sollt ihr mit (nassen) Tüchern umwickeln und auch dicht verschließen...

Wenn alle Fugen der Geräte dicht verstopft sind, sollt ihr Feuer in dem Ofen machen, bis ihr seht, daß es anfängt, tüchtig zu brennen. Dann sollt ihr den Ofen anhalten, indem ihr erst das Loch öffnet, wo man die Asche herauszieht, und dann das Türchen, durch das man den Brennstoff in den Ofen wirft.

Die obersten Luftlöcher soll man offenlassen, bis man sieht oder hört, daß das Tropfen beginnt; dann soll man die beiden auch schließen, damit das Feuer nicht zu heiß wird; denn je langsamer gebrannt wird, desto besser ist es... Darum sollt ihr mit kleiner Hitze destillieren, bis der beste Wein übergegangen ist, und bisweilen das Auffanggefäß wegnehmen und prüfen, ob das ankommende Destillat noch stark ist...«

Wir bleiben in den Niederlanden mit Caspar Jansz. Coolhaes (1536–1615), einem Pfarrer und wahrscheinlich Anlaß zu einem Gesetz, das den Geistlichen das Destillieren verbietet. In seinen Schriften erklärt er sowohl 1588 wie 1600 das Kornbrennen für eine Sünde; wichtig für den Raum, aus dem »flämische Kornbrenner« wenige Jahre zuvor ostwärts gewandert sein sollen.

Angelo Sala (Angeli Salae Vicentini, † 1637), der, obgleich Italiener, mit dem Herzog von Mecklenburg während des großen Krieges durch Norddeutschland zieht, verdanken wir die Nachricht, daß es schon vor 1618 ein bedeutendes Kornbranntgewerbe um Magdeburg und Wernigerode gibt. Produktion für den täglichen Gebrauch, Handwerkerbetriebe, Zünfte – nichts mehr vom kultischen Gerank um den Stein der Weisen.

Andererseits lebt noch im 17. Jahrhundert die Alchemie mit ihren mystischen Anschauungen munter fort. Das zeigen aus Jean Brouats Traité de l'Eau-de-vie, gedruckt 1646 in Paris, Kapitelüberschriften wie »Woher das Lebenswasser seinen Namen trägt, und warum es zwei Arten gibt, das Wasser des Lebens und das Wasser des Todes«; oder »Warum die Philosophen das Lebenswasser Himmel nennen«; oder »Über die Zirkulation und Bewahrung der Quintessenz«.

Auch die Tatsache, daß die »Medulla« des Conradus Khunrath, aus der wir schon so ausgiebig zitiert haben, 1680 in deutscher Sprache neu herauskommt, sollte uns bestätigen, daß es zwei Ströme gibt; denn wie kein anderes Werk ist dieses, das »Edelste Kleinod Menschlicher Gesundheit; das ist: Die auß den Geheimnissen der Natur hervorgesuchte / unschätzbare und höchstbewährte Destillier- und Artzeney-Kunst« einerseits ganz Paracelsus zugeneigt und geprägt von der Vorstellung der magischen Kräfte des *Aqua vitae;* zum andern aber praktisch diesseitig.

Das wird vielleicht am deutlichsten in dem V. Capitel des zweiten Bandes. Es handelt[58] über das Getreidebrennen, bei dem Zusatz von Wein- oder Bierhefe empfohlen wird:

»Umb / was knollich oder kloßig ist / das rucke oder reibe mit Händen entzwey / und stelle es dann mit frischen Hefen oder Barmen sie seyn gleich von Bier oder von Wein / wie man sonst das Bier zu stellen pfleget / und lasse es drey oder vier Tage lang / biß es sich wieder sencket / gehren und wol zugedeckt stehen. Also ist nun die *Materia* zum brennen oder destilieren wol bereit.«

Es gibt eine Abstufung:

»Das Weitzen getreidig gibt am meisten und den besten Brandwein.

Darnach das Korn oder Rockē aber der wird in der Destillation bald anbrendig.

Als dann die Gerste.

Der Haber gibt am wenigsten und den allerschlechtesten Brandtwein auß dem Getreidig.

Das Malz auß Gersten gemacht / gibt auch guten Brandtewein / doch aber maltzenzig.

Wen man einwenig Haber mit unter den Weitzen mischet / als etwan den sechszehenden Theil / solches ist sehr bequem / und gibt recht guten Brandwein.«

Auch wie Khunrath die aufsteigende Destillation im Gegensatz zur absteigenden erklärt, erweckt – ungeachtet der Hindernisse, die die Sprache des 16. Jahrhunderts einer einfachen technischen Beschreibung bereitet – ganz den Eindruck einer Anweisung für Praktiker:

»So ist *Destillatio per ascensum* als denn *in opere,* wenn die *vapores* oder Dämpff ins Capitell hinauff sich begeben / darnach coaguliert und zusammen getrieben werden / und ein reinen Leib an sich nehmen / diß geschicht desto schneller und in kurtzer Zeit / je kräfftiger die aufflösende Hitz ist / und je stärcker die zusammentreibende Kält ist: Item je subtieler und geschickter die Materi zur Aufflösung ist. Daher kompts / daß man in eiligen / schnellen *destillationibus* höhere *gradus* der Hitz / offtermals suchen und brauchen muß. Daher trägt sich zu / daß manchmal (so die *vasa metallica* und fast gnug seyn) das Capitell und Distillirhaut / mit dem Schnabel / durch LeinenTücher / in kaltem Wasser genetzt / erkühlen / oder / kalt Wasser darauff tropffen lassen muß. Und hieher gehören *vasa refrigeratoria,* die Fässer oder Züber / dadurch man ein oder etliche Röhren (nach dem es die Gelegenheit erfordert) ziehen und legen / derselben *extremitates* und Ende an Schnabel des Helms und Receptakel fügen / es mit dienlichem Laimen verlutiren / und darnach die Gefässer mit kaltem Wasser füllen muß / damit die Geister desto balder und bequemer mögen coaguliert werden. Und derwegen muß man das Wasser / so es durch die Hitz der *Spirituum* und Röhren erhitzt ist / abzapffen oder außschöpffen: auff daß die *Spiritus* nicht verbrant / oder mit einer unartigen Qualität imbuiert[59] und vergifftet werden. In dieser Art braucht man heut zu Tag gemeiniglich die küpffern *Vesicas* oder Blasen / so inwendig verzinnt seyn: Item die Kolben / daß man ein geschnabelden Helm darauff setze. Es werden die Retorten oder KrumGläser auch gebraucht in dieser Art zu denen Dingen / so umb ihrer schwachheit und ponderosität[60] willen / nicht sehr hoch ascendiren und steigen könnē...

Was weiter destillationem *per descensum* anbelangt / geschicht dieselbe alsdann / wenn die Materi / so durch die Destillation extrahiert wird / hinab steigt / und nach dem *coaguliert*[60] ist / daselbst gesamblet und auffgenommen wird. In dieser Art braucht man bey nah nicht ungleiche Instrument / als erdne überglasurte Capelln[62] oder Pfannen: Item Kolben / etc. da mans *contrario modo* mit angreiffen und halten muß / daß man auß den Blumen und Kräutern dienliche *Aquas* und Wasser: oder auß dem hartzreichen und festen Holtz und dergleichen / *olea utilia,* nützliche Oele / *extrahiren* und ziehen möge. Es werden aber die Wasser durch die Absteigung gedestilliert ungefährlich auff diese Weise. Nimb ein erdnē überglasurte Capelln und Hafen[63] / groß oder klein / weit oder enge / nach dem du viel oder wenig destillieren wilt: Derselben Mund oder oberste Theil überzeug mit einem Leinen=tuch: darauff leg die *Materiam destillandam,* welche / so es die Noht erfordert / gebührlicher Weise *praeparirt* und zubereit sey. Darnach nimb ein eysene / küpfferne oder blechne Pfann / so recht auff den Mund des Hafens schliesse und quadrier[64] / dieselben füll mit Kolen und zünd sie an / daß ein Feuer daraus werd / so wird der angebohrne Safft und die eingepflantzte Krafft in die andern Capelln sich hinab begeben. Man muß aber gut Achtung drauf geben / daß die auffgesatzte Pfann nicht zu heiß werd / sondern ihren gebührlichen Grad der Hitz erreiche / und den nicht in der *operation* überschreite: Item daß die Materi auff dem Tuch nicht zu lang liegen bleibe und verbrand werd / darauß ein *adustionis sapor*[65] erwachsen und entstehen könte / etc.

Und auff diese Weise mögen überauß wolriechende / kräfftige Wasser / auß Violen / Rosen und dergleichen Blumen gedestilliert werden / ja / (das wol anzumercken ist) *hic modus hujus speciei,* dieser Weg / dieser Art durch die Absteigung / kan gantz dienlich und nutzbarlich gebraucht werden / *ad frigida aliaque adstringentia destillanda,* die kalten Kräuter und zusammenziehenden Ding / als unzeitige Maurbeern / Schleen von Dornen / etc. denn deren kalte Qualität und Krafft / wird auff diese Weise / nicht durch langwierige Hitz / oder auff und absteigen *corrumpirt* und verderbt oder verändert: damit man auß kalten Kräutern und Gewächs / kalte und keine warme hitzende Wasser *extrahiren* möge[64].«

Aber in dem gleichen Werk, das so praktikable Erläuterungen gibt, stehen die Ausführungen über die Heilwirkungen, nicht nur des *aqua vitae,* sondern zum Beispiel »Modus Praeparationis Quintae Essentiae des Schlangen Fleisches und -Schmaltzes oder -Fetten«; oder das Kunststück, wie Weindestillat den Geist des Weins aus einem (stillen) Wein extrahiert:

»Ein schön Kunststücke / das wol werth ist in achtung zu halten / Nemlichen / wie ein *Spiritus Vini* von einem andern Wein den *Spiritum* oder den Geist des Weins in sich zieht und extrahiret / das dañ seltzam zu hören ist / Aber gleichwol die wunderbarliche zuneigende Kraft / so ein *Spiritus* zu seines gleichen tregt / hierdurch so wol als in andern Exempeln offenbahret wird.

Extractum Vini per Spiritum Vini.

Nim guten wol *rectificirten Spiritum vini,* der auß Wein gemacht sey / denselbigen geuß auff guten Reinischen / Spanischen oder dergleichen Wein / der in ein Glaß geschüttet ist in gleichen theil / und siehe zu / daß sie ja nicht confundirt oder untereinander gemischet werden / decke oder verstopffe daß Glaß wol / laß es also einen Tag und Nacht fein ungerührt stehen / so extrahiret der *Spiritus vini* den Weingeist auß dem Wein in sich (Es sol aber diese Separation in einem solchen Glase geschehen / das um die Masse / da sich der Wein im Glase endet / und der *Spiritus vini* sich anfähet / ein Röhrlein habe / so zugestopffet sey) alsdann zapffe den *Spiritum vini* durch das Röhrlein / wanns wieder eröffnet / ab / Solchen *Spiritum Vini* geuß wiederumb auff andern frischen Wein / und lasse ihn auch davon extrahiren / und also procedire

zum dritten oder vierdten mahl / in allewege auff andern frischen Wein gegossen / so bekömpt
der Spiritus Vini endlich einen gar starcken Weingeschmack / und hat sich auch gefärbet /
und von dem Wein / davon er extrahiret hat / bleibet nur eine süsse Phlegma nach[67].«

Danach ist es kaum noch verwunderlich, wenn der magische alte Adam am stärksten bei
der Beschreibung der *Quinta Essentia* selbst zum Vorschein kommt; denn was Khunrath von
ihr zu sagen weiß, wird weder Weinbrennern noch Wundärzten und Badern noch Apothekern
verständlich gewesen sein:

»Was *Quinta Essentia* oder das fünffte Wesen sey.

Es ist *Quinta Essentia* oder das fünffte Wesen nichts anders / dann die höchste / aber jetzt ab-
gesonderte Krafft des Dings von dem sie herkommen ist / in dem sie die *Essentia* vor dem
Extrahiren unsichtiger unbegreiflicher aber doch empfindlicher Weise / wie das Leben in dem
Geblüt wohnet / sie ist aber eygentlich zureden kein Element / wie auch das Leben kein
Geblüt / aber von allen dreyen *Subtiliteten* der Elementen / ist sie ein Außbund oder höchste
Krafft / und ist doch davon abgesondert / derhalben so mag ein Saltz ein Essentz seyn / ein
Oel mag ein Essentz seyn / also auch ein *Liquor* mag die Essentz seyn / dann der *Sulphur* hat
seine Essentz / das Saltz hat seine Essentz / so hat der *Mercurius* seine Essentz / und ist doch
in deren jeden ein Versamblung aller dreyen Elementen / und obgleich auß dem *Sulphur* ein
Sal und ein *Mercurius;* also auch auß dem *Mercurio* ein *Sal* und *Sulphur* und wiederumb auß
dem *Sal* ein *Sulphur* und *Mercurius,* die gleichwol Essentzen seyn / mögen bereit werden / so
ist doch derselben keine weder *Sulphur, Sal,* noch *Mercurius,* wie sie auch keine *Elementa* sind /
sondern sie sind subtiler weder die Element / aber auß den Elementen (als der *materia*) ex-
trahirten und zu einem *Elementirten Spiritu* der in ein seelisch Substantz *transmutirt* und verändert wird / bereit / derhalben wann das leibliche Wesen von den Spiritualischen und Anima-
lischen abgesondert / so wird das geistliche und seelische nicht allein vereinbaret / sondern
auch viel kräfftiger und stärcker / dann wann sie noch alle drey zusammen / Ursache ist / daß
die leibliche *Materia,* verdunckelt der geistlichen und seelischen Substantz / auß Vereinbarung
der Vermischung ihre Wirckung / wenn aber die Seele vom Geist gescheiden / so zertheilet
sich die Krafft / und wird das eine entweders gar geschwächt / oder aber gar zu nichte / jedoch / so ist der selbigē ein jegliches / es werde dañ ein Oel oder / ein *Liquor* noch stärcker /
dann wañ das *Corpus* damit vereinbaret were / und daher kompt es / daß ein *Olitet* / eine
Essentz mag seyn / so mag auch ein *Liquor* der nicht feist ist / auch ein Essentz seyn / aber
ein jedes corporalisches Wesen / es sey feist oder feuchte / kan keine Essentz oder fünfftes
Wesen seyn / derhalben so seyn bey jedem Dinge / drey *Elementa* diese machen ein *Corpus,*
es sey dann Holtz / Stein / Kraut / Fleisch / Frucht / etc. oder was es sey / dieselbige Materia
ist das vierdte / und wann von diesem alle jrrdische *Materia* abgescheiden / so gibt es ein Oel
oder ein *Liquorem,* deren eins / es bleibe nun die *Virtus* bey dem Oel oder bey dem *Liquore,*
so ist dasselbig sein fünfftes Wesen[68].«

Für die Zwecke unseres Buches können wir hier abbrechen; denn im 17. Jahrhundert ist
die internationale Literatur so reichlich und das Experiment so fest gegründet, daß die Weinbrenner allenthalben Gelegenheit haben, sich die für ihr Gewerbe wichtigen Informationen
zu beschaffen. Nur drei Namen seien zum Abschluß erwähnt: Robert Boyle (1627–1691),
mit dem die Chemie, einschließlich der Destillation, als Wissenschaft begründet ist, und An-
toine Laurent Lavoisier (1743–1794), der 1783 seine antiphlogistische Lehre veröffentlicht
und damit die Grundlage unserer heutigen chemischen Anschauungen legt. Der bis dahin

Dzit theyl des
Geyßmilch waſſer.

Jewol die Geyßmilch in mancherley gebrechen faſt nützlich für ſich ſelbſt getruncken werden mage/ſo pflegt mann doch auch ein ſunderlich waſſer daruon zu Diſtillieren/das ſol im Meyen geſchehen/wann ſich die Geyß inn hohem gebirg vonn mancherley Kraut weyden.

Das Geyßmilch waſſer ſol ein trefflich bewerte Artzenei ſein für die peſtilentz.

Das angeſicht mit Geyßmilch waſſer wol erwaſchen/reyniget vnd erkleret die haut trefflich wol/vnd macht ein ſchön/lautter/klar vnnd weiß angeſicht/benimpt auch die vnnatürlich hitz vnd röte/vnnd vertreibt die riſamer vnd ſchwärtze/ſo von der Sonnen verbrant worden.

So man diſes waſſer obgmelter maſſen trinckt/ſol es das grimmen im bauch ſtellen/vnd den weibern ſo mit dem weiſſen fluß behafft ſind/ſchr nützlich vnd güt ſein.

Kütreck waſſer.

Jewol das Kütreck waſſer ſer vnluſtig iſt zu handelen vnd Diſtilliern/vnnd man auch wol ſeuberlichere Artzenei habenn mag zu allen gebrechen/darfür ſolches genütze wirdt/iſt es doch bei vilen inn gemeynen brauch kommen/darbei wir es auch noch bleiben laſſen/die Apotecker nennen diſes waſſer Aquam omnium Florum, das iſt/waſſer vonn allen Blümen/das ſoll man in dem Meyen Diſtillieren vonn friſchem Kükadt. Das iſt ein krefftig leſchend waſſer aller hitz vnd vnnatürlichen entzündung/auſſerhalb mit tüchlin übergelegt/ſunderlich für die fliegende hitz/rotlauffen odder ſchöne/Es zertheylet auch ein jede anſahende geſchwulſt/vnd ſtillet allen ſchmertzen der glider/ſo von hitz verurſacht wirt.

Diß waſſer braucht man auch faſt nützlich zu den gifftigen hitzigen vmbſich freſſenden hundesblatern.

Wo ſich auch einer hart verbrant hett/mit Fewer/Waſſer/Metall oder Feyſte/der netze ein tüch in Kütreck waſſer/vnnd ſchlahe es darüber/es zeucht die hitz herauß/vnd leſcht den brant gewaltiglichen.

Das Kütreck waſſer wirt auch faſt nützlich vonn denen gebraucht/welche ein rode hitzig auffzügig angeſicht haben/das angeſicht ob dem dampff oder qualm ſiedends waſſers wol erſchwitzen laſſen/dann mit diſem waſſer gewaſchen/vnd gegen dem abendt darinn genetzte tüchlin überlegt.

Das Kütreck waſſer wirdt auch nützlich gebraucht für hitzig ſchädigung vnd verſchrung der heymlicheyt weibs vnd mans/vnnd ſunderlich zu den faulen löchern.

Das Geißmilch- und das Kuhdreckwasser; dieses heißt Aqua omnium florum
»Wasser vonn allen Blümen« (nach Gualth. H. Ryff, 1552)

gültigen Lehre vom »Phlogiston« stellt er die Erkenntnis entgegen, daß die Verbrennung keine Zersetzung ist, sondern eine Verbindung mit dem Luftsauerstoff. Das bedeutet auch für den gebrannten Wein eine Revolution, die zunächst, auch in Deutschland, sich nur schwer durchsetzt.

Der dritte Name, der hier genannt zu werden verdient, obgleich er eigentlich in ein früheres Jahrhundert gehört, ist Georg Agricola (Bauer), dessen De Re Metallica, in Basel 1556 lateinisch und 1561 deutsch erschienen, eine Fundgrube für die Technologie des Destillierens im 16. Jahrhundert ist. Daß wir ihn so spät nennen, liegt daran, daß die Weindestillation nicht Zweck und Gegenstand seines Werkes ist; aber sowohl was die technische Darstellung wie die Abbildung betrifft, gewinnen wir Aufschluß aus erster Hand, und die Destillation von Quecksilber *per descensum* aus dem Erz, die bisweilen in Partien von mehreren hundert Kolben gleichzeitig erfolgt, läßt uns ahnen, daß auch die Weinbrenner jener Tage schon Betriebe hatten, die über unsere Vorstellung vom mittelalterlichen Handwerker hinausführen.

Berlin

Am 10. November[1] 1351 erteilt Ludwig der Römer, Markgraf von Brandenburg, dem aus Nürnberg stammenden Arzt und Arzneikundigen Hieronymus Burkhard das Privileg zur Weindestillation, als er ihn zum Ratsapotheker der beiden Städte Berlin und Cölln an der Spree bestellt. Es wird ihm ausschließlich erteilt; denn das Privileg verbietet es, daß »ein Krämer dieser Städte …gebrannten Wein, der zur Apotheke gehört, herstellen, noch ihn feil halten oder verkaufen soll«. Hier der Wortlaut:

»Wy Ludewich der Romer von gots gnadenn Marggraffe to Brandeborch vnnde Lusatz des hilligen Romisch Rikes Ertz-Camerer Hertoge to Beyeren vnnd Phallantz, Graffe am Ryne,

Bekennen openbar mit dissem brieve daz wy vnnser Stette Berlin vnnd Coln an der Spreew vnnsern lieben getrewen Meister Burchard zu jrem Aptheker bestellet vnnd bestettigt haben uß furstlicher Gewalt vnnd Obrickeit in Krafft vnnd Macht disses brieves.

Ock wolln wy nit gestaden daß ein Cremer disser Stette confect[2] gut gekrude noch sussen oder *geprent wyn* daz zur Aptheken gehoret vnnd dynet veyle sol haben noch sellen[3].

Czu vrkund mit vnnserem Insigell vnnd geben to Spandow nach gots gebord dusent dri-hundert im ein vnnde veftigsten Jar. Am Dage Meinardi[4].«

Burkhard hat sich die Pfründe als Leibarzt Ludwigs des Römers verdient. Die Bereitung des *geprent wyn* hatte er in Italien, möglicherweise in Modena, kennengelernt, als er Ludwig den Bayer (1314–1347) im Jahr 1328 nach Rom, wo Ludwig sich zum Kaiser krönen ließ, begleitete.

Meister Borchardus, wie er gelehrt unterschreibt, stirbt schon zwei Jahre nach seiner Bestallung. Sein Nachfolger wird Meister Thidericus, der aus Erlangen gebürtige Wolf Dietrich, der bis zu diesem Zeitpunkt die schon 1324 privilegierte Ratsapotheke der uckermärkischen Hauptstadt Prenzlau provisorisch verwaltet hatte. Sein Privileg, ebenfalls von Ludwig dem Römer, datiert vom 30. November 1353.

Wolf Dietrich wird in Berlin rasch als »guter Aquavitmacher« bekannt – in jenem um 1350 noch selbstverständlichen Sinn des Weindestillats, *aqua vitae.* Den Brennwein liefern ihm die Berliner Weinberge im heutigen Kreuzberg, Tempelhof, Friedrichshain und Humboldthafen. Über 200 Jahre lang bilden die Destillate aus den Spreeweinen die vorzüglichste Einnahme-quelle der Berliner Ratsapotheker. Die erste Belehnung erfolgt genau drei Jahre nach der großen Pestwelle, die ganz Europa 1348 heimsucht. Damals schon steht das *aqua vitae* unter den vermeintlichen Vorbeugemitteln gegen den »Schwarzen Tod« obenan.

Die Ratsapotheke (mit Trinkstube im Erdgeschoß) liegt mit angeschlossener Weinbrennerei in der Spandauer Straße (damals Mittelstraße). Der Brannt aus Wein wird in einem Quart[5] oder Bruchteilen davon ausgeschenkt oder außer Hauses verkauft. 1380 brennt die Apotheke bei dem großen Stadtbrand nebst Inventar und Weinbrennerei nieder.

Die Nachfolger des Wolf Dietrich sind nicht namentlich bekannt; erst von 1481 ist wieder ein Privileg erhalten. Markgraf Johann von Brandenburg stellt es dem »Meister Johannes Tempelhoff« aus, der vorher mehr als vierzig Jahre lang im Schloß Kurfürstlicher Hofapotheker gewesen war[6], mit einem Bezug auf den Brannt aus Wein, der dem von 1351 genau gleicht:

»Ook wolen wir nicht gestaden, daß ennich Cramere, er sey Inwohners oder Gast, ennich confect oder *geprant Wein,* noch keynerley, das zur Apotheken gehoret vnnd dynet, veyle sol haben, noch verkoffen.«

Durch Berlins zweiten großen Brand werden bereits 1484 Rathaus und Ratsapotheke wiederum zerstört. Zwar baut Tempelhoff – damals dreiundsiebzig Jahre alt – sie rasch wieder auf; aber wahrscheinlich gehen die Kosten des Neubaus und der neuen Destilliergeräte in seine Preise ein. Immer lauter wird gefordert, Berlin solle dem Beispiel Nordhausens folgen, das jedem seiner Bürger das Weinbrennen gestatte. Auch von anderer Seite ist das Apothekerprivileg bedroht; denn das Spandauer Nonnenkloster stellt nach dem Rezept der Benediktiner von Ettal einen Kräuterlikör her, der bei den Berlinern die Bezeichnung »Jungferntrost« erhält.

Tempelhoffs Nachfolger, der 1488 von Kurfürst Johannes Cicero belehnte Bamberger Johannes Zehender (der sich Aerarius nennt), hat um 1500 schon die Konkurrenz von acht »Budensassen«, die als »Winkelbrenner« destillieren. Wir gehen sicher nicht fehl mit der Annahme, daß die verächtlich so Bezeichneten berufsmäßige Weinbrenner sind. 1556 wird sogar offiziell das ausschließliche Privileg der Ratsapotheke durchlöchert; denn Kurfürst Joachim II. verleiht seinem Leibarzt Dr. Augustin Steel Apothekerprivilege für eine Apotheke am Molkenmarkt und eine andere an der Langen Brücke.

Wenige Jahre später geschieht ein noch gewichtigerer Einbruch: der Kornbrannt findet sich in Berlin ein. Den flämischen Emigranten, die vor Herzog Albas Regiment in die Mark Brandenburg fliehen, ist zugebilligt worden, daß sie in ihrer neuen Heimat ihre Gewerbe weiter ausüben dürfen, und unter ihnen sind Kornbrenner. Durch ihr gewerbliches Brennen finden gleichzeitig das Apothekerprivileg und das ausschließliche Destillieren von Wein nach 1560 ihr Ende. Von 1576 besitzen wir bereits das Rezept eines hochprozentigen Kornbrannts, den der Krämer Lamprecht Bornicke in der Rosengasse im St. Marienviertel produziert[7].

Das bedeutet nicht unmittelbar das Ende des Brannts aus Wein in Berlin. Gegen Ende des 16. Jahrhunderts wird von den drei Berliner Apotheken noch immer Wein destilliert. Aber 1590 gibt es an der Spree schon fünfzehn Kornbrenner, und sie haben eine sichere Nebeneinnahme, weil sie mit der anfallenden Schlempe eine höchst erfolgreiche Viehmast betreiben. Der Ertrag aus dem Nebenprodukt muß enorm gewesen sein; denn Brannt wird von ihnen so billig verkauft, daß um 1600 mehr Brannt als Bier getrunken wird. Immer neue Branntweinschenken werden eröffnet (wozu man, da weder Bier noch Wein ausgeschenkt werden, keine Gewerbegenehmigung braucht). Es wird berichtet, daß es in diesen »Branntweintabernen« hoch herging und es ein beliebter Brauch war, auf gemeinsames Wohlsein ein »Kleeblättlein« zu trinken: drei Gläser Brannt, die hintereinander in einem Zug geleert werden – gegebenenfalls noch ein viertes, das dann als Stengel des Kleeblatts gilt.

Auf Betreiben der Geistlichkeit, deren Gläubige sich sonntags in den Tabernen statt in der Kirche versammeln, erläßt Kurfürst Johann Georg am 20. Dezember 1594 eine Verordnung, in der er allen, »welche unter der Predigt beim Branntwein liegen«, eine empfindliche Gefängnisstrafe und allen Tabernariis, die in ihren Branntweinschenken Alkoholmißbrauch dulden, die sofortige Betriebsschließung androht. Zugleich folgt der Kurfürst dem Beispiel der Freien Reichsstadt Nordhausen, die schon seit 1507 den »Bornewijnszins« erhob, eine einträgliche Branntsteuer. In Berlin, wo sie in der Rechnung der Kämmerei 1595 erstmals erscheint, erhält die den Branntweinbrennern auferlegte Abgabe den Namen Blasenzins. Er beträgt je nach der Größe der Destillierblase 8 bis 16 Groschen.

Bereits Tempelhoff befaßt sich mit der Zubereitung von Bitterlikören und steht deshalb mit dem Spandauer Nonnenkloster in Verbindung. Seine Nachfolger, die mit Brannt aus Wein dem Preisdruck der Berliner Kornbrenner nicht standhalten können, wenden sich immer mehr der Herstellung von Bitterlikören zu. Sie ist mit dem Namen des berühmten oder eher berüchtigten Baseler Alchimisten Leonhard Thurneysser verbunden, der 1572 in den Räumen des Grauen Klosters, das seit der Säkularisation von den Franziskanermönchen verlassen war, ein großartiges Laboratorium mit Buchdruckerei, Schriftgießerei, Werkstatt für Holzschnitt- und Kupferstichkunst und vor allem Branntweinbrennerei und Kräuterdestillation[8] betreibt.

Thurneysser, der im Grauen Kloster mehr als zweihundert Arbeiter und Künstler beschäftigt, ist Leibarzt des Kurfürsten und Lehrer des späteren Apothekers Michael Aschenbrenner[9], der von ihm die »Goldtinktur«, das »Perlen-Elexier«, die »Amethystenessenz« und die »Bernsteinessenz« herzustellen lernt; angeblich auch das von ihm erfundene »Goldwasser«, dessen Originalrezept er an den Begründer der Danziger Likörfabrik »Zum Lachs« verkauft haben soll. Wir wissen aus Brunschwygk und andern, daß das *guldinwasser* viel älter und nicht die Vorstufe eines Likörs ist. Wie dem auch sei, Michael Aschenbrenner macht sich als Bitterlikör-Produzent bald einen großen Namen.

Für die Auseinandersetzung der Grundstoffe Korn und Wein, die für diesen in allen Gegenden die schwerste Kraftprobe ist, gewinnen wir in Berlin festen Boden. Vor den flämischen Flüchtlingen, deren Ankunft (»nach 1560«) sich aus andern Quellen gewiß noch genauer bestimmen läßt, wird in Berlin nur Wein gebrannt. Diese Monopolstellung ist unglücklicherweise mit dem Apothekerprivileg gekoppelt, obgleich geräumige Trinkstuben, literweiser Ausschank und Lieferungen außer Haus nichts mehr mit dem apothekengemäßen Gedanken zu tun haben, Brannt aus Wein sei eine Medizin. Er wird aber zu »Apothekerpreisen« verkauft und gerät, als die gewerblichen Kornbrenner auf den Plan treten, sogleich in eine vom Preis her unhaltbare Situation, weil der Ertrag bei den Kornbrennern von der Viehmast und diese von der Schlempe abhängt.

Hätte es eine Zunft gewerblicher Weinbrenner gegeben, wäre die Auseinandersetzung anders verlaufen. Nun ist die Umstellung so vollkommen, daß der Rat die Weingärten an den »Tempelhofer Bergen« schnell an Cöllner Bürger verkauft, weil er glaubt, mit Einnahmen aus Brennwein – die durch den Blasenzins bei weitem aufgewogen werden – nicht mehr rechnen zu können.

Der Blasenzins scheint eine so erwünschte Einnahme gewesen zu sein, daß die Nordhäuser Entscheidung, in Krisenzeiten Korn den Nahrungsmitteln vorzubehalten, nicht zur Kenntnis genommen wird. Die Berliner Produktion ist aber auf Einfuhren angewiesen, und die schon vor dem Dreißigjährigen Krieg einsetzenden Ausfuhrverbote für Getreide der Nachbarländer hätten dazu führen können, daß die Kornbrenner sich (nun ohne Behinderung durch Apothekerprivilegien) auf Brennweine umstellen, wären nicht die Berliner Weingärten durch eben diesen Krieg verwüstet worden und Weineinfuhren seinetwegen nicht zu bewerkstelligen gewesen.

Trotzdem muß Berlin noch Vorräte an Brannt gehabt haben, als es 1627 von Wallensteins Truppen bedroht wird; denn der Kurfürstliche Kanzler Pruckmann ordnet an, daß die Einquartierung von Spandauer Soldaten zur Verstärkung der Garnisonen in Berlin und Cölln zur Vermeidung abendlicher Ausschreitungen »in der Frühe, ehe denn der Branntwein und dergleich hinzukäme«, erfolgen solle. Dadurch werden vielleicht die Ausschreitungen vermieden, aber nicht das Saufen selbst, das so arg ist, daß die Musketiere sich im Rausch die Musketen stehlen lassen, wie Pruckmann seinem Kurfürsten nach Königsberg berichtet. »Ebenso konnte man nachts den Wächter vorm Schloß in der nächsten Branntweintaberne finden, und im Schloßhof ging aus und ein, wer wollte.«

Der Große Krieg, der Berlins Einwohner von 12 000 auf die Hälfte reduziert, läßt die Weinberge so verwüstet zurück, daß sie nicht mehr bepflanzt werden. Die Kornbrenner haben nun so eindrucksvoll das Monopol, daß auch die ehemals Wein brennenden Dörfer sich um die Genehmigung zum Kornbrennen bemühen. Das scheitert zunächst am Großen Kurfürsten, der am 26. August 1653 verordnet: »Das Brandteweinbrennen wollen wir den Städten als ihre absonderliche Nahrung gönnen und haben sich die Dorfschaften desselben nicht anzumaßen« (außer dort, wo alte Braugerechtigkeiten bestehen).

Bei diesem Edikt geht es vor allem um die Sicherstellung der Nahrung, zumal das Kornbrennen sich auf den Dörfern kaum kontrollieren läßt; weniger um eine Privilegierung der Städte; denn auch die dortigen Kornbrenner werden stark beschnitten: »Den Brandteweinbrennern, die wegen der Treber viele Schweine halten, ist die Zahl der Tiere auf vier beschränkt.«

1688 unterzeichnet der Große Kurfürst eine revidierte »General-Steuer und Consumptions-Ordnung«, aus der die Besteuerung des Handels mit Wein und Brannt »in denen Städten und Flecken der Chur- und Mark Brandenburg« abzulesen ist. Durch dieses Gesetz erfahren wir erstmals, daß es nicht nur einheimische Produktion, sondern anscheinend Brannteinfuhr erheblichen Umfangs gibt, die der Lieferant zu verzollen hat:

»10. Von dem Brandtewein, welcher aus anderen Städten und Flecken zum Verkauff gebracht wird, muß der Verkäuffer die gantze Accise entrichten, und wann er solchen entweder Tonnenweise oder eintzeln verkaufft, dem Käuffer allemahl den Accis-Zettel darbey vorzeigen, außer welchem niemand etwas von demselben zu erhandeln, bey Verlust des gekaufften, verstattet seyn soll.«

In den Bestimmungen für die einzelnen Handelszweige erscheinen nun neben den Brandteweinbrennern und Apothekern erstmals die »Materialisten«, die zugleich Feinkosthändler und andererseits Verkäufer von Waren aller Art (»Commerciants«) sind. Daß als »Brandteweinbrenner« nur Kornbrenner verstanden werden, geht daraus hervor, daß sie »die Schrot-Accise entrichten«; deshalb haben sie den Verkauf und Ausschank des Brandteweins nicht mehr zu versteuern. Von den übrigen Gruppen wird gesagt, daß sie den »gemeinen Brandtewein abziehen, Aquavit und andere Species daraus machen«, also ein Veredelungsprodukt herstellen. Offenbar ist der »gemeine« Brandtewein der nicht weiterverarbeitete; es kann sowohl Kornbrannt wie importierter Brannt aus Wein sein. Er wird »abgezogen«, was ebenso die Rektifizierung wie die Weiterverarbeitung (»zu Aquavit und anderen Species«) von Kornbrannt oder Brannt aus Wein meinen kann. Während die Kornbrenner ihr Produkt unverändert ausschenken oder verkaufen, geschieht die Weiterverarbeitung wie seit alters »von den Apothekern«, nun aber auch »von den Materialisten oder auch Andern«, womit sich die Behörde einverstanden erklärt, sofern nur die Steuer entrichtet wird.

Sie beträgt beim Einkauf 6 Pfennig vom Quart, was sich sichtbar auf Brennwein oder Brannt bezieht; denn Quart ist ein Flüssigkeitsmaß. Auch der Apotheker und Materialist, der seinen Ausgangsbrannt vor der Weiterverarbeitung selbst destillieren läßt, also Wein einkauft, hat die Steuer zu entrichten. Hier der Wortlaut der Bestimmung von 1688:

»11. Der Brandteweinbrenner, welcher die Schrot-Accise entrichtet, darff von dem eintzeln Verkauff und Ausschanck des Brandteweins nichts geben. Die Apotheker und Materialisten aber oder auch andere, welche den gemeinen Brandtewein abziehen, Aquavit und andere Species daraus machen, müssen beim Einkauff den Impost, als 6 Pfennig vom Quart, von neuem entrichten, worvon auch der Apotheker und Materialist, wenn er solchen selbst brennen läßt und nachgehende andere Species darzu thut, nicht verschonet.«

Eine Erläuterung zu den Steuern gibt uns Aufschluß über einen ausgedehnten Handel mit Brannt, wobei die Unterscheidung zwischen Rheinischem usw. Brandtewein und Korn-Brandtewein gemacht wird. Eine Quelle von hoher Bedeutung; denn sie besagt, daß in Berlin, Brandenburg und ganz Preußen 1688 klar zwischen beiden unterschieden wird und sogar der polnische Brandtewein aus Wein hergestellt ist. Das Übergewicht, das der Korn-brannt schon damals in der einheimischen Produktion hatte, geht daraus hervor, daß nur er bei den Ausfuhrgütern erwähnt wird:

»Von einem Quart Rheinischen, Francken-, Frantz- und Polnischen Brandtewein, so in denen Städten consumiret oder eintzeln ausgeschencket wird, 1 Groschen, 6 Pfennige. Wann en gros damit gehandelt wird, vom Eymer 1 Thaler. Vom Quart ausländischen Korn-Brandtewein, wann solcher in die Städte gebracht wird, durch den Verkäufer 9 Pfennige. Vom Quart inländischen, wann solcher vom Lande oder aus einer Stadt in die andere geliefert wird, 3 Pfennige. Von den Apothekern und Materialisten, auch anderen, vom Quart Brandtewein zum Destilliren[10] bey dem Einkauff 6 Pfennige. Wann der in den Städten gebrauene Korn-Brandtewein außerhalb Landes gehet, wird nichts davon gegeben.«

Zu den Flamen in Berlin gesellen sich ein Jahrhundert später (nach der Aufhebung des Edikts von Nantes, 1685) die Hugenotten, unter ihnen Jean Dagobert Dubuy, Destillateur und Likörproduzent aus Montpellier. Wegen der erwünschten Steuereinnahmen gibt ihm der Große Kurfürst ein Grundstück an der Spree »um Gotteslohn«, auf dem ein »Spezialist im Erbauen von Brandteweinbrennereyen« den Bau errichtet; mit Probierstube, Verkaufskontor und Fertiglager im Erdgeschoß, Kräuterkammer, Labor und Destillerie im Seitenflügel. Ein Quergebäude enthält den Stall für die Schweine, die mit der Schlempe gemästet werden.

Das Erscheinen der »Destillateure« kennzeichnet wahrscheinlich keinen neuen Beruf, sondern Destillateur ist nur die französische Wiedergabe von Brandteweinbrenner, sicher im Sinn des ursprünglichen Brennens von Wein. Die Destillateurs setzen sich in Berlin, wie der Schweinestall des Monsieur Dubuy zeigt, nicht durch Weindestillation von den Kornbrennern ab, auf deren Grundstoff sie aus Preisgründen und wegen Rohstoffmangels rasch übergehen. Mit der Bezeichnung Destillateur, die sie beibehalten, nutzen sie wirksam die deutsche Vorliebe für Fremdländisches und vor allem Französisches, die den Hugenotten eine herausgehobene Stellung gibt, wie sie auch sonst lange ihrer ererbten Sprache treu bleiben. Wenn in fachlicher Hinsicht etwas die *destillateurs* von den Brandteweinbrennern unterschied, war es die Herstellung feiner Liköre, die wohl von Anfang einen besonderen Schwerpunkt bildete. Eine Abgrenzung nach der andern Seite, zu den »Aquavitmachern«, liegt wohl nur darin, daß diese Sprit für ihre Spirituosen kaufen und nicht selbst destillieren. Scharf wird die gegenseitige Abgrenzung der drei Gruppen wohl in der Praxis nie gewesen sein.

Monsieur Dubuy, der, soweit er selbst brennt, Kornbrenner ist, erscheint auf der andern Seite als Importeur fremden Brannts aus Wein und als Likörfabrikant. Er produziert zwölf Sorten französischer Liköre, jede für 6 Groschen je »kleine Bouteille«. Ganz klein kann sie nicht gewesen sein; denn das Quart – also mehr als ein Liter – Eau-de-vie de Cognac, von den Berlinern zu »Cognacker Frantz-Brandtewein« eingedeutscht, kostet 9 Groschen, während die gleiche Menge »Arquebusadenwasser«, auch »Schußwasser« genannt, schon 16 Groschen kostet. Das Schußwasser wird von Dubuy als ein »Arkanum« zu äußerem wie innerem Gebrauch angepriesen: »Es reiniget die alten Schäden, macht neu Fleisch wachsen, stärket die gelähmten Zäserchen und bewahret vor Fäulung.«

David Teniers (1610–1690), Alchemisten-Küche
(Stichting Johan Maurits van Nassau, den Haag)

Marsili Ficini

Der ytzt bedückt

a mich nach vo:hand: sein das wir etwas herfurer theten vß der werckstat d artze: welche Ding des mages/hertze hirnes/der geist d bnüfft vñ die kreffte beßicht alsogantz/od Doch widerb:echten/vñ ob Doch flegma od melancolya vberhand nem: od der vnlust vnd vodrutz entstönde wie da wer weit hin weg zu treiben vnnd zu heiffen/Darumb alle artzet on widerred sond verwilget dz nicht heilsamers sige/wä der tiriac od triacker so zu enthalten vnd stercken all geli der vnd krefften/so ouch dynet leiplichen geisten vnd der vernunfft. Harumb des tiriaco zum aller ersten sollen wir bruchen ein halb quintlin oder ein dritten teil eins quintlin das ist ein scrupel zwey mal alle wochen/des winters vnd im herbste/Aber im somer vnd glentzen einest oder einmal in der wochen wie du wilt gar allein oder gefalt es dir zu kalten vnd früchen zeitten mit einem lutern claren süssen wein/aber zu heissen vnd dürren zeite Darist so die natur oder das alter heisser ist/Mit vier loten oder fünffen roß wasser so der mage

aber ytzt bedūckt mich … das wir etwas herfurer theten vß der werckstat d' artzet (Arzt ordiniert in der Apotheke)

Diese Zeugnisse sind so wichtig, weil Franzbranntwein hier zweifellos seinen eigentlichen Sinn »aus Frankreich importierter Brannt aus Wein« hat. Offenbar hat das Wort dann – zum Beispiel in Lübeck – auch andern Brannt aus Wein bezeichnet, so daß Franzbrandtewein als Gegenstück zu Früchte- oder Korn-Brandtewein gebraucht wird.

Die Palette der Importwaren rundet sich mit Usquebaugh, Whisky, zu dem enormen Preis von 10 Groschen für das halbe Quart (mit der Rechtfertigung, dieser schottische Brannt sei »in seinen Würckungen besser als irgend ein anderer Aquavit[11]«).

Für den Sohn des Großen Kurfürsten, Friedrich III. (als Friedrich I. erster König von Preußen) muß Dubuy zum Empfang auswärtiger Gäste jeweils »ganze Fässer voll frembder Brandteweine und Liqueurs« an das Hohenzollernschloß liefern. Es geht nicht immer so rauh zu wie bei dem »Gesundheittrinken« zu Ehren von August dem Starken, nach dem »den 12. Februar 1692 reiseten Se. Churfl. Durchl. zu Sachsen des Morgens in aller Stille wieder fort, nachdem Sie 6 Personen von Dero Hoffstadt, welche sich zu Tode gesoffen, hinterlassen mußten«.

Die einheimischen Kornbrenner erleben ihren ersten schweren Rückschlag im Dezember 1698, als ihre 37 Betriebe allesamt geschlossen werden; denn »Weil anitzo große Theurung einreißet, maßen der Scheffel Rocken 1²/₃ Thaler gilt, als ist auf Churfl. Befehl das Brandteweinbrennen im gantzen Lande verbothen worden«.

Den Ausgleich bringt eine enorme Steigerung der Einfuhr ausländischer Spirituosen. Zwar bleibt die Stillegung auf ein Jahr beschränkt; aber es genügt, um die Hugenotten ganze Wagenladungen Cognacker Franzbranntwein heranschaffen zu lassen. Die Materialisten haben »veritablen Dantziger, ächten doppelten Lachs« im Laden, und auch Whisky gibt es bereits an mehreren Stellen zu kaufen.

Nach der Freigabe entstehen schnell weitere Brennereien, weil – ähnlich wie in England den Gin – das einfache Volk und die Soldaten den Kornbrannt in immer größeren Mengen konsumieren. Ihre Betriebe befinden sich (wegen der Gerüche der mit der Schlempe verbundenen Schweinemast, sagt der Chronist) in der neugegründeten Friedrichstadt, deren Bebauung König Friedrich Wilhelm I. (1713–1740) rasch vorantreibt; nicht zuletzt durch Bereitstellung von Baugrund und Baustoffen auf königliche Kosten, damit neue »Brau- und Branntweinhäuser« entstünden. Da jetzt auch, wie in Nordhausen, das Branntbrennen als Haupt- wie als Nebenberuf jedem Bürger erlaubt ist, sofern er die Steuern dafür entrichtet, steigt die Zahl rasch weiter an. Meist sind die Branntbrenner gewerbsmäßige Bierbrauer, die vom Bier allein nicht mehr existieren können, da gerade das einfache Volk Kornbrannt vorzieht. Es wird berichtet, daß die Berliner als erstes Frühstück nicht mehr Biersuppe essen, sondern ein Viertelquart Kornbrannt zur Brotschnitte konsumieren – dann noch jeweils das gleiche Maß als Apéritif vor dem Mittag- und Abendessen.

Zur Zeit des Soldatenkönigs kostet das Quart guten Kornbrannts 3 Groschen und 6 Pfennige. Die billigste Sorte, der »Russische Branntwein«, brennt im Hals, weil ihm Pfeffer zugesetzt ist. Das arme Volk, das sich nur diesen leisten kann, schließt aus dem brennenden Gefühl auf besonders hohen Alkoholgehalt...

Auf dem für Kornbrannt bezogenen Roggen liegt weit höhere Steuer als auf dem Brotgetreide, so daß auch der Fiskus am Konsum unmittelbar teilhat. Als aber die große Kälte des Winters 1739/40 zu einer schweren Mißernte führt, muß der den Branntbrennern sonst so wohlgesonnene Soldatenkönig den Verbrauch einheimischen Getreides bis zum 31. August 1740 untersagen. Als die Brenner daraufhin alles ihnen angebotene »ausländische« Getreide aufkaufen und dadurch die Versorgung erneut bedrohen, müssen ihnen die erlaubten Mengen streng limitiert werden. Da damit der Bedarf an Brannt nicht mehr gedeckt werden kann, erlaubt der König die unbegrenzte Einfuhr von Franzbranntwein, der über Hamburg ungeachtet der 9 Pfennig Zoll je Quart in Strömen hereinkommt. So kehren die Berliner indirekt und kurzfristig wie 1698/99 noch einmal zum Brannt aus Wein zurück.

Berlin liefert uns nicht nur genaue Zahlen über die zum Brennen Berechtigten, sondern auch die Abgrenzung ihrer Gewerbebefugnisse, so daß sich kürzere Nachrichten aus andern Städten deuten lassen. Es gibt Branntweinbrenner, Apotheker, Aquavitmacher und Destillateure, die wiederum die Materialisten voraussetzen.

1738 hat Berlin 70000 Einwohner, darunter 47 Branntweinbrenner. Sie stellen Kornsprit her, den sie en gros an die Apotheker, Destillateure und Aquavitmacher verkaufen. Zugleich sind sie aber berechtigt, den Kornsprit zu Kornbrannt weiterzuverarbeiten, ihn mit Anis, Kümmel oder Wacholder abzuziehen und ihn auszuschenken. Dieses Recht, das sie 1688 noch nicht besaßen, wird ihnen 1731 und 1756 bestätigt.

Die Besitzer der 22 Apotheken, die 1738 in Berlin vorhanden sind, destillieren (wahrscheinlich schon seit mehr als einem Jahrhundert) nicht mehr nur Wein. Sie haben sich die Anfertigung der nachstehend aufgeführten 15 Sorten schützen lassen: Arquebusadenwasser, Blähungswasser, Carminatwasser, Goldwasser, Kaiserwasser, Königswasser, Kemmnitzer Luftwasser, Luft-Aquavit, Marlborough, Mastix, Nuth, Polnischer Aquavit, Schlagwasser, Steinbrech, Weißer Magen. Außerdem hat noch der Besitzer der Apotheke Zur Goldenen Kugel am Köllnischen Fischmarkt das Monopol, »das Pestwasser des seeligen Michael Aschenbrenner« allein herstellen und vertreiben zu dürfen. Die Liste umfaßt Liköre, Kräuterliköre und Bittere aller Art; das ist die deutsche Bedeutung von »Aquavit«, das nicht wie in Skandinavien auf Kümmelbrannt eingeengt ist, sondern eher weit wie in Italien alle Spirituosen bezeichnet; mit Schwergewicht auf den Likören.

Das Recht zum Destillieren haben ferner die (1738) 155 Berliner Destillateure. Wie die bekanntesten »Materialisten« sind sie meistens Nachfahren der von 1685 bis 1701 in Berlin eingewanderten Hugenotten. Die Namen der 32 verschiedenen »Aquavite«, die sie herstellen, sind uns erhalten: Aland, Angeliken, Anis, Caffee, Canehl, Cardemom, Chokolade, Citronen, Cubeben, Fenchel, Himbeer, Kalmus, Krausemünze, Kümmel, Lilien-Convallien, Löffelkraut, Lorbeer, Melissen, Muskaten, Nägelchen, Petersilien, Pfirsich, Pomeranzen, Radavien, Rosolis, Rosmarien, Rother Magen, Sellerie, Wacholder, Wermut, Zittwer.

Die Materialisten müssen eine sechsjährige Lehrzeit absolvieren und außer dem Aquavitmachen die Kunst des Destillierens vollkommen beherrschen, um sich »Destillateur« nennen zu dürfen. Der Gildebrief erlaubt dem Materialisten den Kleinhandel mit Spirituosen aller Art und den Weinhandel. Der Materialist Mongobert in der Bruderstraße zum Beispiel führt vierzehn französische, italienische und spanische Likörsorten.

Jean Dagobert Dubuy hatte planmäßig auf den Zusammenschluß der Destillateure hingearbeitet; aber der Soldatenkönig erteilt die Genehmigung dazu erst am 19. März 1738 nach dem Bau eines Innungshauses in der Friedrichstraße und Entrichtung von 200 Talern in die Staatskasse. Die Aufnahme in die Destillateur-Innung setzt das Bestehen einer Prüfung vor dem Ober-Medizinal-Kollegium oder dem Stadtphysikus voraus.

Der Zusammenschluß der Destillateure erfolgt, um den ständigen Streitigkeiten mit den Branntweinbrennern besser begegnen zu können; diese stellen, wie wir sahen, außer dem Sprit auch Liköre her und bringen sie in den Handel.

Fünfzehn Jahre später, im Jahr 1753, zählt Berlin (mit damals 116 500 Einwohnern, einschließlich der Garnison) 62 Branntweinbrenner, 155 Destillateure und 300 Aquavitmacher. Da diese nur Weiterverarbeiter und vornehmlich Likörhersteller sind, verteilt sich das Destillieren wesentlich auf die beiden ersten. Unter den Branntweinbrennern sind, wenn man so will, die »Deutschen« und die »Flamen« zusammengefallen; denn seit etwa 1700 ist keine Unterscheidung von Weinbrennern und Kornbrennern mehr festzustellen. Die Destillierer wären dann die »Franzosen«, Nachfahren der Hugenotten, die aber auch unter den beiden andern Gruppen immer mehr dominieren. Sie haben weitgehend den Import in ihrer Hand, ohne Rücksicht auf den Grundstoff, und destillieren ebenso wie die Branntweinbrenner aus Korn wie aus Wein. Ein Unterschied mag darin liegen, daß »Branntweinbrenner« einen Hauptberuf bezeichnet, während die Destillateure das Brennen meist als Nebenberuf betreiben oder wenigstens den Kornsprit von den Branntweinbrennern beziehen. Daß das Hauptgeschäft der Destillateure die Likörfabrikation (und damit im Grunde dasselbe wie die Tätigkeit der Aquavitmacher) ist, kann aus der »Beschreibung der Königlichen Residenzstädte Berlin und Potsdam« geschlossen werden, die der Buchhändler und Schriftsteller Friedrich Nicolai 1779 in zwei Bänden herausbringt:

»Liqueurs von allen Gattungen, sowohl von Brandtewein als auch von Wein, nach Französischer oder Danziger Art, werden von den hiesigen Distilateurs in großer Menge und von vorzüglicher Güte verfertigt, als: bey Hessen am Friedrichstädtischen Markt im Kronprinzen; Jonas in der Königstraße, Wagner ebendaselbst; Merkner in der Spandauer Straße; Khunert in der Königstraße; Wagner in der Schützenstraße. Außerdem findet man solche auch in allen Materialläden und Apotheken. Die sogenannte Danziger Lachs-Liqueurs werden von dem Schutzjuden Levin Meyer in der Poststraße nachgemacht.«[12]

Der Unterschied zu den Aquavitmachern hätte dann vor allem darin bestanden, daß die Destillateure teilweise nicht nur Kornsprit auf Trinkstärke herabsetzen, sondern auch Wein und Kornmaische destillieren.

Das Zeugnis des Friedrich Nicolai spricht von »Liqueurs von Brandtewein als auch von Wein«. Es mag sein, daß die Aquavitmacher besonders diese letzten verfertigen, also gar kein »aqua vitae« verwenden. Eine andere Lesung erscheint verführerisch, bleibt aber unsicher: Liqueurs auf der Grundlage von Brandtewein (= Kornsprit) wie auch von (gebranntem) Wein. Eher sagt der Nachsatz diese Unterscheidung aus: nach Französischer oder Danziger Art, was man sicher als »Brannt aus Wein bzw. Kornbrannt« deuten darf.

Die »französische Art« spielt gleichzeitig eine besondere Rolle; denn die hoch angesehene Innung der Destillateure (die, wie wir sagten, von Angehörigen der Berliner französischen Kolonie geleitet ist), stellt den Antrag auf Verbot der Einfuhr aller fremden Spirituosen mit Ausnahme des Franzbranntweins, der damit noch um 1780 klar als »französischer Brannt aus Wein« bezeugt ist. Friedrich der Große läßt die Innung wissen, sie solle danach trachten, daß die von ihren Mitgliedern hergestellten Liköre die ausländischen an Güte überträfen; dann werde der unerwünschte Import von selbst aufhören.

Als die Bedeutendsten werden Benjamin George, Ludwig George, David Claude, Benjamin Claude und Daniel Joyeux genannt, alles hugenottische Familien; von deutscher Herkunft Gottfried Stachow der Ältere, Joachim Stachow der Jüngere und der Materialist Noebeling, ein Destillateur und Besitzer einer Weinbrennerei.

Aus den Steuerbescheinigungen wissen wir, daß Getreide aller Art gebrannt wird; denn vom Scheffel (54,96 kg) Weizen müssen 18 Quart (gleich 20,61 Liter), vom Scheffel Roggen

14 Quart (16,03 Liter) und vom Scheffel Gerste 12 Quart (13,74 Liter) versteuert werden. Steuerbüro ist die »Accise«, die für jeden Eimer Branntwein (68,7 Liter) zehn Groschen einnimmt. Beim Verkauf wird der Eimer dem Brenner en gros zu 64 Quart (75,88 Liter), beim Verkauf en détail zu 60 Quart (68,7 Liter) angerechnet. Die »Branntweintaxe«, die das »Policeydirektorium« alle halbe Jahre aufstellt, ist in jedem Verkaufsraum deutlich sichtbar auszuhängen.

Nach dem Siebenjährigen Krieg, also nach 1763, werden von den jetzt 125 000 Einwohnern Berlins 408 Branntweinblasen betrieben; davon 133 von den 77 Branntweinbrennern, keine von Aquavitmachern oder Materialisten. Auch die Destillateure sind hier als Brenner nicht erwähnt; denn die übrigen 275 Brennblasen werden von Bierbrauern betrieben, deren eigentliche Produktion durch den Branntweinkonsum immer mehr zurückgegangen war. Wie groß dieser Konsum war, läßt sich daran ermessen, daß nach 1763 mehr Korn zur Branntweindestillation verbraucht wird als zum Bierbrauen, während im Jahr 1722 noch fünfmal soviel Getreide verbraut als gebrannt worden war.

Angesichts dieser Entwicklung beantragen die Branntweinbrenner »Daniel Jouin und Konsorten« die Errichtung einer Zunft. Sie wird ihnen am 13. Mai 1777 kategorisch verweigert – sicher nicht ohne den Einfluß der straff organisierten Innung der Destillateure, die seit 1738 besteht und fürchtet, eine Erweiterung der Befugnisse der Branntweinbrenner möchte zu Lasten der Destillateure gehen.

1803 hat Berlin einschließlich der Garnison 180 000 Einwohner, darunter 104 Branntweinbrenner und 155 Destillateure, die in einem Dokument des gleichen Jahres als Brandweins-Distillateure erscheinen. Ihre Befugnisse werden dort so formuliert: »Das Recht und die Befugnis, allerley abgezogene Wasser zu verfertigen und damit sowohl im Ganzen als im Einzelnen Handel zu treiben, so wie dieses den übrigen hiesigen Destillateuren nachgelassen und verstattet ist.«

Die Ausdeutung dieser Stelle liegt wesentlich bei dem Wortsinn von »abgezogen«. Bedeutet es »destilliert«, oder hat es den Sinn von »(kalt oder warm) ausgezogen«, das heißt nur Grundtätigkeiten der Likörbereitung?

Die Preisliste des Mannes, der in diesem Dokument »bey der hiesigen Destillateur-Innung an- und aufgenommen« wird, ist uns erhalten, und wir sehen daraus, was die Zuordnung der beruflichen Tätigkeiten nicht erleichtert, daß »Branntwein« bereits gleich Spirituose schlechthin ist (so daß möglicherweise die »Liqueurs« des Friedrich Nicolai auch die Brannte umfaßten). Brannt, wurde bereits unterstrichen, ist damals billiger als Bier und das Volksgetränk schlechthin.

»Einfache Branntweine«, wie Anis, Korn, Kümmel, Nelken, Pomeranzen, Spanisch-Bitter und Wacholder, kosten in diesem »Preis Courant« 2,6 Silbergroschen[13]. »Doppelte Branntweine« haben recht unterschiedliche Preise. Der »Doppelkorn« kostet 4,6 Silbergroschen, der holländische Korn einen Silbergroschen mehr, und je ein Liter Angelika, Anis, Calmus, Citronen, Kümmel, Nelken, Nuß, Bitter, Pomeranzen, Spanisch-Bitter, Wacholder oder »Weißer Magen« 6 Silbergroschen. Da dies teilweise die gleichen Sorten wie die »einfachen Branntweine« sind, darf man annehmen, daß das »doppel« sich auf einen höheren Alkoholgehalt bezieht.

Ein Liter Krauseminze oder Kirschwasser kostet gar 7 Silbergroschen, und um die Verwirrung vollzumachen, gilt der gleiche Preis auch für »Spiritus vini«, der unter der Abteilung »feine Liköre« angeboten wird. Andere »feine Liköre« liegen mit 10 Silbergroschen noch erheblich darüber, nämlich Grünbitter oder »Grunewald«, während noch andere, aber ebenfalls »feine Liköre«, wie Anis, Citronen, Kümmel, Nelken und Pomeranzen, gar 16 Silbergroschen kosten. Anis, Kümmel, Nelken, Pomeranzen erscheinen mithin gleich dreimal, jeweils zu 2,6 bzw. 6 bzw. 16 Silbergroschen. Es ist recht verwirrend, zumal unzweifelhaft Weinbrand, Korn, Obstbrannt, Bitterliköre, Fruchtliköre, Wacholder und was nicht noch nun bereits mit dem Sammelnamen »Branntwein« belegt werden, aber gleichzeitig »feine Liköre« sind.

Die teuersten »feinen Liköre« sind Englisch Bitter, Himbeer, Kirsch, »Luft« und Zimt; sie kosten je Liter mehr als 16 Silbergroschen. Die absolute Spitze halten Jamaika-Rum, dessen zwei Qualitäten 20 bzw. 25 Silbergroschen kosten, und »Rhabarber«, der mit 24 Silbergroschen berechnet wird. Wieso ein Rhabarberbrannt oder Rhabarberlikör eine solche Kostbarkeit darstellte, wissen wir nicht.

Das 19. Jahrhundert bringt als neues Element das Kartoffelbrennen hinzu (wahrscheinlich begann es schon länger zuvor). Wie einst Korn den Wein, so überflügelt Kartoffelbrannt den Kornbrannt. Trotz dem Anstieg von Produktion und Verbrauch nimmt die Zahl der Betriebe nur noch wenig, ihre Kapazität um so mehr zu.

Der Ablauf stellt sich nach den Berliner Quellen also folgendermaßen dar:

1351   *geprent wyn;* Apothekerprivileg; ausschließlich Brannt aus Wein.

1481   Apothekerprivileg bestätigt. Neben Brannt aus Wein »Saurer mit Persico« als Magenlikör; in Spandau ein Kloster-Kräuterlikör nach Ettaler Vorbild.

1500   acht »Budensassen« verletzen als »Winkelbrenner« das Apothekerprivileg, brennen aber offenbar Wein.

1556   die Ratsapotheke muß ihr alleiniges Apothekerprivileg mit zwei andern Apotheken teilen.

um 1560   flämische Kornbrenner kommen nach Brandenburg und Berlin: Ende des Apothekerprivilegs und des alleinigen Brannts aus Wein.

1576   das erste Rezept eines Berliner Kornbrannts ist erhalten.

1590   in Berlin 15 Kornbrenner. Die Apotheker wenden sich dieser Konkurrenz wegen immer mehr der Herstellung von Bitterlikören zu. Ab 1572 Brennerei und Kräuterdestillation Leonhard Thurneyssers im Grauen Kloster; »Goldwasser«.

1595   Blasenzins (= Branntsteuer) erstmals erwähnt.

um 1600   Brandtewein bezeichnet ohne Unterschied Brannt aus Korn oder Wein; »Branntweintabernen«.

1653   der Große Kurfürst reserviert das Brennen den Städten.

1688   »Brandteweinbrenner, welcher die Schrot-Accise entrichtet« gegen »Apotheker… welche den gemeinen Brandtewein abziehen«; die Apotheker beschränken sich immer mehr auf die Weiterverarbeitung.

1688   Mitteilung von weiträumigen Importen (rheinischer, fränkischer, französischer, polnischer Brandtewein). Unterscheidung zwischen diesen (z. B. Frantzbrandtewein) und Korn-Brandtewein.

nach 1685   Hugenotten kommen aus Frankreich nach Berlin. Sie benutzen ihre französische Berufsbezeichnung Destillateur (= Branntweinbrenner) weiter, brennen Korn und spezialisieren sich auf französische Liköre. Import von Eau-de-vie de Cognac (= Cognacker Frantz-Brandtewein) und von Whisky (als »Aquavit« bezeichnet).

ab etwa 1700 Branntweinbrennen gegen Entrichtung des Blasenzinses jedem Bürger gestattet.

1738 47 Branntweinsprenner stellen Kornsprit her, den sie en gros an die Apotheker, Destillateure und Aquavitmacher verkaufen, ziehen aber auch selbst aus und schenken aus. Ebenso haben die 22 Apotheken und 155 Destillateure das Recht, zu destillieren und Spirituosen aller Art herzustellen. »Materialisten« werden nach sechsjähriger Lehrzeit Destillateure.

1738 Innung der Destillateure.

1739 unbegrenzte Einfuhr von Franzbranntwein gestattet.

um 1765 mehr Korn gebrannt als zu Bier verbraut.

1777 den Branntweinbrennern wird die Errichtung einer Zunft verweigert.

1779 »Liqueurs von allen Gattungen, sowohl von Brandtewein als auch von Wein, nach Französischer oder Danziger Art«, anscheinend Versuch einer neuen Unterscheidung von Brannt aus Wein und aus Korn.

1803 »abgezogene Wasser zu verfertigen und damit… Handel zu treiben« als Befugnis der Destillateure. »Spiritus vini« erscheint als »feiner Likör«. »Rhabarber« teuerste Spirituose.

Später werden alle Untergruppen im »Verband der Berliner Weingroßhändler und Spirituosenhersteller e. V.« zusammengefaßt, der außerhalb des von uns dargestellten Zeitraumes liegt.

Nürnberg

Da der Weg des gebrannten Weins nun einmal mit Verboten gepflastert ist, kann es nicht erstaunen, wenn auch Nürnbergs Branntgeschichte damit beginnt und wenn Nürnberg geradezu beispielhaft für die Tatbestände wird, die in Ratsverlassen durch Jahrhunderte untersagt werden.

Zu den ältesten Verboten gehört das Vermischen des Weins mit Brannt oder Chemikalien und andern Zusätzen. Da es häufig nicht erfolgt, um Wein aufzustärken, sondern um kranken Wein nach Behandlung mit fragwürdigen Mitteln als gesunden zu verkaufen, hat das Verbot die Erhaltung der Arbeitskraft zum Ziel; aber auch die sanitären Verhältnisse sind angesprochen, ohne die ein Gemeinwesen nicht bestehen kann. Eines der wichtigsten Verbote ist zugleich eines der frühesten; denn es findet sich im ältesten Stadtrechtsbuch der Reichsstadt Nürnberg[1], das etwa 1329 bis 1335 angelegt ist, aber teilweise ältere Bestimmungen enthält[2]. Eine solche ist das Verbot, Wein mit Alaun und Kalk zu vermischen, das heißt durch solche Zusätze trüben Wein zu klären, seine Säure zu mindern oder ihn schärfer zu machen, was von den Kunden als höherer Alkohol honoriert wird.

Dieses Verbot ist in dem Codex ausgestrichen und an den Rand mit der Überschrift »Gebranntes Wasser« ein neues eingetragen worden[3], das es verbietet, Wein mit Branntwein und andern gebrannten Stoffen zu vermischen[4]. Wie W. Schultheiß berichtet, hat ein Nürnberger Archivar die Eintragungen dieser Schreiberhand in die Jahre zwischen 1330 und 1338 datieren können. Zu dieser Zeit muß also Branntwein bereits in einem solchen Umfang zur Weinverfälschung verwendet worden sein, daß der Rat das Mischungsverbot erlassen mußte. Es ist undenkbar, daß diese Entwicklung in wenigen Jahren eingetreten sein könnte. Da wir keinen Anhaltspunkt für Einfuhr von italienischem Brannt haben, dürfen wir auf deutschen schließen, dessen gewerbliche Erzeugung demnach spätestens um 1250 begonnen haben muß.

Das ist um so einleuchtender, als nicht nur die Handelsstadt Nürnberg das Verbot erläßt, sondern auch Städte, in denen das Importgut mit Sicherheit eine geringere Rolle spielt als die Verwendung der einheimischen Erzeugnisse. So kehrt das »wer Wein mit gebranntem Wein verbessert...« ganz ähnlich formuliert in den Polizeiverordnungen des Bischofs Otto v. Wolfskeel für die Stadt Würzburg aus dem Jahr 1343 wieder[5] und wird 1372 und um 1400 wiederholt[6]. In der alten Fassung steht es nicht unter den ersten, schon im 13. Jahrhundert gültigen Bestimmungen, sondern als § 84, und erweist sich damit wie in Nürnberg als Zutat der ersten Hälfte des 14. Jahrhunderts. Die Würzburger Vorschrift von 1343 lautet:

»Von win machen[7]
Man verbůtt auch allermengelich, ez si pfaffe oder leye, herre oder kneht, frawe oder magt, rich oder arm, daz nieman kein win machen sol mit keinem gemechde, noch grôz noch klein, noch mit namen mit gebrantem wine, denne allein mit kemmen und mit bern.

Wer aber daz tůt oder heizzet tůn, der sol als dicke von eime eimer 1 ₰ ₰ geben. Die bůzze sol gevallen den, die des wartnde sin, und sol darzů einen monden die stat rumen, als ofte er daz tůt.«

Es folgt das gleiche Verbot aus Frankfurt am Main zum Jahr 1361, so daß wir in rund 25 Jahren drei Belege aus dem gleichen Raum haben – ein sicheres Zeugnis dafür, daß ein neuer Tatbestand Kodifizierung erheischt. Daß Nürnberg zeitlich vorausliegt, hängt mit dem Weinmarkt zusammen, der seit der zweiten Hälfte des 13. Jahrhunderts fest organisiert ist[8] und auf dem nach dem ältesten Stadtrecht Franken-, Elsässer- und österreichischer Wein verkauft werden. Durch strenge gewerbepolizeiliche Bestimmungen wird die Güte gesichert[9]. Ob sich die Vermischungsverbote auf – etwa aus dem Elsaß – eingeführten oder am Ort hergestellten Brannt beziehen, ist nicht auszumachen; denn die mutmaßlich ersten Produzenten, Ärzte und Apotheker, sind seit 1285 auch in Nürnberg bezeugt und möglicherweise schon früher dort ansässig gewesen.

Außerdem haben wir mit einheimischen beruflichen Brennern zu rechnen, und es besagt wenig, wenn erst ein Ratsverlaß vom Mai 1486 »Weinprenner« nennt; denn schon vierundzwanzig Jahre zuvor haben wir den Beweis, daß Brannt (wenn er je nur Medizin war) ein Genußmittel geworden ist: 1462 gestattet ein Ratsbeschluß, überall in den Kramläden – außer an Feiertagen – gebrannten Wein zu verkaufen[10].

Der Rat will sich aber gegen mögliche Folgen seiner Großzügigkeit absichern und bestellt deshalb um 1485 bei den Stadtärzten jene Gutachten, die bei den Doctores Hermann († 1485) und Hartmann Schedel († 1514) erhalten geblieben sind[11]: »Ob der Branntwein, der an vielen Stellen dieser Stadt verkauft wird, denen, die ihn innerlich anwenden, schädlich und gefährlich sei?« lautet der lateinische Titel auf deutsch.

Die Gutachten erwähnen die Herstellung durch Gelehrte und Apotheker, nicht durch gewerbliche Brenner. Ihr Lob des Lebenswassers beruft sich auf Taddeo Alderotti, Raymundus Lullus und andere frühe Experten. Die vielseitigen Anwendungsmöglichkeiten bei äußerlichem und innerlichem Gebrauch, besonders bei Erkältungen und Leuten mit kalter Natur, werden dargestellt (darauf die, glücklicherweise nicht so zahlreichen, schädlichen Eigenschaften). Fazit: Der Genuß soll zur Wahrung der Gesundheit zulässig sein; erfolgt er mäßig, ist er unschädlich wie der Genuß des Weines. Der Rat hatte damit, was er wahrscheinlich haben wollte; denn allein zwischen 1477 und 1486 regeln acht Ratsverlasse den Branntgenuß zu Hause, in der Herberge und an Werktagen.

Verbot des Branntausschanks an Sonntagen wegen des Widerstands der Geistlichkeit (Ratsprotokollbuch Kitzingen vom 4. April 1615)

Wenn 1462 der Rat den Branntverkauf an Feiertagen verbietet, ist es nicht, wie häufig dargestellt, eine nur gegen den Brannt gerichtete Bestimmung, sondern Handel und Arbeit sind sonntags ganz allgemein verboten: »Nachdem das gebot gottes, den feyrtag zu heiligen, durch ettliche burger, burgerin, in woner und ander in diser stat mit kauffen und verkauffen,

Von geprantem wein

Nachdem, von vil menschen, Jn dieser
Statt, mit niessung gepranndts
weins, eyn mercklicher myssbra-
uch und einordnung, sam, teglich und besunder, an Sonntagen, und anndern gepannten
und heyligen feyrtagen, an den strassen und
vor den heusern gepflegen und geübt wirdet /
Und aber, als sich eyn erber Rate, an hochgelerten erfaren doctoren, der ertzney, vleissigklich
und eygentlich, erkundigt und erfaren hat /
Der gepranndt wein, den menschen und besunder schwanngeren frawen, und Jungen
unbeytsamen leuten, mer dann anndern
fast, schedlich ist / Und Jnen vil und manigerley schwerer schedlicher und tödtlicher
krannckheyt und siechen, brenge und gebere / Darumb und auch angesehen, das
sollicher gepranndter wein, der also hie verkaufft und verprawcht, auß pöser und
schedlicher materi, und auch Jnn annder
weyse, dann er menschlicher nature dienstlich sein mag, gepranndt und gemachet

Nürnberger Ratsverordnung von 1496 gegen den Mißbrauch des Genusses von ge-
branntem Wein

auch übung etlicher hanntwerck und annder leiplichen arbeit manigfeltigclich übertretten, und versert wirdet... gebieten unnser herren vom rate ernnstlich«, daß keine Waren feilgehalten werden dürfen, »bey puss ein halb pfund newer haller«, und ebensowenig dürfen Handwerker oder Arbeiter am Sonntag tätig sein.

Erstaunlicherweise läßt schon 1496 der Rat sich wiederum ein Gutachten der Stadtärzte erstatten[12], in dem eine der Fragen den gebrannten Wein betrifft. Obgleich das Gutachten anscheinend nicht negativer ausgefallen ist als das erste, erläßt der Rat 1496 eine Vorschrift, die im städtischen Satzungs- oder Wandelbuch nachgetragen ist[13]:

»Nachdem von vil menschen in dieser statt mit niessung gepranndts weyns eyn mercklicher myssbrawch und unordnung sam, teglich, und besunder an sonntagen und anndern gepanndten und heyligen feyrtagen an den strassen und vor den hewsern gepflegen und geübt wurdet, und aber, als sich eyn erber rate an hochgelerten, erfaren doctoren der ertzney vleyssigclich und eygenntlich erkundigt und erfaren hat, der geprannd weyn den menschen und besonnder schwanngern frowen und jungen arbeytsamen lewten mer dann anndern fast schedlich ist, und inen vil und manigerley schwerer, schedlicher und tödtlicher krannckheyt und sewchen brenge und gebere, darumb und auch angesehen, das sollicher gepranndter weyn, der also hie verkawfft und verprawcht [wirdet], auss pöser und schedlicher materj und auch inn annder weyse, dann er menschlicher natur dienstlich sein mag, geprañdt und gemachet wurdet, so ist eyn rate daran komen, ernstlich und vestigclich gepiettende, das nun fürbass an eynichem sonntag oder anndern gepanndten feyertagen gepranndter weyn hie in dieser statt von nymandt weder in den hewsern, krämen, läden oder an dem marckt, strassen oder sunst yndert nyt veyl gehabt oder verkawfft werden soll. Wollte aber an wercktagen yemant gepranndten weyn feyl haben, das mag er thun, doch also, das sollichen gepranndten weyn nymand niessen oder aussdrincken solle an den ennden, do der veyl gehabt oder verkawfft wurdet, sonnder wer den trynncken und geprawchen will, soll das thun inn sein selbs haws oder gewönlicher herberg, da er sein anwesen hat, und nynndert annderswo. Wer aber daz annderst, dann wie vorsteet, hielt und sich des, so er darumb gerügt wurde, mit seinem rechten nit benemen möcht, der soll gemeyner statt zu eyner yden fart darumb zu puss verfallen sein und geben eyn pfundt newer haller.

Eyn erber rate hat biss auff sein widerruffen gewilligt, das eyn yeder an wercktagen an den ennden, do der geprannd weyn wurdt feyl gehabt, desselben eyn haller werdt oder pfenwerdt ungeverlich drincken mag on fare der puss[14].«

Es darf also nun am Verkaufsstand eine kleine Menge getrunken werden; aber schwangere Frauen und junge Leute sollen Brannt (ohne eigentliches Verbot) nicht genießen; desgleichen Menschen mit cholerischer (warmer) Natur, bei warmem Wetter und bei Pestilenz. Bei Herstellung aus verdorbenem Wein und Bierhefe gehen deren schädliche Eigenschaften auf den Brannt über. Sein Genuß hat, wenn er dauernd erfolgt, schädliche Folgen, »wie es täglich zu erleben ist«.

Die »böse und schädliche Materie« wird deutlich durch die Vorschrift des gleichen Satzungsbuchs um das Jahr 1490, daß niemand in der Stadt und zwei Meilen im Umkreis Bierhefe zu Brannt brennen und bei einer Strafe von 5 Pfund neuer Heller ein solcher Brannt nicht in der Stadt verkauft werden darf. Dieses Verbot hat eine lange Lebensdauer; denn einer Erlaubnis von 1530, Bierhefe zu brennen, folgt schon fünf Jahre später auf Einspruch der Stadtärzte wieder das Verbot[15], und ein Ratsverlaß von 1593 verbietet den Rot- und Weißbierbrauern und Hefemachern in Stadt und Land, den Branntweinbrennern Bierhefe zu verkaufen. Alle Leute, die »Rechtholz« aus dem Reichswald dazu verwenden, aus Bierhefe Brannt zu brennen, sollen ebenfalls bestraft werden.

Das Gutachten der Stadtärzte folgt nicht nur den Gedankengängen des Taddeo Alderotti und Arnoldus Villanovanus, sondern in dem gleichen Sammelband, der die Schedelschen Manuskripte enthält, sind beider lateinische Abhandlungen (und die dritte eines Magninus aus Mailand) erhalten. Ein Wilhelm von Hirnkofen, genannt Rennwart, widmet seinen lieben Gebietigern[16], dem Rat von Nürnberg, eine deutsche Übersetzung des Villanova-Traktats, die 1478 erstmals gedruckt nachgewiesen ist und es bis 1500 auf etwa zwölf Nachdrucke gebracht hat. Das Büchlein von Schrick, bisher schon als Handschrift in bayerischen Klöstern weit verbreitet, wird 1476 in Augsburg gedruckt – eine Anregung, allenthalben die Kunst des Destillierens ausgebrannter Wässer und des Weines praktisch zu erproben.

Festgehalten hat das vor allem der Meistersinger Hans Volz (Folz), der als ein Nürnberger gilt, weil er dort in jungen Jahren 1459 als Barbier und Meister der Wundarzneikunst ansässig geworden war[17] und so produktiv wird, daß er in den 80er Jahren sogar eine eigene Druckerei hat, in der im wesentlichen seine Werke gedruckt werden. Dem Brannt wendet er sich wiederholt zu, so in dem 1490 in Nürnberg und erneut 1495 in Bamberg gedruckten Gedicht:

Wem ter geprēt wein schad oder nutz sei und wie er
gerecht oder felschlich gemacht sei

Nach dem vñ nū schir yd'mā[18]
gemeīclichē sich nimet an,
zu trinckē den geprātē wein
das doch māchem wll wid' sei,
der sich dan duncket etwas weis
noch wie mā yn schelt od' preis,
ist dar in sein stet providentz
mit samt deglicher expergentz[19]
dar d'ch dan clar auszfündig ist
wy mans auff oder nider mist
das er so schedlich nit sein mag
als dan ist manches weisen sag
vrsach seit doch dy alten han
so klar beschreibung des getan.
das aber mencklih[18] wisz dar pey
wem er nütz oder schedlich sei
anders dan yds an ym verstet
las ich meins teils gen wy es get
doch mein ich zu erzeln dar van
wies die allten gelossen han.
Zum ersten schreibē sie nemlich,
wy er dem palsam gleiche sich
in vil würkungen dy er thu,
wer yn weislichen prauch dar zu

vor ausz so er noch zeit vñ frist
wol vnd gantz gemachet ist
ausz heffen von vast gutem wein[20]
do ny kein pulperei kam ein
dy man gemein in wein itz dut
do võ mer schades sich ausz prut
dan das es eim ein ertznei sei
das las ich auch besten dar pei
dan wer yn ausz pyr-heffen[21] macht
eim falsch man es pilich zu sacht,
wan weines krafft vñ pires art
hant ye gehalten wider part[22],
vñ ist dem gleich so war ich leb
als d' merdum[23] für palsam geb
doch sol prēts weis eigēschaft seī
so man ein paūwol[24] tunck dar ein,
das er gantz truckē prin dar van
die woll doch vnv'sert[25] sol lan
vñ so dy flam des lichtes yn
berür, sol er gantz prinen[26] hin
sei klerer dan kein waszer sunst
wie mā das distilir mit kunst
sol auch an prünszeln sein bereit
vñ gantz on alle wasserheit

schwim auch allen and' feüchtē ob
in disen dingen stet sein lob.
vñ pei d' wirkung itz bekant
wirt er and' palsam genant
des lebes wasser ist auch er
von den alten benant pis her
in was wassers vñ weines man
yn misch vñ dar nach zündet an
pis er ausz print[26], die übrig feücht
weit köstlicher wā vor dā reücht[27].
was man auch leg in disen wein
zeucht er dar ausz al krefte sein
alein feiels krafft nimpt er nit
vñ was geschirs man netzet mit
schēck mā das glas vol weī d'no
so smeckt[28] er aller samt also
nach dem das drin gelegen ist
ob man eim kraut heilūg zumist
zu was schades es dan mag sein
legt man es vor in prenten wein
vñ wescht den schadē[29] mit, so wist,
das er vil e dan sunst genist
vñ weret dar mit aller freisch[30]
lest auch keī feül werdē im fleisch
zeücht ausz die flüsz vñ heilet rein.
sterckt die zu flossen[31] glid gemein
wer sich besorget auff den schlag[32]
mit dem wein ers fürkumen[33] mag
so man and's legt dar ein
vō dingē die dar wider sein
vñ yn nüchtern isset mit prot
wann er all hitz zu wandeln hot
all kalt gelid darmit geriben
pei einer glut wirt pald v'triben
welcher yn trinckt ob er wirt allt
pleipt er doch alweg iūg gestalt[34]
v'zeucht die gröm in dem har
vñ macht die graen falb gefar[35]
so man sein in dy swarten reibt
nisz vñ die leus er gar v'treipt
vñ was vō fauler flegma wirt
oder kalt sichtagen gebirt
im haupt vñ andern gliden mer
do wirt er in gelobet ser.
mit enwenig ganfer[36] v'mischt,

er dy schwirigen augen wischt
v'dreipt in yn nebel vñ fleck
zeitigt dy fel vñ nimt sy weck
sterckt das zāfleisch, festigt dy zen
vñ was schedē dem mund zu sten,
als platern, feuln vō hitz vñ kelt,
so mā ein weil im mūd yn helt,
zeucht alle flüss dar vō, das wist,
dā dasz es etwas schmertzlich ist.
auch was d' zūgē[37] args zu stat
keines er vngeheilet lat.
pös röt vñ runtzeln er schlicht
so mā mit seim gleichen gewicht
guts rosen wassers mischen dut
vñ mit eim ganfer[36] das ist gut
sein offt genossen in eim prot
ist dem fast[20] kalten magen not.
wer seinen rück grat offt mit reipt,
kalt smertzē er dar ausz v'treipt
wo man nit anders haben mag
ist er der nechst tiriack[38]
leichtert die kaum redent zūg wol
lavendel man drein legen sol.
noch ein grosz ist dar mit gewisz
er heilt der giftigen thir bisz
gelegt mit alten tüchlen ein
wasz geschwer an der lungen sein
vor ausz vō flegma pricht er auff
in wē sich schleī vñ vnflat hauff,
spar sein nit, ess sein frü mit prot,
wa es māchē erneret[39] hot.
wer sein offt in dy nasen dut,
ist für den schlag vñ troppfē[40] gut
öffnet dē hirn auch alls man seit
vñ hilfft fur die vergessenheit.
die perchtrā wurtz v'mischt d'mit
erwermt er all schlaffend gelid
die strauch vō flegma er ertzneit
ob man yn nützt zu rechter zeit
den miltz suchtigen er wol dint
vñ was paralitici sint
schickt wol dy sin v'nuft er mert
gestanck der üchsen[41] er v'zert
des gleich dy faulen flüs der orn
macht alltzeit frölichen geporn

den melancolici er frumpt
auch sunderlich er wol beküpt.
den wassersuchtigen von kelt
kallt we des hauptes er pald stelt
in einem tuch geleget dar
giftigs vnzifer fleücht yn gar
hilft dy geprochen heilen gern
wē sich im mūd dy speichel mern
halt yn dar in vñ gorgel mitt,
was weibs vor kelt enpfheet nit[42]
nieszein zīlich zu rechter zeit,
an wem das zitern sich begeit
ist er ein sunderlich ertznei
genössen zimlich vñ dar pei
dy glid pei werm geriben mit
colerici den taug er nit.
welchen er aber dinstlich sei
dy macht er kün, gehertz vnd frei.
welcher gātz truerkē sei vō wein
nimt er mit prot seī dar nach ein
vñ trinckt sein, ym v'get der doll[43]
wer sich sunst über ist so vol
niesz sein, von stunden ym v'get
die spanuñg das er pas bestet
nun hant etlich dar vō bericht
man sol yn eitel trincken nicht
sunder mit einem kloren wein
das kan mit idem nit wol sein
des lasz ichs meines teils pestan
wie man pis her sein ist gewan
noch eins ist dar von ausz geeckt
alles das was man dar einleckt
vō fisch, fleisch, vogle, wild vñ zā,
der selben keins nie feülung nam
darū sprich ich, das d' prēt wein
kūstlich bereit nit schad mag sein
aber ich hab ir lern erken
got geb er hitz, kelt, feüht vñ pren,
so eilen sie dar zu vor tag
wer sein do heim nit habē mag
setzt sich do hin mit guter ru,

seüft sein vñ frist yn wy ein ku
dort schneidē zwē ein supen[44] ein
vñ gissen dran des prentē wein,
essen vñ supen[45] sein die wett,
pis mancher all sein witz vertzet
vñ glotzt sam ein erstoches kalp,
der ander sitzt als ob der alp
all krafft im ausz gesogen hab,
der drit stelt sich als er nit hab
v'nūft[46] noch aller sinne sein
vñ nimt darpei all kūtschaft ein
ob nicht das redlein vm wil gan
pringt er selbs etwas auf die pan
mit loben, schētē[47] ien vñ dhen,
das übrig mügt ir selbs v'sten
was nutz den ādern kume drausz
für der teüfel zum first hin ausz.
manchē d' kopf ym würrbel dopt[48],
das er sich auff die panck gelopt
v'sleft als glück vñ heil den dag
der drit auff seinen pein kaū mag
den weg gemessen wider heim,
dem firden get ein gelber streym[49]
ausz seinen augen als er prin,
der .v., der meint in seinem sin
den turst dar mit geleschet han
so geüst er erst eins prunen dran
also print ym leber vnd hertz
vñ prīgt die dürr im sulchē smertz
dz waszer, pier, noch wein nit klekt[50],
pis er sich etwan nider legt.
pauch vñ dy schēckel ym gesweln
der sechst in vil andern zu veln
v'dirbt vñ stirbt in der vnru
vñ sulchs darf man nit messē zu
alwegen dem gepranten wein,
sunder dy vngeswungen[51] sein
ein gissen über all ir krafft.
dar vm was er an ydem schafft[51]
merck einer selber ist mein ler
allso spricht hans folltz barbirer.

Ungeachtet der beachtlichen Länge haben wir das Gedicht wiedergegeben, weil es viel mehr ist als ein Zeit- und Sittengemälde. Der Barbier (und demgemäß einerseits Wundarzt, andererseits durch seine Kundschaft bestens mit den sozialen Verhältnissen vertraut) beginnt sogleich damit, daß (um 1490) fast jeder gebrannten Wein trinkt. Wenn man die Erfahrung zu Rate zieht und das Für und Wider abwägt, kann er nicht so schädlich sein, wie es manche wahr haben wollen, zumal doch »die Alten« (deren Namen der Barbier vielleicht gar nicht kennt) sich so klar dazu geäußert haben – man spürt deutlich, wie hier die Gespräche der Kundschaft sich widerspiegeln. Der Barbier hütet sich denn auch, zu so verschiedenen Meinungen Stellung zu nehmen (»las ich meins teils gen wy es get«). Unter erneutem Bezug auf »die allten« zählt er statt dessen in bunter Folge auf, was wir aus den Handschriften schon vom Brannt wissen.

Dem Balsam gleicht er; aber er kann es nur, wenn er richtig bereitet ist: aus Hefen von sehr gutem Wein, ohne die bösen Zusätze, die man jetzt allgemein in den Wein tut. Wer ihn aus Bier macht, bereitet ihn falsch; »denn Weines Kraft und Bieres Art haben sich nie vertragen«[22], was durch den derben Zusatz untermalt wird, das könne dem, der Kot[23] für Balsam halte, gleich sein.

Unvermittelt darauf das Experiment mit der Wolle, die er unverbrannt zurückläßt (das alte also, mit schwachem Alkohol); daß er, angezündet, ohne Rückstand verbrennt; klarer als jedes andere Wasser, über allen Flüssigkeiten schwimmend (also die Ölprobe). Wenn man ihn mit Wasser oder Wein mischt und dann abbrennt, »riecht die übrige Flüssigkeit weit köstlicher als vorher«; wenn man ein Weinglas damit benetzt und es dann voll Wein schenkt, riecht[28] der ganze Wein wie Brannt.

Nun die lange Liste der medizinischen Wirkungen (zum Beispiel: »Wer einen Schlaganfall zu befürchten hat, kann dem mit gebranntem Wein vorbeugen…«[33]; oder: »welcher ihn trinkt, ob er gleich alt wird, bleibt er doch allewege von jungem Aussehen«[34]; oder: »in wem sich Schleim und Unflat häufen, sei nicht sparsam damit, esse ihn früh mit Brot; das hat schon manchen geheilt«[39]; oder: »öffnet das Gehirn auch und hilft gegen die Vergessenheit«).

Auf die Temperamente wirkt er verschieden. »Den Melancholici frommt er und bekommt ihnen gut«; aber »den Cholerici taugt er nicht«. »Diejenigen aber, denen er nützlich ist, die macht er kühn, beherzt und frei. Wer vom Wein ganz trunken ist, dem vergeht der Schmerz, wenn er Brannt mit Brot zu sich nimmt und ihn so trinkt.« Von dem Vorschlag, Brannt mit Wein vermischt zu trinken, hält Folz nichts; man soll es so halten, wie bisher gewohnt, also Brannt pur. Fazit: »Darum sprech ich, daß der gebrannte Wein, wenn er mit rechter Kunst bereitet wird, nicht schädlich sein kann.«

Nach dieser Feststellung folgt ein humorvolles Sittengemälde, das die anprangert, die schon vor Tag und Tau zum Brannt eilen: Wer ihn zu Hause nicht hat, setzt sich geruhsam in die Kneipe, säuft ihn und frißt wie eine Kuh. Dort schneiden zwei (Brot) in die Suppe, gießen Brannt daran, essen und saufen ihn um die Wette, bis manch einer seinen ganzen Verstand vertan hat »und glotzt wie ein erstochenes Kalb. Der zweite sitzt, als ob ein Vampir ihm alle Kraft ausgezogen habe; der dritte benimmt sich, als ob er nicht bei Vernunft und Sinnen sei… im übrigen könnt ihr euch selbst denken, was für die andern dabei herauskommt, wenn der Teufel zum First hinausfährt.«

Und nun die Folgen: dem dreht sich alles im Kopf, so daß er sich auf die nächste Bank legt und den Tag verschläft; den tragen die Beine kaum noch nach Haus; dem geht ein gelber Strahl aus den Augen, als brenne es; der wird so vom Brand geplagt, daß er eimerweise trinkt; aber Leber und Herz brennen so sehr und das Ausgedörrtsein bereitet ihm solche Schmerzen, daß Wasser, Bier und Wein nichts helfen[50] und er sich hinlegen muß, mit geschwollenem Bauch und Schenkeln; und noch ein anderer »verdirbt und stirbt«.

»Das darf man nicht dem gebrannten Wein zur Last legen, sondern die ihn so gröblich [51] über ihre Kräfte in sich hineingießen, haben es selbst zu verantworten. Darum ist meine Lehre, daß jeder selbst wissen muß, wie der gebrannte Wein auf ihn wirkt.«

Eine Kostbarkeit, das Gedicht des Barbiers Hans Folltz, wie er sich in dem ältesten Druck nennt, weil es nicht aus der Theorie, sondern aus dem täglichen Leben stammt und Ratsverlasse, Verbote, Freigabe, Herstellungsvorschriften und was nicht noch verständlich macht und mit farbigen Bildern begleitet [52]. Im Bamberger Druck von 1493 ist der Schluß noch ein wenig aufmunternder: »Merk jeder an sich selbst das und lern ihn umso besser zu trinken!«

Daß wir von »Gesprächen der Kundschaft in der Barbierstube« sprechen, will nicht besagen, daß Folz sich nicht literarisch gebildet habe. Auffällig ist, daß er keinen der »Alten« nennt, auf die er sich beruft, obgleich es doch zum guten Ton gehört, eine Autorität hinter sich zu haben. Trotzdem kann ihm ein deutscher Traktat vom Brannt schon vorgelegen haben. Als Wundarzt kennt er gewiß auch das Gutachten der Stadtärzte an den Rat.

Folz ist uns auch bei der Antwort auf die Frage hilfreich, was alles »pöse und schedliche materij« sei; denn er kennt nicht einmal Wein, sondern nur Weinhefe als Grundstoff; eine Einstellung, die zum Beispiel auch in Colmar die Ratsentscheidungen lange bestimmt. Es wird an keiner Stelle gesagt, ob Brannt aus Wein, wie ihn doch Alderotti und die andern alten Autoren einzig angeben, als zu kostbar angesehen oder der Hefe zugetraut wurde, dem Brannt noch größere Wirksamkeit zu verleihen.

Der Nürnberger Rat macht es sich mit dem Brannt nicht leicht. Achtmal werden die Einschränkungen, die er verfügt hat, allein von 1477 bis 1486 in Ratsverlassen wiederholt, worin wir sicher ein Zeichen für erheblichen Konsum sehen dürfen. Ebenso folgen dem Großen Ratsverlaß von 1496 zum gleichen Thema andere von 1504, 1505 und 1506, die zeigen, daß Mißbrauch und Unordnung nicht so leicht zu beseitigen sind.

Aber der Rat ist konsequent, auch in der Durchsetzung seiner Bestimmungen. Wer den zum Verkauf bestimmten Brannt nicht vor dem Häuslein des Weinhüters anstecken und prüfen läßt, zahlt je ungeschaute Maß ein Pfund Heller. Verboten ist, Brannt auf Vorrat und außerhalb des öffentlichen Marktes zu kaufen; wer es dennoch tut, wird für solchen Auf- und Fürkauf mit zehn Gulden bestraft.

Wenn aus »falscher Materi« (wozu auch Bierhefe und Korn rechnen) Gebranntes in Nürnberg zu Markt geführt und als ungerecht erkannt wird, soll der falsche Brannt durch den »Löwen« (den Nachrichter) in die Pegnitz geschüttet werden und der Verkäufer ohne Gnade 20 Gulden zu bezahlen schuldig sein [53]. Das steht nicht nur auf dem Papier: Im Jahr 1440 lassen die Nürnberger dem Friedrich Spalter wegen seiner Weinschmiererei die Böden von 4 Fässern, die er zu Kitzingen erkauft hatte, auf der Fleischerbrücke ausschlagen und den Wein in die Pegnitz laufen. Im Jahr 1447 läßt man in Nürnberg 3 Fässer Wein auslaufen, weil er mit Senf verfälscht war, und im Jahre 1469 wird wiederholt gefälschter Wein in die Pegnitz geschüttet, das Faß verbrannt und der Besitzer um 1 Gulden für den Eimer gestraft.

Fälschung von Brannt, die vor allem mit unsauberer Bierhefe und verdorbenem Getreide geschieht, zieht nicht nur Bußen nach sich, und es ist die mildeste Strafe, wenn die Stadt fremde Fuhrleute, die mit schlechtem Brannt auf dem Markt erscheinen, zwingt, ihn unverkauft wieder abzufahren. Grobe Fälscher werden beim Verhör gefoltert, wenn sie nicht sofort die Wahrheit bekennen wollen [54]. Das kann nicht immer glatt abgehen, sondern es gibt bisweilen außenpolitische Verwicklungen. Deswegen kommt am 8. August 1582 eine Vereinbarung über die Güteanforderungen an Brannt zwischen Nürnberg und dem Markgrafen von Bamberg zustande.

Die Nürnberger haben noch ein Verbot erfunden: Bei Strafe von 10 Pfund Heller darf auf einer Zeche (einem Fest oder einer Zunftversammlung) kein Brannt einander zugetrunken werden. Wer dieses Verbot freventlich verletzt, soll darüber hinaus an Leib und Gut gestraft werden. Ein Ratsverlaß von 1572 wiederholt das Verbot, an die Zöllner unter den Toren und sonstige Leute in und vor der Stadt Brannt auszuschenken, um Kontrollen abzumildern oder zu umgehen.

Mit unserer Schilderung sind wir in manchem schon der großen Kodifizierung des Nürnberger Stadtrechts aus der Zeit zwischen 1530 und 1550[55] vorausgeeilt, die auch eine ausführliche »Ordnung wie und welcher gstalt der geprannt wein alhie hinfür geprant, verungelt und verkauft werden solle« enthält. Sie attackiert wieder diejenigen, die heimlich und besonders an feuergefährlichen Orten Brannt aus böser Materie brennen und ebenso heimlich unversteuert verkaufen, so daß der gemeine Mann, der ihn trinkt, an seiner Gesundheit schwer geschädigt (und der Stadtsäckel um das Ungelt geprellt) wird:

»Nachdem eynem erbern rathe dieser stadt gleublichen angelangt, das sich vil ihrer burger und andere alhie in der stat und am maixten an denen orten, da sich feuers halben allerley nachteyles zu besorgen ist, geprannten wein sonderlichen aus böser materi zu prennen understeen und dann solchen bößen ungerechten wein in kleinen gefäsen unverungelt den höcknern [Kleinverkäufern] auf dem pflaster [Straße] und sonsten heimlichen verkauffen sollen, welches *dem gemeinen mann, so denselben trinken* an ihrem gesund vast schedlichen, darumb aus den und anderen ursachen ainen erbern rathe solches verner zu gedulden nit gelegen sein will, gepeten darauf ernstlich zu wollen, daß...« (folgen die Bestimmungen).

Ein neues Verbot steht am Anfang, das auch in vielen andern Städten wiederkehrt: Wegen der Feuersgefahr soll Brannt nicht mehr in der Stadt, sondern vor der Mauer in den Vororten, in den »Gärten« oder in Wöhrd und Gostenhof hergestellt werden; dadurch gibt es bald in jedem Vorort kleine Brennereien. Jeder Brenner hat den Eid zu schwören, die Brennstätte und jeden Brand dem Ungelter anzuzeigen und nur »gute gerechte materi«, das heißt Wein oder Weinhefe, zu brennen.

Wie der bisher in Nürnberg hergestellte, muß der in Wöhrd und Gostenhof produzierte Brannt vor dem Verkauf vom Weinkieser geprüft werden. Für gut befundener Brannt soll mit rotem Wachs gesiegelt werden, ungerechter, der nicht verkauft werden darf, sondern aus der Stadt geführt und in die Pegnitz geschüttet wird, mit grünem. Dieser Ratsbeschluß vom 12. Mai 1569 wird schon vier Tage später dahin geändert, »daß der gute gebrannte Wein mit rotem und der geringe mit grünem wax besigelt« werden soll; dieser wird also zugelassen, aber als zweite Ware. Hier liegt wahrscheinlich der Ursprung der Rotsiegel usw. auf Wein- und Spirituosenflaschen:

»13.) Nachdem ein erbar Rathe in glaubwirdige erfarung komen, daß viel gebrannten Weins hierher gebracht, welcher am kiesen und prob als untüchtig erkant und erfunden werden, demnach hat ein erbar rat den geschworen verordneten weinkiesren den bevehl geben und wöllen, daß der gute gebrannte wein mit rotem und der geringe gebrannte wein mit grünem wax besigelt. welche nun mit rotem und grünem wax besigelt, dieselb mögen alhie und von jedem eimer des gekiesten brandweins, so allhie verkauft wirdet, sollen der verkauffer und kaufer schuldig sein, den geschworen kiesern bemelts weins yeder 2 pfennig zur Belohnung zu geben.

Jan van der Straet (1523–1605), Das Laboratorium der Medici
(Palazzo Vecchio, Florenz, Farbaufnahme Alinari)

Von diſtillierung ·

ſy mit kleinē/ vñ d' vff dem blech werd der
offen geheßet mit eins halben rheins dick
mit vier hüllen/ vnd in der mitten des offens ein loch gelaſſen/ alſo das auch das
loch geleich. ſy dem loch des blechs die kolen dar durch zů werffen vnnd ein deckel
über das loch wol mit eſchen verdeckt vnd
in die ander hüllen/ oder löcher werd geton
gereden eſchen oder ſant in dicke zweier fin-
ger/ vnd in die eſch oder ſant werd geſetzt
pfannen oder erden/ küpfferin oder blyhin.

Aber in worheit die blyhin pfannen mögē
nit wol den ſant lyde/ ſunder ſie ſchmeltzē
od' aber gar mit kleinē fiier müeſſent ſie ge-
hitzieger werdē/vñ vff ſollich genāt pfannē werd geſetzt helm od' roſen hüt wie diſe
figur vß weiſet/vñ in ein yedes rouchloch
werd gemacht ein zapffen das fiier da mit
zů regierē groß od' clein nach deinen gefal-
len/vnd der offen ſol gehitziget werde mit
kolē od' ſeg ſpen oder loße clötz von eym rot
gerwer vñ kein holtz des form alſo iſt.

N ſollicher maſ
ſen magt du ouch ein offē ma
chē dz du mit holtz dar in brē
neſt/alſo d' es der offenn lang
iſt/vñ vōß höhe des rouſt biß zů dē blech
ſol ſein eynte ellē hoch/vnd fur die blech ſo

werd genūmē Baſel tach/vñ dz muntloch
des offens ſei vff einer in der wyte ein halb
ellen vnd in der höhe. iii. viertel einer ellen
der offen hab ouch zwei groß rouchlöcher.
ſollichen offen maſtu machen mit wie vil
helmen du wilt ꝛc.

vñ vff ſollich pfannē werd geſetzt helm od' roſen hüt
wie diſe figur vß weiſet

Decretum in senatu   Montags den 14. Maij 1569.«

Auf Blatt 321 folgt die oben erwähnte Anzeige an den Ungelter: »Es soll ein yeder, so alhie vor dieser stat gepranten wein prennen will sein treu geben und darauf schweren, das er allen und yeden gepranten wein, so durch sich oder seinen gewalt[56] vor dieser stat geprennt oder er prennen lassen, yedesmals gemainer stat Ungelter, wieviel das seye, ordentlich ansagen und in dem geverlicher weiß nichtzit[56] verhalten wölle, getreulich und on geverde.«

Aus den Ratsverlassen läßt sich im Vergleich mit anderm zeitgenössischen Schrifttum schließen, daß Brannt im 16. Jahrhundert das »Getränk des einfachen Mannes« ist, während die gehobenen Schichten Wein, häufig sogar aus Italien und Frankreich, trinken. Es sind die Soldaten, Handwerker und die Bauern, denen das Pflegamt Altdorf 1527 das Branntrinken und den Wirtshausbesuch an Sonntagen verbietet, die den enormen Branntkonsum bestreiten. Wenn Hans Sachs in seinen Fastnachtsspielen einen Schauspieler mit den Worten »Ich bin des brannten Weines voll...« auf der Bühne erscheinen läßt, spiegelt sich darin offenbar, was im einfachen Volk keine Ausnahme war. Es gibt aber auch Stellen, die zum mindesten auf Bekanntschaft des gehobenen Bürgertums und des Stadtadels mit Brannt schließen lassen.

1581 beschweren sich die Nürnberger Apotheker darüber, die ihnen bisher zustehende Kunst des Destillierens von Wässern und Ölen werde nun von allerlei Pfuschern ausgeübt. Demnach sollte es bisher ein Privileg gegeben haben? Wahrscheinlich nur eines für Arzneiwasser, zu denen das gebrannte gezählt werden konnte und das von den Apothekern in ein Monopol umzuformen versucht wird. Nachdem nun so viele Anleitungen zum Destillieren vorlagen – die Bücher von M. Schrick, H. Brunschwygk usw. –, konnte auch kein Privileg mehr mit dafür erforderlichen Spezialkenntnissen begründet werden. Natürlich gibt es, neben den ehrbaren Weinbrennern, auch jede Menge von Pfuschern und Quacksalbern.

Die »Pfuscher« sind aber vielleicht die ersten Getreidebrenner der Stadt; denn um die Wende des 16. zum 17. Jahrhundert erreicht die Welle des Kornbrennens Nürnberg. Es wird verboten, weil die Ernährungslage es nicht gestattet; von Gesundheitsschäden, wie noch ein Jahrhundert zuvor, ist nicht mehr die Rede. Auch das Bierhefebrennen, schon in der Reichspolizeiordnung verboten, war ja kurzfristig um 1530 zugelassen worden; hiergegen hatten sich die Stadtärzte allerdings noch einmal durchsetzen können. Aber die schlechten Weinernten und der starke Verbrauch durch die Soldaten während des Erbfolgekriegs und der Religionskriege erzwingen allmählich eine Liberalisierung. Während noch die Ordnung vom 6. Februar 1612 nur »gerechte Weinhefe« zuläßt, untersagt das Mandat vom 14. Oktober 1648 nur noch andere Grundstoffe (wobei vor allem an Getreide gedacht ist) als Wein- und Bierhefe.

1648 ist allerdings das Schlußjahr des Großen Kriegs, der seit 1631 Nürnberg unmittelbar berührt und die herkömmlichen Ordnungen umstößt[57]. Jeder habe, heißt es 1655, zum Schaden des andern in dessen Hantierung eingegriffen, auch in die der Pfragner, die seit alters neben den Branntweinständlern das Branntauszapfen allein ausgeübt hätten. Durch das »wilde« Brennen und Ausschenken von jedermann sei nun dem Ungeldamt großer Schaden erwachsen; in allen Winkeln und Wirtshäusern sei Brannt unversteuert ausgeschenkt und ohne Kontrolle ländlicher Brannt aus Schwabach und Roth eingeführt worden. Früher sei, erfahren wir aus diesem betrübten Rückblick, Brannt aus dem Rheinland, aus Franken und von anderswo eingeführt, an die Großpfragner verkauft und von diesen an den Fiskus versteuert worden.

Um diese durch die Kriegsereignisse weggefallene Quelle hoher Einnahmen wieder zu erschließen, setzen Rat und Pfragner sich seit 1641 zusammen; 1655 unter Einbeziehung aller, die Brannt ausschenken. Die Zahl der Brennkonzessionen wird auf 18 erhöht. Eine Schankerlaubnis wird nur an 52 der 100 wilden Auszäpfler gegeben. Nach langen Verhandlungen kommt es 1657 zur »Verneuerten Branntweinordnung«[58], in der die Verbote wiederum das Erlaubte überwiegen. Den Brennern ist das Ausschenken und das Gästesetzen im eigenen Haus ebenso wie das Hausieren in Stadt und Land verboten. Fürkauf an »verbotenen« Orten ist nicht gestattet; Übertretungen ziehen Verlust der Konzession, Wegnahme des Brennzeugs, Einreißen des Brennofens sowie die Strafen nach sich, die gegebenenfalls auf Betrug und Steuerhinterziehung stehen. Das Brennen von Getreide bleibt verboten, während das Verbot, Brannt an Festtagen zu trinken, nicht wiederkehrt. Gekiester Brannt muß vor dem Kiesstüblein auf dem Weinmarkt »in ganzen und halben Eimern«[59] feilgehalten werden, und dort haben die Pfragner und die Weinzäpfler ihren Bedarf zu decken. Können diese letzten nur weniger als einen halben Eimer kaufen, dürfen sie ihren Bedarf unmittelbar bei den Pfragnern decken. Kein Brannt darf verkauft werden, ehe er von den Kiesern geschaut worden ist; aber auch sie werden sichtlich zurechtgestutzt: Zukünftig dürfen sie nur mehr »eine Pfeife voll« aus jedem Fäßlein herausnehmen und behalten.

Aus den gleichen Pfragnerakten[60] erfahren wir nun erstmals von Zusätzen zu Brannt; denn in einem Ratsverlaß wird unter Brannt nicht mehr nur das reine Produkt von Wein und Weinhefe, sondern auch mit Zusatz von Anis und Wacholder Gebranntes verstanden. Solche Getränke wird es schon vorher gegeben haben; aber ihr Genuß hat während des Großen Kriegs sich weit genug ausgedehnt, um dem Rat Bestimmungen nahezulegen. Es geht ihm wohl gar nicht um die Heilkräfte des Wacholders, sondern wahrscheinlich wollte man, wozu Anis wie Wacholder sich besonders eignen, den brandigen oder Fuselgeschmack überdecken. Nürnberg war zudem ein Haupthandelsplatz für Gewürze und Samen von Heilpflanzen. Der Wacholder, typische Pflanze der Jurahalden, kann geradezu als charakteristisch für Franken angesehen werden. Daß auch für Anis- und Wacholderbrannt die Vorschrift des Kaufs nach halben und ganzen Eimern gilt, läßt auf bereits erhebliche Produktion schließen.

Die schöne Ordnung, die 1657 bewirkt werden sollte, hält nicht lange vor, da es dem Rat wie dem Ungeldamt an Möglichkeiten zu ihrer Durchsetzung fehlt. 1697 gibt es schon wieder an die hundert Branntweinständler und zu viele Brenner, in der Stadt wie in den Vororten. Ein Verzeichnis von 1704–1705 führt 123 Brenner auf, in jedem Vorort und Dorf der Umgebung mindestens einen oder zwei, mit je einem bis vier Kesseln[61]. Das Gutachten des Ungeldamts[62] schlägt 1697 sogar vor, schlechtes Getreide (allerdings aus städtischen Magazinen) zu brennen. Gleichzeitig führen die Pfragner Beschwerde darüber, daß heimlich unversteuerter Brannt vom Land in die Stadt geführt wird und daß die Weißbierbrauer um die Erlaubnis nachgesucht haben, Brannt herstellen zu dürfen...

Schon im 17. Jahrhundert wird ausländischer Einfluß auch in Nürnberg spürbar. Gleich nach dem Großen Krieg gibt es wieder italienische Seide- und Früchtehändler, die auch die italienischen Rosoglios und Liköre, zusammen mit andern mit Gewürzen, Heilkräutern und Drogen versetzten Spirituosen, nach Nürnberg bringen. Frankreich findet, ungeachtet der Bestrebungen Colberts um Autarkie und Drosselung der Einfuhr und trotz den häufigen Kriegen, über seine Hoftafel auch mit Spirituosen in Deutschland Eingang. Nürnbergs große Bedeutung liegt nun weniger in der Produktion als im Handel, wobei der Gewürzhandel und die Beziehungen zu Italien besonders bedeutsam sind. Das wird erhärtet durch die Erwähnung des Imports italienischer Rosolis und die vielen Gewürzliköre, die später aufgezeichnet werden. Es ist anzunehmen, daß im 17./18. Jahrhundert Nürnberg der bedeutendste deutsche Handelsplatz für ausländische Liköre ist. In der Stadt werden zunächst einfache Sorten hergestellt, dann aber nach französischen und italienischen Vorbildern auch feinere.

Ein sichtbares Zeichen ist der Orangenlikör. Damals, als in Nürnberg ein grundlegendes zweibändiges Prachtwerk über Orangenzucht gedruckt wird und die »Orangerien« an den deutschen Fürstenhöfen entstehen, wird Orangenlikör mit der Bezeichnung Rosoli in Nürnberg produziert, und zwar von den Großpfragnern, die bereits das Brennen von Brannt betrieben. Wir wissen sogar, daß der Besitzer eines Pfragnerhauses, Georg Paulus Leinberger, zwischen 1790 und 1800 mit selbsthergestellten Rosolis die Frankfurter Messe besucht. Als sein Haus, das sogenannte blaue Haus bei St. Lorenzen, am 4. Mai 1803 an J. Roesel übergeht, erwähnt der Übergabebrief unter anderm Flaschen zum Machen von bitterem Branntwein, Tiegel zum Ansetzen von Kräutern, ein schönes Brennzeug zum Rosolimachen aus Kupfer (40 Pfund schwer) nebst den zugehörigen Vorlegegläsern[63].

Im 18. Jahrhundert erscheinen zahlreiche gedruckte Anweisungen zur Selbstherstellung von Likören durch Destillation oder Ansetzen und helfen der Likörverbreitung im Bürgertum nach. Die Drucke scheinen eine Spezialität der Nürnberger Verleger gewesen zu sein; angefangen 1703 mit dem anonymen »Cüriösen, Künstler... Kunst-, Haus- und Wunderbuch«[64], dem schon 1705 Franciscus Phil. Florinus einen »Klug- und Rechtsverständigen Hausvater« folgen läßt. In dem Cüriösen Wunderbuch werden 28 Rezepte zum Ansetzen von Likören im kalten Verfahren mitgeteilt; Florinus behandelt den Brannt auf Seite 1220–1222. Gleich über dreihundert Seiten verteilt gibt das »Frauenzimmer- ... -Handbuch« im Jahr 1715[65] Anleitungen zum kalten Ansetzen von Likören.

1789 erscheint in Nürnberg ein »Kunst- und Wunderbuch«, das Kurzrezepte für »kräftige Schlagwasser« bis zu »Wachholderwasser« übermittelt[66]. Es ist nur folgerichtig, wenn Nürnberg 1792 auch führend in der Anweisung für Kartoffelbrannt wird: »Nicolaus Müllers freundschaftliche Belehrung an seine Landsleute über die leichteste und sicherste Art aus Kartoffeln einen recht guten Branntwein zu gewinnen[67].«

Um 1800 erhalten wir einen sicheren Einblick in den Zustand des Branntwesens in Nürnberg durch Johann Ferdinand Roth[68]. Hier seine Schilderung aus dem dritten Band:

»Der Branntweinhandel war in ehemaligen Zeiten, wo dessen Konsum stärker war als jetzt, ein bedeutender Theil des hiesigen Handels, und es kamen auf dem Rhein und Main viele Transporte von französischen Branntweinen und aus Italien Quantitäten von Rosoglio und süßen feinen Branntweinen hierher, die meist in das nördliche Deutschland versendet und verkauft wurden. Seitdem der Consum dieses Getränks abgenommen hat und beinahe überall Branntwein gebrannt und Liqueur und Rosolio gemacht wird, ist dieser Artikel kein bedeutender Gegenstand des hiesigen Handels mehr.«

»Die vielen kleinen Brennereien, die hier sind, liefern inzwischen mehr als hier verbraucht wird und haben meistens den Detailverkauf dabei. Die starken, mehrmals abgezogenen Brandweine zu chemischen Arbeiten, für Apotheken und feine italienische Rosolis sind noch Gegenstand des Handels. Sie werden teils hier, teils auswärts abgesetzt, müssen in öffentlichen Niederlagen deponiert werden und sind, wenn sie hier konsumiert werden, einem Ungeld unterworfen.«

Es gab also zwei Sorten Brannt; eine einfache, meist in Kleinbetrieben, vielleicht nur einmal destilliert, als billiges Volksgetränk; ohne Zusätze oder mit einfachen Zusatzstoffen. Größere Betriebe lieferten einen mehrfach destillierten Alkohol für chemische und medizinische Zwecke und zur Herstellung feiner Liköre.

Die Branntweinschau, sagt Roth[69], werde durch die eigens bestellten Schauer in Begleitung des Marktknechts durchgeführt. Sie ist also bis zum Ende der Reichsstadt aufrechterhalten; aber die Weinkieser sind nun – wann wissen wir nicht – durch Branntweinschauer abgelöst. Erleichtert ist der Handel mit ausländischem Brannt; denn er muß nicht versteuert werden und wird in öffentlichen Transitlagern bis zum Weiterverkauf aufbewahrt.

Die alte Ordnung konnte die Napoleonische Zeit, während der Nürnberg zu Bayern kam, nicht unverändert überdauern; sie bleibt aber soweit als möglich erhalten. Beibehalten werden die alten Realrechte der Großpfragner und ihre Privilegien zu Herstellung und Verkauf der Rosolis. Zwar werden, als Übergang zu einer Art Gewerbefreiheit, großzügig neue persönliche Konzessionen erteilt, aber erst nach Erbringen eines Befähigungsnachweises, den bisweilen ein Gerichtsarzt, bisweilen ein Apotheker abnimmt. Produktion und Ausschank bleiben getrennt. Nach 1826 werden zum Beispiel noch Konzessionen zum Ausgeben von Punsch erteilt[70]. Wer wegen Kundenmangels nicht brennen will, behält die Konzession, läßt sie aber ruhen. Trotz großzügiger Handhabung der Gewerbeaufsicht bleiben also Produktion und Verkauf von Brannt wie der Handel mit ihm konzessioniert[71].

Die Konzessionierung wird sogar am 5. Februar 1841 erheblich verschärft: den Branntweinbrennern und Rosolifabrikanten wird wie im 18. Jahrhundert der Ausschank an Gäste und der Verkauf unter $1/_8$ Eimer verboten. Nur die Gütekontrolle ist seit der Einführung des Befähigungsnachweises fortgefallen.

1811 gibt es in der Stadt Nürnberg 11 Branntweinbrenner und 2 Brenner von wohlriechenden und pharmazeutischen Wässern; 19 Brenner sind es 1812 im Landkreis Nürnberg. Nach einer Eintragung des Katasters brennen auch die Bierbrauereien in der »stillen« Jahreszeit, wenn kein Bier gebraut wurde. 1822 gibt es in der Stadt 50, im Landbezirk 19 Brenner; danach geht die Zahl wieder zurück. Die Brennereien werden als »Fabriken« registriert, weil sie feste Anlagen haben, technische Kunstfertigkeit erforderlich ist und auf Vorrat für »Export« gearbeitet wird. Sie sind aber meist noch Kleinstbetriebe; erst seit etwa 1850 wird die Betriebsform größer und leitet damit in die Neuzeit über, die wir ausgeklammert haben.

Die Bairische Landesordnung von 1553 regelt in ihrem fünften Titel (Prantweinordnung) nacheinander das Verbot, im Haus oder Laden Brannt auszuschenken; seinen Ausschank nur an Werktagen und nur auf Stühlen oder Schrägen; die Festsetzung und Bekanntgabe des Preises; die Beschränkung des Branntausschanks der Wirte auf Übernachtungsgäste; Strafbestimmungen; das Verbot des Getreidebrennens und den Ausschank des Bierhefebrannts, der besonders gekennzeichnet werden muß und nicht mit anderm Brannt vermischt werden darf:

»In disem Buch bairischer Landsordnung seind begriffen die gmainen Landpot[1], Satzung und Gepreuch des Fürstentums Obern und Nidern Baiern, wie dieselben reformiert, gebössert und im fünfzehenhundertdreiundfünfzigisten Jar seind publicirt worden.

Von Gottes Genaden, wir Albrecht, Pfalzgrafe bei Rein, Herzog in Obern und Nidern Bairn etc., tun hiemit kund meniglich, wiewol… zu Erhaltung Friden, Rechtens, christenlicher Zucht und Erbarkait, auch zu Fürderung gmains Nutz allerlai erbarer guter Ordnungen, Statuten, Satzungen und Landpot aufgericht seind, … so ist doch offenlich in Erfarung und am Tag, daß dieselben in vil Weg übertreten worden, daß auch in etlichen ungleicher Verstand[2] eingerissen, daraus allerlai Mißbreuch, auch zwischen den Landsässn[3] und Inwonern unsers Fürstentums vil Gezenk, Hader und Beschwerung der armen Undertanen entstanden, wie Uns dann deshalb bis anher vil Klagen fürkomen seind, auch Wir durch unser getreue Landschaft underteniglich ersucht worden, zu Abstellung solcher Mängl gebürlich und stattlich[4] Einsehen ze tun…

Fünfter Titul. Prantweinordnung.
Erster Articul. Daß füran kain Prantwein im Haus oder Laden geschenkt und ausgeben werden soll.
Nachdem über vilfaltig hievor ausgangen Verbot mit überflüssigem Trinken des Prantweins in unserm Fürstntum ain schödlicher, großer Mißbrauch entstanden, dardurch nit allain der gmain Man sein Gelt unnutzlich und zu Abbruch sein, seiner Weib und Kinder Narung verschwendet, sonder auch vilen Personen tödliche Krankheit und Verkürzung ires Lebens verursacht wirdet, so haben wir Uns demnach mit Rat unser Landschaft zu Abwendung solchs Mißbrauchs nachfolgender Ordnung entschlossen und wöllen darauf mit ganzem Ernst, daß fürohin kainer mer ainichen Prantwein, er werde von andern Orten in unser Fürstntum gefürt oder darin geprent, bei Verlierung desselben, im Haus oder Laden weder haller- oder pfenwerdsweis, wenig noch vil ausschenken oder ausgeben noch auch ainich Trinker dabei setzen, sonder und zum andern alle die, so den Prantwein auf Widerhingeben kaufen oder selbs prennen, sollen den allain mitainander under den Raifen in Fassen oder zu ganzen, halben und viertl Emern, auch maßweis und kains Wegs darunder verkaufen. Doch die, so den Prantwen nit in ganzen Pantn[5] oder Fässern, sonder allain Emer, auch halb und viertl Emer, und maißweise verkaufen und hingeben wöllen, sollen den allain denen geben, die solchen Prantwein nachgeschribner Maßen nach dem Pfenwerd[6] und Hallerwerd auf den Schrägen[7] oder Stülen failhaben oder (das kundlich ist) zu der Erznei gebrauchen.

Ander Articul. Wie der Prantwein auf den Schrägen soll verkauft werden.

[1] Zum drittn, wer den Prantwein ainziger weis zu Haller- und Pfenwertn hingeben und verkaufen will, der soll denselben, wie nechst hievor gemelt, in kainem Haus oder Laden, sonder an ainem offnen Platz oder Gassen, so die Obrigkait in Stetn und Märktn sonderlich darzu verordnen sollen, auf ainem Stul oder Schragen, darzu auch in Glösern und kainer Kandl oder Flaschen offenlich failhaben und ainem jeden, der sein begert, ain Haller- oder Pfenwerd ausmessen und über zwai Pfenwerd ains Tags oder Morgens niemand geben noch auch um Gelt oder sonst jemands ungemessen Prantwein trinken lassen.

[2] Und solch Failhaben und ainzig Verkaufen des Prantweins auf den Stülen oder Schrägen, wie jetzgemelt, soll an ainem darzu verordnetm Ort beschehen, also daß dieselben Hingeber an ainem Platz oder Gassen bei ainander und nit hin und wider zerstreuet oder von ainander sitzen. Wo aber nach Größe und Glegenhait ainer Stadt oder Markts vonnöten sein wolt, mer Ort zu verordnen, das soll zu der Obrigkait Erkantnus und Mäßigung steen, also daß der Ort des failen Prantwein nit zuvil seien[8].

Dritter Articul. Daß man den Prantwein allain an den Werchtägen failhaben soll.

[1] Es soll auch das Failhaben des Prantweins allain an den Werchtägen zu Morgens Summerzeiten von Sant Georgen bis auf Sant Michaels Tag von vier Uhrn bis auf acht Uhr und im Winter von Sant-Michaels-Tag bis wider auf Sant-Georgen von sechs Uhr bis auf neun Uhr vor Mittag und nit lenger bschehen.

[2] Aber an den Hochfestn, Sontägen und andern gebotnen Feirtagen soll niemand den Prantwein failzehaben gestatt werden, bei Verlierung desselben Prantweins und anderer Straf.

[3] Und wie disen Hingebern[9] als jetzgemelt verpotn ist, jemand ains Morgens oder Tags über zwai Pfenwerd Prantwein ze geben, also wöllen Wir auch den Trinkern des Prantweins hiemit in allem Ernst bei schwerer Straf geboten haben, daß kainer ains Tags oder Morgens mer dann aufs maist zwai Pfenwerd trink. Welcher aber zu Verschimpfung dises unsers Gebots fürnemen und mainen wolt, wann er bei ainem Hingeber zwai Pfenwerd genomen hette, daß ime desselben Morgens oder Tags bei ainem andern und also füran mer Prantwein ze trinken oder ze nemen frei und zugelassen wäre, der soll des jetz lauter[10] verstendigt und bericht sein, daß ime dasselb hiemit zum höchsten und bei schwärer Straf verpotn ist, und soll ain jede Obrigkait durch ire Amtleut und Diener bestellen, auch sonder fleißig Aufmerken haben lassen, wann ain solcher, der ains Tags an mer dann an ainem Ort Prantwein getrunken hette oder durch solch überflüssig Trinken des Prantweins ungeschickt und trunken wäre, betreten würde, daß si denselben nach Glegenhait seins Stands und Wesens[11] in die Straf annemen.

Vierter Articul. Von Satzung des Prantweins.

Zum vierten soll auch allenthalben in unserm Fürstntum durch die ordenlich Obrigkait ain Satz auf den Prantwein, nemlichen wie ain ganzer und halber Emer, Viertl und Maß, dergleichen auch wievil um ainen Pfenning und Haller gegeben werden solle, gemacht und in solchem jederzeit dem gmainen Kauf nach die Rechnung und Satzung fürgenomen werden.

Fünfter Articul. Wie dise Ordnung den Verkaufern des Prantweins anzaigt werden soll.

Und damit sich kainer, der sich des Prantweinhandels und -schenkens understeet, in ainich Weg mit Unwissenhait zu entschuldigen hab, so soll ain jede Obrigkait dieselben Hantierer und Verkaufer des Prantweins für sich erfordern und den- oder dieselben solcher Ordnung wol erindern, auch vor der Straf gewarnen.

Von satzung des Prantweins.

Branntweinsatzung der bairischen Landesordnung von 1553

Sechster Articul. Wie die Wirt und Gastgeben den fremden Gesten
Prantwein geben mügen.

Es soll auch allen und jeden Gastgeben und Wirtn in Stetn, Märktn und auf dem Land hiemit ernstlich und bei schwärer Straf verbotn sein, iren Gesten den Prantwein anzebieten. Wo aber ain fremder, über Land raisender Gast zu Morgens an seinen Wirt, bei dem er die Nacht zu Herberg gwest, ains Prantweins begert, den mag er ime geben, doch sonst niemand anderm. Sooft aber ainer oder mer solchs übertretn und iren Gesten den Prantwein anbietn oder seinem Nachpaurn oder jemand anderm umsonst oder ums Gelt geben wurden, der- oder dieselben sollen jedesmals derhalben um ain Pfund Pfenning gestraft werden.

Sibender Articul. Von Handhabung dis Gebots.

Zum fünften und letsten, damit ob disem unserm Gebot desto statlicher gehalten werden müg, so wöllen Wir unsern Pflegern, Richtern und andern unsern Amtleutn, die Gerichtsverwaltungen haben, von ainer jeden Straf, so nach Inhalt dises unsers Gebots des Prantweins halb ubertretn wirdet, den vierten Tail und den Underamtleuten den achten Tail gefolgen lassen. Es sollen auch die andern Obrigkaitn, nemlich die Unsern von der Landschaft, welchen die Straf zusteen, iren Underamtleuten und Amtsknechten gleichen Tail in solchen Strafen, die wider dis unser Gebot bei inen verschult [12] werden, verordnen und zusteen lassen, damit si zu Handhabung solchs unsers Gebots dester fleißiger Aufsehen haben.

Achter Articul. Kainen Prantwein aus Getraid ze prennen.

Als Uns auch glaublich angebracht worden, wie sich etlich, unangesehen der Hochgültigkait[13], darinnen der Getraid ist, understeen, aus Waiz, Gersten und dergleichen Getraid Prantwein zu machen, und aber solchs gemainem Nutz hochschedlich und, wo es gestattet, zu merklichem Abgang und Staigerung[14] des Getraids raichen wurde, demnach wöllen Wir solchs hiemit allem Ernst und bei Vermeidung schwärer, unnachläßlicher Straf genzlich abgeschafft und verpotn haben.

Neunter Articul. Vom Prantwein aus Pierleger.[15]

Dieweil auch aus dem Pierleger Prantwein gemacht wirdet, damit dann solcher Prantwein von meniglich erkant und in seiner Achtung ausgeben, auch sonst allerlai Gfar damit verhütet, so soll die Obrigkait verordnen, daß derselb allemal an ainem bestimten Ort mit sonderm Zaichen failgehabt und verkauft werde. Ob sich auch ainer hiewieder understeen wurde, denselben anderer Gestalt oder under ainem andern Namen failzehaben, auszegeben oder geferlicher Weise ainem andern Prantwein zu vermischen, der soll der Gebür und Notturft nach darum gestraft werden.«

Die Landesordnung ist ein unschätzbares Dokument, und sie gewinnt als Kodifikation noch an Bedeutung, weil es bereits vorher Bestimmungen gibt, die, beginnend mit dem Jahr 1526, uns miterleben lassen, wie die Rechtstexte der Landesordnung, hier bezogen auf die Stadt München, allmählich Gestalt gewinnen.

Die kurze »Ordnung Branntweins halben« datiert sich selbst auf den 3. Oktober 1526. Es ist ein Ratserlaß an alle, die Brannt in München handeln und ausschenken; die ihn brennen, sind – wie eigentlich noch in der großen Zunftordnung von 1575 – nicht erfaßt. Wer ihn pfennigs- oder hellerwert ausschenken will, darf keinen offenen Laden haben und es nicht in einer Kanne tun, sondern nur glasweise auf einem Stuhl oder Schrägen, also auf einem Marktstand; Ausschank in Häusern ist verboten; damit sind die »Branntweinschenken« genau eingegrenzt.

Wer den Brannt eimer-, halbeimer-, vierteleimer- oder maßweise »ausschenken« will (so steht es hier; aber nur die Brannthändler und der Brannthandel sind gemeint), darf in seinem Haus keine Gäste setzen und keinen Laden haben. Ihm steht auch nicht der glasweise Ausschank zu, sondern er darf (den von ihm bezogenen) Brannt exportieren (»auf das Lannd mugen sy den ausgeben«) oder an die Detailverkäufer (»oder denen so den pranntwein furter nach dem pfenwert ausschennkhen wellen«), oder sie dürfen ihn schließlich einem »Piderman«[16] geben, der ihn als Arznei zu Hause braucht (aber mit Nachweis, »das kuntlich ist«, sagt die Landesordnung).

Zum Schutz des Gemeinwohls (»alle gefärd[17] zuuermeiden«) sind Amtleute und Richtersgehilfen angesetzt, die alle Kannen, die sie auf den Schrägen finden, einziehen und Anzeige erstatten, damit des Rates Strafe alle trifft, die über und gegen das Erlaubte Brannt ausschenken oder trinken.

Dazu gibt es, was wir heute Hintergrundmaterial nennen würden: ein Dokument über die Situation, die den Ehrsamen Rath diser Furstlichen Stat München zwingt, solch einschränkende Bestimmungen (die noch einmal aufgezählt werden) zu erlassen. Das Stadtarchiv München möchte das zweite Dokument »um 1545?« ansetzen; aber der Zusammenhang ist so eng, daß mindestens ein Entwurf dem Erlaß von 1526 vorausliegen wird. Nicht umsonst heißt es 1526, der Rat habe »alle, die so prannten wein hie schennckhen eruodern[17] lassen vnnd Inen furgehalten«; ihnen ist also das Ergebnis der Überlegungen persönlich mitgeteilt worden. Diese lauten:

Der Rat ist sich der Tatsache bewußt geworden, daß ohne Bedürfnis[18] überflüssiges und unanständiges Trinken und Mißbrauch des Brannts zur Ursache vieler beklagenswerter Untugenden[19] und Laster geworden ist. Nicht allein schaden sich die, die Brannt so ungebührlich verschwenden, und fügen sich gefährliche Trunkenheit zu; sondern es kommt zu »verrittunng der Synn vnnd gänntzlichen abfall der vernunfft also das nachmallen aus solchem vnnd so hoch beschwärlichem vertunckhlung des liechts menschlicher vernunfft vnnd verstannds nachennd all vnnd sonndderlichen die hochsten laster vnnd synnd hereruolgen«; also zur Zerrüttung der Sinne und gänzlichem Verfall der Vernunft. Aus derartiger Verdunklung des Lichts menschlicher Vernunft und des Verstandes gehen dann die schwersten Laster und Sünden hervor.

Die so weit gekommen sind, vergessen und verachten auch die uns so fest ans Herz gelegte[20] Liebe Gottes und beschädigen und verletzen ihren Nächsten an Leib und Gut: »dann da wierdt aus vergesslichait zuruckhstellunng[21] vnnd verachtunng der hailsamen vnns so hoch eingebunnden liebe Gottes vnnd vnnsers nächsten Got vnnser haillannd mit vil greulichem fluechen vnnd lässtern auch volgennds der nechste Cristenmensch durch zuegefuegte beschedigunng verachtung vnnd sonnst in manigfalltig wege an leib vnnd guet hochangegriffen belässtiget beschwärt vnnd verletst«; ganz davon zu schweigen, welchen Schaden, wer solcher Trunkenheit verfallen ist, sich selbst und den Seinen an Ehre, Leib und Gut zufügt, welch schändliches, leichtfertiges Leben er annimmt, welchen schweren Krankheiten er sich aussetzt, und wie er durch sein faules und verantwortungsloses Treiben und Hantieren sein ererbtes und erdientes Gut aufzehrt:

»zugeschweigen was verderblichen vnraths[22] Ime ain iedlicher durch solche trunckhenhait so derselben im gebrauch für sich selbs vnnd die seinen erweckhe vnnd aufflade an Eer, leib vnnd guet alls durch anemunng leuchtferttiges schanndtliches lebens befürdrunng ganntz schwär vnnd ellennder leibskrannckhaiten vnnd dannen durch vnachtsamkait[23] aignes thuens vnnd hanndtierens mit angehenngtem vnnotturfftigem verschwenndten vnnd abzeren des gewunnen vnnd eroberten guets.«

Das zu dulden ist der Rat nicht länger gewillt: »Also das dem allen nach ainem Ersamen Rathe solches vngebierlich beschwärlich thuen vnnd augenscheinlicher verderblicher abfall seiner vnndderthanen lennger zu gedulden ainicherlai weis nit gelegen vnnd ganntz vngemaint sein wil.«

Daß die Bestimmungen, die nun folgen, genau denen entsprechen, die wir zum Jahr 1526 nannten, hier aber mit dem Zusatz »hinfüro« versehen sind, läßt uns das Sittengemälde näher an den Beginn des 16. Jahrhunderts rücken.

Der Rat spricht von denen, die den Brannt täglich »zu morgens zeiten« ausschenken; die für uns erstaunliche Bestimmung, daß jeder nur im Sommer von 4 bis 8 und im Winter von 6 bis 9 Uhr in der Früh Brannt trinken darf (so die zitierte Landesordnung), ist also schon in Kraft. Trinken darf jeder aber nur zwei Gläser; das ist der wesentliche Grund dafür, daß die Schrägen nur jeweils an einem Ort und nebeneinander stehen. Wer solches Schenkgebot übertritt, verliert die Existenz:

»welche aber solchs wie es sich fuegte ybertreten den würden alsdann aus Raths beuelch dye Schragen sambt allem pranntwein vnnd geschierrn darauf genommen auch verrer ainicher[24] prantwein fail zehaben allerding ganntzlich verboten vnnd gar khains wegs vergont noch gestatt werden.« Genauso werden die Branntweiner (das heißt die Brannthändler) vermahnt; wenn einer hinterlistig befunden würde[25], wird der Rat ihn »mit vngunst« strafen, also ohne Vergünstigung.

Alle Amtspersonen sollen nicht nur Schenken und Branntverkäufer anzeigen, wenn sie zuwiderhandeln, sondern auch, wenn sie jemand betrunken antreffen, ihn in die Stube des Büttels oder das Narrenhaus – je nach der Person und der Schwere des Vergehens – bringen. Demgemäß werden die möglichen Sünder verwarnt, sich nicht nur vor Strafe, sondern auch vor Spott zu hüten:

»wa sy auch yemannds so ainem Ersamen Rath dißfalls vnndderworffen mit ybrigem trunckh des Pranntweins beladen vnnd vngeschickht sein spuren vnd antreffen werden denselben alsdann ze stund an auf aines Ersamen Burgermaisters beuelch in die Schergenstuben oder Narrenheusl nach gelegenhait der person vnnd derselben verbrechens zefueren vnnd hierin niemannds zuuerschonen. Der halber sich menigelich[26] yetzerzellter ordnung gebots vnnd verbots halber vor Straff vnnd gespött zuuerhuetten… vermannt vnnd gewarnet sein solle.«

Ein anderes, ebenso ausführlich gehaltenes Dokument, das sich nicht genauer als auf das 16. Jahrhundert datieren läßt, bringt wesentliche Ergänzungen; denn es ist das Gutachten der dazu vom Ehrbaren Rat Beauftragten über Besteuerung, Ausschank, Strafen und was damit zusammenhängt. Hier hören wir kein Wort von Lastern und Zerrüttung, sondern sachlich und genau wird das Procedere festgelegt. Nur der Vorspruch enthält eine Generalentschuldigung: »Da es nicht möglich ist, dem gemeinen Mann (obgleich das für ihn nützlich und gut wäre) den Brannt vorzuenthalten oder zu entziehen, ist es ratsam erschienen, die nachstehende Ordnung zu vollziehen und in Kraft zu setzen.«

Wenn darauf zu lesen ist, daß das Umgeld von jedem Eimer sechzehn Maß – das ist der vierte Teil! – betragen soll, entsteht nicht mehr der Eindruck, es tue den Münchnern leid, daß sie den Branntgenuß dem gemeinen Mann nicht »abstricken« können. Auf das Umgeld soll besonders auch bei Einfuhr an den Toren geachtet und mit den »wein marckhts officirn« abgestimmt werden, daß nur ordentlich gesiegelter und eingeschriebener (also versteuerter) Brannt zum Verkauf gelangt.

Das Feilhalten in Gläsern soll nicht an allen Stellen erfolgen, »allein aber bey den Offnen Statthornen Item vnnder den Pögen[27] der Inneren Stat vnd dann vor den Kirchhöfen yeboch so solle man sich solches failhaltens an den Hohen festen Sonntagen vnd anndern gepotnen Feyrtägen allerding gentzlich enthalten«.

Hart wieder die Strafbestimmungen: »Welche das aber was massen das beschehe vbertretten wurden, denen möchten zu straff vileucht nit vnfueglich die Schregen sambt allem Prantwein vnd geschiren darauff genomen vnd dann verrer den Pranntwein fail zehaben verpotten vnd gar kains wegs mer vergunt vnd gestatt werden.«

Um die Ordnung durchzusetzen, soll außer den öffentlichen Bediensteten »auch annderen in gehaim beuelch gegeben werden, Ir fleissig aufmerckhen zehaben«; nicht nur zur Erhaltung der Bestimmungen, sondern auch, um Betrunkene aufzuspüren: »wo Sy Yemandts mit vbrigem trunckh des Pranntweins beladen vnd desshalber vngeschickht[28] spüren vnd antreffen würdn, das Sy demselben alsdann souerr er Hofgesind dem Herrn Marschalckh[29] wo aber das Er der burgerlichen Obrigkhait vnndderworffen ainem Burgermaister fur zefuren, damit allsdann derselbe verprecher nach gelegenheit seiner vbertrettung mit gefenngkhnus oder dem Narren Heusle oder sunst nach notturfft gestrafft würde«. Die Angeber erhalten vom verwirkten Gut ein Drittel oder Viertel und für jede trunkene [30] Person, die sie vor die Obrigkeit bringen, 42 Denare – eine erkleckliche Summe.

Da es sich um Ausführungsbestimmungen zur Ordnung von 1526 handelt, wird dieses Dokument um 1540 anzusetzen sein.

Ein Vermerk unter dem davor genannten, das wir an den Beginn des 16. Jahrhunderts stellten, lautet »Pranntweins Ordnung vnnd vngellt dauon« und erweist das Dokument schon dadurch als Beratungsunterlage; denn vom Ungeld steht nichts darin. Daß es aber in der Diskussion ist, läßt sich aus einem Schreiben entnehmen, das 1546 »Euer Fürstlichen Gnaden vnndderthenig gehorsam Burgermaister vnnd Rathe der Stat München« an Herzog Albrecht richten. Entgegen den Fürstlichen Befehlen und Ordnungen, sagen die Münchner, ist der Brannt an vielen Orten seit Jahren unversteuert [31] feilgehalten und verkauft worden. Die Stadt München hat sich an die Befehle zu halten gesucht und an die vierzig ihrer Bürger, die sich dagegen vergangen haben, zur Rechenschaft gezogen (»mit dem Thuern vnd sonst notturfftiglich [32] gestrafft«).

Das hat aber keinen andern Erfolg gehabt [33], als daß eine Zeitlang kein offenes Ausschenken mehr zu bemerken war, während tatsächlich der gemeine Mann genauso unziemlich Brannt getrunken hat wie zuvor. Nur ist er ihm jetzt nicht aus München, sondern »haimblich in vill vnd manigerlai verdeckht weg aus den neben anstossennden vnd vmbligennden orthen vnnd fleckhen, alda Er vnuerpoten furnemblich aber von Augspurg vnnd Freysing alheer bringen lassen« (wovon der Stadt München das Ungeld entgeht!).

Die Situation ist noch konfuser geworden, seit dem Christoff N. vom Fürsten erlaubt wurde, den erwähnten Brannt öffentlich und an jedermann auszuschenken, was zur Folge hat, daß andere das gleiche tun. Die Münchner berufen sich deshalb auf ihre Ordnung (von 1526), die nach ihrer Ansicht zweckmäßig war und den Fürstlichen Hofräten seinerzeit zugestellt worden ist. Darin wurde auch dargelegt, »das solchem vnnserm vorhaben vnd abstrickhung [34] des Prantweins yberfluss villeicht auch nit wenig diennstlich vnd erschieslich [35] werden mochte wo ain Ansechlicher vnd geleich beschwerlicher vngellt darauf geschlagen würde, dann hieraus verhofflich«; das heißt die Münchner warnen davor, ein zu hohes Ungeld zu erheben. Die Herren fürstlichen Räte haben sich der Sache bislang nicht angenommen, wird mit einiger Ungeduld erklärt (»dieweil sich ... derselben hochlöblich fürstlich Räte diser sachen nit vnnderfahen wellen«), so daß nichts geschehen ist, während »dannoch so wierdet vnangesehen alles verpots Pranntwein in mercklichem verschleiss abgezert [36], dauon aber Euer Fürstlichen Gnaden vnnd dann alhie zu München vns von gemainer Stat wegen der Vngellt, welcher auff ettliche mer hunndert gulden iärliches einkhumens mit gueter gelegenheit gebracht werden möcht, enntzogen«.

Das ist ein durchschlagendes Argument, mit dem die Münchner um gnädiges Einsehen ihres Fürsten bitten, »damit die gebür vnd notturfft [37] erhalten werden möchte«. Wir nehmen an, daß Herzog Albrecht sich diesem Ansuchen nicht verschlossen hat und die Bairische Landesordnung von 1553 in ihrem Teil V das Ergebnis der »genadig einsehung« darstellt.

Ihr folgt schon ein Jahr später zwar noch immer keine Zunftgründung, aber eine genaue Ordnung »des Meet Beschauen« und eine andere »den Prandwein zue Beschauen«, also eine städtische Qualitätsprüfung. Die vom Met hat die dreifache Länge; das wird gewiß dem damaligen Verhältnis entsprechen. Kein Met darf künftig ausgegeben werden, ohne vorher von den durch den Rat dazu Verordneten gekostet und beschaut zu sein; die Metkessel sind mit Petschaft der Stadt München zu versehen und zu versiegeln. Wer Met sieden will, muß die drei Beamten anfordern, damit sie das Siegel abnehmen; aber sobald er »die sudt volpracht wierdt haben«, erscheinen die drei erneut und versiegeln den Kessel wieder, während »die geschworen fiesser [38] zu der selbenn stundt den gesodnen Meet fissierenn, vnnd In ain schreybtaffel Auff schreybenn vnnd Verzaichnen, Nachmalls den selben ordenlichen in ain Registern einschreyben, damit derselbig an dem vngellt werde vervngellt, vnnd den Beschaueren Iern Beschau gellt darouon geraychet vnd gegeben werden«, und das wird wegen der »groß vnnd villfeltigen Miehe, so sy mit dem Offtbeschauen miessen haben«, im einzelnen so genau festgelegt, daß es den wesentlichen Inhalt der Beschau-Ordnung ausmacht.

Da kann es nicht verwundern, wenn auch gleich der erste Absatz der Ordnung der Branntbeschau festlegt, daß den von einem Ehrbaren Rat verordneten »prandtweingeschauern« für ihre Mühe des Beschauens und Kostens 1 Kreuzer zu geben ist. Dafür haben sie alle Fässer und Fäßchen mit Brannt, die zum Ausschenken eingelagert werden, zu schauen und zu kosten, aber nicht nur diese:

Alle acht oder vierzehn Tage sollen die Branntbeschauer in der Stadt herumgehen und allen Brannt, der auf den Stühlen [39] angeboten wird, kosten und prüfen, ob er gerecht, ungefälscht und gut, wie er aus den Fässern kommt, verkauft wird (bei anderm Befund beschlagnahmen [40]). Für diese Mühe steht aber den Prüfern kein Beschaugeld zu.

Zusammen mit der Zunftordnung von 1575 und dem Vorentwurf dazu von 1571, die wir im Zunftkapitel behandelt haben, gewinnen wir ein genaues Bild von Erzeugung, Ausschank und Verkauf, soweit es die Stadt München betrifft. Im Land tat man sich schwerer, wie die wiederholten grimmigen Erlasse der Herzöge dartun. Einer der wichtigsten ist der des Herzogs Maximilian vom 2. Januar 1604. Ausgehend von der Feststellung, daß Brannt nur aus Wein- oder Biergeläger gebrannt werden darf [41], zählt er ausführlich auf, was da verbotener Weise alles gebrannt und auf den heimlichsten Wegen in Verkehr gebracht wird; nämlich Brannt aus Weizen, Obst, Cranbetber [42], Malz, Kräutern und andern Sachen…

und »dergleichen gebrennter und verbotener Pranntwein haimblicher weiß aus den vmbligenden Ländern… in grosser Anzahl herein gebracht, Item von verdorbnen Burgers- und Bauersleuthen, Söldnern vnnd Ingehäusern [43], In vnsern Landtgerichten und Hofmarchen, Stätten vnd Märckten hauffenweiß gebrennt, folgents vntereinander vermischt vnd… Im Lande… hin vnnd wider geführt vnnd getragen, Alßdann bey den Fuhrmans- und andern Wierthen, In Stätten vnd Märckten, auch auf dem Gey [44], bey Mesnern, Kirch- vnd Probsthäusern… in haimblichen Orten vnd Wincklen verkaufft, außgeschenckt und vertriben werden solt, Welches in vil weg [45] schedlich vnd vnleidenlich [46], auch hierdurch vns als Landtsfürsten der gebürend Vngelt, Also auch vnserer lieben und getrewen Landtschafft der Auffschlag entzogen würdet.«

Dem folgt die Mahnung, den Policey- und Landtrechten, wie auch der Auffschlags-Instruction genau nachzukommen und fortab nicht »ainigen Pranntwein, der auß obangedeuten verbotnen Materien gebrennt, verkauffen« zu lassen. Zur Überwachung wird zugleich angeordnet, daß nur noch in den Städten und Märkten gebrannt werden darf; hingegen tritt für das Land, auch wo Brauereien und Wirtshäuser sind, ein völliges Brennverbot in Kraft:

»den jenigen auff dem Landt, so aigne Preustätt [47] oder Schenckstätt haben vnd auß jhrem aignen Hepffen vnd geleger Pranntwein brennen wöllen / ainicherley Pranntwein, der werde gleich gebrennt auß Materi er jmmer wölle [48] / zubrennen nicht verstattet.«

Aber auch die Städte und Märkte haben keine Freiheit, wo und bei wem gebrannt werden soll: »So ist demnach vnser ernstlicher Befelch…, das in ermelten [49] Stätt und Märckten die

Obrigkait ain gewiß vnd aigens Orth, da der Pranntwein allein und nirgents anderst wo gebrennt werde, verordnen vnd fürnemen.« Zu der einzigen Brennstätte gibt es Meldepflicht und einen Beauftragten, der ein Verzeichnis zu führen hat: »Hierüber auch von Obrigkait wegen jemand tauglichen deputieren, ohne dessen vorwissen kain Pranntwein gebrennt, vnd was verstandnermassen mit vorwissen gebrennt, ordenlich verzaichnet...[50].«

Der Herzog schließt mit den vertrauensvollen Worten »Thun Wir vns zugeschehen verlassen«; aber die häufige Wiederholung in späteren Jahren zeigt, daß die Monopolstellung des Brennens aus Wein- und Bierhefe[51] nicht zu halten war. Die späteren Reglemente erwähnen deshalb nicht nur die »unnachlessige Straff« für Missetäter, sondern setzen sie fest, so das Dekret des Herzogs Karl Albrecht vom 10. Mai 1730, das sich auf das General-Mandat seines Vaters, des Kurfürsten Maximilian, vom 15. März 1689 beruft »wegen des außländischen... Brandweins verbottenen Einführung..., und was auff diejenige, so sich mit derley verbottenen Geträncks Hereinschleichung betretten lassen, für eine Bestraffung geschlagen; wobey auch sonderbar[52] geordnet worden, daß sowol die Beambte, als jeden Orths Obrigkeiten, wann dißfalls ihrerseits ainnige Connivenz[53] mit unterlauffen wurde, erstens 50. Reichsthaller Straff zu erlegen angehalten, das anderemal aber Sie Beambte ihres Diensts, und die andere Obrigkeiten ihrer Stöllen[54] entsezt.«

Das väterliche Generalmandat, auf das Bezug genommen ist, liegt uns im Original vor:

»Von Gottes Gnaden wür Maximilian Emanuel, ... Herzog... des Heÿl. Röm. Reichs Erz Truchsess und Churfüst, ... Entbieten allen und jeden Unsern HofRaths Praesidenten, Vizthomen, Rentmaisteren, Pflegern, Pflegs Commißarien, Kastnern[55], Mautnern, Zollnern, derselben Gegenschreibern, und allen anderen Unseren Beamten, wie nit weniger denen von Unserer lieben und getreuen Landschafft von allen Ständen, desgleichen allen Hofmarchs Innhaberen, und insgemain allen Burgerlichen Obrigkeiten, in Unseren Städt- und Märckten Unseren Gruß, und Gnad zuvor.

Nachdem bißanhero die Erfahrung gegeben, und mehr als zuviell bekant, daß im Jahr hindurch auf allerhand gesuchten abweegen, Unseren vormahls öfters ergangenen gemessenen abschaffungen und befelchen zugegen, allerhand ausländisches Bier, zu Verschlagung Unserer Präuhaußer, und Bier Verschleiß, wie auch der Wein, und Brandtwein besonders an denen gränizen gegen Schwaben, und Tÿroll, zu Unserem und Unser lieben, und gethreuen Landtschafft, in Abtragung des Umgelts, und Aufschlags geraichenden mercklichen Nachtheill, Schaden und abbruch, hauffenweis in Unserer Landen heimlich herein schleiche, nit weniger auch von denen Fuhrleuthen, und Sämeren[56], in kleinen Fäßlein auf dem Land heimlich verschwärzt werde, weßwegen Wür zwar unterm 21.ten Februars jüngst abgescheindten 1688: Jahrs, sonderbahr beÿ jenigen Gerichteren, wo die Gefahr der Einschleichung des Fremden Getrancks am größten, einige Fürsechung gethann, jedoch den abgesechenen Effect nit allerdings erhalten haben, so daß Wür eine solche ungebühr, längers nit mehr zusechen wollen.

Alse haben Wür Insonderheit die bey Unserem Tabacks *Assalto* gebrauchte Senserische, anjetzt von unserem *Independenten Commercien Collegio* eigens hierzu bestelte, und angeordnete *Contraband* Überreuter[57], aidlich hierauf verpflichten lassen, auf diese ausländischen Biers, wie ingleichen des Weins- und Brandweins, verbottene Einführungen, ausser gewisser Orten, für welche ein Specialverwilligung vorhanden, ihre genau, und fleißige obacht zu haben, mit dieser darauf geschlagenen Bestraffung, das der jenige Würth, oder andere Landes-Unterthann, oder Außländer, wer der auch seÿn mag, der in solcher Untreue ergriffen, und wider dies Unser Ernstlich geschöpftes Verbott, mishandlend erfunden wird, zum erstenmahl von jedem Emmer 30 f[58] /: davon ein Drittl dem Erfinder[59], das ander Drittl jedes Orts Obrigkeit, wo solche *Contraband* aufgebracht wird, zugehört, und der übrig verbleibende dritte Theil, zu ernannt Unserem *Commercien Collegio,* um Unserer weiteren Disposition willen, einzusänden :/ zu bezahlen angehalten werden solle, welche Straff nit weniger auch gegen denen jenigen, so derleÿ getranck *in fraudem legis,* noch in geringerer *quantitet,* jedoch desto öfter, und wohl nur Maaßweis, hereinbringen, der *proportion* nach vorzunehmen ist.

Solte ihme aber jemand diese Bestraffung kein gewahrung seÿn, sondern sich das andermal mit der verbothenen getrancks hereinschleichung, straffbahr betretten lassen, so soll derselbe mit einer wohlergibigen Geldstraff angesehen, und noch darzu eine zeitlang im zuchthauß alhier wohl empfindlich abgebüsset werden, und ist diese bestraffung allein von denen vermöglichen zu verstehen. Soviel aber die unvermögliche Übertretter, dies Verboths anbelangend, seÿnd sie alsogleich nach beschechener anzeigung beÿ Gericht von da ohne alle weitere Berichts Erstattung in allhiesiges Zuchthauß, auf ihren Unkosten zu liefferen[60]; Damit aber auch vorernannt von Unserem Comercien *Collegio* angeordnete *Contraband* Überreuter des billichen Schutzes genüssen, und an ihren *visitationibus,* oder anderen Verrichtungen destoweniger Hinderung vervüren[60], So wird jedermänniglich von aller widerwärtigen Anmassung gegen sie hiemit gewahrnet, und abgemahnt, mit dieser angehängten ernstlichen *Commination,* und Bethrohung, daß mann nit unterlassen wird, gegen dem jenigen, so sich an ihnen mit schimpflichen Worthen, oder Wercken zu vergreiffen, oder an Erweisung ihrer Schuldigkeit, und Vollziehung ihrer habenden gemessenen Befelchs zu hindern, erkühnen würde, eine Namhaffte Exemplarische Bestraffung vorzukehren.

Dieß ist nun Unser widerholt gdistr. Befehl, Ernsthaffter Will, und Maÿnung, also zwar, und dergestalten, daß *in puncto contraventionis,* dieser Unserer *generalien* Unsere Beamte, desgleichen auch jedes Orths Obrigkeit, so oft das geschicht, und einige *Connivenz*[61] von ihnen mit unterlauffen würde, Erstens zur Straff 50: Reichs-Thaller – halb dem Erfindern zu bezahlen, und die ander helffte zu Unserem *Commercien Collegio* einzusenden gehalten – das andrmahl Unseren Beamten ihres Diensts, die andr Obrigkeit aber, ihrer Stellen entsetzt, wie auch gegen denen Hoffmarchs Inhabern mit anderwertigen Einsechen verfahren werden solle. Zumahlen auch wider die beÿ denen gerichtern aufgestellte Amtsleuth und Schärgen am maisten dis geklagt würdet, daß Sie mit denen Würthen, und anderen dergleichen Übertretteren, unter der Deck ligen, und gegen einem gar schlechten genuß *Conniviren,* wohl auch selbsten ihren Pflüchten zugegen das verbottene getranck herein bringen, und andern hierzu würcklichen Vorschub geben, dessen beÿ verschaidenen *Inquisitionen* etliche *Connivirt* worden. Alse wollen Wür nit weniger alles Ernsts befohlen haben, daß, welcher Amtmann, oder Schärg hierinnen durch die Finger sehend, oder ein selbst Übertretter erfunden, derselbe ohne Mittl seines Diensts entsetz, und ihm noch darzu die zuchthaus straff bevorstehen solle.

Solch allem nach wollen Wür angeregt Unsere vorige ergangene *generalia,* all ihres Innhalts, nochmahl hieher widerholt, bestettigt, und gnädigst *Confirmirt,* auch dergestalten in allen und jeden puncten darob zu halten hiemit gnädigst befohlen haben, alswann sie hierinnen von worth zu worth eingetragen wären. Dahero dann dies Unser widerholtes gnädigstes *general Mandat* zu männiglicher wissenschaft, gleich nach Empfahung desselben gewohnlichermassen zu publicieren, auch alle Jahr wenigst Einmahl offentlich abzulesen, und daß solches würcklich beschehen, zu obgedachten *Commercien Collegio,* unterthänigst allwegen gleich nach dem Neuen Jahr zu überschreiben ist, wornach sich ein jeder zu richten, selbiges schuldigst zu *respectieren,* zu vollziehen, und mithin vor denen darinnen enthaltenen Straffen zu hüten weiß. Geben in Unserer Haupt- und Residenz Stadt München den 15ten Merz anno: 1689:

Ex Commißione Serenißimi Domini
Ducis Electoris: propria.«

Auch der Erlaß von 1730 muß zugeben, die Erfahrung habe bisher gezeigt, daß weder Beamte noch andere Inhaber öffentlicher Ämter dieser Anweisung Folge geleistet und »den ihnen untergebenen Ambtleuthen die erforderlichgenaue Sprechhaltung nit auffgetragen, mithin derley *Contrabandierer,* durch solche Nachläßigkeit in ihrer Untreu nur mehrers angefrischet und gestärckt haben«. Die Folge ist, daß »in Unsern Landen zu Bayrn eine große Menge unberechtigter Brandwein-Brenn- und dergleichen Schenckstätt oder Winckl-Brandwein-Häuseln sich befinden, allda der Brandwein auß allerhand Früchten und andern Materialien in zimlicher *Quantität* erzeigt und verleuth gegeben[62] würdet, welchen zur Verschlagung[63] unsers aignen Brandweins mercklichen Nachthail, Schaden und Abbruch...«.

Darum wird außer der Wiederholung der bisherigen Bestimmungen befohlen, »die hin und wider im Land vorhandene unberechtigte Brandwein-Brennstätt und dergleichen Zäpflereyen mit Außreißung der Kösseln[64] und Abnemmung des Geschirrs und Brandweins alsogleich abzuthun, auch... öfftere *Visitationes* vorzukehren, damit keine neue Kösseln eingesetzt und auf obige Weiß zu dem Brandwein-Brennen gebraucht werden, welche auf Befund sambt dem Brandwein ebenfalls zu *confisciren,* und gegen denen Übertrettern noch anzue die gebührende Straff vorzunemmen.«

»... Sovil hingegen die erlaubte offentliche Einführung deß Oetsch-[65] und anderen Wein-Brandweins betrifft, da solle es damit ... gegen Entrichtung der Gebühr, auf solche Weiß gehalten werden, als es bißhero *observiret* worden und die Lands- und Pollicey-Ordnung vermag[66].«

Ursprünglich war die Einfuhr ausländischen Brannts frei; als sie aber zu einer Konkurrenz für die einheimische Produktion wird, untersagen Mandate von 1689, 1707 und 1720 die Einfuhr ausländischen Bierhefebrannts, während nach den angezogenen Bestimmungen von 1604 und 1730 Wein-Brandwein weiter importiert werden darf[67].

Gemäß der Aufschlagsordnung von 1612 und dem Landrecht von 1616 durfte auf dem Land jeder zu seinem Hausgebrauch Brannt herstellen; aber die Brandstätte mußte – auch wegen der Feuergefahr – angemeldet und obrigkeitlich genehmigt sein. Diese Bestimmungen werden durch die oben zitierte Beschränkung der Brennerlaubnis auf die Städte und Märkte wesentlich eingeschränkt; vor allem wohl, weil das Brennen auf dem Land schwer zu kontrollieren und Verwendung von Brotgetreide zu Kornbrannt besonders zu befürchten ist.

Ausgehend von der Entwicklung des 16. Jahrhunderts in München, sollten wir ein Bild von Erzeugung, Verkauf und »Veredlung« zu zeichnen versuchen, das auch die späteren Jahrhunderte einschließt. Wir machen dabei die erstaunliche Beobachtung, daß vieles, was wir dem Mittelalter zuzurechnen geneigt wären, bis zur Mitte des 19. Jahrhunderts in Kraft ist...

1. Brannthandel und Brannterzeugung.

Die Brannterzeugung ist bis 1575 jedermann gestattet, spielt aber in der Stadt München keine wesentliche Rolle. Die 1575 gegründete Zunft versteht unter »Prantweiner« ausschließlich die Brannthändler; die Prandtwein Prenner werden nur kurz und oberflächlich in einem Nachtrag erwähnt. Wahrscheinlich liegt der Schwerpunkt des Brennens gar nicht bei berufsmäßigen Prandtwein-Prennern, sondern bei den Wirten, auf die wir gleich kommen.

Im Jahr 1584 wird »den Pranntweinschennckhen... durchaus verbotten, neben ihrem Pranntwein auch Medt fail zehaben«. Da in den neun Jahren seit der Zunftordnung kein neues Reglement erfolgt ist, sind die Pranntweinschennckhen deutlich die, welche auf den Schrägen glasweise ausschenken. Die Prantweiner, die ursprünglich nur Händler waren, sind vor 1646 in den Brandweinbrennern aufgegangen; denn in diesem Jahr treten zwei Zünfte – die Prandtweinbrenner und Prandtweinschencken – auf. Das läßt sich weiter verfolgen; denn 1618 ist die Schenkenzunft mit einem Mitglied, ebenso 1633 aufgeführt, und schon 1649 und in der Folgezeit gibt es nur die Zunft der Prandtweinprenner, die die Schenken aufgesogen hat.

Die eingangs im Wortlaut angeführte Landesordnung von 1553 spricht von denen »so den Prantwein auf Widerhingeben kaufen oder selbs prennen«; sie kennt also Brenner und Händler. Die Landesordnung gilt aber für das ganze Fürstentum Ober- und Niederbayern, nicht für die Stadt München allein. Klar ist ihre Trennung, daß »unter den Reifen in Fassen«, in Gebinden und Fässern, Handel getrieben, also importiert und exportiert werden darf, während Verkauf in Eimern und darunter nur an die Ausschenker auf den Schrägen und an die erlaubt ist, die Brannt nachweislich zur Arznei brauchen.

Zur Herstellung sind Bier- und Weingeläger (kein Wein!) zugelassen. Wegen des Zunftzwangs haben die Bierbrauer ihr Geläger den Branntweinbrennern zu überlassen. Brannt aus Wacholder und ähnlichem darf nur zur Arzneibereitung an Ärzte und Apotheker verkauft werden.

Das Getreidebrennen ist verboten. Dieses ständig erneuerte Verbot wird erst durch die Verordnung vom 11. Februar 1807 aufgehoben, die eine Art Gewerbefreiheit bringt; denn das Brennen aus Früchten (= Getreide) wird nicht allein den Branntweinbrennern, sondern auch den ansässigen Landwirten und Unternehmern freigegeben[68].

Dem war durch die Mandate vom 19. Februar 1794 und 10. August 1795, die das Brennen aus Kartoffeln allgemein gestatten, eine partielle Gewerbefreiheit vorausgegangen. Das wird als Grundsatz des freien Brennens aus selbst erzeugten Früchten ausgelegt und insoweit durch eine Entschließung der Kurf. Landesdirektion vom 27. Februar 1805 bestätigt. Diese verbietet aber zugleich das anscheinend seit 1794 aufgekommene Brennen aus gekauften Stoffen allen, die keine Konzession dazu besitzen.

Durch Verordnungen vom 21. Dezember 1804 und 12. März 1812 erhalten die Bierbräuer das Recht, ihre Bräuabfälle – also vor allem die Hefe – selbst zu brennen. Ein Teil von ihnen verkauft sie, wie wir den Protokollen späterer Jahre entnehmen können, weiterhin an die Branntweinbrenner.

Die Prantweinprenner haben schon seit 1616 eine mächtige Konkurrenz; denn die Polizeiordnung dieses Jahres erlaubt den Weingastgebern (den alten Gastgeben), aus ihrem eigenen Weingeläger Brannt zu erzeugen, was 1804 und 1812 bestätigt wird. Ebenso ist den Weinwirthen (als den Nachfahren der alten Leitgebe) die Erzeugung von Brannt aus dem eigenen Weingeläger erlaubt.

Hingegen sind die Rosogliobrenner bis zum 19. Jahrhundert, als ohnehin von Beschränkungen kaum mehr gesprochen werden kann[69], nur als Likörhersteller, nicht als Brenner bezeugt.

Thomas Wyck (1616–1677), Alchemistenwerkstatt
(Herzog-Anton-Ulrich-Museum, Braunschweig)

vnd distillier | in dem ofen genant den faulē heintzen

magst du nach allem deinem gfallen solche Distillieröfen bereyten in mancherley form vnd gestalt (Ryff, 1567)

dz oberteyl | als der helm der den geyst empfahet | vñ wider von yhm geben ist | soll stan vnd geregiert werden in dem wasser (Brunschwygk, 1532)

Die Bilder (aus einem handkolorierten Brunschwygk-Exemplar) werden mit Genehmigung der Herzog-August-Bibliothek Wolfenbüttel reproduziert

2. Branntausschank und -verkauf sind ungleich schwieriger abzugrenzen.

Nach den Vorschriften der Landesordnung von 1553 (wiederholt in der Polizeiordnung von 1616) darf Brannt nur an Werktagen im Sommer von 4 bis 8 Uhr in der Frühe, im Winter von 6 bis 9 Uhr ausgeschenkt werden, und zwar auf offener Straße an einem von der Obrigkeit bestimmten Platz[70]. Dort müssen alle Branntverkäufer nebeneinander feilhalten, schon um zu überwachen, daß eine Person an demselben Tag nicht mehr erhält, »als um einen Kreuzer Werth« zu trinken. Der Verkauf ist nur auf Stühlen oder Schrägen in Gläsern, nicht in Krügen oder Flaschen, erlaubt und an Sonntagen ganz verboten.

In Häusern darf (ab 1575 nur von Mitgliedern der Prantweiner-Zunft) nicht unter einer Maaß, also nur en gros, verkauft werden. Diese Bestimmung kommt allmählich außer Gebrauch, so daß – ab etwa 1640 – die Branntweiner auch en detail im Hause verkaufen. Den dafür festgesetzten Preis haben sie am Hauseingang auszuhängen.

In der Folgezeit orientieren wir uns am besten nach den Verboten. Durch Magistratsbeschluß vom 6. April 1821 wird den Obstlern (= Obsthändlern) der Branntverkauf untersagt. Den Lebzeltern ist er schon durch die Zunftordnung von 1575 verboten. Da es immer wieder Übertretungen gibt, kommt am 1. Februar 1815 vor der Polizeidirektion München ein Protokoll zustande, in dem die Lebzelter ebenso wie die Bäcker erklären, daß sie Brannt weder en gros noch en detail verkaufen oder Handel damit treiben dürfen (der Wortlaut steht auf Seite 48 f.).

Noch 1833 wird durch Entschließung der gleichen Polizeidirektion bekanntgemacht:

»1. Der Minutoverschleiß (Kleinverkauf) des Branntweins... ist nur denjenigen, welche die Conzession schon besitzen, dann den berechtigten Branntweinbrennern (also den Zunftmitgliedern) und den offenen wirtschaftsführenden Gewerben (also den Wirten und Gastwirten), außerdem aber keinem andern Gewerbe gestattet.

2. Diejenigen Personen, welche die Branntweinerzeugung nach der Verordnung vom 11. Februar 1807 (also der Einführung der Gewerbefreiheit) als freies Gewerbe betreiben, sind auf den Absatz im Großen... beschränkt.

3. Die hiesigen Spezereihändler und Krämer, dann die in den Vorstädten befindlichen Salzstößler, da diese mit den Krämern gleiche Rechte genießen, sind daher nur befugt, Liqueure in Bouteillen zu verkaufen. Zum Branntweinverkaufe sind sie dagegen nicht berechtigt, und ebensowenig dürfen sie Liqueure ausschenken.

4. Unter Branntwein wird übrigens auch aller auf kaltem Wege eingesetzte, weiße und gefärbte Branntwein verstanden.«

Die Konkurrenz der Wirte hatte zu einer Hofrathsresolution vom 20. August 1646 »wegen Hereinbringung und Verkauffung des Prandtweins« geführt, worin die Wirte (die Wüerths-Zunfft) »mit ihrem begehrn, den Prandtwein hereinzebringen und darin zu verschleißen hiemit abgewüsen« werden; näheres steht auf Seite 50 f.

Die erneuerte Zunftordnung vom 17. Januar 1657 bestätigt mit ihrem Verbot des Branntschenkens für alle, die der Zunft nicht angehören, dieses Recht den Branntweinbrennern. Zugleich wird nicht nur das Verbot des Getreidebrannts erneuert, sondern auch sein Ausschank und damit jeder Handel mit ihm streng verboten:

»14. Soll die ausschenkhung deß Brandtweins, die solchen nit selbst prennen, vnd dieser Zunfft nit einverleibt seindt, gar vnd genzlich verbothen, vnd abgeschafft sein.

15. Soll nit allain den Zunfftgenossen der Brandtwein aus Waiz, Gersten, vnd anderm Getraidt, weil solches Gemainen nuz sehr schädlich ist, Brandtwein zumachen, sondern so wol

ihnen alß anderen hießig: vnd frembden dergleichen Brandtwein zu verleytgeben[71] gar und genzlichen abgeschafft sein.«

Um der städtischen Einnahmen willen geht die erneuerte Zunftordnung vom 5. Mai 1751 sogar den Klöstern und dem Landadel unverzagt zu Leibe:

»*Vüerzechentens,* Soll die Ausschenkhung des Prandtweins ... Klöstern, Pierzäpflern, Herrschaftlichen Haus Meistern, und Anderen vom Landt ... in was Sorten Prandtweins seyn: oder bestehen möge, gar: und gänzlichen verbotten seyn.«

Die hergebrachten Rechte der Branntweiner geraten in Gefahr, als die Verordnung vom 11. Februar 1817 den detail-Verkauf von einer Konzession abhängig macht, die anscheinend nur in sehr begrenztem Umfang erteilt wird. Die k. Polizeidirektion München erklärt aber dezidiert am 28. Dezember 1815 einem Landgericht: »Ein jeder hiesiger Branntweiner darf sein Fabrikat im Großen wie im Kleinen verkaufen und auch Gäste setzen.« Dagegen wird sichtbar Sturm gelaufen; denn in einem sehr aufschlußreichen Bericht an das k. Gen. Kommissariat des Isarkreises muß die k. Polizeidirektion ihre Aussage begründen:

»Diejenige Auskunft, welche die geh. unterzeichnete Behörde dem k. Landgericht N. gab, ist in Wahrheit gegründet. Seitdem in München Branntweiner existiren, verkaufen dieselben im Großen, wie im Kleinen, haben zu dem Ende ihr eigenes Zeichen gegen die Straße heraushängen und schenken auch den in ihr Haus kommenden Gästen. Der §. 9 der dießorts recht wohl bekannten Verordnung v. 11. Februar 1807 scheint auch hieher nicht anwendbar zu sein; denn die hiesigen Branntweiner verkauften stets im Kleinen. Der im Jahre 1807 noch bestandene Magistrat hat auch diese allerhöchste Verordnung nie in Anwendung gebracht.

Ob sie aber nun in Anwendung kommen solle, nachdem die Branntweiner das Recht an das Geläger der Bräuer verloren haben, nachdem ihnen bedeutend erhöhte Gewerbssteuern auferlegt wurden, nachdem beinahe ihr einziger Erwerb dadurch entsteht, daß Taglöhner von der Straße in ihre Wohnung gehen und Branntwein genießen, ob ihnen auch dieses wohlerworbene Recht entzogen werden solle, wird gnädigstem Ermessen anheimgestellt.«

Dem verschließt sich das Generalkommissariat nicht; denn am 18. April entscheidet es: »Es sind zwar die hergebrachten und wohlerworbenen Rechte der hiesigen Branntweinbrenner durch die allerhöchste Verordnung vom 11. Febr. 1807, welche keine zurückwirkende Kraft haben kann, keineswegs aufzuheben, es hat sich aber die k. Polizeidirektion bei Verleihung von neuen Conzessionen dieser Art oder bei Wiederbesetzung erloschener Branntweinbrenners Conzessionen, nach den Bestimmungen der angezogenen Verordnung genau zu achten.«

Andererseits sind die Rechte der Branntweiner beschränkt: »Dem Branntweinbrenner N.N. ist die Bierabgabe an andere, als an seine bei ihm übernachtenden Gäste bei Strafe von 5 fl. zu untersagen und zwar mit dem Bemerken, daß er die Befugniß zur Bierabgabe aus dem Rechte der Bierwirthe und der Bierbräuer, welche ihren Gästen auf Verlangen vermöge ihres Zapfenrechtes auch Branntwein vorsetzen dürfen, nicht ableiten könne« (Magistratsbeschluß vom 29. Mai 1832); »Dem b.[72] Branntweiner N.N. ist zu bedeuten, daß den Branntweinern die Bereitung und der Verkauf von Liqueur und Arrak nicht zukomme und er sich daher des Verkaufs derselben bei Vermeidung von 5 fl. Strafe zu enthalten habe« (Magistratsbeschluß vom 21. Januar 1840); »Der Branntweinerswittwe N.N. ist auf die Beschwerde des Bierwirths N.N. zu bedeuten, sie habe sich des Ausschenkens von Bier an Individuen, welche nicht als Schrannenmarktgäste[73], Bothen oder Karner bei ihr zufahren und einstellen, – sowie des Haltens einer förmlichen Bierzechstube bei Vermeidung einer Strafe von

10 fl. zu enthalten« (Magistratsbeschluß vom 21. Dezember 1841); »Dem Branntweiner N.N. wird auf die Beschwerde des Essigfabrikanten N. hiemit bedeutet, es stehe ihm als Branntweiner nicht zu, Essig zum Verkaufe zu führen, sei es selbst bereiteten oder erkauften...« (Magistratsbeschluß vom 29. November 1842).

Natürlich dürfen die Brenner auch in der Beherbergung mit den Wirten nicht in Wettstreit treten; aber:

»Die Beherbergung der zum Besuche der Schranne hieher kommenden Bauern ist den b. Branntweinern, welche bei ihren Häusern Stallungen haben, zu gestatten, nachdem die unterm 21. März d. J. hierüber vernommenen Bierwirthe N.N. selbst die bisherige Ausübung dieses Rechts durch die Branntweiner nicht widersprechen, und die Einrichtung der den Letztern gehörigen Häuser und die dabei befindlichen Stallungen das jenes Recht begründende Herkommen noch bündiger beweisen...« (Entschließung der Regierung des Isarkreises vom 27. Mai 1817).

Hier haben sich die Wirte, die an der in den Stallungen der Brennereien nächtigenden Kundschaft wenig verloren, einmal großzügig gezeigt; aber sonst sind sie, wie bei der Erzeugung, als Mitbewerber beim Absatz immer gegenwärtig. Ihr Gewerbe besteht seit früher Zeit; eingeteilt, wie wir an anderer Stelle ausgeführt haben, in die Gastgeb, die Fremde beherbergen, und die Leitgeb, die sich nur mit dem Ausschenken befassen. Beide gehörten einer gemeinsamen Zunft an, die wohl 1414 entstanden ist und zuerst »Zunft der Schenken«, dann »Wirthszunft« heißt. Geschenkt wird Wein (meist aus Tirol und Italien), auch Met; Bier kommt erst langsam auf. Mit der Zeit verbinden die Bierbrauer mit dem Bierausschank auch das Beherbergungs- und Gastungsrecht, die Methschenken erhalten das Recht, Gäste zu setzen, das nun auch die Branntweinbrenner beanspruchen, während die andern Gewerbe neben ihren Getränken ebenfalls Brannt ausschenken wollen.

Durch die Polizeiordnung von 1616 gewinnen die Weingastgeber das Recht, nicht nur aus ihrem eigenen Weingeläger Brannt herzustellen, sondern auch im großen zu verkaufen. Dasselbe gilt für die Weinwirthe. Beide sind zudem im Verkauf geistiger Getränke unbeschränkt, so daß sie auch Brannt »sowohl in ihren Gastzimmern als über die Straße in jeder beliebigen Quantität abgeben dürfen«[74]; denn nach den »zur Anwendung kommenden Normen ist es nicht nur Recht, sondern auch Pflicht des Gastwirthes, seine Gäste mit allem, was zur konvenablen Bewirthung gehört, zu bedienen. Diese Bewirthung umfaßt aber nicht nur die Bedienung der Gäste mit allen Gattungen von Lebensmitteln, welche zur Erhaltung des menschlichen Lebens absolut nothwendig sind, sondern auch die Befriedigung der Bedürfnisse des höheren Lebensgenusses, der erlaubten Ergötzlichkeit und Bequemlichkeit[75].«

Das ist nicht immer so gewesen; denn Artikel 62 der Zunftordnung von 1566 untersagt noch den Gastwirten (ausgenommen den Fall, daß sie selbst eine Branntweinbrennergerechtsame besitzen) das Gästesetzen zum Branntwein. Die Landesordnung von 1553 räumt ihnen aber, wie ausgeführt, schon die Befugnis ein, Brannt auszuschenken, wenn der Fremde, der ihn verlangt, bei ihnen übernachtet hat. Die Branntweinbrenner hingegen sind nur befugt, »in den bei ihren Häusern besitzenden Stallungen die zum Besuch der Schranne[73] hieher kommenden Bauern und die Boten zu beherbergen, ohne jedoch ein Schenk- oder Gastrecht auszuüben«.

Bei der Konkurrenz der Wirte bleibt es nicht. Mit dem Brennrecht gewinnen die Bierbrauer seit 1804 auch das Recht, den von ihnen erzeugten Brannt en gros und en detail zu Hause und über die Straße zu verkaufen. Die Verordnung vom 29. Januar 1841, die den

Kleinverkauf von Brannt von einer Konzessionierung abhängig macht, hat auf die Bierbrauer, die zu diesem Zeitpunkt schon bestehen, keinen Einfluß, »da sie (durch die Verordnungen von 1804 und 1812) Inhaber von den realen Rechten gleich geachteten radizierten Gerechtsamen sind«[76].

Die härtesten Mitbewerber werden seit dem Anfang des 18. Jahrhunderts die Weinbranntschenken, die später Rosogliobrenner heißen. Es wird berichtet, die ersten »Rosogliobrenner« in München seien italienische Früchtehändler gewesen. Das ist aber unglaubwürdig; denn diese Bezeichnung findet sich erst 1810 in den Akten, während zuvor ganz andere Namen belegt sind. Ebenso fragwürdig ist die Bezeichnung »Brenner«; denn auch diese taucht vor dem 19. Jahrhundert in keiner Bezeichnung dieses Gewerbes auf. Es spricht alles dafür, daß die »Weinbrandweinschenken«, die der Zunft der Weinwirte inkorporiert waren, von diesen Brannt aus Wein bezogen, den sie zunächst, wie er war, dann allmählich »veredelt«, absetzten. Der von ihnen ohne Erlaubnis in die Wege geleitete Import wird schon 1732 wieder abgestellt.

In den Gewerbsverzeichnissen der Jahre 1618 bis 1649 kommen »Destillateure« in sehr geringer Zahl vor. Es ist anzunehmen, daß dies die gleichen sind, die in München um 1700 »Weinbrandweinbrenner«, »Weinbranntweinschenken« oder »Branntweinschenken« genannt werden – lauter Bezeichnungen, die genauso für die Branntweiner gebraucht werden konnten, zumal diese »Schenken« nicht, wie man aus den Namen schließen könnte, eine besondere Ausschankgerechtsame hatten.

Ihr Gewerbe soll »bis in neuere Zeit immer nur als ein Nebenerwerb angesehen und entweder von alten Bürgersleuten oder von Gewerbtreibenden, welche zugleich mit einem andern Gewerbe begabt waren, häufig von den Früchtehändlern ausgeübt worden« sein. Noch 1845 heißt es: »Die Rosogliobrenner bildeten daher auch zu keiner Zeit eine besondere selbständige Zunft, sondern waren seit älterer Zeit den Weinwirthen einverleibt. Gegenwärtig aber stehen sie in eigenem Zunftverbande resp. Gewerbsvereine. Zunftartikel besitzt jedoch dieses Gewerbe nicht[77].«

Das hat nicht verhindert, daß die Branntweiner und Rosogliobrenner zunächst hart aneinandergeraten, bis ein Kurf. Hofrathsregulativ vom 18. Juni 1732 die Abgrenzung vornimmt:

»V.G.G. Carl Albrecht etc.

Yber vnsern vorhin vnderm 4. Juny, wegen vorgewester Brandtwein verpachtung vnd daß Wür derentwegen mit hiesigen verburgerten Prandtweinern gnädigst verstandten seint, erlassen gnädigsten Beuelch, daß nemblich die sowohl in alhiesiger Statt, als auf dem Lechel vfgerichte Brandtwein-schenckh abgestellt, der Verschleiß bey würckhlicher *confiscation* verbotten vnd darumben die ausgehenckhte Schildt, Vässl vnd Fähnlein abgeschafft werden sollen, haben Wür weithers mit Vnser Hofkammer vf vorhero beschechen vnderthenigistes *Supplicieren* eingangs bemelt hiesigen Prandtweinern *conferieret*, mithin zu vnderthenigister Volge der in Vnserm Geheimben Rhat bereiths abgefaßten *resolution* gnädigist geschlossen, daß Ihr verers die ienige, welche von Euch einige *Concession* vnd Fändl erhalten, vnd also zu etwelcher nahrung den Wein Prandtwein verleith geben derffen, auch derentwillen der Weinwürth Zunfft je *corporierter* stehen, vnd dise sambentlich ville Leuth vnder der angethauerden Prandtweins Verpachtung soweith gegriffen, vnd die auf daß ainzige Wein brandtwein schenckhen lauthende *Concession extendieret,* indeme selbige neben solchen Wein, auch allerley andere als Pier-Cronawödtpöhr- vnd Aennes Prandtwein von Clößtern vnd anderen orthen von landtherein vmb ainen wollfaillen Preis, als dennen allhiesigen Prandtweinern khommet, erkaufft, vnd wider wolfailler verleith geben, sohin daß mehriste gewerb an sye gezochen haben sollen, vor Euch *citieren*, ernstlichen bedeutten, vnd vftragen sollet, sich khonfftigshin, bey verlust ihrer *Concession* auch ergiebiger Geltstraff, von allen Pier- dann Cronawödtpör- vnd Aennes Prandtwein, mit abthueung der Fähnl vnd Vässl, mithin alleinig mit außhenckhung eines Schiltl genzlichen zu enthalten, wie Ihr dann im ain: so andern Eures orths *stricte* hierauf gehen vnd nach beschechener abschaffung vnd verbott die fehlige sogleich zu gebührender abstraffung ziehen sollet ect.«

Dieser dem Leser sicher zunächst schwer verständliche Text folgt einer Resolution, in der zwei Wochen zuvor kurz und bündig angeordnet worden war, die neu errichteten Branntweinschenken mit allen Mitteln abzustellen. Dies ist nun abgemildert: Vorerst dürfen diejenigen, die vom Rat konzessioniert und den Weinwirthen korporiert sind, weiterhin Wein-Prandtwein ausschenken, aber weder Bier- noch Wacholder- noch Anisbrannt. In einer Notiz der Stadtschreiberei München ist 1740 von einer Weinbrandtweinschenckhs Zunfft für den Widerpart der Branntweiner die Rede.

Klarer wird es am 8. April 1785, als durch Magistratsbeschluß eine Streitsache »der samentlichen hiesigen bürgerl. Brandtweinern an einen *contra*... die gesammte Zunft der bl. Weinbrandweinschenken alhier an andern Theil wegen Gewerbsbeeinträchtigung entschieden« wird:

»Die Weinbrandweinschenker hätten sich... der erst neuerlich angemasten Beylegung und Verleitgebung des *ordinari*- als *in specie* des Bier- Cronowödtpör- und Aennes-brandweins, als welche Gattungen den bl. brandweinern jederzeit allein zustehen, *sub poena confiscationis* ein vor allemal zu enthalten und bey dem Verschleiß des Weinbrandwein und der übrigen herkommlichen Geistern... zu verbleiben.«

Der Gegensatz von »ordinari« gegen Weinbrandwein kann 1785 noch nichts mit Getreidebrannt zu tun haben, der bis 1807 verboten ist. Der »ordinäre« ist also der speziell genannte Bierhefe-, Wacholder- und Anisbrannt, während der Brannt aus Wein und die Liköre (die unter den »übrigen herkömmlichen Geistern« zu verstehen sind, einschließlich von Obstbrannt) den spätern Rosogliobrennern zugewiesen werden.

Das Gegenstück, nämlich eine Bestimmung, die den Branntweinern die Herstellung von Brannt aus Wein untersagt, gibt es nicht.

Der Streit geht noch zwei Berufungsinstanzen weiter; es bleibt aber bei der Entscheidung, wobei »die appellanten in die appellationskösten condemnirt werden«.

Den Rosogliobrennern wird in der Folge untersagt, mit ausländischen Fabrikaten zu handeln oder sie zu verkaufen (28.4.1815), Obsthandel zu treiben (13.1.1820), Lebkuchen auszulegen (21.6.1840) oder Essig zu bereiten (5.1.1841). Ferner ist ihnen (18.10.1825) »die Verfertigung der Zuckergebäcke zum Verkauf bei Vermeidung der Hinwegnahme derselben zu untersagen« und (21.7.1840) der Verkauf von weißem Gerstenbier verboten.

Den Branntweinern war es erspart geblieben, sich im einzelnen mit der Zunft der Zuckerbäcker auseinanderzusetzen, die sich ihrerseits mit den Lebzeltern reiben. Die Befugnis der Lebzelter erstreckt sich nur auf solche Lebkuchen, die aus Honig bereitet werden, während »die Bereitung von Backwerken aus Zucker, Eier, Mehl, Mandeln und Gewürz, mithin auch die Verfertigung der sogenannten weißen Lebkuchen, dem Gewerbe der Zuckerbäcker zugehört«. Diese »greifen das Bedürfnis auf, neben und mit den Zuckerbäckerwaaren auch Liköre zu genießen«, und fordern damit die Rosogliobrenner heraus, deren Zunft am 25. April 1810 folgenden Beschluß der k. Polizeidirektion erhält:

»Auf derselben Beschwerde vom 8. d. M. gegen die hiehiesigen b. Zuckerbäcker wegen Handel mit *Liqueurs* und *Rosoglio* wird erwidert, daß den Zuckerbäckern unterm heutigen aller Handel mit *Rosoglio* verboten worden; dagegen aber ist denselben unbenommen, alle mit Zucker versetzten oder sonstigen Liqueure, welche die Rosogliobrenner nicht machen, zu verkaufen.«

Damit haben sich die Rosoglioproduzenten offenbar nicht zufriedengegeben, so daß am 11. April 1820 ein Magistratsbeschluß ergeht:

»Der Magistrat .... hat sich über die Beschwerde der hiesigen b. Rosogliobrenner (Weinbranntschenken) gegen die b. Zuckerbäcker dahier wegen Gewerbsbeeinträchtigung Vortrag erstatten lassen und erkennt hiemit zu Recht:

daß den Zuckerbäckern dahier der Verkauf der Liqueure d. h. der mit Zucker versüßten Branntweine gestattet werden müsse. *Entscheidungsgründe:* 1) Es ist einmal zum Bedürfniß geworden, neben und mit den Zuckerbäckerwaaren auch Liqueure zu genießen; zur Befriedigung dieses Bedürfnisses müssen also auch nothwendig zweckmäßige Anstalten vorhanden sein. Diese haben sich nun unter den Augen der klagenden Rosogliobrenner in den Läden der hiesigen Zuckerbäcker zur Zufriedenheit des Publikums gebildet; es liegt daher, ein neues besonderes Gewerbe hierauf zu begründen, keine Ursache vor. 2) Befinden sich auch die hiesigen Zuckerbäcker schon seit so langer Zeit in dem ungestörten Besitze des Rechtes zum Verkaufe der Liqueure, daß sie selbes nach den Bestimmungen des bayr. Landrechts Th. II. Kap. 4 und der Erläuterung der Verordnung vom 10. Juny 1805 (K. bayr. Intell. Bl. f. d. Isarkreis v. 1817 S. 1025) schon durch die Verjährung erworben hätten. Und 3) durch die Entscheidung der k. Polizeidirektion vom 25. April 1810 ist es bereits rechtskräftig ausgesprochen, daß die Zuckerbäcker alle mit Zucker versetzten oder sonstigen ausländischen Liqueure zu verkaufen befugt seien; folglich mußte auch mal, wie es geschehen ist, erkannt werden.«

3. Eine *Veredlung und Versüßung* des Brannts, das heißt seine Weiterverarbeitung zu Likören, wird in alter Zeit nicht besonders ausgewiesen und auch in den alten Dokumenten über die Weinbrandweinschenken nicht erwähnt. Anscheinend erfolgt aber die Herstellung der »feineren Liköer« auf der Grundlage von Weindestillat, und nachdem die Trennung, also der Übergang des Weinbrennens an die Weinbrandschenken bzw. die Wirte erfolgt ist, entwickelt sich bei diesen gegen Ende des 18. Jahrhunderts die Likörherstellung.

Das ist die Situation, die uns 1845 geschildert wird: »(Die beiden Gewerbe) unterscheiden sich darin, daß die Branntweiner nur ordinären Branntwein aus Biergeläger resp. Getreide und Kartoffeln, die Rosogliobrenner dagegen nicht nur Branntwein aus dem Weingeläger, d. h. aus weinigten Substanzen, sowie auch aus zuckerigen Substanzen, süßen Früchten bereiten, sondern auch den Branntwein abziehen, cohobiren und rektifiziren; sie erzeugen daher feinere Branntweine und Liqueure, worin ihre ausschließliche Berechtigung besteht. In dem Verschleiß ihrer selbsterzeugten Fabrikate sind übrigens die Rosogliobrenner nicht beschränkt, sondern können im großen, wie im kleinen und sowohl im Hause an die dahin kommenden Gäste, als auch über die Straße ausschenken. Indeß sind die Rosogliobrenner zum Verkaufe des Liqueurs nicht ausschließend berechtigt, indem auch die Weinwirthe befugt sind, ihren Gästen Liqueure vorzusetzen, und die Handelsleute gleichfalls die Befugniß zum Verkaufe des Liqueurs in Bouteillen genießen.

Rechtskräftigen Entscheidungen zufolge ist den Rosogliobrennern verboten:

1) die Erzeugung und der Verkauf ordinärer Branntweine, zu welchen auch die ordinären Fruchtbranntweine, welche mit Anis, Calmus, Pomeranzen, Wachholder angesetzt sind, überhaupt aller auf kaltem Wege angesetzte weiße und gefärbte Branntwein gehört...«

3) der Verkauf aller fremden Fabrikate[78].

Sowohl »gemein« wie »ordinär« haben nichts mit einem Werturteil zu tun, sondern besitzen den Sinn von »normal, alltäglich«. Die abwertende Bedeutung kommt erst im Lauf der Zeit durch die »feineren« Liköre hinein.

Die alten Branntweiner, die aus Wein- und Biergeläger brannten, hätten keine »Nahrung« mehr gefunden, seitdem das Weinbrennen größtenteils auf die Rosogliobrenner, das Bierhefebrennen ab 1804 auf die Bierbrauer übergegangen war. Daß sie seit 1807 Getreide und seit 1794 schon – später mit Konzession – Kartoffeln brennen dürfen, gibt ihnen eine neue Existenzgrundlage. Es ist merkwürdig, daß in den Nachrichten zwischen 1810 und 1840 das Kartoffelbrennen nicht erwähnt ist, so in dem Schreiben der k. Polizeidirektion München an das Polizeikommissariat... vom 14. 1. 1814: »Die Branntweiner brennen gemeinen Branntwein, aus dem Geläger der Bräuer, aus Früchten, Anis etc.; die Rosogliobrenner fabriziren feinere Liqueure: aus Zitronen, Pfeffermünzen, Chokolade etc.« Noch deutlicher ist das Schreiben vom 16. Mai 1826 an den Magistrat: »Die Branntweinbrenner ... brennen d. h. erzeugen gemeinen Branntwein, aus dem Biergeläger den Maisch und aus diesen den Branntwein. Zu dem von den Branntweinbrennern erzeugten gemeinen Branntwein gehören auch die ordinären Fruchtbranntweine, welche mit Anis, Calmus, Pomeranzen, Wachholder etc. angesetzt sind... Außer den Branntweinern gibt es auch in neuerer Zeit konzessionirte Liqueurfabrikanten, auch Rosogliobrenner (Destillateurs) genannt. Diese erzeugen gemeinen Branntwein aus Maisch nicht, sondern bereiten den Liqueur aus öfter destillirten Branntwein (Weingeist) mit verschiedenen aromatischen Zusätzen, auf welchen er übergezogen wird«[79]; sie verwenden also Brannt aus Wein, den sie nicht mehr von den Branntweinern beziehen können und deshalb vielleicht selbst destillieren (soweit es nicht die Wirte für sie tun).

Wir sagten (und hoffen es von den Lesern bestätigt zu finden), daß die Bestimmungen vor allem für den Verkauf und Ausschank von Brannt bisweilen, wegen der konkurrierenden Gewerbe, kompliziert sind. Im Inhalt sind sie aber klar und einfach: bis 1794 darf nur von Zünftigen und Wirten und nur aus Wein- und Bierhefe gebrannt werden. Das läßt sich in der Stadt München auch durchsetzen. Auf dem Land muß die Praxis wohl etwas anders ausgesehen haben, wie wir aus den Bemühungen der Herzöge erfuhren, ihren Untertanen klarzumachen, daß Ungelt und Aufschlag auf Brannt, der seit der Einführung des Getränkeaufschlags im Jahr 1543 ohne Unterbrechung besteuert war, »Unserer lieben und getreuen Landschafft« zugute kommen. Mehr als diese Einsicht hat wohl die hohe Belohnung, die der »erfinder«, also der Anzeigende, einstecken durfte, dazu geholfen, Übertreter der »unnachlässigen Bestrafung« zuzuführen.

Der elsässische Raum ist lange Jahrhunderte die Export-Weinkammer des Reiches, und auch der Brannt aus dem Elsaß, als »rheinischer Branntwein« bezeichnet, wird allenthalben eingeführt. Als Beispiel mag Osnabrück dienen, wo bis 1618 kein anderer als rheinischer Branntwein geduldet ist. Zu Anfang des Großen Krieges wird wegen der Unsicherheit der Straßen das Verbot der Einfuhr von französischem und spanischem Brannt gelockert, und sogar Kornbrannt darf importiert werden. Aber bereits nach 1622 wird wieder strengstens verboten, andern als rheinischen Branntwein zu führen.

Die Dokumente aus dem Elsaß gehören zu den ältesten, die wir über Brannt besitzen. Es sind, wie so oft, Verbote und Steuervorschriften. Mit einem Verbot beginnt es gleich 1370 in Colmar, der heutigen Hauptstadt des Départements Haut-Rhin; seit 1226 Reichsstadt und eine der stärksten Festungen des Heiligen Römischen Reiches Deutscher Nation, bis 1672 Frankreich sich mit Gewalt der Stadt bemächtigt.

Der Text vom 27. Oktober 1370 lautet: »Der rat hat erkant, wa sich von ieman funden wuerde der gebranten win under andern win tete, der sol bessern 5 lib. d. halber dem schultheissen und dem meister und halber der stat und dartzů ein halb jar fuer die stat, das mag er abkouffen. Actum dominica ante Symonis et Jude apostolorum anno LXX.«

Der Ratsbeschluß[1] steht in einer Gastwirteordnung, richtet sich also vornehmlich an die Wirte. Er ist uns nicht neu; denn schon zuvor haben Frankfurt, Nürnberg und Würzburg bei schwerer Strafe verboten, Wein mit gebranntem Wein oder andern Stoffen zu versetzen. 1374 und 1401 findet sich das gleiche Verbot in Schlettstatt[2] in der Form:

»Von win artzende.

Wer ouch win artzent / es si mit gebranten Wine, oder ander dingen / vnd dz kuntlich wurt / der bessert als der Rath erkennet, vnd sö(l)nt es ouch die winsticher rugen / wo es in für kümet.«

Das »rügen« steht (und mag diß ein ieglicher ruegen) auch in der Colmarer Vorschrift von 1370, wenn es um ungezeichnete (= ungeeichte) Weinkannen geht.

Wer Wein *artzent* – ein kostbarer Beleg: denn es ist das uns verlorene Verbum zu *Arzt* und *Arznei;* althochdeutsch *gi-arzinōn*, mittelhochdeutsch *erzenen* »heilen«, und damit ein Beleg

Das Schlettstätter Verbot der Weinverbesserung in der Fassung von 1401.

für einen frühen Terminus technicus, der ebenso verhüllend ist, wie wenn wir Wein durch Wasserzusatz »verbessern«.

Um die gleiche Zeit ist in Balbronn, nördlich von Mutzig im Unterelsaß, das Rebgewann *zu winburne* (1368) belegt[3]. Das könnte (wie im Ortsnamen selbst) ein Weinbrunnen (Kürzung aus Weingarten-Brunnen?) sein; aber auch eine Lage nahe einer Brennerei.

In einer Straßburger Zollordnung werden die Weine aufgeführt, die den Pfundzoll zu entrichten haben: »gefürter (gefeuerter) win, getrebter win, zittwan win, gesotten win, gebranter win, essig, Malfasy, Romany und des glychen«[4].

Die Zollordnung wird »in die Zeit um 1338« verwiesen[5] und wäre damit eines der ältesten Zeugnisse für den gebrannten Wein überhaupt. Dieser Eintrag ist aber ein Nachtrag, der erst um 1450 zu Papier gebracht wurde. Immerhin spricht er für das Alter des gebrannten Weins im Elsaß; denn bis es zur Aufnahme in eine Zollordnung kommt, muß ein Wirtschaftsgut eine gewisse Bedeutung erreicht haben. Das gilt nicht minder für die Ratsordnungen von Colmar und Schlettstadt, die gewiß nicht auf einem Einzelfall, sondern einer geübten Praxis beruhen, kranke Weine für den Verkauf gesund zu machen.

Wir brauchen uns nicht länger bei den spärlichen Quellen des 14. und 15. Jahrhunderts aufzuhalten; denn später fließen sie um so reichlicher. 1506 ist in Colmar die Destillation schon so bedeutend, daß sie öffentlicher Aufsicht unterstellt wird. Das städtische Einnahmen- und Ausgabenregister dieses Jahres erwähnt eine durch den Magistrat angeordnete Inspektion der Wynnbrenner. Im Zolltarif von 1533 erscheint der gebrannte Wein als ein alltäglicher Handelsartikel und den gleichen Regeln unterworfen wie der Wein (Kellerwein) selbst.

Die gewinnbringende Fabrikation lockt Interessenten. Die Kaufleute, die sich in der Zunft »Zur Treue« zusammengeschlossen haben und in den Dokumenten »*weinbrenner*« heißen, bemächtigen sich ihrer. Das tun sie zum Schaden der Küfer, zusammengeschlossen in der Zunft der »Riesen«, die das Brennrecht auch beanspruchen. Schon 1540 gibt es Streitigkeiten, und mehr als ein Jahrhundert lang sind die beiden Zünfte über das Brennrecht so entzweit, daß sie wiederholt den Magistrat um Schlichtung angehen. Dieser formuliert am 21. Juni 1561 eine Übereinkunft, die nach Annahme als Verordnung erlassen wird.

Darin erhalten die Weinbrenner, also Kaufleute, die der Riesenzunft nicht angehören, das Brennmonopol. Sie müssen aber den Küfern jährlich drei Schillinge zahlen. Außerdem wird ihnen auferlegt, daß ihre für die Destillation tätigen Arbeitskräfte keine neuen Fässer herstellen und keine Weine umfüllen dürfen; beides bleibt den Küfern vorbehalten. Ihre Arbeitskräfte dürfen sie nur wochenweise, nicht für ein halbes oder ganzes Jahr einstellen. Den Küfern bleibt das Recht, Weine für ihre Kunden zu füllen; aber die Destillation wird ihnen völlig untersagt:

»Vertrag vnd Entschaid Zwischen den Kieffern vnd Weinbrennern zu Colmar.
Wir der Meister vnd Rath zu Colmar thun khundt aller Männiglichen mit dißem brieff, Nach dem sich von etlichen Jahren her, zwischen den Erbaren Meistern deß Kieffer handtwerckhs bey vnß, ahn Einem So dann andern vnnßern burgern, die nicht deßelben handwerckhs sint, auch biß her, Mehrern theileß zu den Wein Leuten, alß in der Kiefer Zunfft, nit gedient haben, doch in Vbung des Wein brennens vnnd verfüerens gewesen vnnd noch sint, Anders theils, Mancherley Zancks Wider Willen, Spann vnd Irrungen fürnemlich daher entstanden vnd gehalten, alß solten die selbige Weinbrenner vnnd Verfüerer Ihre Knecht, die auf Weinbrennen angestellt, nicht allein Ihre vass vnd geschirr, bindten, bereiten, Newe tugen[6] vnd

böden einstoßen lassen, besonder etliche auch über halbe vnnd gantze Jahr, dieselbige Knecht dingen, vndt vfent halten, daß Sie auch Newe vass machen, vnd etliche vnder Ihren Knechten Wein abzulaßen gestatten, Eines theils aber Newe vass auf Mehrschatz[7] einkaufen vnd widerumb verkaufen solten, weliches alles den Kiefern, in gemein, alß deren ahn der Zahl ohne daß vil, wie Sie sich beclagen, Ein hochnachtheiliger vnnd solcher Abbruch were, daß vor ab der kann Meister nicht bleiben, noch die Zunfft, vnd andere burgerliche dienstbarkeiten in die harr[8] erhalten möchten, darumb sie dann vmb gönstig einsehen gebetten haben.

Dagegen aber die Wein=Brenner, sich Ihres alten herkommens berümbt vnnd vermeint, da Ihnen durch Ihre bestelte Knecht, gleich Newe Vass, darahn Ihnen nicht hoch gelegen, zu machen verbotten, daß Sie doch allwegen neben dem Weinbrennen Ihre geschirr vnnd Vass durch Ihre Knecht bereiten, Newe Stücken, tugen vnnd böden einstoßen, vnnd Ihr gesindt Jeder Zeit in solchen arbeiten, Nach Ihrer Nothurft vnd zu Ihrem selbs gebrauch zu bestellen vnd anzuweisen hetten; Neben dem aber, daß Ihre Knecht anderen Persohnen, (alß eben etlichen Ihre[r]n Meistern, die Wein vom Land herein geführt, vndt denselben ab den Wägen in Ihre Vass gezogen) mit dem Ablaß je gedient, oder daß Sie deß Fürkaufs[9] mit den Vassen schuldig, nit gestanden, sondern auch daß denen, so das Wein gewerb treiben, all Zeit nach Ihrem gebrauch vnnd der Notdurft Kiefer Knecht anzustellen vnnd Ihre Vass durch dieselbige zu beraiten, Nie abgestrickt gewesen, ihres verhofens auch fürter darbey zu bleiben, vil mehr aber den Weinstichern vnnd Kieffern die Kundten hetten, das Wein brennen abzustellen sein, geachtet, Vnd also beiderseits mit mehr streitworten, sie diser spenn vndereinander zu entschaiden gebetten, Vnd angeruffen: daß wir der sachen, wie auch die gedachte vnsere bürgere, alß die mit einander lieb vnd leid tragen müssen, zu billiger Vergleichung gehörter spenn gewisen, fleißig vnd berahtenlich nachgedacht, Vnd uff heut dato dieselbige mit vnserm rechtlichen Spruch in dise weis entschiden vnd betragen:

Erstlichs, das fürohin ein jeder Weinbrenner, der mit dem leib, nit zu den Kieffern, oder ihr zunfft den Weinleuthen diene, vff's wenigst, wie ein Anderer derselben zunfft sein stubengelt dahin geben, vnd dagegen zu seinem Weinbrennen Knecht anzustellen macht haben, aber allein von Wochen zu Wochen, als lang er derer dazu nothdürftig, vnd nicht vff gantze oder halbe jahr ziel zu dingen, derselben Knecht, vnd ihr jeder, soll um Acht oder Viertzehen tagen, nachdem Er, als obsteht, angenommen, für die Zunfft der Weinleuth geführt werden, vnd daselbst vorab der Stadt Colmar, als dann seines Meisters nutz vnndt frommen zu schaffen, schaden zu warnen, vnd wenden, anzugeloben schuldig sein, vnd demnach seinem Meister alle Arbeiten zu dem Weinbrennen, durch erhaltung der fassen, vnd geschirre darzu dienstlich zu verrichten, macht haben, bitz an newe faß, die soll Er nicht machen; sein Meister diene dann mit dem Leib zu solcher gesellschaft, als dann sey es ihme erlaupt; auch sollen die, so nit Wein brennen, besonder allein zu Kauff verführen, zu Ihrem gewerb Kiefer Knecht anzustellen vnnd durch die alle arbeiten an Newe Vass zu machen, wie den Weinbrennern zu verfertigen, ohnverbotten sein; doch da Sie Vass Kaufen, das Sie damit kein gefährlichen Meerschatz treiben. Zum Anderen, so soll auch noch, wie all wegen einichen Kiefer, der sich deß Ablaßens gebraucht vnnd Kunden ahn Ihme hatt, das Weinbrennen gar mit nichten gestattet werden, den Weinstichern aber mag es so fern Sie sich wie biß her gehalten auch fürter gegen Männiglich vnvortheilig vnd ohnargwöhnig erzeigen biß vf vnnßer deß Raths Enderung erlaubt sein.

Zum Dritten, weil etlich nicht geständig, das durch Ihre Knecht, Ihnen selbs, noch anderen dann gehört ist, Wein abgelaßen das es auch fürther von Einichem Weinbrenner nicht geschehen.

Vnd zum letzten, so soll auch fürther kein burger, der sey auch wer er wolle, Nach Weyhenachten biß vf den herbst vom Land kein Wein in die Statt Colmar führen, den er auf Meerschatz kauft hat, vnd in der Statt widerumb vertreiben wollte.

Da aber Einichen dieselbige Wein brennen, das soll Ihne zugelaßen, doch daß dieselben auch nicht in die Statt geführt sondern außerthalb den Brennhütten abgeladen, da aber Jemandt hiewider gevehrlicher weiß handlen, daß dieselbige von vnnß nach gestalt seiner verhandlung sollen gestraft werden. Vnnd vf das dem also deß baß gelebt vnnd nachkommen, haben Wir den Kiefern vf Ihr begehren dißen Brief mit der Statt Colmar Minder Anhangenden Secret Insigel doch vnnß vnnßern Nachkommen vnnserer Obrigkeit, vnd Enderung vorbehalten, besiegelt.

Geben den Ein vnnd zwantzigsten tag deß Monats Juny von der Geburth Christi vnnßers Heylandts Taußendt Fünfhundert Sechzig vnd Ein Jahr.«

Da diese Bestimmungen wiederholt gebrochen werden, wiederholt sie der Magistrat 1625 und dehnt sie dabei auf die Weinsticher aus, die ihnen bislang nicht unterworfen waren (es war ihnen »biß vf vnnßer des Raths Enderung erlaubt«).

Die Küfer geben es aber nicht so leicht auf, sich um das Brennrecht zu bemühen. In einer Eingabe von 1629 beklagen sie den Erlaß von 1561, dem ihre Vorgänger niemals hätten zustimmen dürfen. Immerhin, machen sie geltend, habe es 1561 nur acht Küfermeister gegeben; 1629 seien es mehr als dreißig. Sie müßten ihre Arbeitskräfte laufend verkösten, auch wenn es keine Arbeit für sie gebe. Die Destillation würde es ihnen ermöglichen, sie fortdauernd zu beschäftigen.

Der Magistrat weist diese Petition der Küfer ebenso wie eine neue von 1630 zurück. Wenige Jahre später wird ihnen die Brennerlaubnis erteilt, 1648 aber auf den Einspruch der Kaufleute wieder entzogen. 1650 erhalten die Küfer zwar wie alle andern Bürger das Recht, gebrannten Wein herzustellen. Sie dürfen ihn aber nicht verkaufen, ohne ihn zuvor den städtischen Händlern angeboten zu haben.

Es mag erstaunen, daß die Kaufleute ihr Monopol so lange halten können. Das liegt wohl daran, daß die »Herren Weinbrenner« oder »Brennherren«, die Barth, Buob, Dürninger, Graff, Kriegelstein, Linck, Schultheiss, Wetzel und wie sie heißen, fast sämtlich dem Patriziat von Colmar angehören. Eine für den Berufsstand im ganzen wichtige Feststellung, die wir aus den Dokumenten gewinnen; »sich ihres alten Herkommens gerühmt«, heißt es im Entscheid von 1561.

Schon in einem Kaufvertrag von 1562 wird von dem »Wasser, so zue Brennheusern laufft«, gesprochen. 1565 läßt der Magistrat den ursprünglichen Wasserlauf begradigen und erweitern; er baut »den neuen Runsz zu den Brennhütten«; diese sind bereits im Entscheid von 1561 genannt.

Noch heute heißt der kleine Wasserlauf, der vom Mühlbach (Logelbach) abzweigt, das Brennbächlein (bis zur ersten Brücke auf der Straße nach Horbourg). Die Brennhütten lagen zwischen dem Brennbächlein und der jetzigen Haslinger-Straße auf einem stadteigenen Gelände. Jeder Nutzer hatte eine Grundlast von einem Pfund Rappen im Jahr zu zahlen.

Im 16. und 17. Jahrhundert sind die Herstellung des gebrannten Weins und der Handel mit ihm von solcher Bedeutung für die Stadt, daß der Magistrat den Ruf und die Qualität der Ware genau überwacht. Vereidigte Beamte prüfen vor dem Export den Brannt auf Geschmack, Farbe und sonstige Eigenschaften. Als 1603 einige Fässer Colmarer Brannt in

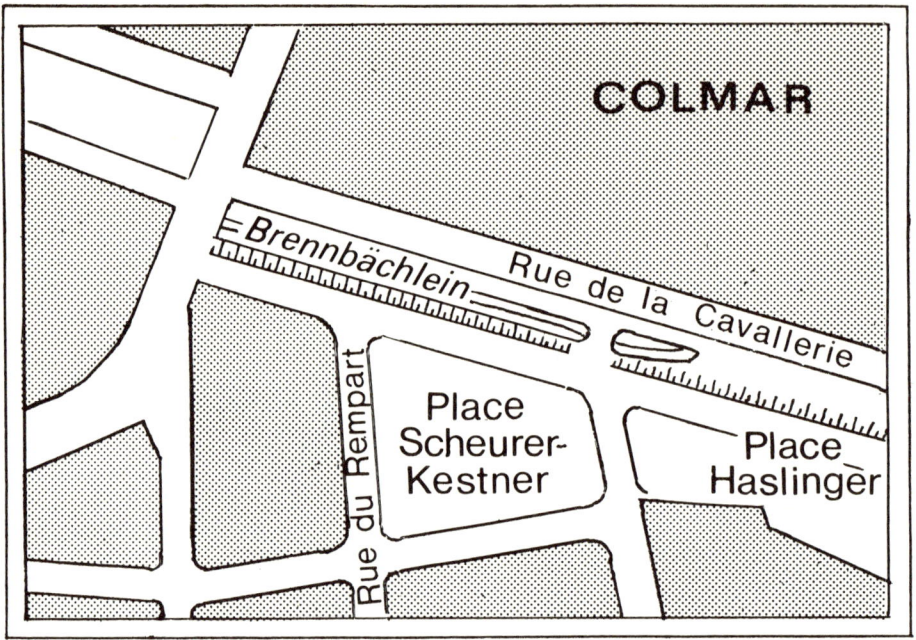

Worms beschlagnahmt werden, weil sie aus Korn destilliert seien, bezeugt die Stadt, daß auf ihrem Terrain niemals Kornbrannt hergestellt worden sei (und empfiehlt dem Wormser Magistrat, sich bessere Sachverständige zu bestellen).

Aus mehreren Verordnungen läßt sich ersehen, wie streng die Kontrolle gehandhabt wird. Eine, vom 26. Januar 1658, verbietet es, Brannt aus Wein herzustellen oder zu verkaufen, der nicht mit Beimischung von mindestens einem Drittel guter Weinhefe gebrannt sei. Denn Brannt aus Wein könne – so das Dekret – sich in der Qualität nicht mit dem aus Weinhefen[10] messen und vertrage vor allem den Transport zu Schiff nicht so gut wie Weinhefebrannt[11].

Die besondere Nachfrage nach dem »Drusenbranntwein«, die wir auch an andern Plätzen finden, möchte man einfach daraus erklären, daß er billiger herzustellen ist; aber dem stehen die Colmarer Zeugnisse entgegen. Eine Verordnung vom 9. März 1629 schreibt für Brannt generell Herstellung aus einer guten Weinhefe nebst Verbesserung durch etwas italienischen und französischen Brannt vor; eine andere vom 13. Oktober 1666 ordnet die Herstellung des Drusenbrannts aus zwei Dritteln Drusen und einem Drittel Traubenmost an. Die Entwicklung in Frankreich geht genau den umgekehrten Weg; denn dort verbietet (was nun auch für das Elsaß gilt) eine Königliche Verordnung von 1713[12] die Herstellung und den Transport jedes andern als reinen Brannts aus Wein und untersagt insbesondere »Brannt aus Hefen, Bodensatz und Weintrestern«[13], da diese der Gesundheit schädlich seien. Dieser Erlaß stößt im Elsaß auf solchen Widerstand, daß die Regierung sich fünf Jahre später gezwungen sieht, ihn für diese Provinz aufzuheben.

Eine andere Erklärung für die große Nachfrage im übrigen Deutschland und in den Niederlanden wäre, daß der Drusenbrannt den Schifftransport wirklich besser vertrug. Nur zu Schiff läßt sich angesichts des Straßenzustands und der Sicherheit der Landwege aber gewinnbringende Ausfuhr treiben, und für diesen Transport auf dem Rhein sind die Colmarer auf die Straßburger Schiffer angewiesen, die das Beförderungsmonopol bis Mainz besitzen. Eine Quelle ständiger Beschwerden, zumal es keine freie Schifferwahl gibt. Wegen des Volumens der Schiffe, heißt es 1673, die häufig 800 Zentner und mehr laden können, dauert es lange, bis sie voll beladen sind, so daß »der Brandenwein, darinn unsere meiste Handlung bestehet«, bisweilen drei bis vier Wochen unterwegs ist und durch die Verdunstung und die Preisänderungen große Schäden entstehen.

1669 erbitten die Kaufleute die Intervention des Magistrats in Straßburg zur Wiederherstellung der Zustände von 1624 (als die Schifferwahl noch frei und die Frachtkosten für Brannt niedriger waren); anscheinend ohne Erfolg. Deshalb weisen sie in ihrer neuen Demarche von 1673 darauf hin, daß ihnen 2 Taler Anlegegebühren, 6 Taler Umgeld und 8 Pfennig Ladegebühren für jedes Fuder Brannt abverlangt werden, während es noch 1633 nur 3 Pfennig Umgeld und 6 Pfennig Krangeld waren.

Im Jahr 1650, sagten wir, verlieren die Brennherren ihr altes Monopol; denn von nun ab dürfen auch die Küfer Brannt herstellen. Die Ratsverhandlungen lassen uns zweifeln, ob dieser Entschluß weise war, und die vom Januar 1657 über »Küeffer, wein- vnd drusenbrennens halben«, lesen wir schon um des Unheils wegen, das vier Jahre später über den Colmarer Brannt kommt, mit besonderem Interesse:

»Seint diejenigen Küeffer vorgestellet worden, welche wider die in Anno 1627 des brantenweinbrennens halben gemacht vnd bestättigte Ordnung, nicht nur wein allein, ohn vermischung der drusen, gebrennet sodan auch noch dazue sowol inn- alß ausserhalb der Statt Verschiedene Weine aufgekaufft vnd solche absonderlich gebrennt vnd also dadurch viele (zum Rat) eingekommen Klaghen anlaß gegeben (vnd) dem allhiesigen brantenweinhandel ein grossen abbruch gethan haben: Daruff ist erkant, ob man wolen, weilen die beklagte Küeffer des ihnen hiebevor erlaubten trusenbrennens sich beklagter massen mißbraucht vnd dannenhero dieser Statt vnd Kummerschafften ahn anderen orthen einen bösen nachklang machen etc. Waßwegen Ihnen das brennen widerumb abzusprechen vnd niederzulegen (gnugsam) ursach hetten daß man Je(nen) denenselben noch für dißmahlen nachsehen vnd daß sie ins künfftig der ordnung besser nachgeleben werden, verhoffen vnder dessen aber, wegen des übertrettens zuvorderist die jenige Ordnung so obgedachter massen in Anno 1627 des weinbrennens, auch brand- vnd Kellerweins, Kauffens vnd Verkauffens halben gemacht worden, hiemit ausdrücklich widerholt; jeder so dar wider gehandlet, vnd wein einzig gebrennt, 3 Cronen; die aber noch d(es) mehren wein aufgekaufft, jeder so über ein halb fuder erkaufft noch 3 Cronen darzue straff zue geben schuldig sey. Vnd da beneben nochmahlen außdrücklich vnd mit verbotten sein solle, daß (nemlich) kein Küffer, wer der auch seye, wein ohn vermischunge alleine zu brennen, weniger wein zum b(rennen) noch truesen ein z(u) kauffen, sondern sein eigen gewäx jedoch dieses auch anderst nicht, alß mit Vorwissen vnd bewilligen eines jeweils Regierenden Herrn Obristenmeisters (vnd) die trusen so er entweder von seinen weinen, oder von den Cundten bekommen, zu mischen vnd zu brennen macht haben. Zumahlen auch hierfüro kein brantenwein mehr ungeschaut hinweg geführt, sondern zu vorhero durch die ordentliche Schauer geschaut vnd der Statt Zeichen uf die faß gebrennt werden solle. Alles bey obvermeldter betrohung vnd vermeidung scharpffer bestraffung etc.«[14]

Nach einer Randnotiz »kauffleuth wegen wein- vnd drusen brennens« gab es auch unter den alten Brennern mindestens ein schwarzes Schaf: »Die Kauffleuth haben mehrern theilß angelobt, daß sie keinen wein allein gebrennt. Matthiß Gravens sach aber, weilen sein vorgeben mit seines Küeffern aussag nicht einstimmet, ist uff fernere Inquisition außgesetzt worden.«

Nach all den Prüfungen, denen sich Colmarer Brannt nach Geschmack, Farbe und Reinheit unterwerfen muß, ehe er den Stadtstempel zur Ausfuhr erhält, schlägt es wie eine Bombe ein, als 1661 der Brannt aus Colmar auf der Frankfurter Ostermesse verschrien und sein Verkauf verboten wird, weil er kein Kaufmannsgut sei.

Der Magistrat tritt am 4. Mai zusammen und beschließt die Maßnahmen, die angesichts des ungeheuren Schadens zu ergreifen sind, den die Behauptung der Frankfurter zur Folge haben kann. Er benennt vier Delegierte (zwei Kaufleute und zwei Küfer), die sorgfältig die Ausführung der Gebote zu überwachen haben und keinen andern Brannt zulassen dürfen als reinen Weinhefebrannt oder Brannt aus zwei Dritteln Weinhefe und einem Drittel Wein. Alle, die dagegen verstoßen, sollen exemplarisch bestraft, ihre Erzeugnisse beschlagnahmt oder sogar ausgeschüttet werden. Der Hersteller von Brannt, der im Kaufhaus als verkehrs-fähig anerkannt wird, erhält eine Gütemarke, die dem Käufer vorzuzeigen und den Stadt-wächtern bei der Ausfuhr aus Colmar zu übergeben ist.

»Sonnabendt den 4ten May 1661« hält das Ratsprotokoll fest:

»Proponirt Herr Obristmeister, waßmassen Meinen gnädigen herrn Vorkommen, daß bey nächstverschiener Franckfurther Ostermiß der hiesige Colmar-brandtenwein, alß ob er nicht allerdings Kaufmansguth befunden werde vnd verschreyet worden, also dieser Statt vnd burgers= auch handel= vnd Kaufmannsschafft ein unsäglicher schad vnd nachtheil zue waxen wolle, demenach eine nothturfft sey, neben fleissiger beobachtung aller vormalß deßwegen gemachten Ordnungen der sachen ferners nachzudencken vnd alle dißfalß vorgehenden Vor-theilen, listen vnd betrug zubegegnen, damit man mit guter wahre bestehen möge etc.«

Noch am gleichen Tag wird vermerkt, daß zum »Brandenwein brennen« ein »Decret zu 7ten Puncten abgetheilet und auff den Zünfften abgelesen worden wie infra folio 405 zu sehen«.

»Decret: Es sollen zur eigentlicher observ(anz) der gemachten Ordnung zween brandten-wein Kieser vm den Kauffleuthen verordnet sein, w(ie) auch zween Küeffer, welche bey ihren eyden kiesen und wolerkundigen sollen, ob der b(randt)wein der ordnung nach entweder von drusen oder wenigstens von zwey theil dr(usen) vnd einem theil Wein gebrennt vnd sonstigem Kaufmans guth bestehe, ausser dem solle kein brandtenwein, so von wein allein gebr(ennt) nicht passirt noch gezeichnet sondern aller gebrauchter Vortheil vnd betrug exem-plarisch abgestrafft, der brantenwein auch, nach befindung, confiscirt oder gar außgeschüttet werden solle; auch allewegen durch diejenige, so den brandten wein zue Kauff bringen, richtige anzeig beschehen, v(on) was vor wein vnd wie viel drusen der gebr(ennt) worden seye. Vnd sollen die Kieser wochentlich umbgehen, allwegen ein Kauffman vnd ein Kü(efer), welche zue ihrer ergötzlichkeit von jedem fueder so sie kiesen sechß Schilling emp-fangen, v(nd) under sich gleichlich vertheylen sollen etc.

Von den Kaufleuthen seint deputirt Herr Johann Mey(er)frid vnd Herr Johann Martin Burger, von den Küeffern Tobias Hergel vnd Bernhard Gluck. [15]

Welche deputirte jedem, so brandtenweyn (inß) Kaufhaus zur Kiesung bringen wirde, den sie (gut) befunden, ein Zeichen geben, welches der (Verkäufer) nachmahlen demjenigen, so den brandtenwein (kauffen) will vorweisen vnd seine gute war damit beschirmen vnd dann im hinausfahren vnder der Portten liefern solle etc.«

Das Dekret selbst ist erhalten als »Ordnung wegen deß Brandten Wein brennens. De Anno 1661.

Es hatt Ein Lobsamer Magistrat vnd Ehrsahmer Rath dießer deß Kaiserlichen Reichs Statt Colmar dieße ferner Ordtnung wegen deß Brandten Wein brennens gemacht, damit aller vnordtnung, vortheil, List vnnd betrug da durch der allhiesige brandten wein an anderen orthen insonderheit zu Franckfort verschreyet wirdt vorgebawet werde, daß Nemblich

Fürs Erste der brandten Wein von guter Weindrusen, oder doch

Fürs Ander wenigstens von zwey theil drusen, vnd Einem theil Wein gebrennt werden solle.

Drittens soll der Jenige Brandten wein, so von lauteren, guten, oder auch abgeschmacktem, oder trincklichem Wein gebrennt worden nicht paßirt noch geschawet oder gezeichnet sondern vngeschawet widerumb zurucks oder zur Statt hinauß geschickt oder nach befindung *confiscirt* vnnd in den Spitahl geführt oder gar außgeschüttet werden.

Wie auch Viertens alle andere dißfals gebrauchende Vortheil vnnd betrug so dißer Ordtnung zu wider so wohl von heimisch alß Frembden bey hoher Straaff verbotten sein.

Nicht weniger sollen Fünfftens alle Verkaufende Brandten Wein ins Kaufhauß, so wohl von heimischen alß Frembden geführt, vnnd alda gekiset werden, auch Niemanden brandten Wein alhier zu verkaufen erlaubt sein, er habe dann ein Zeichen von den Kisern auß dem Kaufhauß, welches Er dem Jenigen, dem er denselben zu kaufen anträgt, vorweisen vnnd im hinauß fähren vnder der Porten widerumb liferen soll.

Auff welche Puncten vnnd ordtnung dan Sechstens die verordneten Kiser deren zween von den Kauf Leuthen vnnd zween von den Kiefern, bey Ihren Eyden fleißig vnnd getrewe aufsicht haben vnndt alle befindende Mängel, Vortheil vnndt betrug anzeigen auch wochentlich allwegen zween, Ein Kauf Mann vnndt Ein Kiefer, Kießen vnnd also undereinander umbwechßlen sollen.

So dann solle Sibendens von jedem Fuder, so gekiset wirdt, Sechs Schilling Schawer Lohn bezahlt werden.

Erkhandt im Rath zu Colmar, Samstags den Vierten May im Jahr Sechzehen Hundert Sechzig vnd Eins.«

Schon am 20. Februar 1669 muß eine Ausnahmegenehmigung gegeben werden, die zugleich mit dem Erlaß in Widerspruch steht, zwischen Weihnachten und dem neuen Herbst nur Colmarer Wein zu brennen; denn sonst könnte die Frankfurter Ostermesse nicht beliefert werden:

»Uff bittliches ansuechen deren alhiesigen wein- vnd brandtenweinhändler umb Verstattung, daß sie, uf herannahende Franckfurther Ostermeß, einige quantitet ahn brandtenweinen auff dem landt, dahin sie bereits Verschiedene gelder denen frembden Küeffern vnd brandtweinbrennern hinaus gegeben hetten, einkauffen, vnd nach Franckfurth zue erhaltung des Markts vnd Handlung für diese Stadt, abführen lassen möchten etc.

Ist decretirt, daß man noch zue Zeit von deme des wein- und brandtenweinkauffs halben am 19. Januarii nächsthin gemachten decreto nicht weichen könte; sondern es nochmahlen dabey bewenden lassen. Jedoch mit dieser moderation, daß denen handels leuthen dasjenige wofür sie noch vor gemeltem decreto vom 19. Januar gelder hinaus aufs Landt gegeben vnd die wahren dafür noch nicht empfangen haben anzunemen vnd zuelanden zu bringen auch abführen zulassen gestattet, nach dem decret aber mehrers einzukauffen verbotten sein solle etc.«

Der Weinverbrauch der Brennblasen kann nicht nur aus Colmarer Anbau gedeckt werden. Als 1561 der Magistrat die Einfuhr von Wein zwischen Weihnachten und der neuen Ernte verbietet, bleiben die Brennweine ausgenommen. 1666 wird den Weinbrennern dieses Privileg entzogen; aber schon ein Jahr darauf muß der Magistrat ihnen erneut gestatten, Wein außerhalb von Colmar für ihre Brennblasen einzukaufen. Die Auseinandersetzung geht weiter; denn eine neue Regelung gebietet 1669 den Destillateuren, sich nur bei den städtischen Weinhändlern einzudecken – eine Entwicklung, die uns aus vielen Städten (ob es nun Weinlager oder Kornkammer heißt) vertraut ist.

Um welche Mengen es sich bei der Erzeugung handelt, wissen wir erst vom Jahr 1661, als Colmars große Zeit vorüber ist. Am 4. Mai läßt der Magistrat die Bestände der Brennereien aufnehmen. Zehn Betriebe sind zu dieser Zeit geschlossen; in den andern finden sich 6 Fuder und 1 Maß Wein (60,5 hl), 16 Fuder und 12 Maß Weinhefe (166 hl) sowie 1 Fuder und 10 Maß (15 hl) halb Wein, halb Hefe. Von 1642 bis 1646 verkaufen die Küfer (die, wie wir sahen, nur von geringer Bedeutung für den Handel sind) insgesamt 36 Fuder, 4,5 Maß und 15,5 Kannen Brannt (rund 365 hl)[16].

Hier sollten wir anmerken, daß alle Bürger das Recht der Destillation für den Eigenverbrauch hatten; der Verkauf ist ihnen jedoch verboten. Andere Beschränkungen beziehen sich zum Beispiel auf die Feuersgefahr. Wir wissen von einem Küfer aus der Grafschaft Hagenau, der sich ein »Brennheusslin« gebaut hat. Als ein Nachbar ihn anzeigt, muß er es auf Geheiß des Schultheißen sofort abreißen, und auf die Frage, wohin er es denn stellen dürfe, bekommt er zur Antwort: »Unter den Galgen!«

Bei der Ausfuhr ist es den Bürgern untersagt, Ware von Fremden unter ihrem Namen gehen zu lassen; denn die Colmarer sind vom Wegzoll im Bistum Straßburg und in Schlettstatt befreit und zahlen in den österreichischen Gebieten nur die Hälfte.

Der Colmarer Brannthandel ist für die Obrigkeit eine gute Einnahmequelle. Im 17. Jahrhundert werden je 5 Maß, die zum Verkauf gestellt und ausgeführt werden, auf dem Kaufhaus mit einem Gulden versteuert. Um dieser Einnahme sicher zu sein, verbietet der Magistrat seinen Kaufleuten, außerhalb von Colmar brennen und versenden zu lassen. Vielmehr müssen sie am Theinheimersteg (im Roten Haus) die Destillate verzollen, die sie draußen gekauft haben und versenden wollen.

Bis zum Großen Krieg fehlen Zahlen über die Erzeugung. Erst aus der zweiten Hälfte des 17. Jahrhunderts sind uns Exportzahlen[17] erhalten; wenigstens soweit die Ausfuhr registriert wird. Die wiederholten Aufrufe des Magistrats, die Gebote zu befolgen, geben genug Hinweise, daß die Pflichtigen wissen, wie sie sich der Zollkontrolle entziehen können. Immerhin sind festgehalten:

1664	2197,5	Maß
1665	1652	Maß
1666	6403	Maß,
1672	11134	Maß,
1673	9715	Maß,

wobei das Maß zwischen 48,04 und 51,44 Litern schwankt. Zwanzig Maß ergeben ein Colmarer Fuder, das also rund 1000 Liter faßt.

Wir haben auch die Namen und wissen, daß in dieser Zeit Mathias Graff führend im Export ist; an den stolzen 11134 Maß von 1672 ist er mit 4673 oder rund 2400 Hektolitern beteiligt. Einzelne Sendungen seines »rheinischen Branntweins« erreichen bisweilen 400 Hektoliter.

1669

[handschriftlicher Text in deutscher Kurrentschrift, weitgehend unleserlich]

Sabbathi. 20. februar. ...

...

*Colmarer Ratsverhandlung vom 20. Februar 1669: Sonder-
erlaubnis, für die Frankfurter Ostermesse Brannt vom Lande
einzukaufen*

Der Transport scheint in kleinen Fäßchen erfolgt zu sein; denn die Sendung von 147 Maß, die Mathias Graff am 21. Oktober 1669 nach Mainz ausführt, besteht aus 56 Fäßchen von 50 bis zu 200 Litern.

Aus Straßburg besitzen wir Exportzahlen ein Jahrhundert vor denen aus Colmar. Danach wurden exportiert:

1579	167 Fuder[18] =	1837 hl
1582	155 Fuder =	1705 hl
1583	187 Fuder =	2057 hl
1588	60 Fuder =	660 hl
1590	40 Fuder =	410 hl;

im Durchschnitt von 1577 bis 1595 jährlich 1640 hl. 1605 finden wir auf der Straßburger Zolliste 702 Fuder Brannt (= rund 7700 hl), 1631: 501 und 1672 sogar 718, was rund 8000 hl ausmacht. Dazwischen liegt aber der Große Krieg: 1629: 68, 1639: 51 und 1644 sogar nur 28 Fuder.

Es ist nicht sicher, daß der ganze aus Colmar ausgeführte Brannt von Colmarer Brennhütten stammt; denn die Händler müssen sich der großen Nachfrage wegen in der Nachbarschaft eindecken. Wir wissen von Branntkäufen in Bergheim, Sundhofen, Pfaffenheim usw., aber auch weiter, bis nach Belfort und Montbéliard. Großabnehmer sind Straßburg und die Lande am Rhein; aber schon um die Mitte des 16. Jahrhunderts wird nach Mülhausen, Basel, in den Breisgau und besonders nach Schwaben, Rottweil, Ulm und in großen Mengen nach Augsburg exportiert. Wenn die Transporte eine Zollstation passieren, bekommt der Zöllner gewöhnlich einen Schoppen, um sich mit Zucker die berühmte gebrennte Suppe zuzubereiten, die schon 1555 im Rollwagenbüchlein erwähnt ist[19]. Dort ist sie freilich kein erwünschter Genuß, sondern eine Sodalauge mit Gewürzen, um dem Vogt heimzuleuchten, der dem Schalk den Branntweinausschank wenigstens sonntags verbieten will:

»Ein stattvogt tranck laugen für branntenwein.

In einer statt in Schwabenlandt ware ein abenteűrer, ein seltzamer fatzmann; unnd wiewol es nit seines handwercks war, hatt er allen morgen geprenten weyn feil neben seiner andern war unnd hette aber seinen laden zűnechst an der kirchthűren; unnd alle morgen samleten sich ein gűte burß von handtwercksgesellen und meistern und allerley volcks by seim gebrenten weyn, also daß sy so mancherley geschwetz und neűwer meeren da außrichteten. Und do die pfaffen da auß und eyngiengen, wurden sy auch ettwann von inn gespeyet; derhalben die pfaffen verschűffen, das im durch die oberkeyt verpotten wurde, auff kein suntag mer brentenwein feyl zű haben.

Diß hielt er nit lang, sunder fienge allgemach wider an, den laden am suntag aufzűthűn; derhalb im der vogt offt treűwet, er wolt im die gleser sampt dem brentenwein nemmen. Do diser obgemelter abenteűrer vernam, rüstet er ein groß glaß zű mit laugen unnd ein wenig saffran oder waß er dann darunder thet, weiß ich nit, in summa, das er aller gestalt eim branntenwein gleich sahe, und stalt das auff ein sontag auff den laden. Solchs warde dem stattvogt durch seiner diener einen von stund an zű wissen gethon. Also eilte der vogt in einem grossen zorn mit sampt seinen dienern dem branntenwein zű. Alß in aber der abenteűrer von verrem sahe kommen, thet er alle andere gleser und schüßlen hinweg und ließ das glaß mit dem gemachten tranck ston. Und do der vogt zů im kame, für er in mit zornigen worten an; aber der branntenweinmann stalt sich einfaltig, alß ob er erschrocken were. In dem erwüst deß vogts diener das glaß unnd meint, er hette ein peut erholt; alß aber der vogt sampt seinen knechten zů hauß kamen, brachten sy ein grosse schüssel herfür und schutten den branntenwein darein und sayten zucker darauff und vermeinten ein gůte gebrennte suppen zů essen. Wie aber der vogt alß der herr den ersten bissen asse, und die knecht geschwind hinnach, sahe einer den andern an, und warde ein groß ausspeiens und flůchens under inen; wie sy aber recht lůgten, waß inn dem glaß was, so funden sy, das es ein alte laugen was. Also schickt der vogt zwen diener hinfür, sy solten den schalck fahen; aber er hette sich hinweggemacht.

Morgens verklagt in der vogt vor den herren; also warde er beschickt und im geleit geben. Do er für die herren kame, sagten die herren: ›Sag an, du schalck, wie darfstu eim solchen erlichen mann ein solch wůst tranck für branntenwein geben?‹ Er antwortet und sprach: ›Genedigen herren, ich habe im das tranck nit geben, sunder er hatt mir das mit gewalt genummen. Hette er mir ein gůten brenntenwein gehöyschet, ich wolt im wol ein han geben; dann das glaß, so er mir genummen hatt, ist nur also ein schawfal, das man sech, das ich branntenwein feil hab, auch wo es mir zerbrochen wurde, das mir nit ein grosser schad geschehe.‹ Also hiessen die herren den abenteůrer heimgon, biß das man wider nach im schickt; und hett der vogt sampt seinen knechten den schleck versůcht.«

1555 – das ist die hohe Zeit der Brennherren am Brennbächlein. In der zweiten Hälfte des 16. und zu Beginn des 17. Jahrhunderts gibt es im Schnitt fünfzehn Kaufleute, die destillieren. Während des Dreißigjährigen Kriegs sinkt ihre Zahl auf drei. Zwar steigt sie nach dem Frieden von 1648 wieder auf die alte Höhe, aber nur für kurze Zeit. Die Einverleibung des Elsaß durch Ludwig XIV. gestaltet die Handelsbeziehungen um; die Kriege um die Niederlande sperren den Hauptabsatzweg; Truppendurchzüge, Krieg bis ins Elsaß – all dies kann das Weinbrennen nicht überstehen.

Da das Gelände am Brennbach außerhalb der Stadtbefestigung liegt, sind die Hütten dem Zugriff der Soldateska preisgegeben. Im Juli 1663, während der Kriege Ludwigs XIV., plündern fünfhundert französische Kavalleristen unter dem Marquis de Coulanges die Brennhütten und zerstören sie. Wahrscheinlich werden sie schon damals nicht mehr aufgebaut, sondern die Brenner bemühen sich um die Erlaubnis, in der umfriedeten Stadt destillieren zu dürfen. Dazu entschließt sich der Magistrat wegen der Feuergefahr und der Abgase nur ganz zögernd, und sobald 1679 der Friede geschlossen ist, verweist er die Brennereien wieder nach draußen. Wir haben schon gesagt, daß der Elan erloschen ist und die wiederum aus der Stadt verwiesene Destillation eingestellt wird.

Nach 1666 geht die Ausfuhr langsam zurück, erreicht 1672 mit 11 134 Maß einen absoluten Höhepunkt, dem – ein Zeichen der anormalen Zeitläufte – 1674: 2182 und 1677: 1234 Maß gegenüberstehen. Zwar werden 1680 noch einmal 3385 Maß erreicht; aber der Abstieg ist deutlich:

1682	2120	Maß
1683	1587	Maß
1684	843,5	Maß

– und mit diesen 40 Hektolitern ist schnell das Ende erreicht.

Schon 1697 hält de la Grange in einem Manuskript über das Elsaß fest, seit den Kriegen werde im Oberelsaß nicht mehr destilliert, was Schoepflin[20] 1761 nur bestätigen kann. Die Gründe liegen vor allem bei der Ausfuhr, die wie der ganze Außenhandel praktisch aufgehört hat. Der innerstädtische Verbrauch rechtfertigt keine Brennereien; denn die Verbraucher haben fast ausschließlich selbst Weinberge, von denen sie für ihren Bedarf destillieren, und Wirts- und Gasthäuser sind zu jener Zeit noch keine nennenswerten Abnehmer.

In Norddeutschland ist Wein, wo er wächst, eine Nebenfrucht, so daß der Gedanke, anderes zu brennen, auf fruchtbaren Boden fällt. Im Südwesten konnte er *propter vini copiam,* wie es schon bei der Reichsteilung geheißen hatte, nicht leicht aufkommen, so daß die Colmarer im Jahr 1603 den Vorwurf der Wormser, sie hätten ihnen Kornbrannt geliefert, als schwere Beleidigung zurückweisen. Wir wissen von Weinernten, die so reichlich waren, daß man für ein leeres Faß den Inhalt eines andern hingab. Das Brennen oder das Essigmachen boten sich seit jeher als Weg aus dem Überfluß an.

Trotzdem ist es unwahrscheinlich, daß nicht auch Obst gebrannt wird; der Elsässer Kirsch und Quetsch gehören nicht erst der Neuzeit an. Aber diese Produktion wird nie offiziell, und die Quellen schweigen sich aus, weil man schon um des Exports willen auf der unbedingten Reinheit des Brannts bestehen muß.

Noch im 17. Jahrhundert gibt es keine sichern Zeugnisse für Obstbrannt. Wie in Colmar wird auch in Straßburg[21] aller Brannt, der zum Verkauf bestimmt ist, von vereidigten Sachverständigen probiert und in den Rhein geschüttet, wenn er nicht »rein« ist. Die Brenner müssen die »Ehrenhaftigkeit« beeiden[22].

Der Fortgang zeigt keine Besonderheiten mehr. Am 28. März 1773 erhalten die Küfer in Straßburg das Privileg des Kleinverkaufs von Brannt. In der Präambel zu dieser Verordnung heißt es, die Fünfzehn hätten erfahren, daß, weil der Detailverkauf des Brannts zu allgemein geworden sei, sich Unzuträglichkeiten eingestellt hätten. Viele Soldaten der Garnison, Bürger und Einwohner hätten wegen des niedrigen Preises des Brannts, der viel billiger sei als der Wein, ihn unmäßig getrunken, ihren Körper ruiniert und seien davon nach den Feststellungen der Ärzte krank geworden, einige sogar gestorben. Nur wenige Wochen später (16. Mai) bestätigt eine andere Verordnung das Recht der Kaufleute zum En-gros-Verkauf und gewährt das des Kleinverkaufs auch »den Italienern und Kaffeehauswirten«. Den Küfern, die en detail verkaufen, bleibt das Brennen untersagt.

Köln

Dem Wunsch der Ratsherren, in Köln hergestellten, aus Köln ausgeführten, nach Köln eingeführten, in Köln abgeladenen, in Köln umgeladenen, in Köln verkauften oder in Köln nicht verkauften Brannt zu versteuern, verdanken wir die bei den »Steuern« im einzelnen behandelte Verordnung von 1583. Sie spricht ohne Unterschied von Brandtwein und Brandtenwein, womit um so mehr Brannt aus Wein gemeint sein wird, als der »im Oberland eingekaufte« wohl der Straßburger ist. Für Brannt aus Wein spricht auch, daß es keinen Unterschied in der Besteuerung gibt. Auch die älteste Kölner Erwähnung des Brannts in Köln war eine Steuerfestsetzung; denn im Weinaccisetarif, der um 1520 anzusetzen ist, wird gebrannter Wein mit 25 m. je Fuder belegt: »vort meir[1] sal eyn yder burger off burgersche van dem gebranten wyne zo accisen geven von yederem voder 25 m«[2]. Es gibt allerdings noch eine ältere Erwähnung in Köln: 1373 ist *spiritus vini* ein Ingredienz zur Herstellung von Schießpulver.

Ein glücklicher Umstand zeigt uns, wie es zu der Ordnung von 1583 kommt. Genau zehn Jahre zuvor, am 10. Juni 1573, richten nämlich neun »gehorsame Mitbürger und Untertanen« mit Consorten an die »Gnedige liebe Herrn«, den Rat von Köln, eine Denkschrift, in der sie mit bewegten Worten – und nicht ohne ihre uneigennützigen Motive wiederholt zu unterstreichen – dem Rat dartun, welche Ausfälle – jährlich ungefähr ein halbes Tausend Gulden! – der städtischen Rentkammer durch die Handhabung des Brannthandels entstehen.

Aus ihrer eidlichen Pflicht heraus, nach Kräften der Stadt und dem gemeinen Wohl zu dienen, können sie zu den Mängeln nicht schweigen, die sie »bei dem gemeinen Kauf und Lauf des Brandtenweins täglich feststellen«; daß nämlich die Niederländer und sonstige Fremde den Brannt außerhalb der Stadt und auf den Kranen kaufen und verkaufen, wobei sie ihn leicht von Schiff zu Schiff über Bord setzen können, zumal er in kleinen Gebinden gehandelt wird. Von jedem Faß oder Stück, ob groß oder klein, geben sie nicht mehr als zwei Pfennige, obgleich die Akzise gemäß der Weinordnung[3], die nach Ansicht der Brenner auch Brannt erfaßt, viel höher sein müßte. Da auch die Kranenknechte von den Geschäften der Fremden untereinander nichts erfahren, werden auch der hundertste Pfennig und die vorgeschriebenen andern Abgaben darauf unterschlagen, »die wir Kölner Bürger bei der Ein- und Ausfuhr durch die Stadttore und gemäß unsern Pflichten nicht umgehen können«. Dadurch wird nicht nur städtische Einnahme verkürzt, sondern die Fremden sind in der Lage, jede Ohm um einen halben Taler preisgünstiger anzubieten als die Einheimischen, wodurch diese schwer geschädigt werden.

Rechnet man, daß das Fuder Brannt samt Akzise und Krangeld etwas mehr als 3 Taler kostet, ergibt sich der genannte Betrag von 500 Gulden jährlich, der bei straffer Anwendung der Trinkweinordnung (oder durch eine eigene Branntordnung) leicht vermieden werden könnte. »Dies haben wir dem Rat in guter Zuversicht, er werde solche Ordnung erlassen, vorgetragen...« – und so kommt es zur Ordnung von 1583. Hier der Text des selbstlosen Schreibens der Weinbrenner:

»Gnedige liebe Herrn. Nach dem ein jeden E(uer) G(naden) getreuwer vnderthan vnd Mittburger von aidtz Pflicht wegen auffligett vnd geburt[4] E.G. derselben Stadt vnd gemeinen besten als viel muglich zubefordern vnd allen zustehenden hinder vnd schaden zuvorhueten. Als mögen E. G. wir unsers theils vnerwidert nicht lassen: Welcher gestaldt wir augenscheinlich allerhandt mangel bey dem gemeinen Kauff vnd lauff der Brandten Wein taglichs spuren vnd befinden. Nemelich das die fremde Nederlandische vnd sonst von den fremden ausserhalb der Stadt vnd auf dem Kraenen heimlich vnd offenbar den Brantenwein zu kauffen vnd vorkauffen nicht vnderlassen vnd das sonder einigk bedencken oder vnderscheidt aller dingen vnd ebener maessen wie solches E. G. Mittburgeren frey stehet vnd zugelassen ist. Ohne das es damit alwegen der gemeiner dranckweins ordnungen nach – vnder welcher vnsers erachtens allerley[5] wein begriffen sein – gemeß gehalten wirdet. Dan dieweil die Brandte wein ins gemeine mit kleinen Parcelen oder stücken verhandeldt vnd lichtlich von Schiff zu Schiff vberborth gesatzt vnd also vorschlagen kunnen werden, also das sie von iderem faß oder stuck, es sey groß oder klein, nicht mehr als zwey Pfennigk geben, die sonst gleichwol nach einhaldt der gemeiner wein ordnung E. G. ein grössere axtzin(s)[6] schuldich weren. Dieweil auch die fremden vnder sich einen grossen antzal der gebranten wein vorhandlen, vnd dauon ohn wissenschaff dero Kranen Knechten vnd idermenliches[7], Kauff machen, vnd also viel Brandte wein alhier anbracht, vnd widerumb sulcher gestaldt ohn hunderdt Pfennigk vnd geburliche axtzins hinnab gefurdt werden konnen. Derwegen als damitten nicht allein E. G. der hunderste Pfennigk vnd gepurliche[8] axtzins – die wir mitbürgere vmb der auß vnd einfur durch die Portzen vnd sunst vnserer Pflichten nicht verbergen kunnen – ohne einige endtgeldtnus abgestrickt wirdet sonder auch wir Mittburgere – von wegen das Sie solcher gestaldt vnd gelegenheit nach ider amich[9] einen halben taler besser kauff geben kunnen als wir – hochbeschediget werden. Ja als sich befindet das solcher mangel – nach gelegenheit des fueders Brandtweins welches zusammen mit axtzins vnd krangeldt vngefer vber die drey taler kostedt – E. G. Renthkammern jerlichs vngefer ein halb tausendt gulden schadet vnd aber sonst souiel derselben profitiren kunthe vnd wurde, da es damitten wie mit der gemeynen dranckweins ordnungen – da ein fuder drey rader marck kostedt – also strack[10] gehalten, oder aber ein ander ordnung vnd aufsicht der Brandte wein ins werck gestaldt wurde. Als haben E. G. wir solches gueter treuwer wolmeynungen zu beforderungen des gemeinen nutzens nicht vorhaltten[11] sollen. Der vnderthenigen zuuersicht E. G. werden solches in gnaden erkennen vnd vnß anders nicht abnemen[12]. Indeme auch ihres teils nichts ersitzen[13] lassen, damit diesen dingen guete richtige maeß vnd ordnungen gegeben werden. Wie desses vnd sonst aller gueter politischer ordnungen vnd regirungen zu E. G. wir vnß in vnderthenigkeit vortröstenn.

E. G. gehorsame Mittburgere vnd vnderthaenenn, Engelberdt Meinerdtshagen, Valtin Rodt, Paulus uf dem Berch, Johan Kran, Matties von Nueß, Philipfs von Fordt, Arnoldt Westenbergk, Johan Kirchoff, Johan von Wichem samptt den anderen mit Consorten[14].«

Ein neuer Ratsverlaß »conclusum in Senatu hac 3 Octobris 1696«, also nach dem Großen Krieg, läßt durch seinen Titel »Von Früchten gebrandte Wässer« an Obst und Beerenfrüchte denken. Es ist – wie in allen Erwähnungen von »Frucht« in ähnlichen Dokumenten vor dem 19. Jahrhundert – aber ausschließlich die Feldfrucht, also Kornbrannt, gemeint. Wir finden es bemerkenswert, daß die Bestimmung von 1583 ausschließlich vom Brandten*wein,* die von 1696 nur vom gebrannten *Wasser* spricht. Beide Vorschriften sind eingehend im Steuerkapitel wiedergegeben, das damit auch »Von den Strafen« heißen könnte, die in den Kölner Bestimmungen eine so große Rolle spielen.

Darf man dem Rat glauben, dann scheinen besonders bedenklich die Praktiken gewesen zu sein, die sich auf »außwendig herein kommende auß Früchten gebrandte Wässer« beziehen, und demgemäß verlieren, die dem unversteuerten Import Vorschub leisten, Dienst und Amt, während die Rechtsbrecher am Halseisen öffentlich zur Schau gestellt werden; wer aber den Blick aus den Häusern nahe der Stadtmauer nutzt, um sich zu beteiligen, dem werden die Fenster zugemauert:

»Damit kein Verschlag[15] geschehe, sollen die Pforten-Schreibern und wachthaltende Soldaten bey Verlust ihrer *Charge* kein dergleichen gebrandte Wässer in Fäßger und Krügen, wie auch kein Meel ohne Zeichen hereinfolgen lassen, sondern auf alles genaue Achtung geben, damit nicht in Karren, Wägen, Bürden, Körben, Säcken oder unter Früchten, Gemüß und andere Wahren, und *in specie* Leim-[16] und Sand-Karren dergleichen Geträncks oder Meel verborgener Weiß herein *practicirt* werde, und da einige solch Geträncks oder Meel ohne Zeichen herein zu bringen sich unterstehen würden, sollen die jenige ohne Unterscheid nebenst *Confiscation* dem Befinden nach, auff 2. ad 3. Stunden lang, also bald an das Halß-Eysen angeschlossen werden, und da auch in denen auff die Statt-Mauren am Rhein anschießenden[17] Häussern dergleichen oder anderer Verschlag sich zutragen und befinden würde, solle denen Beerbten[18] die Gerechtigkeit der Fenstern benommen, und löblicher Mittwochs Renth-Cammer solche zumachen zu lassen hiemit *comittirt*[19] seyn.«

Der ehrsame Rat scheint selbst zu der Überzeugung gelangt zu sein, daß er sich mit der Durchsetzung dieser Bestimmungen Mühe bereitet; denn schon 1702 gibt er durch eine neue Verordnung bekannt, daß er die Akzise sowohl auf die in Köln produzierten wie die eingeführten gebrandten Weine »an Wilhelmen Deutz und Johan Friedrichen Siegener, unter gewissent Beding, auff sichere Jahren ausverpachtet« hat.

Auch Bäcker und Brauer, die ihre Berufe ausüben, dürfen nunmehr brennen, sofern sie darüber eine Vereinbarung mit den Pächtern getroffen haben. Die übrigen Strafbestimmungen bleiben wesentlich gleich. Die Pächter bestimmen, welche Mehlhändler Mehl zu Brennzwecken mahlen lassen und verkaufen dürfen; gemahlen werden darf aber weiterhin nur in den Rheinmühlen.

Der Branntimport ist nun aufgeteilt in die »auß Früchten gebrändten Wässer« und die »auß Holland in Aenckerger[20] klein und großen Fustagen[21] einkommenden, fort auß Weinheffen außwendig gebrändten Wässer«. Der weiterhin produzierte Brannt aus Wein spielt also in Köln selbst keine Rolle mehr, wird aber eingeführt.

In den Strafkatalog sind zusätzlich die Sackträger aufgenommen, die ihren Dienst verlieren, wenn sie statt Korn Mehl abtragen. Neu ist für Köln auch, daß diejenigen, die Betrug bemerken und anzeigen, ein Drittel der beschlagnahmten Ware, zwei Drittel die Pächter erhalten; das wird ausdrücklich auch den Pfortenschreibern, Visitatoren, wachthaltenden Soldaten und Sackträgern zugestanden. Die Pächter haben das Recht, das auf den städtischen Mühlen gemahlene Mehl und das in die Stadt eingeführte Mehl und Getränk selbst zu visitieren... »gestalten sie niemand davon behindern solle«.

Zwölf Jahre später wird ein Erneuertes Reglement und Ordnung der gebrändter Wässer durch den Ehrs. Hochw. Rath von Cölln verabschiedet (renovatum den 4. Martij 1714). Äußerer Anlaß ist, daß Wilhelm Deutz als Alleinpächter erscheint. Die Länge des Dokuments läßt aber schließen, daß mit Beflissenheit alle gesammelten Erfahrungen in achtundzwanzig Paragraphen festgehalten sind und ein bürokratisches Musterwerk geschaffen wurde – sicher zum Ärger der davon betroffenen Zeitgenossen ebenso wie zur Freude der Historiker. Da wiederum Steuern und Strafen (auf denen das Schwergewicht liegt) untrennbar gemischt sind, findet sich ein Großteil der Bestimmungen, wo »Von den Steuern« gehandelt ist. Neben dem Kornbrannt spielt der aus Weinhefe eine Rolle (daß beim Brennen aus Wein die Weinhefe dem Brennwein vorgezogen wird, wissen wir aus München oder Colmar). Die Stadt setzt nämlich einen vereidigten Weinprüfer ein, der ohne Ansehen der Person alle Importwaren darauf prüft, ob sie Kornbrannt oder Weinbrannt seien. In Fällen, in denen der Grundstoff seinem Urteil nach mehr Korn als Weinhefe ist – eine Formulierung, die die Vermutung nahelegt, daß beides fröhlich vermischt wurde –, soll die Ware den Pächtern zur Abführung der festgesetzten Akzise zugewiesen werden. Sind die Wässer nach seinem Urteil mehr aus Weinhefe als aus Früchten gebrannt, soll er sie nach der Amtsstube des Kellerschreibers verweisen; also bezieht sich der Pachtvertrag mit Herrn Deutz nur auf Kornbrannt.

Im Zweifelsfall, welcher Bestandteil vorherrschend sei, soll das Getränk wie Kornbrannt behandelt werden, was wiederum dafür spricht, daß die Kölner im späten 17. Jahrhundert unter gebrannten Wässern in erster Linie Kornbrannt verstehen; die Reglemente von 1696 an kennen nur den Ausdruck »gebrandte (oder gebrändte) Wässer«. Die Verordnung von 1583 sprach noch von Brandtwein, Brandtenwein; seither taucht dieses Wort nicht mehr auf.

Man wird daraus um so mehr schließen dürfen, daß der Übergang von Weinbrand zu Kornbrannt erst zwischen 1584 und 1696 liegt, als es 1583 noch den Betrugstatbestand gibt, daß Brandtwein als gewöhnlicher Wein deklariert wird. Dieses Delikt braucht später, als der Kornbrannt dominiert, nicht mehr aufgeführt zu werden. Ein letztes Zeugnis ist die Bestimmung von 1696, daß der Zeichenschreiber, der die Mahlzeichen auf dem Brennmehl anbringt, in »der Wein-Schuhlen« sitzt; genauer: dort immer noch seit den Tagen sitzt, als der Brandtenwein in Köln Weinbrannt war.

Unsere Vermutung, daß erst kurz vor 1690 vom Wein auf Korn übergegangen wurde, läßt sich durch drei Dokumente aus den Jahren 1596, 1646 und 1649 stützen. Als 1596 der Brenner Peter Tax den Rat um Aufhebung des gegen ihn verhängten Bußgelds bittet, führt er aus: »Ich will geschweigen daß ich (zum Brennen) Korn geprauche, daweil ich ... drei fuder wein moder[22] habe.« 1646 spricht der später genannte Neußer Brenner vom Weinbrennen, und im dritten Schriftstück, in dem es auch um die Restitution eines Kessels geht, heißt es 1649 wörtlich: »... ich aus keinen Früchten, sondern nur aus pur lauter Weinmutter gebrandt und brennen thue ... von Weinhendlern, welche ihre Weinmutter jahrlichs vor Lohn gebrandt...« Dadurch engt sich der Übergang auf die Zeit von etwa 1660 bis 1690 ein.

Die politischen Ereignisse spiegeln sich bisweilen in flämischen Flüchtlingen, Hugenotten oder dem tiefen Einschnitt durch den Dreißigjährigen Krieg. Im Westen müssen sich besonders die Auseinandersetzungen mit Frankreich niederschlagen. Die Raubkriege und Verwüstungen unter Mélac führen zu einem Boykott aller französischen Waren seitens des Reiches. Um diesen kontrollieren zu können, wird zunächst die Erfassung und dann der völlige Ausverkauf mit kurzen Terminen angeordnet: Erlaß der »Römisch Kayserlichen Majestät« vom 23. September, Bekanntgabe durch Bürgermeister und Rat von Köln am 11. November, Schlußtermin für den Verkauf 8. Dezember 1689:

»Wir Bürgermeistere und Rhat dieser deß heiligen Reichs freyer Statt Cölln etc. thun hiemit Kund / und männiglichen zu wissen / demnach in denen unterm 23.ten Septembris publicirt / und hieselbsten auch schon längst affigirten Käyserl. schärfferen *Avocatorijs* und *Inhibitorijs* unter anderen versehen / und von der Römischer Käyserlicher Majestät allergnädigst ernstlich befohlen worden / daß so viel die im Reich vorhandene Frantzösische Wahren / und also genante Galantereyen / *Manufacturen* / Wein / Brandewein / Oehl sampt anderen Gewächsen und Sachen betreffen thuet / ein jeder Kauffman oder Crämer von Zeit der *Publication* dieser letzterer geschärffter Käysenl.[23] *Inhibitorien* verbunden seyn solle / eine Verzeichnuß aller solcher seiner noch habender Frantzösischen Wahren und *Manufacturen* bey Straff der *Confiscation* vermittels Aydts zu *ediren* / und dieselbe in einem von seiner Obrigkeit darzu gesteltem *Termino* zu veräusseren schuldig und gehalten seyn solle; Vnd dann diesem Käyserlichē allergnädigsten Gebott und Verordnung in alle Wege gehorsambst nach zu leben / ein jeder vor sich selbsten schuldig; Als befehlen wir Bürgermeistere und Rhat hiemit / und Krafft dieses allen unseren Kauffleuthen / Crämern / Bürgern und Einwohnern / welche mit vor*specificirten* / oder sonsten einigen Frantzösischen Wahren / wie die Nahmen haben mögen / handlen / oder dergleichen hinter sich haben / ohnverzüglich aller solcher habender Wahren / eine richtige *Specification* unseren Herren Thurnmeisteren / als darzu verordneten *Commissarijs* vermittels würcklichen Aydts richtig einzulieffern / demnechst aber dieselbe biß den 8.ten Decembris nechstkünfftig gäntzlich zu veräussern / und sich deren ohne zu machen: Und damit dann sich keiner der Vnwissenheit halber zu endschuldigen haben möge; Als haben wir Bürgermeistere und Rhat dieses offenes *Edict* in Truck zu fassen / und aller Orths dieser Statt an zu schlagen befohlen; Wornach sich dann ein jeder zu richten / und vor Schaden zu hüten wissen wird. Signatum Cöllen den 11 Novembris 1689.«

Es ist nur eine Vermutung, daß die Aversion gegen den »Frantzbrandtwein« zu dem Entschluß führt, forthin ausschließlich aus Korn zu brennen, der sich im Reglement von 1696 niederschlägt.

Die Umstellung nannten wir vollkommen, weil im Reglement von 1696 Brannt aus Wein oder Weinhefen nicht einmal erwähnt wird. Da dadurch eine Einnahmequelle unerfaßt blieb, sind sechs Jahre später »die auß Weinheffen außwendig gebrändten Wässer« festgehalten. Diese Veränderungen hängen deutlich nicht nur mit einem Wechsel der Lieferanten oder anderen äußeren Einflüssen zusammen, sondern zwischen 1584 und 1696 liegt der Dreißigjährige Krieg, nach dem im Kölner Raum die Weingärten nicht mehr in Betrieb genommen werden, so daß sich das Getreide als günstigerer Ausgangsstoff anbietet.

Die Verordnung von 1714 beläßt es aber nicht bei Korn und Wein; denn Paragraph 16 besagt: »Wer sonsten hieselbsten auß Wachholder-Körner oder Meeth[24] zu brennen gedencket, soll sich zufordrist bey dem Pfächter angeben: Keinem auch Flieren oder Weinheffen zu brennen anders als mit einem kleinen Kessel und nur auff gewisse Zeit erlaubt seyn.«

Mit dem Wacholder ist wohl ein Genever gemeint, da auch der gebrannte Wein als aus Holland kommend vorgeführt wird. Meeth, sagten wir, steht für Bierhefen. Dies alles, mit einschränkenden Bestimmungen innerhalb der Stadt zugelassen, zeigt die größere Variationsbreite des 18. Jahrhunderts, die nicht freiwillig erreicht wurde, sondern, wenn man so will, ein Relikt der »Verwilderung der Sitten« während des Großen Krieges ist. Offenbar lohnt sich jetzt auch wieder der Transport von Brennwein.

Unverändert mit harten Strafen werden alle Aufsichtspersonen bedroht, »damit dergleichen Getränck oder Wässer, in was Geschier es auch seye, andrester nicht als wie vorgemelt, eingelassen oder in Karren, Wagen, Säcken, Bürden, Körben, Düppen noch was sonsten zwischen oder unter den Früchten, Gemüß, auch andern Grün oder Wahren, noch in Leyen, Heu, Strohe, Schantzen, Kalck, Kohlen, oder andern Sachen auf Schürigs- oder Pferds-Karren verborgener weiß hinein practirt würde«... Nicht geringere Strafen werden den Einheimischen angedroht, »sie seyen jung oder alt, mann- oder weiblichen Geschlechts,

Gärtner oder sonsten ohne Unterscheid, welche vor der Statt auffm Feld oder in Dörffern von Außwendigen, dergleichen Geträncks oder Wässer in Flaschen, Kruggen oder Fäßger annehmen und für dieselbe oder sich selbsten unter den Röcken, Mäntel, Kleidern« verstecken und beim Versuch ertappt werden, die Ware ohne Versteuerung in die Stadt zu bringen. Am ärgsten sind die Wachtposten an den Stadttoren dran; denn sie sollen, wenn sie einen der vorgenannten Missetäter ohne Anzeige passieren lassen, »deßfals ins gesambt und einer für den andern mit würcklicher Execution heimgesucht werden«.

Zu solcher Bestrafung kann es leicht kommen, da, wenn wir dem Rat glauben dürfen, das Saufen im Dienst geradewegs zum guten Ton gehört. Mit Donnergrollen kommt es daher zum Ratserlaß, Mercurii II. Octobris 1690:

»Demnach Ein Ehrsahmer Hochweiser Rhat mißfällig vernehmen und hören muß / wie daß verscheidene Bediente in den Kauffhäuseren / in der Kellerschreiber Stuben / bey den Crahnen / an denen Statt-Pforten und sonsten in denen Accins=Häuseren immerhin sauffen und schwermen / und ihre *functiones* also dero Aydt und Pflichten gemeeß nicht beobachten / erfolglich das *commune ærarium* in viele wege vernachtheiliget werde / deme aber wollgemelter Rhat länger zuzusehen nicht gemeinet / alß wird allen und jeden Statt=Bedienten ohne Vnterscheidt bey wehrender ihrer *function* vor=und nachmittags / so lang dieselbe in Vertrettung ihres Diensts im Kauffhauß / in den Accins=Stueben oder sonsten sich auffhalten / bey Verlust ihrer Diensten deß sauffens sich zu enthalten / auch gar keinen Wein oder hitzig Getranck / unter was *prætext* es auch immer seyn möge / in ihre Bedienungs=Stueben hinbringen zu lassen / weniger selbst beräuscht dorthin zu kommen / und gesambten Herren Raths *Commissarijs, Deputatis* und *Inspectoribus* die befindende Vbertrettere vnverlangt bey Einem Ehrsamen Rhat anzubringen hiemit / anbefohlen.«

Wie stark der Pächter, von dem es schon in Paragraph 11 heißt, daß bei Streitfragen in dubio für ihn erkannt werden solle, den Vertrag mitbestimmt hat, geht vor allem aus den Paragraphen 25 bis 27 hervor:

»25. Dan wird mehrgemelter Pfächter hiemit *authorisirt* und berechtiget / das an den Pforten außwendig einbringendes Getränck mit Auffschlagung der Fässer und *Visitirung* der Körben / Karren / Wagen und sonsten aller Orthen auff Gassen und Strassen / wie auch zu Nachforschung des Verschlags im Brennen hieselbst die Häuser und zwarn nicht nur deren würcklich Brennender / sondern auch anderer / so jhm deßfals angegeben wordenden / oder worauff er argwohnen / es seyen Becker / Bräwer / Faßbender oder sonsten / ohne jemands Hindernuß selbst *visitiren* zu mögen / gestalten der oder diejenige / so selben darinnen zu behindern / abzukehren / oder sonst deßfals mit Worten oder Thätlichkeiten zu beleidigen / oder zu *molestiren* sich unterstehen würden / mit 50. Goltgüld. Straff / so jhm Pfächtern und sämblichen Brennern hiemit zugeeignet werden / unnachläßlich belegt werden sollen; Massen auch fürs

26. Sein des Pfächters Angeben / was deßfals und sonsten bey dergleichen Visitationen und wie es dabey befunden / gestalten Sachen nach völliger Glaub beygemessen werden solle; Wobei dan zum

27. In *Conformität* der am 30. Maij 1708 außgelassener *Registratur* jhme Pfächter die *Visitation* so wohl der von Geistlichen herein kommender und in Clöster oder Immunitäten gehöriger als anderer mit Holtz / Schantzen oder sonst beladener Karren und Wagen / so gar mit Abladung derselben unter den Statt=Pforten vorzunehmen mit dem Anhang erlaubt wird / daß bey befundenem Unterschleiff und Verschlag nicht nur die verschlagene Fäßger oder

Kruggen mit dem Tranck / sondern auch gestalten Sachen nach Karren und Wagen / *Chaisen* und dergleichen Gefährs / worauff selbige unangegeben / und zum Verschlag hereingebracht werden wollen / sambt allem deme / so darauff mithin befunden würde (vorbehaltlich mit dem Beding jedoch / daß dem Pfächter bey dergleichen Fäll zeitlich regierenden Herren Bürgermeistern davon zufordrist *Aperteur* geben / und deroselben speciale Verordnung darüber einholen solle) *confiscirt* / und mehrgedachtem Pfächter zur Straff verfallen seyn solle.«

Die einzige Einschränkung ist also bei den Klöstern und Immunitäten gemacht, da die Freie Reichsstadt Köln bei zu grobem Vorgehen des Pächters Verwicklungen zu befürchten hat.

Den Pachtverträgen liegt eine Urkunde vom 13. September 1700 voraus, aus der hervorgeht, daß der Ehrsame Hochweise Rat »bey jetz zugelassenem Früchten-Brennen vor allem ihr voräthiges Mehl an die Wasser-Brenner zu verlassen... gemeint«, während alle Mehlhändler, Bäcker, Brauer usw. bei Androhung hoher Strafen »keinem eintzigen Wasser-Brennern das geringste Mehl überlassen« dürfen. Wie in andern Gemeinden müssen die Brenner städtisches Mehl kaufen, zu erhöhtem Preis natürlich. Es geht dabei nicht nur um die Einnahmen; auch um der Ernährung willen möchte der Rat den Verbrauch von Brenngetreide unter Kontrolle halten. Die Sorge, übermäßiges Brennen könne die Versorgung gefährden, steht sicher auch hinter manchen der langatmigen und ärgerlichen Strafbestimmungen.

Aus einer Verordnung vom 1. Juni 1731 erfahren wir, daß die verschiedene Größe der »Schabau-Büdden« eine Quelle des Betrugs ist und daß die Brenner sich einen größeren Vorrat an Mehl anlegen können, indem sie sich mehr Bütten füllen, als ihrem Brennbedarf entspricht. Mehr als die detaillierte Reglementierung, die diesen Feststellungen folgt, interessiert uns das Auftauchen des kölnischen *Schabau*»Schnaps« in einer amtlichen Urkunde und die Verkürzung der »Wasserbrenner« zu Brennern.

1791 sind die Weinschule und ihr Schreiber durch das Kornhaus und den Kornschreiber ersetzt, und die Zahlungen erfolgen an Löbliche Kornkassa. Anscheinend ist das Brennen so attraktiv geworden, daß die Zahl auf hundert beschränkt wird, die nun wieder Brandeweins-Brenner heißen. Von ihnen darf jeder nur zwei Kessel in Betrieb haben, deren Inhalt auf je neun Viertel-Ahm beschränkt wird; nachzumessen vom Städtischen Eichmeister, dem »veraideten Stadt-Ichtmeister«.

Daß auch Wein gebrannt werden darf, ergibt sich nur aus der Bestimmung an die Weinröder, sie möchten auf die Brandeweins Brennere besonders achtgeben, damit nicht zur Unterschlagung von Akzise Brannt für Wein ausgegeben werde. Alle übrigen Bestimmungen handeln ausschließlich vom Kornbrennen und dem Bemühen der Stadt Köln, durch ein Aufgeld der Kornkassa eine konstante Einnahmequelle zu sichern. Wer die vorgeschriebene wöchentliche Menge nicht abnimmt, hat mit immerwährendem Ausschluß aus der Liste der Brenner zu rechnen: »Damit aber die Kornkassa von einem Jahr in das andere ihres Korn-Absatzes auch Vortheils bestmöglichst gesichert werde, so soll es in der Willkür der Brennern keineswegs stehen, sich durch einsweilige Einstellung ihrer Brennerei und durch Abreichung[25] der Keßeln zum Kornhauß von der obiger wochentlicher Abgabe auf eine Zeitlang zu befreien, nachhero aber die Brennerei wieder anzufangen.«

»Für den Fall, daß mit der Zeit Wirthe, Brauer, oder andere Bürgere, so eine zünftige *Profeßion* betreiben, unter die Zahl der Brennern aufgenommen würden, wird den Wirthen zwar gestattet den bei ihnen logirenden Gästen ein Glaß Brandewein zu reichen, gedachten Wirthen aber so wohl, als den Brauern und allen übrigen, so nebst der Brandeweins Bren-

VENERIS den Iten
Junij 1731.

Uf Löblicher Gudes-Tags Rent-Cammer in Erfolg der unterm 21ten abgelebten Monats deroselben ertheilter Commission näher erstatteten Bericht, die zur Gleicheit nöthig seyende Pegelung der Schabau-Büdden betreffend, und daß wohlgedachte Rent-Cammer einige der Brenner anderweith vernohmen, und Nachdem sie damit Beharlig zu frieden, und andere darzu fügliche Vorsorg an Hand selbst gegeben zu Vorbigung weiteren Verschlags, und damit ein jeder gleichförmig seine Brennerey anstelle, vor höchst Rathsamb und Nöthig befunden:

1mo Zu Erreichung des Zwecks von obgedachter Commission allinge Büdden bey denen Waßer-Brenneren durch den hierzu angenohmen und Veräydenden Ichmeßeren Heribert Stemmeler Vermitz einer rectificirter halber Ahm mit Waßer, auf drey Ahmen Netto abmeßen, und demnegst an dem Ziehl, mittels darzu bequämlicher Nägel Pegelen, und anbey mit einem hierzu fertigendem Cron-Eyßen brennen, und zeichnen zu laßen.

2to Und Gleichwie 2to die Büdden- und Keßel-Zahl ein-und ander Orths sehr ungleich, und all zu Groß sich befinden, in maßen einige Brenner, welche gemeinlich per Woch ein bis anderthalb, und zwey Malter Mehl bey der Korn-Caßa abhohlen, dannoch mehrerer Büdden und Keßel sich bedienen, dan andere, so ein größeres an Mehl einschlagen.

3tio Also 3tio zu Vorkommung bösen Verdachts, und etwa unterlaßenden Unterschleiff, den jenigen Waßer-Brenneren, so nur wöchentlich ein halb Malter Mehl nehmen, auch nur eine Büdde mit einem Keßel, den jenigen, so ein bis anderthalb Malter Mehl, zwey Büdden, und ein Keßel, den jenigen, so zwey bis dritthalb Malter, drey Büdden, und ein Keßel, den jenigen, so drey bis viertehalb Malter vier Büdden, samt einen Brenn- und Lauter-Keßel, den jenigen, so vier bis fünff Malter Mehl, fünff Büdden mit zwey gleich bevor gemelten Keßelen, und ein mehreres nit zu erlauben seyen.

4to Die über solche Zahl vorhandene Büdden, und Keßelen aber 4to zur Seithen gestelt, und von denen Inspectoribus wohl Versiegelt, und darauf jedesmahl bey der Inspection acht genohmen werden solle.

5to Und damit 5to umb so weniger Verschlag unterlauffen könne, findet man diensamb, sämtliche Brenner dahin anzuhalten, damit selbige das abgehohlte Mehl gleich des Freytags zu Abend, und Sambstaags, auch so fort nacheinander in Beschlag setzen, und ohne Verweilung abstochen, sie mögen auch dawieder Vorwänden, was sie immer wollen, mithin jedesmahl eine Büdde mit einem halben Malter Mehl beschlagen sollen, und darüber, noch darunter niemahls unter Straff von zehn Goltgl. Worauf so fort die Inspectores genawe Einsicht zu nehmen haben, und nach Ertrag des wöchentlich abhohlenden Mehls, wan es über die Zeit, die Büdden und Keßel, jedesmahl Versiegelen sollen, wer aber von den Brenneren, ohne Vorbewust, und Urlaub ihrer der Inspectoren das Siegel von Büdde, oder Keßel abgerißen hätte, ohne Anhörung einigen Vorwands, jedesmahl mit einer Straff von zehn Goltgülden zu belegen seye.

Und dan wird Vorwohlgedachter Löblicher Gudes-Tags Rent-Cammer näher aufgetragen, bey Vorfall ein-und anderen, so weither zu reguliren nöthig seyn mögte, darunter ferner weit zu disponiren;

L. S.

P. W. TILS Dr. Secretar.
M. pp.

Kölner Ratsverordnung von 1731, die Schabau-Büdden (Schnapsbehälter) betreffend

nerei eine zünftige *Profeßion* betreiben, ein für allemal verbotten, Brandeweins-Geläger zu halten.« Das alte Verbot des Brennens für jene, die einen andern Beruf haben, ist gegen 1800 also auch in Köln gelockert, aber nicht aufgehoben.

Schon ein Jahr darauf wird angezeigt, daß zur Einführung einer genauen Inspektion über die Brenner wieder Verpachtung erfolgt und »der Inspections-Pächter wochentlich mehrmal die Visitation sämmtlicher Brennern vornehmen« muß.

Die harten Strafen sind nicht nur proclamirt und affigirt. 1646 soll das Opfer einer Brennkesselrevision wie ein gewöhnlicher Verbrecher im St. Gereons-Turm einsitzen und hundert Thaler Strafe zahlen, und im gleichen Jahr bittet ein Neußer Brenner um Herausgabe der ihm vom Gericht beschlagnahmten Weinfässer und Brennkessel, um Weib und Kinder durch das Brennen ernähren zu können. Solche Petitionen, deren es viele gibt, führen teilweise auch zum Erfolg. 1697 sind Peter Poll »in Krafft *registratura* seine beyden Kessel ausgeworffen und *confiscirt* worden, seindt wenigstens 30 Reichsthaler werth; am 11. (März, eine Woche nach der Maßnahme) aber auf 6 Dahler *mitigirt*[26] und *restituirt* worden, also Nachlaß... 24 Thaler«. 1728 wird gegen eine doppelte Versteuerung der Weinmutter und die Versiegelung

eines Brennkessels bei Peter Lehnen protestiert. Im gleichen Jahr bitten die Kinder des In-
habers einer stillgelegten Brauerei, deren Akziseschuld 400 Reichsthaler beträgt, um Nachlaß.

Das älteste dieser Dokumente wollen wir nicht unterschlagen. Es ist das Schreiben des
schon genannten Peter Tax aus dem Jahr 1596, aus dem die arme Kreatur spricht, die sich
unterwürfig und zu allem bereit vor einem allmächtigen Rat windet.

Tax glaubt annehmen zu können, daß mißgünstige Nachbarn ihn verleumdet haben, ohne
daß ihm Gelegenheit gegeben wurde, sich zu verantworten. Statt dessen ist ihm Bescheid
zugegangen, 100 Taler zu zahlen oder im Turm einzusitzen.

Das findet er schon deshalb ungerecht, weil andern »Brandtweinmachern« zuvor (für das
gleiche Delikt) nur 25 Taler aufgebrummt wurden. Trotzdem hat er zu Protokoll gegeben,
daß er alles zahlen wolle, falls der Rat die Buße nicht erlasse; hat auch seither nicht mehr
gebrannt, obgleich er den Vorwurf, Korn gebrannt zu haben, mit seinen drei Fudern Weinhefe widerlegen kann.

Damit der Rat ihn aber keinesfalls für ungehorsam ansehen kann, und weil er doch weder
Geld noch sonstiges pfändbares Gut besitzt, sondern, was er erwerben konnte, in ein Häus-
chen angelegt hat, ist er bereit, dies zur Kaution zu geben und zu geloben, sich nicht abzuset-
zen, sondern den Ratsbeschluß untertänig zu erwarten. Zu diesem Behuf hat er seine Bürgschaft schon in der Kanzlei hinterlegt. Sollte er aber durch Gerichtsbeschluß nicht losgespro-
chen werden, sondern schuldig befunden, will er als armer Bürger einen Gnadenerlaß erbitten. Dieser wird sogleich als Briefschluß formuliert:

»Gnedige, Gepietende, Liebe hernn. Ich hab mit beschwertem vnnd betrubtem gemut an-
gehort, das E. G. villicht auß ettlichen meinen mißgunstigen Nachparn oder sonst anderen
zu milden anprangen, ohn daß Ich zu einiger redene oder voranthwurdtung kommen, ein
beschwerlich bescheidt vber mich gebenn vnd aussagen lassen, entweder hondertt thaler in
die Cantzelei zudeponiren oder aber zu tornn zugehen.

Nun weiß ich mich nit zuberichtenn, das ich gegen E. G. gefreuelt, oder in einichen sachen
schuldich bin. Vnd ob woll nit allein mir sonder anderenn Brandtwein macheren hiebeuorn
ein aussagen beschehenn funffvnd zwanzich thaler zur boeß zugeben.

So hab ich mich doch jeder Zeit bei dem hern Stymmeister Juncker Bartholdt Cnosenberg
diennslich angeben, meine entschuldigung gethonn, vnd da je E. G. bei gegebenem bescheidt
zuuerpleiben bedacht wehre, vnd die boeß nit erlassen wolle, mich jederzeit vnderthenig
erpotenn, waß vnß vfferlegt fur mein person zuerlegenn. Hab mich auch seiter der Zeit deß
brandeweins zu brennen gentzlich (Ich will geschweigen, daß ich darzu Korn gepraucht,
dweil ich Godt lob bei die drie fuder wein moder habe) enthaltenn, sonder mich zu ander
handlung begeben, damit ich weib vnd Kinder mit (vleiß) erneren vnd vnß erhalten mogen.

Gleichwoll aber Gnedige hern, damit E. G. mich nit fur vngehorsam erachten, aldweil ich
nit mit gelt oder sonst pfende versehen, sonder was ich eroberen[27] konnen an ein haußgen
gelegt, wil E. G. ich dasselb zur Caution setzen, vnd gleich anglobenn nit zuuorweichen,
sonder derselbenn resolution vnderthenig erwartten, vnd zu dem endt, mein werschafft[28]
in die Cantzelei presentirt. Vnd da ich in etwas mich nit verthedingen[29], sonder pflichtig
oder schuldich befunden wurde, das ich nit hoffe, wil ich pitten vnd geldern[30] alß ein armer
burger zu thun schuldich.

Mit vndertheniger fleissiger[31] pitt E. G. wollen doch mich armen burger zur vnschuldt
dermassen nit beschwerenn[32] lassen, sonder vilmehr der beschwerlichen aufflagung gnedig

erlassen, daran geschicht waß pillich[33] vnd burgerlich vnd bin auch schuldich solchs vmb E.G. zu allen gehorsam fleissig zuuerdienenn.

E.G. vndertheniger vnd gehorsamer mitburger

Peter Tax«

Die Pächter bleiben in den Dokumenten sichtbar. 1707 reklamieren sie beim Rat die Einfuhr von drey Fäßgen Schabau, die unter einem Kutschersitz in einem großen Sack Häcksel versteckt waren, und 1792 beklagt der Brenner Adolph Wahlen sich beim Rat nachdrücklich gegen die Willkür bei ihren Visitationen.

Familienverhältnisse werden offenbar, wenn 1773 eine Schabaubrennerin den Ehrsamen Rat ersucht, ihren Mann für einige Zeit zur Strafe »auf die Pforte« zu setzen, damit er die Familie nicht weiter ins Unglück stürzt.

Im ganzen gesehen erscheint Brannt in Köln nur unter fiskalischen Gesichtspunkten. Es gibt keine Brennerzunft, und deshalb ist auch die Frage, ob Korn oder Wein gebrannt wurde, nur eine der Versteuerung. Daß es sich, auch ohne organisiert zu sein, um ein bedeutendes Gewerbe handelte, zeigt aber die Intensität, mit der der Rat jeden Schritt zu steuern (und besteuern) sucht.

FORNO ET ISTROMENTI D'ACQUA VITA

FORNO, ET INSTRVMENTI D'ACQVA VITA

A. forno, o uero torrette
B. fenestra, delle ceneri
C. fenestra, oue sifa' il fuoco
D. caldara di rame piena d'acqua

E. orinale di uetro
F. cappello col suo rostro
G. recipiente
H. spiracolo

Von den Steuern

Gelänge es der Bundesregierung, gegen den Widerstand der deutschen Winzer eine Weinsteuer beschließen zu lassen, würde das Staatsbudget davon nicht wesentlich alimentiert werden. Anders im Mittelalter. 1593 macht bei einem Gesamtetat von 90000 Gulden das Ungeld auf die alkoholischen Getränke über 19000 Gulden, also mehr als ein Fünftel des Haushalts von Frankfurt am Main aus[1]; in Nürnberg sogar schon um 1400 ein Drittel aller städtischen Einnahmen! Das mag nicht nur die landesväterlichen Ermahnungen, »zum besten der Landschaft« die Abgaben zu entrichten, sondern auch die bisweilen rüden Strafandrohungen für Steuersünder erklären.

Das Umgeld oder Ungeld[2] hat den Ruhm, die älteste indirekte Steuer Europas zu sein. Es wird zuerst als eine Art Umsatzsteuer auf Wein und Bier (aber auch auf Korn, Vieh und anderes) auf den Märkten und an den Stadttoren der Reichsstädte im 13. Jahrhundert erhoben, dann von allen Städten und seit dem 16. Jahrhundert auch von den Landesfürsten.

Als Akzise ist das Ungeld von Spanien und Venedig, wo es schon im 11. Jahrhundert erhoben wurde, zu uns gekommen, so daß neben Um- und Ungeld auch Accise, Zise, Accinß usw. stehen, häufig mit vom Ungeld abweichender Bedeutung. Zur Accise gehören, wenn wir den Dokumenten folgen, die Accisbarkeit und ihr Gegenstück, die Accisfreyheit, das Accis-Collegium, das die oberste Aufsicht über alles hat, was zur Accise gehört; die Accis-Kammer als das Gemach, wo die Accise entrichtet wird; der Accise-Zettel als Beglaubigung für die Entrichtung an den Accise-Einnehmer usw. Wie immer die Wortform sei, es handelt sich um Abgaben, mögen wir sie heute als Zölle, Steuern oder Lizenzgebühren bezeichnen. Wir werden, mit Frankfurt am Main beginnend, eine Steuerreise durch die deutsche Kleinstaaterei anzutreten haben, um die Wirklichkeit einzufangen. Dabei haben wir auch Bußgelder und Strafen aufnehmen müssen, die Steuersündern drohen. Hingegen haben wir der Versuchung widerstanden, im einzelnen auszuführen, was jeweils in Köln, in München, in Frankfurt am Main (da es doch in jeder Stadt verschieden war) zu einer bestimmten Zeit ein albus, ein haller, ein pfennig wert war, wieviel eine maß, ein ohm, ein fuder faßte; es hätte leicht das Buch gefüllt.

Interessant ist zu sehen, was alles besteuert wird und wie erfinderisch die Altvordern waren, wenn es um die Einkünfte ging (in andern Kapiteln steht dann, wie erfinderisch sie waren, um die zu bestrafen, die ihnen die Einkünfte verkürzten oder wenigstens im Verdacht standen, es zu tun). Die Angst vor den Steuersündern, das Bemühen, sie von vornherein abzuschrecken, führt dann zu Steuerordnungen wie jener Kölner von 1714, in der von 28 Paragraphen noch ganze drei von Abgaben handeln, 25 aber Strafandrohungen sind...

Die getreuen Untertanen werden es nicht immer leicht gehabt haben, in sich aufzunehmen, was ihnen punctatim gnädigst verordnet wurde. 1769 bestimmt die Kurpfalz-baierische Landesregierung, daß in der Oberpfalz

1. das Umgeld auf Brandwein zu Recht auch im Binnenhandel erhoben wird, in dem keine Akzise anfällt;
2. bei Import von Brannt Zoll und Akzise durch die Mautämter erhoben werden, das Umgeld unabhängig davon durch die Umgeldämter;
3. bei Durchfuhr nur der Transitzoll nach Tarif anfällt.

Dieser Sachverhalt lautet im Originaltext[3] folgendermaßen:

»Unsern Gruß zuvor, Wohlgebohrne liebe Getreue; Wir haben Uns über eure zu Unsrer Hofkammer unterthänist erstattete Anfrage und Bericht vom 27. erst verflossenen Monats Oktob. in Betreff des Wein- und Brandweins-Umgeld so andern halber umständig referiren lassen, und wollen euch hiemit zur gnädigsten Resolution unverhalten, daß es mit der denen dasigen Umgeldsämtern gegebenen Weisung, vermög welcher ab einem Bräubier zum Brandweinumgeld 18. oder von der Maaß Brandwein 4. ein halber Kreuzer erholet, und ferners verrechnet werden, allerdings recht und mandatmäßig geschehen seye, maßen derley Umgelder mit der nur auf den mit fremden treibenden Consummo- und Essitohandel gelegten Acciserforderung (womit der innere Handel und Wandel in Unserm Herzogthume der Obernpfalz eben so, wie in Unsern Landen zu Baiern befreyet ist) ganz nicht zu vermengen, sondern besonders, und ad Ærarium gehörig sind...

2. Hat es der Mauth- und Accisbehandlung des in die obere Pfalz einführenden, oder daraus essitirenden Wein- und Weinbrandweins halber allerdings bey den erst neulich in Druck erschienenen Supplement zur Churbaierischen Mauth- und Accistariff dergestalt sein Verbleiben, daß Unsere Mautämter die Consummo-Mauth und Accis von einführenden Wein und Brandwein tariffmäßig erfordern, und berechnen sollen, wobey jedoch Unser gnädigster Wille und Meynung bereits erklärtermaßen keineswegs ist, daß diesertwegen das vorhin alldort berechtigte Weinumgeld nunmehro cessiren solle, sondern es ist dieses Umgeld durch Unsere Umgelds-Aemter, und zwar von dem Eimer Consummowein mit 2. fl. 30. kr. ohne Anstand, von Unsern Mautämtern aber die tariffmäßige Mauth- und Accißgebühr zu erholen, indem, wann jemand von solchen Weinen sich Provision verschaffen wollte, wovon beykommendes Avertissement die erforderliche Weisung an Handen giebt, Respectu des hierunter versirenden vortheilhaften und nützlichen Gegenkommercii den Consummenten allschon prospicirt wird. Soviel aber

3. Den siebenten, achten, und zwey und zwanzigsten Punkten des den 24. May abhin in Weinauffschlags-Erholungssachen emanirten Mandats, besonders von dem Transitirenden Meth, Hönig, Wein, und Weinbrandwein betrifft, hierinnfalls wollen Wir es bey der von Unsrer Rentkammer unterm 16. Oktob. 1751. bereits erlassenen Resolution auch fürwärts unabänderlich bewenden, folglich von derley Transitogut einigen Auffschlag nicht, sondern lediglich nur die tariffmässige Transitomauth erheben lassen... Wornach ihr euch also zu halten, und denen sämmtlichen Umgeldbeamten zu gehorsamster Befolgung dessen, was wir hiemit punctatim gnädigst verordnet haben, der Nothdurft nach zu bedeuten wissen werdet. Sind euch anbey etc. München, den 18. Novemb. 1769.«

Die Frankfurter legen eine Kesselabgabe von drei Gulden an den Anfang; sie gehört zur Konzession, mit der das Brennrecht erworben wird. In einer Handelsstadt ist der eingeführte Brannt der nächste Blickfang, wie aus den Gesetzen über den Essig- und Branntweinhandel vom 13. Mai 1507 und 24. August 1542[4] abzulesen ist:

»Die feszlin mit dem eßigk und gebranten wyne, so inne den meßen alher zu verkeuffen gefurt werden, sollen by dem kranen an dem Meyne... inne irer ordenung gelegt und durch den zolner geordent und regert werden... und sal von dem verkeuffer von eyner iglichen ome 6 heller und von eyner halben ome oder darunder 3 heller zu leger- oder stantgelt fordern und nemen...«;

»Der rat dieser stadt Franckenfurt thut allen und jeden kawflewten, schifflewten… hiemit ernstlich gepieten, daß nimand ainich vaß mit essig oder gebrantem wein (auf Schiff verladen oder an die Schiffe bringen soll), es seien dan solche essig- oder geprant wein vaß zuvor mit des rats gemerck, wie sich gepurt, versigelt. Es sollen auch alle… geprandt wein vaß …gelegt werden…«[5]

Dieses Lagergeld am Main, das Essig und Brannt gleichermaßen trifft, wird auch Essiggeld genannt. Es ist nicht die einzige Abgabe. Der Verkäufer hat von jedem Faß Wein, Essig, Brannt, Bier, Öl, Tran oder Honig die Visier- oder Faßgelder an den Visierer zu entrichten. Dem Stadtschultheißen als dem höchsten Kaiserlichen Beamten und seinem Gehilfen, dem Oberstrichter, steht das Marktgeld oder Fußgeld zu, ein von allen auf freier Marktstraße (»des Reichs Straße«) stehenden Buden, Tischen, Karren zu entrichtender Marktzoll. Er beträgt noch 1418 nicht mehr als einen leichten Pfennig, wird aber rasch gesteigert. Als »Vorstandsgeld« ist er zu entrichten von den an den Häusern hängenden und auf die Straße gehenden Türen, Fenstern und Läden.

Bei den Faß- und Marktgeldern handelt es sich mit Sicherheit um Brannt aus Wein; noch 1601, 1693 und 1698 wird das Brennen aus andern Ausgangsstoffen in Frankfurt am Main ausdrücklich verboten. Als aber auch Kornbrannt zugelassen wird, muß »Des Hohen Teutschen-Ordens Müller in guten Treuen geloben, und einen leiblichen Eyd zu GOtt schwören, daß alle auf der Mühle zum hohen Rad Faßweiß verkauft werdende Brandewein jederzeit in der Stadt ordentlich abgerenthet, und deswegen von ihme, Müller, dasjenige, was außerhalb der Stadt verkauft wird, dem Zöllner am Affenthor, zu Erhebung der Gebühr, zeitlich, und noch vor der Verabfolgung des Brandenweins angezeigt.«[6] Da die Verrentung, Anzeigung, Verungeltung und dergleichen und demgemäß das Trinken alkoholischer Getränke für die Stadtkasse so gewinnbringend ist, nimmt es nicht wunder, wenn der Rat das Zechen, Saufen und Schwelgen nicht zu unterbinden sucht, solange die öffentliche Ordnung intakt bleibt.

Die kaiserliche Krönungsstadt Frankfurt am Main läßt anderen Kommunen die Ehre, das Steuersystem verfeinert zu haben. Vielleicht ist Köln am geeignetsten, dies im Detail vorzuführen, wobei den Kölnern nicht verargt wird, daß sie sich gegen jene zur Wehr setzen, durch die »das gemeine Gut dieser Stadt gröblich geschmälert wird«:

»Kundt und zu wissen sey Jedermenniglich. Nach dem vnsere Herrn vom Rathe eine zeit hero, vnnd noch gespürtt, das wegenn der schüldiger Accinsen deß Brandtenweins vnd Essigs, von In vnd außwendigen viele verkürtzung vnd vngebür furgenommen, daher das gemain gut diser Stadt gröblich geschmälert wirt, als habenn vorgedachte vnsere Herren vom Rathe diese sichere Ordnung verdragen vnd beschlossen, vmb das sich ein jeder darnach zu verhalten vnd für schaden zuhüten wisse«, beginnt die Stadt Köln ihre Ordnung, »Sic conclusum XIII. Aprilis. Anno MDLXXXIII«, also 1583. Der Rat ist allerdings für sie, wie unter »Köln« zu lesen, nur teilweise verantwortlich; denn 1573 war er von den Brennern gebeten worden, gegen die Einfuhr der fremden Brantenweine, die der Akzise entzogen wurden, eine Ordnung zu erlassen.

Von allem Brandtenwein, der zum Verkauf[7] in die Stadt gebracht oder (vom Rhein) in die Stadt hinaufgeführt wird, ist je Ohm »wie seit jeher« 13 rader albus Accinß und 3 rader albus Krangelt zu zahlen, worüber sich jeder Burger, Inwohner und Außwendiger ein Zeichen von den Zinßmeistern im Leinen Kauffhauß auff dem Aldenmarckt holen soll[8].

Die gleiche Akzise, als wäre das Gut in die Stadt eingeführt, sollen Einheimische und Auswärtige für den Brandtwein zahlen, der »am Rhein stapel gehalten vñ folgents vnuerkaufft vber bort gesetzt«, das heißt von den Stapelhäusern auf die Schiffe verladen wird[9]. Es ist deutlich, wie gering die Kontrollmöglichkeit eingeschätzt wird, zu verhindern, daß in den Stapelhäusern Gelagertes in die Stadt gebracht und verkauft wird; daher die (für den Fall der Durchfuhr unverhältnismäßig hohe) gleiche Besteuerung wie für nach Köln eingeführten Brannt.

Auf den »alten Brauch« beruft die Vorschrift sich auch, wenn alle, die in und außerhalb der Stadt Brannt verkaufen, den hundertsten Pfennig davon bezahlen müssen. Während der Käufer[10] die Akzise zu bezahlen hat, soll dies eine Prozent der Verkäufer tragen. Damit ist das Gut versteuert. Beim nachherigen Verkauf fällt nicht noch einmal Akzise an, sondern der Verkäufer kann die von ihm erlegte Steuer auf seine Käufer überwälzen[11].

Als nächstes muß die Ausfuhr aus Köln steuerlich geregelt werden. Da einige Bürger, Einwohner, oder auch Fremde, die in der Stadt gewohnt haben oder noch wohnen, »Ihren Brandtenwein vber Bordt schicken wollen«, sollen sie außer dem bei der Verladung geschuldeten Krangeld eine Akzise von 7 ½ rader albus auf die Ohm zahlen. Es handelt sich also um eine Exportsteuer, während das »Bodengeld« der folgenden Bestimmung wieder eine Durchfuhrsteuer ist. Sie trifft die ausländischen Kaufleute, die mit besonderm Mißtrauen betrachtet werden, wenn sie ihren Brandtenwein rheinaufwärts von Köln[12] einkaufen und nicht in der Stadt zum Kauf anbieten, sondern ihn verladen und rheinabwärts verschiffen. Ihnen wird außer dem Krangeld ein Bodengeld von drei rader albus abgenommen; dazu erschwerte Bedingungen: Sie sollen »bey den Eyden sie jrer Obrigkeit gethan, auch im fall der noth, bey außdrucklichem außgeschworenem Eyde behalten, das es jhr eigen proper gutt sey, niemandt frembdts im Schiff oder auff dem Lande verkaufft, oder auch auff den Kauff geschenckt, noch einig fürgesprech derwegen gehalten«.

Das gleiche »Bodems gelt« soll fällig werden, wenn der Brandtwein aus einem Schiff in das andere gehievt oder getragen wird. Dafür hat der Schiffer geradezustehen. Er soll, wenn Schiffs- oder Kaufleute die Steuer nicht zahlen, in Köln nicht mehr zugelassen werden[13].

Die letzte Bestimmung gilt einem »Nachtgeld« in Höhe von 1 rader albus je Ohm Brandtwein[14], das je Tag zu entrichten ist, den der Brannt länger als drei Tage am Rhein und in den Kranen liegt. Das »nachts gelt sollen die Kranmeistere vnnachleßig infordern«.

»Unnachläßig«[15] sind auch die Bestimmungen der Ratsverordnung vom 3. Oktober 1696, mit denen das »aus Früchten gebrannte Wasser«, also Kornbrannt, versteuert wird: »Demnach ein Ehrsamer Hochweiser Rath dieser des heiligen Reichs freyer Statt Cölln auf die von Früchten gebrandte Wässer eine neue Aufflag eingewilligt« hat. Besonders bemerkenswert ist wiederum die Härte der Strafen, denen gegenüber die Steuervorschriften knappgehalten sind:

Je Maß[16] Kornbrannt sind 4 Albus Akzise zu entrichten, um die sich der Preis des Brannts im Einkauf und Verkauf erhöht; die Steuer wird also auch hier auf den Kunden übergewälzt. Ebenso wird der Verbrauch (zum Brennen) auf das Korn aufgeschlagen, und zwar mit 26 Blaffarden je Malter. Dieser Betrag ist zusätzlich zur Akzise von den Wasser-Brennern zu erlegen, wenn sie sich das Mahl-Zeichen abholen. Dieses wiederum erhalten sie vom Zeichen-Schreiber Johan Dicker nur, wenn sie vorher dem Wagen-Meistern Johann Wellen im Kauff-Hauß Gürtzenich die Steuern gezalt haben.

Da die Steuern auf den in Köln gebrannten Kornbrannt sich durch diese Verordnung auf 4 Albus erhöhen, wird der von auswärts eingeführte auf doppelte Accis gestellt, also auf 8 Albus je Maß. Als 1702 die Akzise verpachtet wird, bleiben die Bestimmungen wesentlich gleich. Von jedem Malter des zum Brennen bestimmten Mehls sollen den Pächtern zusätzlich zu der Mahl-Akzise 4 Cöllnische Gülden gezahlt werden. Damit sichergestellt ist, daß diese 4 Gulden nach den Vorschriften des Pachtvertrags auch von allem vorrätigen, aber noch nicht gebrannten Mehl gezahlt werden, erhalten die Pächter das Recht zur Visitation der Betriebe.

Eine höchst interessante Vorschrift teilt die Importe auf in die »aus Früchten gebrändten Wässer« (Steuer je Maß acht Fetmenger) gegenüber »denen auß Holland in Aenckerger, klein und großen Fustagen einkommenden, fort auß Weinheffen außwendig gebrändten Wässer«; für diese soll »aber die sonst gewöhnliche Accins ad vier Fetmenger von jeder Maaß bezahlt werden«. Daraus ist ersichtlich, daß in Köln um 1700 Korn, in den Niederlanden Wein gebrannt wird.

Das Mammutdokument von 1714 hat deutlich alles ausgewertet, was zudem passiert und bemerkt worden war, und es in 28 Paragraphen kodifiziert. Nun muß jeder Brenner dem Pächter vorab melden, wieviel er im Laufe eines Jahres zu brennen vorhat (Steuer wöchentlich zwei Gulden je Bütte eines Stückfasses). Für die von draußen hereinkommenden aus Früchten gebrändten Wässer – den Kornbrannt – sollen dem Pächter acht Fetmenger je Maß bezahlt werden.

Da – mit Einschränkungen – nun in Köln auch Bierhefe (»Meeth«), Wacholder und Weinhefe gebrannt werden dürfen, erhalten die Pächter ein Recht zur ständigen Visitation, ob von denen, die solche Ausgangsstoffe gemeldet haben, nicht etwa auch Korn gebrannt werde, was in jedem Fall eine Strafe von zehn Goldgulden nach sich zieht. Gleich zwanzig Goldgulden müssen von den Schreibern an die Pächter entrichtet werden, wenn sie es versäumen, ihnen die Liste der Importeure mit einer genau spezifizierten und vollständigen Aufstellung der anzumeldenden Waren zur Abstattung der Accins-Gebühr und Stempelung des Zeichens weiterzuleiten, ehe die Waren wieder freigegeben und in die Stadt eingelassen werden. Insgesamt regeln damit von 28 Paragraphen drei die Abgaben; die übrigen sind meist Strafandrohungen.

In merklichem Gegensatz zur Kölner Tonart stehen die Münchner Bestimmungen, die man Straforordnung in liebenswürdiger Verkleidung nennen könnte und in denen die Herzöge sich zu erklären bemühen, daß »Ungelt und Auffschlag Unserer lieben und getreuen Landschafft« zugute kommen, so daß sie auf die Hilfe ihrer Untertanen zählen, wenn es gilt, Rechtsbrecher aufzuspüren.

In München war Brannt seit der Einführung des Getränkeaufschlags im Jahr 1543 ständig besteuert, aber mit wechselndem Erfolg, wie es denn 1604 heißt, daß die angeprangerten Praktiken »in vil weg schedlich vnd vnleidentlich, auch hierdurch vns als Landtsfürsten der gebürend Vngelt, also auch vnserer lieben vnd getrewen Landtschafft der Auffschlag entzogen würdet«. Ebenso spricht der Erlaß vom 10. Mai 1730 von den unberechtigten (das heißt kein Ungelt und Aufschlag zahlenden) Brandwein-, Brenn- und -Schenkstätten.

1768 begründet der Kurfürst[17], warum eine »dem einzeln Betracht des hieländischen Weinhandels-Geschäfft vorzuziehende Landsvorsicht« ihn »in die unwidersprechliche Nothwendigkeit versetzet« habe, vom 12. September 1768 an zusätzlich zu den bisherigen Abgaben eine Importabgabe in Gestalt einer Wein-Konsummo-Gebühr von 5 Gulden je Eimer Weinbrandwein[18] zu erheben »ab all und jeden in Unsere Landen zu Baiern zum Konsummo hereinbringenden Weinen... von jedem 64. Maaß betragend baierischen Eymer... von dem Weinbrandwein derley ebenmäßige Gebühr à 5 fl. vom Eymer, über landschaftliche derzeitige

Aufschlags-Reichniß, und gewöhnliche Maut bei der Einfuhr... Versehen Uns des gnädigsten Vollzugs.«

Wir bleiben im süddeutschen Raum, wenn wir auch die Bestimmungen der Steuerordnung von Nördlingen wohltuend bürgerfreundlich nennen. Sie finden sich in der Ratsordnung und tragen das Datum vom 10. Oktober 1502 (Actum montags nach Dionisy anno MV[c] und zwai)[19]:

»Ordnung ungeltz des gepranndten weins halben
Nach dem des geprannten weins vil gemacht, geprawcht und damit hantierung getriben wirdet, hat ain ersamer rat hie zu Nördlingen umb gemains nutz und frommen willen betracht und fürgenomen und will, was gerånnten weins alhie gemacht oder aber alher gepracht und verkouft wirdet, das dann nun hinfüro der oder die, so solich geprannt wein koufen, den ungeltern von ains ersamen rats wegen zu ungelt unablässlich raichen und geben söllen namlich von ainem ieden aimer acht mass, von aim halben aimer vier mass, von aim viertail ains aimers ain mass. Und soferr solcher wein nach der mass hingegeben und verkouft wird, dasselbig, was sich nach anzal der mass erlawft, alles an gelt, soviel und sich für ain mass nach dem kauf des aimers und der mass treffen und gepürn wirdet.«
Sogar die Schlußformel »Ain rat hat im auch die ding nach seinem Ansehen zu meren und zu endern sein oberkait allwegen vorbehalten« klingt freundlicher als das barsche kölnische »Ein Hoch=Edel Hochweiser Rath haltet sich aber bevor, hierinn ...oder auch sonst jede Hochdemselben gefällige Abänderung zu treffen, mithin nach Gutbefinden darinn zu mindern, und zu mehren.«

Sehr alt ist auch die Nürnberger Preissetzung; denn durch Ratsverlaß vom 27. November 1484 wird der Preis für eine Maß mit 6 Pfennig festgelegt[20]. Ein ganz billiges Getränk war Brannt danach nicht, obgleich eine alte Maß etwa 1,1 Liter faßte; denn 6 Silberpfennige von 1480 dürften etwa den Wert sechs silberner Markstücke vor 1914 gehabt haben.

1569 beschließt der Nürnberger Rat, daß Käufer und Verkäufer den geschworenen Kiesern, die den Brannt geprüft haben, für den Eimer gekiesten brandweins je 2 Pfennig zur Belohnung zu geben haben. Zugleich hat, wer immer »granten wein prennen« will, zu schwören, daß er »yedesmal gemainer stat Ungelter, wieviel das seye, ordentlich ansagen« wird. Der Fiskus fährt dabei nicht schlecht; denn aus dem Rückblick des Nürnberger Rates von 1655 wissen wir, daß vor dem Großen Krieg manche Großpfragner, wie Hanns Schuster, jährlich etliche hundert Gulden, bisweilen sogar bis zu tausend, an Steuern gezahlt haben[21].

Ein Muster an Liberalität sind die Bremer; denn jeder Bürger darf ursprünglich brennen und seinen Brannt verkaufen, sofern er »sy vorciset by X mrk«. Genauso wird der Käufer verwarnt, daß niemand Brannt in seinen Keller oder sein Haus bringen lassen darf, »he hebbe en dan thovoren vorziset«. 1624 wird das Brennen aus Korn nur deshalb verboten, weil davon keine Akzise anfällt.

Allmählich aber bekommt auch Bremen das Brennen in den Griff. Nach einer Verfügung von 1645 muß jeder, der brennen will, sich jährlich auf der Akzisekammer melden und je Jahr 15 Reichstaler entrichten; eine gute Einnahmequelle für die Stadt. Im 18. Jahrhundert kommt noch die Meldung bei der Konsumtionskammer hinzu. Eingehendere Bestimmungen über die Meldepflicht gibt ein Ratsconclusum von 1687:

»Erstlich, daß hinkünftig niemand von Korn, Weinmoder[22] oder dergleichen zu brennen solle verstattet werden, es were dan der Accisekammer jährlich auf Neujahr für einen Keßel fünf Rthlr. bezahlt (für den zweiten 8 und den dritten 12) und also für drey Keßel jährlich

25 Reichsthaler, auch kein Unterschied hier in der Größe haben, oder ob sie zum Brennen oder Distillieren gebrauchet, gemacht werden; diejenigen aber, so stetig von Bierhäfen brennen und solches glaubwürdig bescheinigen können, sollen in Betracht, daß bereits davon Accies und Consumption entrichtet, für jeden Keßel nur 2 Rthler. jährlich bezahlen.

Zweitens, die Meldung bei den Akzise-Herren.«

Von der merkwürdigen Scheidung der Importeure und Exporteure, die das Besteuerungssystem bewirkt[23], wäre in einem Kapitel über die Entwicklung in Bremen zu berichten, ebenso über die hohen Schutzzölle (2,5 Reichstaler je Oxhoft Bremer, 6 Rthlr. für auswärtigen Brannt), mit denen Bremen im 18. Jahrhundert seinen Brennern eine Monopolstellung schafft. Als »Gegengabe« bringen die Brennereiabgaben der Stadt auch etwas ein. Für den Zeitraum von 1700 bis 1725 sind es im Schnitt nur 1200 Reichstaler jährlich, 1827 aber schon 15 000 Reichstaler.

In Ulm heißt der Vorsteher des Umgeldamts Umgelder. Er erhält von der Stadt sein Gehalt und das seines Gehilfen, des Umgeldschreibers. Die Einziehung des Umgelds wird von den Visierern besorgt, die dem Vorstand des Weinstadels unterstehen. Der Branntverbrauch kann im 15. Jahrhundert noch nicht hoch gewesen sein; denn noch 1487 erbringt nach der Rechnungsablage der Stättrechner das Branntweinumgeld nur 1 Pfd. Heller gegenüber 722 Pfd. Heller aus dem Umgeld für Wein. Daß der Verbrauch rasch steigt, ist daraus zu sehen, daß 1527 eine ausführliche Ordnung[24] für die Branntweinverkäufer erlassen wird. Sie bestimmt, daß alle Männer oder Frauen, die Brannt in Ulm feilhalten wollen, bei ihrer Treue an Eidesstatt zu geloben haben, allen gebrannten Wein, den sie von Bürgern oder Gästen im großen oder kleinen kaufen oder selbst in die Stadt bringen, jederzeit, sobald sie ihn in ihre Keller oder Häuser gelegt haben, den Umgeldschreibern noch an demselben Tage anzuzeigen und hievon das Umgeld wie von anderen Weinen, nämlich die achte Maß, zu bezahlen. Bürger oder Gäste aber, welche gebrannten Wein herbringen oder solchen in Ulm kaufen und ihn dann wieder im ganzen verkaufen oder ausführen wollen, haben ihn nicht in ihre Behausung oder ihren Keller zu legen, sondern in den städtischen Weinstadel zu »stoßen«, wenn sie umgeldfrei bleiben wollen. Hat ein Bürger aber Brannt in den Weinstadel gelagert und an andere Leute weiterverkauft, die ihn dann im kleinen auf den »Schräglin« oder anderswo feilhalten, so hat er dem Umgelder anzuzeigen, wer und wieviel jeder von ihm gekauft hat, damit er in das Umgeld eingeschrieben werden kann.

Die Verfügung über das Umgeld in Ulm kann auch für andere Städte als Muster gelten[25]. Im 14. Jahrhundert ist das Umgeld in den Händen der deutschen Könige. Ludwig der Bayer überläßt für das Jahr 1331 (und ebenso für 1346) das Umgeld der Stadt zum Ausbau der Ulmer Festungsmauer. 1351 und wieder 1355 verfährt Kaiser Karl IV. ebenso; 1392 verbrieft König Wenzel der Stadt sogar für zehn Jahre die Einnahmen aus dem Umgeld.

Steuern haben schon im Mittelalter keine Freude ausgelöst. Als 1385 die Zünfte in Augsburg die Abschaffung des Umgelds fordern, verbietet der Rat jedermann, sich mit Worten oder Werken der Besteuerung zu widersetzen. Trotzdem setzen es die Zünfte nach 1398 durch, daß der Rat wenigstens die Erhöhung, die er 1386 zur Behebung der Finanzmisere vorgenommen hatte, rückgängig machen und sich vor den Zünften verpflichten muß, das Umgeld nicht mehr zu steigern.

Da aber die Finanznöte im Lauf der Zeit größer statt kleiner werden, geht die Entwicklung den Zunftanliegen zuwider. Seit etwa 1500 werden die letzten Umgeldprivilegien beseitigt. Von 1510 ab muß in Ulm die Armbrustschützenwirtschaft den ausgeschenkten Wein verumgelten, seit 1542 der Wengenklosterkeller und seit 1570 Doktoren, Apotheker und der Stadtschreiber Umgeld zahlen, die Priester sogar von allen Primiz- und Gültweinen, die sie ausschenken.

Die Fortsetzung unserer Wanderung durch deutsche Städte und Landschaften würde nicht viel Neues ergeben. Die Steuerbestimmungen sind oft die ersten Bezeugungen überhaupt, die wir vom gebrannten Wein besitzen, und schon deshalb unschätzbar; wie der Bornewynszins der Stadt Nordhausen von 1507, oder die Kaiserlichen und Königlichen Privilegien nebst Zollordnungen von Konstanz um 1500: »Item von einem Eymer brandten wein, so alhier khauft würdt, gibt...; Item von einem Eymer brandten wein, so durchgeführt würdt, gibt...«.

Andererseits geht die Versteuerung bis in die Gegenwart weiter; aber seit dem 18. Jahrhundert beziehen sich die Dokumente auf Kornbrannt und liegen damit außerhalb unseres Themas. Das gilt auch für Hermbstädts höchst lesenswerte »Bemerkungen über die Versteuerung der Branntweinbrennereien durch den Blasenzins, und die Grundsätze, auf welche diese Versteuerung gestützt ist«[26].

VASI CIRCVLATORII IN BAGNO

A forno murato con caldara dentro piena d'acqua tepida alto tre palmi

B couerchio di rame con q. buchi con rezza di filo di ferro

CCCC. boccie di uetro con li pizzi situate sopra le rezze

D. Palla di uetro con li pizzi congionti con le bocci

E. cannone p doue essala il fumo

G. monsillo da refondere acqua

Von der Weindestillation berichtet unser Buch, nicht von der Gewinnung von Weinalkohol. Sonst müßten wir vieles in Betracht ziehen; nicht nur alle Gärungsverfahren, sondern das Ausfrieren von Alkohol aus Wein, das schon in früher Zeit bei den Chinesen belegt ist und mit dem die Nordamerikaner teilweise noch heute vom *apple wine* zum *apple brandy* (der anderswo Calvados heißen würde) gelangen sollen[1]. Übrigens sind auch andere auf diese intelligente Idee gekommen, sogar die Deutschen; denn anders wäre die nachfolgende Stelle nicht verständlich, die in das 16. Jahrhundert gehört, also in eine Zeit schon langer Destillationserfahrung[2]; und uns vor der Mitteilung über das Ausfrieren zugleich zeigt, wie kompliziert damals Arzneien waren:

»laß es über Winter liegen / als denn auff den Frühling /
so thue wieder so viel frische *Species* darein / und laß es liegen biß auff den Herbst / als dan so theile die vier Eymer Wein in zwey Theil / und destillier den einen Theil per *Vesicam* oder *Alembicum*: allewege in der Destillation must du in den Helm etwas gantz Saffran thun / was du nun herüber gedestilliert hast / das hebe wolvermacht fleissig auff / alsdann nimb die andern zween Eymer mit den *Speciebus* thue sie in ein groß Faß / und thue ein Loth Saffran darein / gieß im Herbst dazu guten Most / oder newen Wein so nicht vergehret hat / vier Eymer / vermache das Faß wol zu / und laß es also in ihm selbst vergehren / *und wann es im Winter am kältesten ist* / so setze es an Lufft und laß es gefrieren / du mußt aber zuvor oben ein Loch hinein bohren und auff der Seiten eins / und die Böhrer stecken lassen / *wann es nun alles gefrohren* / so ziehe die Böhrer herauß und setze ein Geschirr unter / *so wird ein schöner rother Wein herausser fliessen* den vermisch mit dem destiellierten *Aqua vitae* von den zweyen Eymern und brauchs oder destilliers noch einmal / dieses *Aqua vitae* ist in allen Kranckheiten zugebrauchen.«

Die »Vorläufer« geben uns Gelegenheit zur Berufung auf einen berühmten Namen. Alexander von Humboldt (1769–1859), der für so viele Gebiete der Naturwissenschaften an hervorragender Stelle genannt wird, hat auch über die Geschichte der Destillation geschrieben[3] und bemerkt, daß schon die ersten Reisenden in Asien bei den Steppenvölkern destillierte Getränke vorfanden. Bereits bei ihm findet sich auch die wichtige Beobachtung, daß alkoholische Getränke allenthalben in der Welt teils nur vergoren, teils destilliert sind, aber vielfach die gleichen Bezeichnungen tragen. Das wird häufig übersehen und hat zu vielen falschen Schlüssen geführt[4]. Es zeigt auch, daß Destillate nicht immer als Frucht des Forschens entstehen und wie unser *aqua ardens* als Wunder bestaunt werden, sondern daß sie ganz nebenbei anfallen können.

So mag es im zentralasiatischen Steppenland gewesen sein, wo die Jurten der Mongolen gegen die eisigen Stürme fast luftdicht abgeschirmt sind. Wenn darin die vergorene Stutenmilch, der Kumyß, erhitzt und beileibe nicht verdampft wurde, um durchfrorene Heimkehrer mit einem Heißgetränk zu laben, müssen die zuerst übergehenden Substanzen sich in den Zelten verbreitet und wieder verdichtet und niedergeschlagen haben. Konnte es ausbleiben, daß jemand die Tropfen kostete, die sich da bildeten, sie nicht nur wohlschmeckend, sondern auch wirksam fand und die Kumyßtöpfe länger über sanftem Feuer blieben, als zum Heißwerden notwendig war?

Noch heute halten Berichte fest, daß die Jurten mongolischer Nomaden voll alkoholischer Schwaden seien, und da sie seit unzählbaren Jahrhunderten gleich waren, hat es nichts Erstaunliches, wenn schon im 13. Jahrhundert der Franziskanermönch Rubruk und nach ihm Marco Polo aus Venedig, der seit 1271 Zentralasien bereist, destillierte Getränke vorfinden. Noch aus dem achtzehnten Jahrhundert besitzen wir von dem russischen Archäologen Pallas Schilderungen der Destilliergeräte, die unsere Annahmen stützen; denn noch damals dient nur eine mit kaltem Wasser gefüllte Schüssel als »Kühlstation«, an deren Unterseite sich die Dämpfe niederschlagen. Das Kondensat tropft von der Unterseite der Schüssel in einen Trichter, der es sammelt und ableitet – ein wahrhaft urtümliches Verfahren, das »Destillation« in allen Regionen der Welt erlaubt, ohne daß wir damit die Bedeutung der Erfindung von Destilliergeräten im echten Sinn unterschätzen[5].

Solche »Destillation« meinen wir also nicht (sie hätte auch nicht zu »brennbarem Wasser« führen können) und ebensowenig das Ausfrieren des Alkohols, wie den eingangs genannten *frozen-out wine* der Chinesen. Wenn die Chinesen echte alkoholische Destillation erfunden und den Abendländern gleichwertige Geräte dafür entwickelt haben, wollen wir ihren Ruhm nicht verkleinern; aber bislang gibt es nur Hypothesen. Alte Hypothesen; denn schon um 1775 wird berichtet, die Chinesen hätten den Alkohol entdeckt[6].

Sicher ist, daß es eine chinesische Alchemie gab wie eine alexandrinische, und wenn diese ihre Wurzeln in Iran hatte, kann auch jene von dort direkte Einflüsse erhalten haben; sehr früh sogar; denn Alchemie findet sich schon in chinesischen Schriften aus vorchristlicher Zeit[7]. Andererseits nehmen – wieder über Iran – die beiden Ziele der chinesischen Alchemie, der »Stein der Weisen« und der »Trank der Unsterblichkeit«, den Weg in den Westen, wo sie in arabischen Traktaten auftauchen[8]. Dem Westen vergleichbare Destilliergeräte erscheinen erst im 12. Jahrhundert, während die Alexandriner sie seit dem 3. Jahrhundert benutzen. Nach dem heutigen Stand unserer Kenntnis, der durch neue Entdeckungen wie durch neue Übersetzungen alter chinesischer Quellen jederzeit verändert werden kann, gibt es sichere Hinweise auf Alkohol erst in chinesischen Zeugnissen der Yüan-Zeit im 14. Jahrhundert, und wenn die Chinesen vorher destillierten, kamen die Geräte aus dem Westen.

Aber die Iren und ihre Vorfahren, die Kelten? Haben die Nordländer, wie manche meinen, zum Ausgleich für ihr kaltes und nasses Klima das Feuerwasser erfunden[9]? Die Iren führen bekanntlich alles, so auch die Destillation, auf Sankt Patrick zurück, der um 450 in Irland missionierte[10]. Altirische Ruinen bei Cashel sollen die Reste bronzener Destilliergeräte enthalten, und die englischen Truppen, die 1172 bis 1174 nach Irland eindrangen, fanden die Bewohner schon beim Genuß des Whiskys, der *uisge-beatha = aqua vitae*, Lebenswasser, heißt[11]... Die Deutung von *uisge-beatha* ist richtig; aber daß die Iren vor den Engländern destilliert hätten (ob Wein, ob Bier, ob Met), ist längst widerlegt. Die Behauptung wird trotzdem weiterleben und wiederkehren, so lange man sich auf St. Patrick, über den es so wenige sichere Zeugnisse gibt, berufen kann.

Berufen wir uns auch auf den großen Aristoteles zu unrecht? »Salzwasser wird süß[12], wenn es verdampft wird, und wenn der Dampf sich verdichtet, wird er nicht wieder Salzwasser. Das ist durch Experimente bekannt. Dasselbe geschieht in allen ähnlichen Fällen: Wein und alle Flüssigkeiten, die verdampfen, werden Wasser, wenn sie sich wieder zur Flüssigkeit verdichten.«

Gar nicht merkwürdig, diese Stelle aus den Meteorologika. Warum sollte Aristoteles nicht Seewasser verdampft oder solche Experimente gekannt haben? Sicher nicht mit komplizierten

Apparaturen; darin haben alle recht, die Aristoteles die Kenntnis der Destillation absprechen. Aber bedurfte es in einem Klima, das Winter kannte wie Griechenland, eines Destilliergeräts, um das Experiment zu machen; genügte nicht ein kühler Raum, um entstehenden Dampf wieder zur Flüssigkeit werden zu lassen?; und jede Flüssigkeit konnte nur beweisen, daß das Kondensat von verdampftem Salzwasser süß ist. Mit Alkohol hat das Experiment nichts zu tun; durch »Verdampfen« von Meerwasser konnte man ihn nicht gewinnen.

Nahe an die Destillation kommen die römischen Verfahren des gefeuerten Weins, um ihn süß zu machen oder zu halten: Eindicken auf die Hälfte gibt *sapa,* auf ein Drittel *defrutum.* Offenbar hat man nicht bemerkt, wie sich der Alkohol im Raum verlor, weil man nicht, wie Aristoteles, an dem interessiert war, was verdampfte, sondern an dem, was beim Einkochen übrigblieb; vor allem aber, weil sich beim Eindicken der Alkohol in irgendwelchen Wasserschwaden befand, ohne daß man ihn hätte abscheiden können.

Merkwürdig hingegen die Hinweise auf die Entzündbarkeit bestimmter Weine. Wieder ist es Aristoteles, der davon spricht und sie aus Ausdünstungen erklärt[13]. Auch sein Schüler Theophrast[14] erwähnt, daß »Wein, der – wie bei Libationen – über Feuer ausgegossen wird, aufleuchtet«[15], und bei den Römern ist es Falerner Wein, von dem Plinius[16] mitteilt, daß er durch eine Flamme angezündet werden kann: solo vinorum flamma accenditur. Dies alles ist eigenartig, weil kein natürlicher Wein brennbar sein kann (schon gar nicht, wenn er eingekocht ist), und daß sich in mittelmeerischer Sommerhitze ein entzündbarer Alkohol-Dunstschirm über alkoholreichen Weinen gebildet habe, überzeugt nicht recht. Aber das ist ein Problem der Weingeschichte, nicht der Alkoholdestillation.

Es gibt in klassischer Zeit schon Destillationsprozesse, wie die Gewinnung von Teer, oder – was später *destillatio per descensum* genannt wird – die Kombination von trockener Destillation, Destillation, Schmelzen und Sublimieren, wobei aus dem Topf über dem Feuer »das Destillat« der auszuziehenden Stoffe in das tiefer stehende Auffanggefäß tropft. Was wir unter Destillation verstehen, ist erwiesenermaßen erst in alexandrinischer Zeit, nicht vor dem Beginn der christlichen Ära, erfunden worden, konnte aber aus den geschilderten Gründen auch dann noch nicht zu Alkohol führen.

Die Alexandriner

Im hellenistischen Alexandria, das den Namen für eine Epoche gab, die acht Jahrhunderte währte (100–900 n. Chr.), trifft griechische Wissenschaft mit orientalischer Gelehrsamkeit zusammen, die teilweise aus dem Alten und Mittleren Reich Ägyptens überkommen war, vom Osten des Mittelmeers, aus Iran und anderswoher. Hoch ist die handwerkliche Kunst der Ägypter einzuschätzen, ohne die die Entwicklung der Chemie undenkbar wäre. Aber die Griechen dominieren, und für Jahrhunderte hält ihre *ratio* die Gnosis und andere Ideologien oder Philosophien fern, die andernorts Mystik und Spekulation fördern, aber den vernunftbestimmten Fortschritt nicht geschehen lassen. Obgleich die »Chemiker« der frühen Periode koptische Christen sind und obgleich auch ihr naturwissenschaftliches Weltbild religiös bestimmt ist, trägt ihre Wissenschaft die klassisch-griechischen Züge, die später erst durch alchemistische Elemente (in unserm Sinn der Alchemie) degeneriert werden.

Diese erste Phase ist so beschrieben worden[1]: »Diese Alchemie ist ein später Zweig der hellenistischen Wissenschaft. In einer tief religiösen Gesellschaft, die glaubte, die Natur meistern zu können, wurde diese neue Kunstfertigkeit das Geheimnis, das zur Erlösung führen würde. Als im Lauf der Zeit die frühen Chemiker in ihren Hoffnungen enttäuscht wurden, lieferten einige von ihnen das Erworbene den Massen aus. Dann sank es ab in die Suche nach Gold und wurde von neuplatonischem Gedankengut stark beeinflußt.«

Goldsucher sind diese ersten Wissenschaftler nicht. Sie sprechen auch nicht von Chemie oder Alchemie, sondern von dem »Werk« oder »Der Göttlichen und Heiligen Kunst«. Vor Zosimos, also im ersten und zweiten Jahrhundert[2] unserer Zeitrechnung, lassen sich drei Richtungen unterscheiden. Die zweite, bestimmt durch Maria die Jüdin und Comarius (mit Hermes, Cleopatra und vielleicht Agathodaemon), erfindet und benutzt die Apparaturen zur Destillation und Sublimation und auch das Wasserbad, das *balneum Mariae*. Auf ihnen baut der bekannteste der Alexandriner, Zosimos von Panopolis (aus Oberägypten) auf, und wenn auch von seinen 28 Büchern der Chemeutika nur das 24. erhalten ist[3], genügt es doch, um uns wissen zu lassen, daß die vielen Adepten, Nachahmer und Kommentatoren vom 5. bis zum 10. Jahrhundert nur geringe Fortschritte machen.

Wir sagten, daß die Destillation, Sublimation und andere Verfahren in dieser ersten Periode entdeckt und die Grundtypen unserer chemischen Apparaturen entwickelt werden. Andererseits ist die Kühlung so unvollkommen, daß nur Flüssigkeiten mit einem höheren Siedepunkt als Wasser mit einiger Effizienz wiedergewonnen werden können. Trotzdem bedeuten die Destillierapparate, wie Zosimos und Synesius sie benutzen, einen großen Schritt vorwärts gegenüber jenen »Destilliergeräten«, die wir bei den alten Griechen vermuteten[4]. Schon zur Zeit des Alexander von Aphrodisias werden die Dämpfe, die im Destilliergefäß entstehen, kondensiert und in ein gesondertes Aufnahmegefäß geleitet, und es gibt Apparate aus Ton und später Glas, um Flüssigkeiten mit höherem Siedegrad zu reinigen[5].

Maria die Jüdin soll das Destilliergerät erfunden haben, und wir finden, so wie heute Ampère und Volt die Namen der Entdecker festhalten, vielleicht die Erinnerung an sie im Namen des Wasserbads, dem *balneum Mariae*[6]. »Das Destilliergerät« kann man nur bedingt sagen; denn eigentlich sind es vier selbständige Teile: der Kürbis, der Alembik, das Rohr für die Ableitung der Dämpfe oder Kondensate und das Gefäß zu ihrer Aufnahme, das noch im 16. Jahrhundert *Receptakel* heißt. Im Gegensatz zu später ist der Alembik in dieser frühen Apparatur das Kondensationsgefäß; denn mittels einer Rinne oder Hohlkehle an seiner Innenseite wird dort kondensiert, und in das Füllgefäß kommt das Destillat schon als Flüssigkeit – ein Verfahren, das die Möglichkeit, Flüssigkeiten mit verschiedenen Siedepunkten abzuscheiden, praktisch ausschloß.

Der Helm heißt meist *ambix*, auch *ambikon*, was wohl semitischen Ursprungs ist; griechisch ἄμβιξος ist ein Lehnwort. Mit dem arabischen Titel *al* ist das Wort dann ganz semitisch; denn *Alembik* ist al-anbiq, der »Ambix«[7]. Seit dem 10. Jahrhundert tritt Alembik für Kürbis und Helm zusammen auf; aber noch die von uns zitierte lateinisch-deutsche Glosse *embilicus = dy dat bernewater heeft* bezieht das arg verunstaltete *Alembik* nur auf den Helm, und dem entsprechen alle frühen deutschen Texte (*cucurbita, darauf der alembik gesetzt*).

Die ganze Apparatur wird bisweilen mit Ton abgeschirmt, weil kein feuerfestes Glas bekannt ist. Schon im 8. Jahrhundert wird ein Kitt beschrieben, der aus Leim, Kasein, Kalk und Eiweiß (oder Hefe) besteht und somit dem berühmten »Philosophenkitt« (*lutum sapientiae*) späterer Zeiten nicht unähnlich ist[8]. Heliodorus rät zu zweimaliger Destillation; Hierotheus und Archelaus sagen sogar, das Produkt werde erst nach drei Destillationen vollkommen.

Die Hitze zur Destillation wird schon im 4. Jahrhundert auf jegliche Weise erzeugt: durch offenes Feuer, in einem Brennofen, im Aschen- oder Sandbad, im Wasserbad. Aber auch die Sonnenhitze[9] und Pferdedung, der bei der Likörbereitung bis ins 18. Jahrhundert unentbehrlich bleibt, werden verwendet, um Hitze zu erzeugen.

Es ist das große Handicap der Alexandriner bei ihren chemischen Verfahren, daß sie weder anorganische Säuren noch Alkohol kannten, um Verbindungen zu zerlegen, und durch die ungenügende Kühlung ihrer Geräte viele Verbindungen nicht herstellen konnten, die für Chemie und Technologie später entscheidend werden[10]. Die Entdeckung (oder Gewinnung) des Alkohols fällt zeitlich fast zusammen (wahrscheinlich ist sie sogar etwas älter) mit der Herstellung der anorganischen Säuren, wie der Salz-, Schwefel- und Salpetersäure. Beide zusammen sind der Scheidepunkt zwischen antiker und moderner Chemie, wenn auch deren Beginn im heutigen Sinn durch das fehlende Verständnis der Vorgänge (um nur die Phlogiston-Theorie zu erwähnen) noch rund siebenhundert Jahre aufgeschoben bleibt.

Beide Fortschritte setzen nicht nur Grundlagen für die Chemie, sondern sie greifen weit darüber hinaus; der Alkohol in die Medizin, die Kosmetik, die Landwirtschaft, die Getränke und damit die soziale Entwicklung und Problematik.

Es ist ein hartes Urteil über die Alexandriner, daß am Ausgang des 4. Jahrhunderts das ganze Instrumentarium so bereit ist wie zu Beginn des 10., und daß die rund sechshundert Jahre das Entscheidende, die Destillation niedrig siedender Flüssigkeiten, nicht weiter gebracht haben. Ohne eine Lösung dieses Problems konnte man keinen Alkohol aus Wein gewinnen; seine Kenntnis sprechen wir den Alexandrinern rundweg ab. Da es aber andere Meinungen gibt (oder gab) können wir es nicht bei dieser einfachen Feststellung bewenden lassen.

Zugegeben, daß auf den ersten Blick fasziniert, was der Kirchenvater Hippolytos, der um 235 n.Chr. in Sardinien gestorben sein soll, in der »Widerlegung aller Ketzereien«[11] sagt, wenn er sich die betrügerischen Tricks und Vorführungen ägyptischer Magier und orientalischer Zauberpriester vornimmt: »Sehr brauchbar ist auch die Vorschrift mit Seesalz[12]. Man kocht Schaum des Meeres in einem Tongefäß mit Süßwein. Nähert man der kochenden

Flüssigkeit ein brennendes Licht, so erfaßt sie das Feuer und entzündet sich, und wenn man sie auf das Haupt schüttet[13], verbrennt es (die Haare) nicht im geringsten.«

Da Wasser bei einer niedrigeren Temperatur kocht als eine Lösung mit Seesalz, erhöht sich der Abstand zwischen dem Siedepunkt des Alkohols und dem des Wein- und Salzgemischs. Bei langsamem Erhitzen stehen also alkoholische Dünste über der Flüssigkeit, die sich entzünden lassen, ohne daß es irgendeiner Destillation bedürfte. Das erklärt den ersten Teil der Vorschrift. Der zweite ist durch Experimente in neuer Zeit nachgeprüft worden, bei denen die genügend erhitzte Flüssigkeit auf dichtes Haar oder eine Perücke aufgegossen wurde. Die Alkoholdämpfe brannten wirklich runde zehn Sekunden lang (und damit lange genug, um der im Dunkeln versammelten Menge die Macht des Priesters mit dem brennenden Haupt vor Augen zu führen); den mit der Salzlösung getränkten Haaren aber passierte nichts.

Es gibt auch kein anderes Zeugnis über Destillation der Alten. Das »Rosenöl«, das in den Texten vorkommt, ist ein Absud, also abgekocht, kein Destillat (wie noch in dem Arzneimittelbuch »Circa Instans«). Da in der angenommenen Entstehungszeit, dem 12. Jahrhundert, die Destillation bereits allgemein angewendet wird, gehören diese Drogen mit ihrer Bereitung wohl zu älteren, kurzerhand übernommenen Vorschriften) – oder es schien nicht ratsam, das Brennen zu erwähnen.

Als die ersten Nachrichten über Destillation von Ölen bei Aëtius von Amida um 540 auftauchen, geschieht sie ausschließlich *per descensum*: Das geschmolzene Material fließt in ein unter dem Feuer stehendes Gefäß, oder Dämpfe verdichten sich dort; eine zur Destillation niedrig siedender Flüssigkeiten untaugliche Vorrichtung.

Im ganzen genommen verfügen wir über ein reiches Quellengut, in dem auch mit Abbildungen nicht gespart ist. Darin findet sich nicht ein einziger Text, keine einzige Zeichnung, Abbildung oder Beschreibung, die sich für die Destillation niedrig siedender Stoffe anwenden läßt; und sogar für die mit hohem Siedepunkt waren die Apparaturen mangels brauchbarer Kühleinrichtungen unzulänglich genug.

In den spätgriechischen landwirtschaftlichen Schriften, die unter dem Namen Geoponika gehen, findet sich ein Satz, der auf den ersten Blick eine Erwähnung des Alkohols sein könnte: »Trunken macht erstens der Wein, und zweitens, so sonderlich es zu hören ist, das Wasser.« Aber das »trunken machende Wasser« ist wörtlich der Naturgeschichte des Plinius[14] entlehnt, der damit das Bier der Gallier und Iberer glossiert.

Erst byzantinische Texte des 10. Jahrhunderts sprechen von einem Rosenöl *(rodostagma)*, das aus Rosenblättern in der Brennblase destilliert ist, wie das Rosenöl des Konstantinos Porphyrogenetes und Theophanes Nonnos im 10. und des Nikephoros im 13. Jahrhundert. Wir dürfen annehmen, daß die Kenntnis über die Araber aus dem Rosenland Iran kam, und wir wissen sogar aus einem koptischen Papyrus des 9. oder 10. Jahrhunderts, wie die Apparatur ausgesehen haben mag, um solches Rosenöl zu gewinnen[15].

Wenn die Werke des »jüngeren Serapion« (Johannis filii Serapionis) echt sind und er um das Jahr 1000 gelebt hat, gewinnen wir ein weiteres Annäherungsdatum; denn in der Ausgabe, die Gerhard von Cremona (1114–1187) in lateinischer Sprache veranstaltet, heißt es zum Hut des Brenngeräts *alembicum:* coopertorium instrumentum aquae rosae »ein Deckel (Hut) zur Bereitung des Rosenwassers«. Wäre dem Autor die Bereitung des brennbaren Wassers bereits bekannt gewesen, hätte er sich diese Funktion des Alembiks keinesfalls entgehen lassen. Wir sind sicher, daß es zu Gerhards Zeiten Weindestillation gegeben hat; die Kenntnis davon ist aber (erstaunlicherweise)[16] noch nicht nach Toledo gedrungen.

Die Araber

Ein Sammelname, der sich eingebürgert hat, mehr nicht. Wie viele von denen, die arabisch schreiben, auch arabische Vorfahren haben, ist in manchen Fällen schwer zu sagen, und in den meisten ist es sicher nicht der Fall. Nur die literarische, die Publikationssprache schließt ein Band um alle die Inder, Perser, Syrer, Israeliten, Kopten, Berber und die vielen andern, die sich vom Reich des Islams überwölbt sehen. Sie müssen nicht einmal Moslems sein; es gibt Religionen aller Art, die toleriert werden.

Aber die Sprache ist hocharabisch, gemeinsam für alle, die ihre Gedanken auch gedruckt sehen wollen, so wie heute etwa in der Chemie die Hälfte der Publikationen aus Japan englisch ist, um in der Welt gelesen zu werden, und fast ebenso viele aus Skandinavien, fast alle aus Indien oder Ägypten. Deshalb ist auch die Terminologie arabisch, häufig arabisch aus griechischer Wurzel, wie wir dort sehen werden, wo wir vom Alkohol erzählen.

Die »Araber« also, jene Spanier, Ägypter, Syrer, Perser oder was sie sein mögen, Einwohner des Reiches, das sich innerhalb eines Jahrhunderts nach des Propheten Tod im Jahr 632 lawinenartig formt und in Asien erst an Indiens Ostgrenzen, in Europa bei Tours und Poitiers zum Stehen kommt, wo der merowingische Hausmeier Karl Martell die christliche Ritterschaft den »Mauren« entgegenwirft – jene Araber sind die bewußten Erben des Hellenismus, nicht nur des griechisch bestimmten. Viele Schriften werden aus dem Koptischen oder Ägyptischen sogleich, ohne eine griechische Zwischenstufe, in das Arabische übersetzt. Im Osten, wo der Islam schließlich das Gebiet der zentralasiatischen Türken und nach dem Jahr 1000 auch bedeutende Teile Indiens gewinnt, stoßen »die Araber« unmittelbar mit dem geistigen (und teilweise dem politischen) Einfluß der Chinesen zusammen. Das wird deutlich am »Stein der Weisen« und dem »Lebenselixier«, die beide in der chemischen Theorie seit dem Islam eine so bedeutende Rolle spielen, aber den Chinesen – über Iran – verdankt werden[1].

Es ist oft gesagt worden, der eigene Beitrag der Araber sei nicht sonderlich groß gewesen. Das bedeutet wenig gegenüber ihrer Funktion als Bewahrer und Vermittler. Wir wüßten nur Bruchteile unserer (schon genug lückenhaften) klassischen Überlieferung ohne sie, und ohne den geistigen Austausch zwischen Ost und West, den das Reich des Islams möglich macht, hätte es nicht die Blütezeit nach dem ersten Jahrtausend christlicher Zeitrechnung gegeben. Das gilt auch für die Destillation, die starke fernöstliche Fäden in das iranisch-hellenistische Gewebe eingewebt zeigt.

Im Mittelpunkt arabischer Chemie steht al-Rāzī im Ausgang des 9. und im 10. Jahrhundert. In dieser Zeit gibt es schon die zwei Richtungen, die auch für die Zukunft bestimmend bleiben, die nüchternen Technologen und die wahren Alchemisten, mit bisweilen phantastischen Zielen und geheimnisvollen, mystischen Gedankengängen. Beide haben ihre Verdienste; die ersten zum Beispiel durch die Weiterentwicklung von Glas und Keramik, die bessere Apparaturen möglich macht, oder die Herstellung von duftenden Wässern und Ölen mittels Destillation bis zur Größe einer Industrie. »Destillation« wird freilich bei den Arabern weiter gefaßt als von uns; es meint Filtration, das Auspressen von Ölen, Auszüge mit Wasser und Auszüge mit Fetten und Ölen aus Blumen und Kräutern, um bestimmte Öle zu gewinnen[2].

Die Schule von Salerno am Tyrrhenischen Meer spielt für uns solch große Rolle, weil sie zwischen dem 10. und 12. Jahrhundert die arabischen Technologien, vor allem die der Herstellung pharmazeutischer und medizinischer Verbindungen, aufnimmt und außerhalb des islamischen Raums ein Sprungbrett für die Ausbreitung des arabischen Wissens in das christliche Abendland wird. Salerno ist aber zugleich einer unserer wesentlichen Bezugspunkte für die Geschichte der alkoholischen Destillation. Um so wesentlicher ist es festzuhalten, wo die Grenze liegt: Weder Alkohol noch anorganische Säuren sind den Arabern jener Zeit bekannt, sie lernen sie erst im Rückstrom aus Italien kennen Das religiöse Element, das diskutable Verbot des Propheten in Vers 216 der zweiten Qur'ān-Sūre, tritt zurück hinter die technische Beschränkung der Apparatur, die das Destillieren von Flüssigkeiten mit niedrigem Siedepunkt »vor Salerno« nicht möglich macht.

Al-Rāzī (auch als Rhases in die Literatur eingegangen), 865 in Ray geboren, dann in Baghdad, später am grauen Star erblindet und 925 gestorben, scheidet mit scharfem Verstand im hellenistischen chemischen Wissen das durch Experiment Beweisbare vom nur Erwünschten. Die Gewinnung von Destillaten *(muqattar)* ist bei ihm in solchem Detail beschrieben[3], daß der Text noch heute als »Lehre von der Technik des Destillierens« einer Zeit dienen könnte, die innerhalb noch unübersteigbarer Grenzen jede Möglichkeit nutzt. Die Destillation *(taqtīr)* wird definiert als »das Verfahren, das der Herstellung von Rosenwasser entspricht: die Substanz wird in den Kürbis *(qar'a)* getan, darunter ein Feuer angezündet, worauf das Wasser in den Alembik *(al-anbiq)* hochsteigt und im Auffanggefäß *(qābila)* gesammelt wird.« Alle Arten von Alembiks und andern Geräten werden mit solcher Sorgfalt beschrieben, daß uns das Instrumentarium der arabischen Chemiker um das Jahr 1000 in allen Einzelheiten vertraut ist. Unter den Substanzen, die destilliert und einzeln mitgeteilt werden, findet sich Essigsäure als die stärkste Säure, die zur Verfügung steht; das zeigt, wie beschränkt die Möglichkeiten waren.

Wenn wir wieder die Brücke zu Salerno schlagen, diesmal zu Platearius, der um 1150, zur hohen Zeit der salernitanischen Schule, das »Circa instans« genannte Arzneimittelbuch[4] zusammenstellte, scheint es über zweihundertfünfzig Jahre keinen Fortschritt gegeben zu haben. Eher erweckt die Art, wie *per ascensum* destilliert wird, den Eindruck, für den Autor ein neues Verfahren zu sein, während es doch schon al-Rāzī beschrieben hatte. Die Öle von Wacholder und Getreide werden durch *destillatio per descensum* hergestellt, »wie es nach Bericht die Sarazenen machen, wobei sich das Öl in das untere Gefäß ergießt«[5]. Das Rosenwasser, das heißt ein mehr oder weniger Rosenöl enthaltendes Wasser, gewinnt Platearius hingegen durch *destillatio per ascensum*. Er spricht von »ausgekochtem« Rosenwasser[6]; daß er damit destilliertes meint, ist nicht einmal sicher.

Platearius ist ein Zeitgenosse des Salernus, der die Destillation des Weines »nach Art des Rosenwassers« beschreibt. Es ist unwahrscheinlich, daß ihm – selbst wenn zwischen »Circa instans« und der Erstfassung des Compendium Salerni ein Jahrzwölft liegt – die neue Entwicklung nicht vertraut gewesen wäre. Stellt er nur ältere Quellen zusammen (wofür das »ausgekochte Rosenwasser« spricht); glaubt er nicht an die medizinische Wunderwirkung des *aqua ardens,* oder hält er es nicht für erlaubt, bislang Geheimes seinem Publikum zu offenbaren?

Reiner Alkohol siedet bei 78,3°C, reines Geraniol hingegen, der Hauptbestandteil des Rosenöls, erst bei 230°C; das ist die entscheidende Schranke zwischen beiden Destillationen. Nicht nur theoretisch läßt sich das Rosenwasser zeitlich vor die Alkoholgewinnung rücken, sondern alle anfänglichen *aqua ardens*-Rezepte setzen das destillierte Rosenwasser voraus, und viele nehmen, worauf wir gleich zurückkommen, ausdrücklich auf seine Herstellung Bezug.

Das Destillat wird schon bei al-Rāzī bisweilen als »Geist« bezeichnet, womit der Ausdruck *spiritus vini* vorbereitet ist. In seinen medizinischen Schriften wird der Magen mit dem Kürbis, der Kopf mit dem Alembik verglichen, um die Verdauung zu erklären. Ebenso ist es bei Avicenna, eigentlich Abū 'Ali al-Husain ibn 'Abdallah ibn Sīnā (980–1037), bei dem der Kopf = Alembik die »Feuchtigkeiten« sammelt, wodurch sich der Schnupfen erklärt. Wir erinnern uns, wie getreulich die deutschen Autoren des 16. Jahrhunderts diese Darstellung übernehmen.

Daß Al-Rāzī keinen Alkohol destilliert hat, sagen wir so nachdrücklich, weil ihm diese Kunst in der Literatur vielfach zugeschrieben wurde[7], ebenso wie dem Abulcasis, der eigentlich Abū al-Qāsim Ha'alaf ibn 'Abbas al-Zahrāwī heißt und 1013 in Cordoba stirbt. In seiner medizinischen Enzyklopädie in dreißig Bänden ist zu lesen, daß »auf diese Weise Wein von jedem destilliert werden kann, der es tun möchte«[8]. Das bedeutet aber nur, daß Wein ebenso wie die Essigsäure destilliert werden kann, um ein farbloses Produkt zu erhalten. Mindestens in jener Zeit wird aus der Essigsäure durch Destillation keine stärkere Säure gewonnen und aus dem Wein kein Konzentrat; denn andernfalls hätte vor allem nicht unerwähnt bleiben können, was den Europäern wenig später als Wunder erscheint, daß bei der Alkoholdestillation ein ganz neuartiges, brennbares Produkt entsteht. Hingegen haben wir eine Fülle arabischer Rezepte, um Rosenwasser zu gewinnen; ganz raffinierte sogar, wobei Rosen aus Iraq, nachdem sie vierundzwanzig Stunden in kostbarem Rosenwasser ausgezogen sind, mit Moschus (im Alembik-Ausfluß), Gewürznelken und Kardamon destilliert werden.

Das Zentrum der Rosenwasserindustrie liegt um Schiras, von wo der Kalif al-Māmum einen jährlichen Tribut von 30000 Fläschchen erhält. In der iranischen Provinz Sābūr werden durch Destillation zehn ätherische Öle aus Veilchen, Lotosblumen, Narzissen usw. gewonnen. In der Provinz Babylon stellt man noch besseres Veilchen- und Nelkenwasser her. Diese Industrien werden schon um die Wende des 8. zum 9. Jahrhundert gegründet. Später entsteht in Damaskus ein drittes bedeutendes Produktionsgebiet[9]. Wir dürfen für diesen Teilbereich eine bis zum äußersten verfeinerte Technik erschließen und sollten nicht unterschätzen, was die arabische Vorleistung, auf der Europa aufbauen konnte, für den Fortschritt im 12. und 13. Jahrhundert bedeutet.

Vierzehnhundert Arzneien in alphabetischer Ordnung enthält das Kitāb al-Jāmi des Ibn al-Baitar gegen Ausgang des 12. Jahrhunderts. Wir wissen viel von arabischer Chemie, Pharmazie und Medizin, was auch immer noch in unübersetzten Manuskripten ruhen mag; aber an keiner Stelle wird Weindestillat beschrieben, und keine der so eingehend geschilderten Apparaturen erlaubte es, Stoffe mit niedrigem Siedegrad zu destillieren, weil keine über eine entsprechende Kühleinrichtung verfügte.

Was sich aus den arabischen Quellen seit etwa 900 ergibt, war schon 1913 so klar dargelegt, daß wir es zitieren[10]:

»Die Gefäße, in die man die Rosen füllte, waren ursprünglich eine Art Muffeln oder Rohre (bei dem Damaszener Dimašqī, 1256–1327[11] al atal = Aludel), aus ›Stein‹, gebrannter Erde, Blei (nach Dimašqī mit einem Tonmantel umgeben) u. dgl., später aber ›Kürbisse‹ und ›Gurken‹ genannte Ballons aus sorgfältig glasierter Tonerde oder Glas, von oft erheblichen Abmessungen; man baute sie in größerer Zahl, selbst zu 25 bis 60, sternförmig verteilt und in mehreren Stockwerken angeordnet, in zweckmäßig errichtete Öfen ein, und erhitzte entweder durch freies Feuer oder besser im Wasserbad; auf die Ballons setzte man den ›Alambich‹

genannten Deckel, den einige mehr hoch, andere mehr breit und niedrig gestalteten; an seiner Innenseite besaß er eine rings um den untern Rand laufende Rinne, in der sich die niedergeschlagene Flüssigkeit sammelte, und durch ein rundes Loch floß sie in darunter angebrachte kleinere Ballons oder Auffanggefäße (Rezipienten) ab; wenn alles richtig vorgesehen und die Dichtung der sämtlichen, genauestens ineinander passenden Teile (mit Ton, Kitt, Leinen) sorgfältigst ausgeführt ist, springen die Gefäße nicht, und man erhält ausgezeichnetes Rosenwasser von reinstem Aroma.

Die vorstehende ausführliche Erörterung der Gewinnung des Rosenwassers rechtfertigt sich durch den Umstand, daß sichtlich sie, und daß die ihr dienlichen Apparate es waren, von denen ausgehend sich die Darstellung des Alkohols entwickelte; denn daß dieser letzteren die Destillation des Rosenwassers – anscheinend die älteste aller überhaupt ausgeführten – zum Vorbilde diente, versichern übereinstimmend die frühesten der einschlägigen Schriften... So sagt der... Codex von St. Gimignano [12] *aqua ardens ad modum aquae rosae sic fit* ›Weingeist macht man nach Art des Rosenwassers wie folgt‹, Taddeo Alderotti schreibt eine Gurke mit Ambix vor ›wie zur Destillation des Rosenwassers‹, und Vitalis de Furno († 1327) destilliert Weingeist *sic fit aqua rosacea* ›so wie man Rosenwasser bereitet‹. ... Wer immer also zuerst auf den Gedanken gekommen sein mag, auch dem Wein seine Kräfte zu ›entlocken‹, der dürfte hiernach zuförderst versucht haben, ihn mit Hilfe der seit langer Zeit benutzten Rosenwasser-Geräte zu verwirklichen. Dabei mußte er aber auf ein bedeutendes Hindernis stoßen; denn gleich den alten griechischen besaßen auch die arabischen Apparate, wie die Beschreibungen klar ersehen lassen, keinerlei eigentliche Kühlvorrichtung. Zur Abscheidung einer Substanz vom niedrigen Siedepunkt des Alkohols waren sie daher ganz ungeeignet, zur Erkenntnis aber, daß eine solche mit den Dämpfen entwich, konnten sie sehr wohl führen und demgemäß Anlaß geben, für gründlichere Abkühlung zu sorgen. Als nächstliegende Methode hierfür bot sich die schon dem Dioskorides geläufige mittels nasser Schwämme oder dergleichen; und tatsächlich sagt der Arzt Michael Savonarola (der Großvater des unglücklichen Reformators), der zu Beginn des 15. Jahrhunderts die Kunst der Weingeistbereitung beschrieb, daß die ›Alten‹, auf deren Verdienste er die ›Neuen‹ *(moderni)* mit Vorliebe hinweist, den Alembix *(alembicum, capellum* = Hut, Helm*)*, den sie recht breit und groß gestalteten, in Tücher einzuhüllen pflegten *(involare)*, die sie reichlich mit kaltem Wasser tränkten [13]. Dieses Verfahren gibt uns einen Begriff vom ersten Anfang der Alkoholgewinnung, die sich in ihrer weiteren Entwicklung, von da an bis auf unsere Tage, stets innig an jene der Kühlung gebunden zeigt, und deren Produkt, solange sie auf jener untersten Stufe stehenblieb, nur ein an Alkohol armes, an Wasser dagegen reiches Destillat sein konnte, also ein verhältnismäßig dünner Weingeist. Die Berichte, die allein von einem solchen sprechen, werden wir daher als jene anzuerkennen haben, die noch den ursprünglichen Sachverhalt widerspiegeln.«

Das Weindestillat heißt, als es später erwähnt wird, *aithale* »Schweiß« oder *al-raqa* »das Süße«, woher der Arrak zu seiner Bedeutung gekommen ist. Die Bezeichnungen *rūh-al-hamr* »Geist des Weines«, was genau *spiritus vini* ist, *rūh-al-araq* »Geist des Arrak« sind noch viel später und stehen im Zusammenhang mit dem Eindringen der westlichen Destilliergeräte, die Destillate mit niedrigem Siedepunkt möglich machten, in die arabische Welt [14]. Vom Westen auch kam zuerst die Wasserkühlung; denn alle original arabischen Geräte, die beschriebenen wie die abgebildeten, haben nur Luftkühlung. Erst dann konnten Kürbis und Alembik zur »Retorte«, arabisch *mi'wagga*, vereinigt werden.

Hoch steht die technische Fertigkeit des Mittelalters; arm ist die Überlieferung. Wenn die Meister, auf die sich die hohe Kunst von Generation zu Generation vererbte, je etwas zu Papier brachten, verging es wieder; denn den staatlichen und kirchlichen Archiven schienen solche Dokumente nicht des Bewahrens wert[1]. Im Schrifttum ist ein halbes Jahrtausend lang, von den alexandrinisch-griechischen Papyri, die sich jetzt in Leyden und Stockholm befinden, bis zu zwei lateinischen Handschriften des 8. Jahrhunderts eine Lücke. Die eine, zwischen 780 und 820, im Codex Lucensis 490 aus Lucca in Italien, ist für die Geschichte der Chemie von hohem Wert[2], die andere, Mappae clavicula, wörtlich »das Schlüsselchen zur Malerei«, enthält weit mehr als das, so daß die letzten Herausgeber sie einen »kleinen Schlüssel zur Welt der mittelalterlichen Technik« nennen können.

Der clavicula unbekannten Autors geht in seinem hauptsächlichen Inhalt auf die zweite Hälfte des 8. Jahrhunderts zurück; aber später sind viele neue Paragraphen und Zusätze ein- und angefügt worden. Die Fassung aus dem 10. Jahrhundert im Museum zu Schlettstadt weiß noch nichts von der Weindestillation; nur die Fassung des 12. Jahrhunderts und noch jüngere enthalten das Rezept für die Bereitung von Alkohol. Es ist, als sollte es nur Alchemisten verständlich sein, in die Form eines Kryptogramms gekleidet; keines sehr schwierigen freilich; denn es sind nur die Buchstaben des Alphabets jeweils um eine Stelle verschoben[3]. Diese Handschrift wurde wohl in England geschrieben; in sie sind bereits jüngere abergläubische Rezepte und neue, auf arabischer Überlieferung beruhende Elemente auch an andern Stellen eingedrungen[4].

Die Textfassung aus dem späten 12. Jahrhundert, die sich ehemals im Besitz von Sir Thomas Phillipps befand (heute im Corning Glass Center, New York)[5], lautet mit der Auflösung des Kryptogramms:

»De commixtione puri et fortissimi xknk cum III qbsuf tbmkt cocta in ejus negocii vasis fit aqua, quae accensa flammam incombustam servat materiam.«

$x = \mathrm{v}$	$q = \mathrm{p}$	$t = \mathrm{s}$
$k = \mathrm{i}$	$b = \mathrm{a}$	$b = \mathrm{a}$
$[n = \mathrm{n}]$	$s = \mathrm{r}$	$m = \mathrm{l}$
$k = \mathrm{i}$	$u = \mathrm{t}$	$k = \mathrm{i}$
	$f = \mathrm{e}$	$t = \mathrm{s}$

»Wenn man reinen und sehr starken *Wein mit dem dritten Teil Salz*[6] mischt und in zu diesem Zweck dienlichen Gefäßen kocht, so entsteht ein *Wasser,* welches, angezündet, eine Flamme ergibt, die Materie (auf welche es ausgegossen ist) aber unverbrannt läßt.«

Hier wird das Weindestillat als *aqua* bezeichnet; aber weder der Zusatz *ardens* noch *vitae* findet sich. *aqua* ist nach dem Vorbild des *aqua rosarum, rosacea* usw. ohnehin zu erwarten; aber dieses neu Entdeckte hat offenbar noch keinen Namen; wir könnten es mit »eine wasserklare Flüssigkeit« am treffendsten übersetzen. Da das Original des Traktats von Magister Salernus, von dem wir in einem andern Kapitel handeln, in Sangimignano verschwunden ist, kann nicht mehr durch Schriftvergleich festgestellt werden, ob die Handschrift des 12. Jahrhunderts des mappae clavicula älter ist. Nicht so alt freilich, wie manche meinten, die sie karolingischen Ursprungs und in Frankreich entstanden sein lassen, oder sogar noch weiter bis zu den Alexandrinern des 2. bis 7. Jahrhunderts zurückgehen. Bei vielen Autoren nämlich finden sich Bemerkungen über Stoffe, die vom Feuer nicht verzehrt werden und Priestern und Magiern dazu dienen, ihre Macht zu beweisen; danach wäre das »brennend nicht Versengende« in allen Fällen Alkohol gewesen[7]. Demgegenüber haben andere Forscher nachgewiesen, daß solche Tricks auch mit starken Weinen vorgeführt worden sein können[8] und kein Grund besteht, ihretwegen die alkoholische Destillation um ein Jahrtausend zurückzuverlegen.

Ist das Zeugnis des mappae clavicula, unabhängig von den Handschriften, aus inhaltlichen Gründen älter als das des Salernus? Der Einschub ist deutlich; vielleicht hat an dieser Stelle wirklich gestanden, was jetzt das Kapitel 211 beschließt und von dem ersten Veröffentlicher als Überschrift über die Alkoholvorschrift gesetzt wurde, mit der es nichts zu tun hat: *Ad bonum argentum solidandum medium oboli* (was zu den vorausgehenden Rezepten *Ad solidaturam de argento* paßt).

Der Einschub ist aber nur jünger als die Handschrift von Schlettstatt aus dem 10. Jahrhundert. Ihn noch in das 11. Jahrhundert zu verlegen, wird durch das Kryptogramm nahegelegt. Offenbar ist die Erfindung so neu, daß magische Scheu es verbietet, sie offen vorzuführen. Vielleicht ist sogar die Überschrift, die wir für falsch halten, gewollte Verhüllung, so wie das Kryptogramm, das in dieser Art erst zu jener Zeit aus Byzanz auf irgendeinem »unterirdischen Weg« in das lateinische Abendland gelangte[9].

Auch Platearius, der die berühmte medizinische Schrift »Circa instans« um 1150 verfaßt, spricht vom »ausgekochten Wasser«[10], wenn er die Zubereitung des Rosenwassers beschreibt, so wie unser Autor vom *cocta... fit aqua*. Hier fließt also alte Kenntnis vom Versetzen des zu erhitzenden Wassers mit Wein, die wir schon bei Hippolytos fanden, zusammen mit dem Wissen um die Destillation (die echte, *per ascensum* nun) des Rosenwassers und einer erst soeben erworbenen Praxis der Kühlung, die das eigentlich bahnbrechend Neue ist, weil sie es erlaubt, den niedrig (bei 78,3 bis 78,4°C) siedenden Alkohol nicht nur herauszudestillieren, sondern auch zu kondensieren. Einen immer noch schwachen, stark wasserhaltigen Alkohol freilich; denn die in dem – nur ganz flüchtig erwähnten – Versuch in das Destillat getauchte Leinwand ist so mit Wasser durchtränkt, daß sie nicht versengt wird, während der Alkohol verbrennt.

»Immerhin mußte jedoch ein ›Wasser‹, das ›Feuer‹ fing und brannte – völlig zuwider dem uralten Dogma vom absoluten Gegensatze dieser Elemente –, den Zeitgenossen als etwas Zauberhaftes, wenn nicht Teuflisches erscheinen, und im Besitze eines solchen Präparates zu sein, war daher äußerst bedenklich und gefährlich; es ist deshalb durchaus begreiflich, daß der Verf. des Way'schen Manuskriptes die im 12. Jahrhundert offenbar noch sehr neue Entdeckung gleichfalls als Geheimnis bewahrt, den Fortschritt verschweigt, der das Gefäß erst ›zu diesem Vorhaben dienlich‹ macht. ... Man erinnere sich bei diesem Anlasse der ersten Nachrichten über das Schießpulver: auch diese tauchten unter dem Schleier tiefsten Geheim-

gentū. Si aū multū assaueris fit elidriū. si
parte .i. auri adieceris: fit aurū optimū .

Ad solidatam de argto .ii. denarios pensante
de argto. & .ii. de eramine. & una medalla
de stanno. Ad solidatinā argti ii boni.

Accipe de bono argto .iii. denr pondantes.
& .i. obolū de stanno. Ad bonū argtū soli
dandū mediū oboli.

De comptione puri & fortissimi xknk. cū
iii. qbsuf. tbmkt. cocta m ei negocinauissit
aq q accensa. flammans incōbusta seruat
materia. De planitie seu altitudine mensu-
randū.

In pmis orthogomū li in copones. Tres uirgu
las planas & rectas facies. pmā .iii. unciarū
t pedū seu ulnarū. Scdam .iiii. Terciā .v.
Illā q tū msurarū̃ in altū dirigas. Illā q
.iiii. in planū colloces. Illā q .v. a summitate illi
q in altū dirigit usq; in summitate illi q impla
nū collocat deducas. Sic angtac illei t uirgule
ciuncte orthogoniū faciunt. Virglā ani directa:
uocat cathec. Collocata. basis. deductin typote

Das älteste Rezept, Wein zu brennen (nach der Handschrift des 12. Jahr-
hunderts des Mappae clavicula im Corning Glass Center, New York)

nisses und in Gestalt von Kryptogrammen auf – der Grund ist der nämliche, denn auch das Pulver gilt für zauberisch und teuflisch, daher noch Berthold Schwarz, der Erfinder des Schießens mit Pulver, von seinen mönchischen Genossen verleugnet, von der Kirche preisgegeben und als Werkzeug und Gehilfe des Satans hingestellt wird, der ihn schließlich auch geholt habe.«[11]

Dem Autor wäre es gewiß möglich gewesen, das Verfahren zu beschreiben, auf die weitgehende Analogie mit der Herstellung des Rosenwassers hinzuweisen, wie es alle andern frühen Erwähner tun, das Experiment mit dem eingetauchten Lappen oder den getränkten Kopfhaaren zu erläutern und den Anwendern zu helfen, indem er die verwendete Apparatur vorstellt. Daß er alles dies nicht tut, mehr verschweigt, als er ausspricht, wenn er »zu diesem Zweck geeignete Gefäße«, »unverbrannter Stoff«, und »Wasser« sagt, erweckt so sehr den Eindruck der Geheimhaltung aus ehrfürchtiger Scheu, daß das Zeugnis an den Anfang aller Berichte über den Alkohol gestellt und in die Zeit um 1100, wenn nicht noch in das 11. Jahrhundert gerückt werden kann.

Der Verfasser des »Feuerbuchs«[1] bleibt uns verborgen, wenn es je einen gab. Immerhin haben sich Spuren des Namens Marchos Graekos, Marcus Graecus, gefunden, ohne daß wir eine solche Person zeitlich einordnen könnten[2].

Der genaue Titel ist: Incipit Liber ignium, a Marco Graeco descriptus, cujus virtus et efficacia ad comburendos hostes, tam in mari quam in terra, plurimum efficax reperitur »Hier beginnt das Buch von den Feuern, von Marcus Graecus geschrieben, das Verfahren von erprobter Wirkung enthält, um die Feinde – auf der Erde wie auf dem Meer – zu verbrennen.«[3]

Das Feuerbuch ist in zwei gleichaltrigen und fast gleichen Manuskripten enthalten, den Handschriften BN 7156 der Bibliothèque Nationale in Paris und Codex Latinus Monacensis 267 (der aber unvollständig ist) in München; beide können noch aus dem Ende des 13., sonst aus dem Anfang des 14. Jahrhunderts stammen. Wesentlich jünger sind die Handschriften BN 7158 (Paris, 15. Jahrhundert) und CLM 197 (München, um 1438)[3].

Die Pariser Handschrift 7156 enthält fünfunddreißig Rezepte. Das an siebenundzwanzigster Stelle behandelt den Alkohol:

Aquam ardentem sic facies.

R. Vinum nigrum, spissum et vetus; et in una quarta ipsius distemperabis s.[4] II sulphuris vivi subtilissime pulverizati; l. vel p. II tartari extracta a bono vino albo, et s. II salis communis grossi; et supradicta ponas in cucurbita bene plumbata, et alembico superposito distillabis aquam ardentem, quam servare debes in vase vitreo clauso.

»So ist das brennbare Wasser zu bereiten.

R. Dunkler, dicker, alter Wein. Auf das Viertelpfund gib zwei Gramm[4] ganz fein zerstoßenen natürlichen Schwefel, ein oder zwei Teile Weinstein, der aus einem guten Weißwein gewonnen ist, und 2 Gramm[5] gewöhnliches grobes Salz. Fülle das Ganze in eine gut abgedichtete Brennblase[5], setze den Alembik auf, und du wirst brennbares Wasser destillieren, das du in einem verschlossenen Glasgefäß aufbewahren mußt.«

Das Rezept Nr. 27 steht in der Handschrift 7156 der Pariser Nationalbibliothek unmittelbar nach dem für die Herstellung des »griechischen Feuers«. Da die Handschrift bis Rezept 35 geht, kann man nicht sagen, das *aqua-ardens*-Rezept sei beziehungslos angefügt. Nur in dem Münchner Codex CLM 197 ist Rezept 27 durch eines für Terpentinöl[6] ersetzt; dann die Erklärung, daß hier das Buch des Marcus Graecus endet[7], und dahinter ein Aqua-ardens-Rezept, das nicht dasselbe wie unsere Nr. 27, sondern »weiterentwickelt« ist, und dem noch ein zweites Alkoholrezept folgt.

Es scheint nicht logisch, entgegen den Zeugnissen des 13. Jahrhunderts von der jüngsten Handschrift auszugehen. In 7156 steht aber das *aqua ardens* nicht nur an guter Stelle unter den dem Marcus Graecus zugeschriebenen Texten (genauer gesagt, in der alten Rezeptsammlung, die unter dem Namen Marcus Graecus läuft), sondern es paßt auch ausgezeichnet in den Inhalt; denn ebenso wie in zwei späteren Rezepten (den Nummern 30 und 31[8] der Handschrift) handelt es sich um Stoffe, deren Zusatz zu den Brandstoffen – nicht zuletzt zur Nr. 26, dem griechischen Feuer – deren Wirkung beträchtlich verstärkt.

Es läßt sich auch erklären, wie die Anordnung des CLM 197 von 1438 zustande gekommen ist. Darin sind die unverändert beibehaltenen Rezepte weiterhin dem Marcus Graecus zugeschrieben, während man für *aqua ardens* nicht nur eine vollkommenere neue Vorschrift, sondern deren zwei hatte; man hängte sie deshalb folgerichtig *nach* der Schlußformel an. Das wird evident, wenn wir uns die beiden Rezepte ansehen; denn sie haben mit dem Zweck des »Feuerbuchs« nicht das geringste zu tun.

Zuerst stellen wir das zweite vor; es lautet:

Vinum in potto ardens fit hoc modo: vinum optimum rubeum vel album, in potto aliquo pone, habente caput aliquantulum elevatum cum coperculo in medio perforato. Cumque calefieri et bullire inceperit et per foramen vapor egrediatur ac candela accensa applicatur et statim vapor ille accenditur et tandiu durabit quandiu vaporis egressio, et est eadem cum aqua ardente.

»Man kann Wein in einem Topf folgendermaßen brennen: Tue in den Topf roten oder weißen Wein. Der Hut (eigentlich das Haupt) des Topfes muß ein wenig erhöht sein[9] und einen Deckel haben, der in der Mitte durchbohrt ist. Sobald der Wein erhitzt ist und zu sieden und der Dampf aus dem Loch auszutreten beginnt, wird, sobald eine Kerze daran gehalten wird, der Dampf sich entzünden und (die Flamme) wird so lange dauern, wie der Dampf austritt. Das Experiment gerät ebenso mit brennbarem Wasser.«[10]

Es ist unschwer festzustellen, daß dieses Rezept jünger ist; außerdem ist es unnütz für den Zweck, die Wirkung der »Feuer« zu verstärken, und sieht eher wie ein Schulexperiment aus. Vor allem findet keine Gewinnung von Alkohol statt; nur die Dämpfe werden entzündet.

Am interessantesten ist in diesem sonst recht farblosen Experiment die Bezeichnung *vinum ardens* am Anfang neben *aqua ardens,* wofür wir an *bernewin* neben *bernewater* erinnern; ferner der Schlußsatz; denn er setzt voraus, daß *aqua ardens* bereits bekannt ist, und tatsächlich steht dessen Gewinnung im ersten Rezept dieser jüngeren Münchner Handschrift, das von dem eben wiedergegebenen stark abweicht:

Aqua ardens ita fit. Vinum antiquum optimum, cujuscunque coloris, in cucurbita et alembico, juncturis bene lutatis, lento igne distilla, et quod distillabitur, aqua ardens nuncupatur. Ejus virtus et proprietas ita fit: ut si pannum lini in ea madefeceris[11] et accenderis, flammam magnam praestabit. Qua consumpta remanebit pannus inlesus[12] integer, sicut prius fuerit; si vero digitum in ea introduxeris[13] et accenderis, ardebit ad modum candelae sine lesione. Si vero candelam accensam sub ipsa aqua tenueris, non extinguetur. Et nota quod aqua illa, quae primo egreditur, est bona et ardens, postrema vero [non][14] est utilis medicinae. De prima etiam mirabile fit collirium[15] ad maculam vel pannum oculorum.

»Das brennbare Wasser wird folgendermaßen hergestellt. Nimm vom alten besten Wein, gleich welcher Farbe; destilliere ihn in einer Brennblase mit Alembik, deren Verbindung gut verschmiert ist, auf einem schwachen Feuer. Das Destillat heißt brennbares Wasser. Dies sind seine Fähigkeit und Eigenschaft: Wenn du ein Stück Tuch mit ihm feucht machst[16] und anzündest, wird eine große Flamme entstehen. Wenn sie erloschen ist, ist der Stoff heil geblieben, wie er vorher war. Wenn du den Finger in das Wasser steckst und anzündest, wird er wie eine Kerze brennen, ohne (den Finger) zu verletzen. Wenn du eine brennende Kerze in das Wasser eintauchst, wird sie nicht erlöschen.

Merke, daß das Wasser, das zuerst übergeht[17], gut und brennbar ist; was später destilliert, ist unbrauchbar für die Medizin. Von dem ersten macht man ein ausgezeichnetes Augenwasser gegen Leukom und Nickhaut der Augen[18].«

Das Rezept ist eine brauchbare Anleitung: Gurke und Alembik, beides gut »plombiert«; schwach erhitzen; Erklärung des »brennbaren Wassers«. Das Leinenexperiment ist uns bekannt und nachvollziehbar; aber das mit dem Finger, der nicht – wie die Haare – durch aufgesogene Flüssigkeit geschützt werden kann, wäre nicht zu empfehlen (E. O. v. Lippmann: »jedenfalls starke Verbrennung zu gewärtigen«).

Dies ist wesentlich eingehender und wirklich »fortentwickelter« als beide anderen Rezepte; aber es hat mit »ignes ad comburendos hostes« nichts zu tun. Diesen dient nur das Rezept der Handschriften des 13. Jahrhunderts, und bei einem Vergleich der drei Texte wird man die Reihenfolge von BN 7156 für ursprünglich halten müssen, während CLM 197 junge Hinzufügungen unter andern Gesichtspunkten hat. Wenn aber das aqua-ardens-Rezept zum ursprünglichen Text gehörte, kann es sehr wohl im 11. oder 12. Jahrhundert entstanden und dem Compendium Salerni mindestens gleichaltrig, ja älter sein. Es stellt sich damit gleichwertig zum Mappae clavicula.

Magister Salernus

Ein Arzt in Salerno, Mitglied der berühmten medizinischen Schule, trägt den Namen Salernus »der von Salerno« – vielleicht, weil er so bekannt ist, oder als Familiennamen. Seit 1130 vermuten wir sein Wirken und 1167 sein Ableben. Obgleich wir mit gewichtigen Gründen das Rezept 212 des *mappae clavicula* und die alte Vorschrift des »Feuerbuchs« ein wenig, vielleicht sogar ein ganzes Jahrhundert, früher ansetzen möchten, ist Magister Salernus für uns eine zentrale Gestalt. Nicht nur ist seine »Lehre von den Krankheiten und der Heilbehandlung« das erste Werk eines namentlich bekannten Autors, das *aqua ardens* in der uns erhaltenen Literatur erwähnt, sondern die früheren salernitanischen Schriften scheinen mit Sicherheit es nicht zu kennen. Das gilt zum Beispiel für das Antidotarium des Nicolaus von Salerno, das Nicolaus Myrepsos, ein Arzt des byzantinischen Kaisers Joannas III Ducas Batatzes (1222 bis 1254), für sein Dynameron benutzte.

Es gilt in besonderer Weise für das berühmte Vorschriftenbuch Circa Instans (siehe Seite 209), das Platearius um 1150 aus pharmazeutischen Traktaten der Griechen und Araber zusammenstellt. Wir würden nicht zu sagen wagen, gebranntes Wasser habe es zur Zeit von Nicolaus und Platearius noch nicht gegeben; wir stellen nur fest, daß sie es nicht nennen, weil es in den von ihnen benutzten Vorlagen nicht enthalten war, oder weil sie die Vermischung der Elemente Feuer und Wasser nicht preisgeben wollen – und denken an das Kryptogramm des Clavicula.

Und Bartholomaeus von Salerno in der ersten Hälfte des 12. Jahrhunderts und Arzt wie der Salernus? Er soll doch das Büchlein von den gebrannten Wassern geschrieben haben, von dem Michael Puffs berühmtes Werk eine deutsche Wiedergabe (um nicht zu sagen ein Plagiat) sein soll... Aber diese Schrift wurde nie gefunden und ist in den »Practica« des Bartholomaeus, die wie das Compendium Salerni über Krankheiten und ihre Heilung handeln, nicht enthalten.

Salernus, für uns also zunächst der erste namentliche Gewährsmann für *aqua ardens,* hat einen Zeitgenossen, Egidius Corboliensis, der in medizinischen Gedichten seine Kollegen schildert. Er nennt den Salernus Aequivocus, den Gleichnamigen, und stellt ihn gleichwertig neben die berühmten Ärzte der Hochschule, den Maurus, Platearius, Romualdus und andere. Die Identität des Namens mit der Stadt ist wohl nicht zufällig; denn in Salerno gibt es eine gerade im 12. Jahrhundert gut belegte Familie Salerno[1], und es spricht viel dafür, daß der 1154 genannte Richter Salernus, Testamentsvollstrecker des Arztes Romualdus, mit dem Mediziner Salernus identisch ist. Zusammengefaßt sagt Egidius von ihm[2]:

»Salernus hat für die Lehre von den Arzneimitteln maßgebliche Regeln aufgestellt, die wir noch heute verehren und rühmen, und schon mit einem Blatt seiner Arzneitafeln brachte er sichere Ordnung in die Kenntnis aller Diuretica. Möge die Autorität seines Namens und der Glanz der ihm zu verdankenden Wissensschätze aus meinen Versen widerstrahlen –« eine genaue Entsprechung zum *nec debet sperni doctrina Salerni* des Archipoeta. Aus der gleichen Zeit ist das Urteil des Bernhard aus der Provence (Bernhardus Provincialis) erhalten, der nach Studien in Salerno einen Kommentar zu den Tabulae Salerni[3] schreibt:

»Ein jeder Praktiker ist auch ein Theoretiker, aber nicht umgekehrt. Aber der Magister Salernus ist ein Praktiker und zugleich auch ein Theoretiker... Der Magister Salernus, von seinen Schülern befragt, beschönigt nichts, noch macht er Vorbehalte... Das Werk bildet eine Grundlage der Medizin und durch sie eine Grundlage der Naturwissenschaften und ihrer theoretischen Erkenntnis. Salernus gilt als die größte Hilfe der Kranken, das ist unserm ganzen Zeitalter bekannt.«

Das soll uns für den frühen Autor des »brennbaren Wassers« genügen, und wir werden kein großes Gewicht auf die Nachricht eines sizilianischen Geschichtsschreibers legen, der gleiche Salernus sei, eines Giftmords angeklagt, unselig im Kerker verstorben[4].

Schon de Renzi hat sich um 1850 vergeblich bemüht, die von Puccinotti in einer Handschrift der Biblioteca dell'Ospedale di Santa Fina in Sangimignano gefundene Handschrift zu erhalten, die dieser 1855 abgedruckt hatte[5]. Nicht besser ist es H. Diels um 1915 ergangen, und im neuesten Handschriftenkatalog der italienischen Bibliotheken (1972) ist das Compendium Salerni nicht mehr enthalten. Wenn der Abdruck von 1855 richtig erfolgt war, wäre das Verschwinden des Codex wesentlich wegen des ihm zugeschriebenen hohen Alters[6] zu bedauern, während der Text offenbar verderbt war[7], so daß 1936 auf einen Würzburger Codex des 13. Jahrhunderts zurückgegriffen wurde[8], der mit den Worten beginnt: »Duplici me causa cogente ad petitionem sociorum hoc opus constituere non recusavi« – eine höfliche Beteuerung, daß der Autor dem Drängen der Kollegen nicht widerstehen konnte, sein Wissen niederzuschreiben.

Auch sonst ist die Überlieferung nicht schlecht: In den Harley Manuscripts des Britischen Museums, jetzt British Library[9], im Gonville and Caius College, Cambridge[10], im Vatikan[11], in Thorndikes Reproduktionssammlung[13], in einer jetzt in der Sammlung Preußischer Kulturbesitz befindlichen Pergamenthandschrift aus der Bibliothek des 1145 gegründeten ehemaligen württembergischen Prämonstratenserklosters Weißenau (Augia minor)[13], eine Papierhandschrift der Leipziger Universitätsbibliothek[14], vier zum Teil interpolierte Pariser Handschriften, die Baudry de Balzak benutzte[15] – eine Fülle von Überlieferungen des Compendium Salerni und Zeugnis des großen Interesses, dem das Lehrbuch begegnete.

Kein Wunder; denn Salernus hat darin erstaunlich viel zu seiner Zeit wichtiges Wissen zusammengefaßt, meist allgemeine Pathologie und Therapie und Materia medica, wobei »auf die Besonderheiten empfindlicher und schwacher Patienten einerseits und derber, widerstandsfähiger andererseits Bedacht genommen wird«. Von den insgesamt 130 Kapiteln ist eines dem Weindestillat gewidmet.

Im Gonville and Caius College in Cambridge findet sich sogar eine Kopie aus dem 12. Jahrhundert, die also nur um wenige Jahrzehnte jünger wäre als das Compendium selbst[16]. »Multiplici me causa cogente dilectissimi socii hoc opus instituere summopere, desideraui«, beginnt es hier, und an einunddreißigster Stelle des Kompendiums handelt es *De aqua ardenti facienda*[17] *(Abb.)*.

Es ist erstaunlich zu sehen, wie die überlieferten Texte, obgleich sie das gleiche Rezept enthalten, im einzelnen voneinander abweichen. Die beste Fassung ist im Grunde, soviel über sie gelästert ist, die von Puccinotti abgedruckte; denn sie läßt als klaren Aufbau erkennen:

1. Brennbares Wasser wird nach der Art des Rosenwassers hergestellt; dieses kann also als bekannt vorausgesetzt werden und erspart es, die Technik zu beschreiben.
2. Die Ingredienzien: Wein, afrikanisches und Kochsalz, Weinstein[18].
3. Die Destillation: gut geschützt vor der Flamme[19] soll die aus der Nase tropfende Wässerigkeit (ein sehr plastisches Bild!) sorgfältig aufgefangen werden.

4. Die Aufbewahrung (mit Öl, Zucker und – in andern Rezepten – Wachsverschluß).
5. Die medizinische Anwendung, wie sie der Schule von Salerno gemäß war, für die aber leider keine Beispiele gegeben werden.
6. Unmittelbar schließen sich Vorschriften an, um lindernde und harntreibende Medizinen herzustellen; damit erfolgt die Überleitung zu den »ausgebrannten Pflanzenwässern«, deren altbekannte medizinische Wirkungen durch den gebrannten Wein verstärkt werden können. Dies ist der Text lateinisch und deutsch:

»31: De aqua ardente

Aqua ardens ad modum aque rose sic fit. Vini rubri libra una in cucurbita ponatur et libra una salis affricani rubri perfecti item et salis comunis cocti in olla rudi, et dragm.[21] quatuor tartari in cucurbita ponantur cum vino prefato et ventosa superponatur, et aquositas descendet per nasum ventose, et colligetur quam poteris adstricte unde non habeas flammam neque perdicionem substancie. Ut autem talis aqua sumatur cum effectu in vase vitreo reponatur non poroso, sit quoque os huius strictum et in eo quinque vel sex gutte olei ponantur, vel dragm.[21] quatuor zaccari. bene cohopertum conservetur. Hanc aquam si experiri volueris sulphuris tres p. igitur in ea extingues, talis liquidus convenienter potes experiri.

Etiam tali modo aqua laxativa que sic fit. leniter species quotlibet secundum proprium effectum earum in aqua bulliant, que aqua bullita effectum suum contrahit[20] a rebus superappositis. De ydragogis similiter fit aqua ydragoga.«

»Vom brennbaren Wasser

Brennbares Wasser (nach der Art des Rosenwassers zu bereiten) wird so hergestellt: Fülle ein Pfund roten Weins in ein Brenngefäß (›Gurke‹); ferner ein Pfund bestes (›vollkommenes‹) afrikanisches rotes Salz und ebenso (auch ein Pfund also) gewöhnliches Kochsalz (gewöhnliches Salz, das in einem einfachen Topf gekocht ist), dazu vier Unzen[21] Weinstein. Dies alles tue in die ›Gurke‹ mit dem eingangs erwähnten Wein. Dann setze den Deckel auf[22]. [Nach genügender Erhitzung] steigt die wässerige Flüssigkeit durch das Ablaufrohr (die ›Nase‹) des Alembiks hinab. Du mußt es so sorgfältig wie möglich, weit von der Flamme und ohne Substanzverlust auffangen.

Damit aber (auch weiterhin) dieses Wasser wirksam genommen werden kann, bewahre es in einem fehlerlosen (›nicht porösen‹) Glasgefäß auf, das eine enge Öffnung hat. Darein bringe 5 oder 6 Tropfen Öl oder 4 Unzen Zucker. Bewahre es gut (mit Wachs) verschlossen auf[23].

Wenn du dieses Wasser erproben willst, löse (vorher) drei Teile Schwefel in ihm auf. Die (dadurch erhaltene) Flüssigkeit kannst du zweckmäßig erproben[24].

Auf solche Weise kannst du auch ein linderndes Wasser herstellen, das so gemacht wird...«

Die wesentlichste Abweichung anderer Handschriften, von vielen für den ursprünglichen Text gehalten, sei nach der Leipziger Handschrift wiedergegeben, in der es nach dem Auffangen der Flüssigkeit heißt:

»Quo intinctus pannus aliquis a flamma saluabitur sine substancie lesione et perdicione. Ut autem talis aqua diu seruari possit cum huius effectu, repponatur in vase vitreo non poroso, habens os strictum, et in eo v. uel vj. gutte olei ponantur et cera coopertum bene reseruetur. Hanc aquam si postea experiri volueris confidenter, sulphur viuum ignitum ter uel quater in eadem extinguas[25].

Hier ist also die »Flamme« nicht auf die Gefahr bezogen, das Destillat zu entzünden, sondern auf das Experiment, das wir schon von Marcus Graecus kennen, bei dem das mit dem wasserhaltigen Weingeist getränkte Tuch das »Verbrennen« unversehrt übersteht.

Warum in aller Welt werden dem roten Wein, der destilliert werden soll, noch afrikanisches und gewöhnliches Salz und Weinstein, und alles in sehr erheblichen Mengen, zugefügt? Das ist nicht von ungefähr, denn um Alkohol aus Wein abzuscheiden, bedarf es nicht nur wirksamer Kühlung[31] und der Vorheizung[32]. Selbst die stärksten Destillate, die man in einem Brennvorgang mit den frühen Apparaturen gewinnen konnte, enthielten noch so viel Wasser, daß das Destillat nicht »ardens«, nicht brennbar war. Wenn nach 1100 der Prozeß gelingt, liegt es ebenso wie an verbesserter Kühlung und wiederholter Destillation und Rektifizierung an solchen Zusätzen wie Salz und Weinstein, die einen Teil des Wassers absorbieren, so daß das übrige destillierbar wird (und brennbar, was mit weniger als 35 Prozent Wasser schon der Fall ist).

Es ist anzunehmen, daß Magister Salernus sein Compendium nicht später als im Jahr 1160 schrieb. Welch hohen Ruf die Akademie zu jener Zeit hat, ist im einleitenden Kapitel über den Archipoeta angedeutet worden. Wir wissen, daß das ärztliche und naturwissenschaftliche Wissen der Antike, auch unter der Langobardenherrschaft, in Süditalien in Theorie und Praxis weiter gepflegt wird. Seit etwa 1050 strömt, basierend auf den Anregungen Konstantins des Afrikaners, der 1087 verstarb, aus dem Orient neues arabisches Wissen ein, das sich in den Schriften der salernitanischen Schule mit dem althergebrachten verbindet und durch von Sizilien und Nordafrika zuströmendes ständig erweitert wird, bis das aus Spanien kommende auch Italien erobert. Chemie und Medizin werden hier verbunden, wie das chirurgische Werk des Roger Frugardi beweist, eines Zeitgenossen des Magisters Salernus. Das Werk des Frugardi zeichnet sein Schüler Guido von Arezzo im Jahr 1170 aus dem Mund seines Lehrers auf.

Magister Salernus »ist nur als chronologischer Fixierungspunkt von Wichtigkeit – durch ihn wird zwischen 1140 und 1160 die Weingeistdarstellung in Süditalien bekannt. Ob sie auch in Süditalien gewonnen wurde, ist damit nicht mit Bestimmtheit ausgesagt[33].«

Wir möchten es nach unserer Datierung des *mappae clavicula* und des *liber ignium* sogar bezweifeln, aber zugleich unterstreichen, was die in Salerno zu Papier gebrachte Kenntnis für die Verbreitung der Kenntnis von der Weindestillation bedeutet. Keine medizinische Hochschule ist zu jener Zeit berühmter als die am Tyrrhenischen Meer, unweit der griechischen Tempel von Paestum. Sie sinkt erst in Vergessenheit, als gegen Ende des 12. Jahrhunderts die von den Arabern bestimmte Literatur, die unter der Leitung Gerhards von Cremona in Toledo übersetzt worden ist, sich nach Osten ausbreitet und bestimmend wird. Das Ende des Stauferreichs, dem Salerno gerade unter Friedrich II. so viel verdankt, bedeutet mehr als ein zufälliges zeitliches Zusammentreffen.

Als rund dreißig Jahre nach dem Tod des Salernus Hartmann von Aue sein bekanntestes Werk, den »Armen Heinrich«, schreibt, tritt der Held des Gedichts, schwer erkrankt, auf den Rat seiner Ärzte eine Reise nach dem hochberühmten Montpellier an[34], um Heilung zu finden. In Montpellier erfährt er von den Doktoren aber nur, er werde niemals wieder gesunden. »Daz hôrte er gar ungerne und fuor gegen Salerne«, und dort versichert ihm der beste Meister, daß er wirklich von seiner Krankheit genesen werde[35].

Die Kreuzzüge hatten seit 1096 den Ruhm Salernos in alle Welt getragen. Teil der Kenntnisse, die von dort das medizinische Wissen befruchten, ist die Bereitung des brennbaren

1 Aqua ardens sic fit / sicut aqua rosae fit autem huiusmodi / vi-
2 ni rubi[26] libra I in una cucurbita ponatur et I libra salis
3 puleritati aut salis tosti / in olla rudi talia[27] sul-
4 phuris uiui uncie III in cucurbita ponantur cum predictis et uento-
5 sa superponatur / Aquositas descendens per nasum uentose...
6 colligatur quam inunctum pannum servabit flammam sine
7 perdictione[28] substantie/ – Ut aqua talis servari posset
8 cum huiusmodi effectu in uase uitreo reponatur non poroso quod
9 habet os strictum et in eo VI vel VIII gutte olei[29] ponantur et
10 cera coopertum bene servabitur / hanc aquam si experiri
11 volueris sulphur ignitum[30] in eadem extinguas et confidenter
12 *(am Ende der Zeile:)* experiri poteris.

Das Rezept »Aqua ardens sic fit« (Handschrift um 1200–1220
aus dem Gonville & Caius College, Cambridge/U.K.)

Wassers; denn keine der beiden, nach unserer Ansicht älteren, Quellen kann sich an Ausstrahlungskraft mit der »*doctrina Salerni*« und dem Compendium messen.

Zu Eingang dieses Kapitels und auf Seite 209 nannten wir das dem Platearius zugeschriebene »Liber simplicium medicinarum«. Das Drogenbuch ist in vielen Handschriften überliefert[36]. Die Rose spielt eine wichtige Rolle (»de rosis viridibus fiunt multa... de rosis autem fit mel rosatum et zuccarum rosatum, sirupus rosarum et oleum rosarum«)[37]. Von den genannten Drogen wird der Rosenhonig gekocht, der Rosenzucker dreißig Tage lang von der Sonne ausgezogen, der Rosensirup mit kochendem Wasser übergossen, das Rosenöl gekocht. Der Nachsatz lautet: »Qualiter fiat aqua rosarum non possumus expresse significare nisi videatur aqua ros.« In den Anwendungen, wo »aqua ros.« schon vorher häufig erscheint, wird zwischen »aqua ros. simpliciter vel aqua ros. decoct. masticis et gariofil.« unterschieden. Platearius führt über seine Vorgänger hinaus bis an die unmittelbare Grenze der Weindestillation, sagten wir. Aber er überschreitet die Grenze nicht, obgleich wir das »*aqua ardens modo aquae rosarum fit*« wohl bei ihm hätten erwarten dürfen.

Warum kann die Herstellung des Rosenwassers nicht ebenso genau angegeben werden wie die der andern Rosendrogen, bei denen sogar meist verschiedene Arten der Herstellung (beim Rosensirup gleich drei) genannt sind? Hält den Autor etwas davon zurück, auf das Destillieren – dieses Wort findet sich nicht bei ihm – einzugehen? Hat er, was die Verbindung zum Compendium Salernitanum und die Zeit des (meist nach dem Anfang Circa Instans genannten) »Buches der einfachen Arzneien« nahelegt, mehr gewußt, so auch von der Herstellung des *aqua ardens*? Weitere Circa-Instans-Forschung wird vielleicht Antwort darauf geben.

Taddeo Alderotti

Als Michael Savonarola 1484 sein »Libellus de aqua ardenti« schreibt[1], rühmt er vor allem den Thaddaeus Florentinus, den er einen Fürst unter den Ärzten und einen zweiten Äskulap nennt. Damit bezieht er sich auf die den »Consilia« angefügten »De virtutibus aque vite et eius operationibus«, erhalten in Handschriften der Vatikanischen Bibliothek, aus München, Cesena und Wolfenbüttel[2].

Taddeo Alderotti hat von 1223 bis 1303 gelebt[3]. Als Angehöriger der Universität von Bologna[4] und gleichzeitig praktischer Arzt beschreibt er, nach unserer Kenntnis als erster, genau die Apparatur, mit der im dicht verschlossenen »Alembik« – der nun nicht mehr nur den Helm, sondern das gesamte Brenngefäß meint – Wein destilliert wird. Er tut es in einer Weise, die für uns ebenfalls epochemachend neu ist: Nachdem die ersten 50 Prozent des Weines sich im Aufnahmegefäß kondensiert haben, wird das Destillat erneut destilliert, wobei Taddeo bei jeder Rektifizierung $^3/_{10}$ als Rückstand entfernt und auf diese Weise nach Meinung der Fachleute leicht zu 90 prozentigem Alkohol gelangen kann[5].

Wichtig bei Alderottis Apparatur ist das Abflußrohr des Alembiks, das »die Länge eines Armes haben« soll, und das *canale serpentinum,* das Schlangenrohr, das nach seiner Anweisung mit einer Kühlwanne benutzt werden und ständige Nachfüllung von frischem Kühlwasser haben soll. Das ist das dritte bahnbrechend Neue; denn für uns ist damit Meister Thaddeus der erste Zeuge der Methode, nach der das Destillat gekühlt wird, wenn es aus dem Destillationskopf heraus ist, und die von ihm beschriebene Kühlschlange die Grundlage der modernen Verfahren, die Dämpfe außerhalb der Destillationsapparatur zu kühlen. Alderottis Methode »war die einzig wirksame, um Destillate von niedrigem Siedegrad, wie Alkohol zu erhalten«[6].

Diese Stelle ist so wichtig, daß wir sie im lateinischen und deutschen Wortlaut wiedergeben[7]:

»Ad faciendum aquam vite, quae alio nomine dicitur ardens, fac fieri vasa duo de cupro, quorum unum sit ad modum cucurbite cum alembico, ubi distilatur aqua rosata, hoc excepto, quod istud vas sit totum unum et non habet canale intus; habet tamen rostrum. in sumitate eius sit unum foramen magnum ad modum digiti, per quod res distilanda intromittatur . aliud sit sicut una cucurbita sine alembico equales per totum. et infra se contineat canalem conclusum serpentinum, serpente illud totum a sumitate usque ad fundum . capud vero superius serpentis sit extra vas per 3 vel 4 digitos . cauda vero exeat inferius per totidem, sitque bene consolidatum totum vas cum eo, ne liquor aliquis possit exire . deinde habet cannutum longum sicuti brachium vel plus, cuius unum capud recipiat cannutum distilatorii, aliud vero recipiatur a cannuto serpentis. Cannetum vero canne serpentis recipiatur ab una vitrea totumque lutetur et claudatur bene, ne respiret, cum luto facto de calce viva et clara ovorum . forman autem vasorum monstrat praesens naratio. Accipe igitur vinum electum, quam pretiosius poteris habere, et pone in vase et claude foramen cum bona capsedra, facta de ligno cum panno involuta et circum linita luto, ne respiret. Vas tamen sit vacuum ad minus usque ad medium . aliud vas cum serpente impleatur aqua frigida, frequenter renovando, cum calefacta fuerit ab aqua discurente per canalem, collocato in vase super ignem . distilla quousque medietatem vini impositi receperis, quod in distillatorio remanet . quod autem distillatum est, iterum repone ad distillandum; et recipe de X partibus VII . quod autem remanserit, pone ad partem, extrahendo de vase. Iterum quod distillatum est, redistilla recipiendo de 7 partibus 5. Quod remanserit in fundo, remanserit in hiis. duabus distillationibus, materies earum dicitur, et sicut dicit tractatus compositus de eisdem. Habet tamen ista aqua alias probationes sive signa cum aplicatione candele ad cannutum inferius; quoniam prima distillatio ardet imperfecte, secunda perfecte, tertia perfectissime cum plus omnibus aliis. Virtutes huius aque multe sunt, quarum quedam scribuntur in tractatu de eadem facto, sicut patet. Legenti tamen meliores habet in alkimia, quoniam dissolvit, figit, facit ingredi, convertit mercurium et incitantur cum ea medicine.«[8]

»Zur Gewinnung des aqua vitae, das mit anderem Namen auch aqua ardens genannt wird, lasse dir aus Kupfer zwei Gefäße machen. Das Erste gleiche einer Gurke mit Ambix[9], in der man Rosenwasser destilliert; es bilde jedoch einen einzigen Hohlraum[10] und habe keine Röhre[11] im Inneren; es habe eine Tülle[12], und [in dieser] ganz oben ein fingerdickes Loch, durch das man einfüllt, was destilliert werden soll. Das Zweite gleiche einer Gurke ohne Ambix, sei zylindrisch[13], und enthalte in sich eine geschlossene, schlangenförmige Röhre[14], die sich von oben bis unten durchschlängelt[15]; die Schlange rage mit ihrem oberen Ende 3–4 Finger hoch oben aus dem Gefäße heraus, und mit ihrem unteren[16] um ebensoviel unten; sie sei mit dem Gefäße sorgfältig verlötet[17], damit nirgends Flüssigkeit ausfließen kann. Sodann nimm ein Rohr[18], das einen Arm lang sei oder noch länger; sein eines Ende werde verbunden[19] mit dem [Abgangs]-Rohre des Destillationsgefäßes[20], sein anderes Ende aber mit dem Schlangenrohre; das Rohr [der Rohr-Ausgang] der Schlange[21] münde in ein Glas[22], und werde bestens eingekittet[23] und abgedichtet, so daß es keine Luft hat[24], und zwar mit einem Kitt aus Ätzkalk und Eiweiß. Die Gestalt der Gefäße [also] ergibt sich aus dieser Beschreibung.

Nun nimm ausgesucht guten Wein, so köstlich du ihn haben kannst, fülle ihn in das [erste] Gefäß und verschließe dann das Loch mit einer gut [auf die Tülle] passenden hölzernen Kapsel[25], die du [nachher] mit Linnen einwickelst und ringsum so weit mit Kitt bestreichst, daß das Gefäß keine Luft hat[26]; es darf aber nicht ganz halbvoll sein. Das zweite Gefäß, das die Schlange enthält, fülle mit kaltem Wasser, das du fleißig erneuerst, sobald es sich angewärmt hat infolge des Durchlaufens jener Flüssigkeit, die abläuft aus dem Rohre, das von dem [ersten] über dem Feuer stehenden Gefäße herkommt. Destilliere, bis du die halbe Menge[27] des eingefüllten Weines aufgefangen hast[28]. Was im Gefäß bleibt [entferne], das Destillat aber[29] destilliere nochmals und fange davon $7/10$ auf, den Rest aber entferne aus dem Gefäß und stelle ihn beiseite; das Destillat destilliere abermals und fange davon $5/7$ auf. Was [im Gefäß] am Boden[30] zurückbleibt, ist der Rest dieser beiden Destillationen und wird ›materia‹ genannt, so sagt der über die Destillation verfaßte Traktat. Das [überdestillierte] Wasser aber zeigt gewisse Eigenschaften und Anzeichen. Nähert man dem Ausgange des [Schlangen]-Rohres ein Licht, so brennt das einmal destillierte [Wasser] nur unvollkommen, das zweimal destillierte vortrefflich, das dreimal destillierte unübertrefflich; dieses besitzt auch, in weit höherem Grade als alle die anderen, zahlreiche Kräfte[31], deren verschiedene in dem darüber verfaßten Traktate aufgezählt werden[32], wie das der Leser ersehen kann. Noch bessere [Kräfte als in der Medizin] zeigt es aber in der Chemie[33]; denn es löst, fixiert, bringt zur Einwirkung, verwandelt das Quecksilber und erhöht die Wirksamkeit der Chemikalien[24].«

Ergänzt wird diese wichtigste und ausführlichste Stelle durch eine Anzahl anderer, aus denen Nachstehendes zusammengefaßt sei: Unter aqua vitae (Wasser des Lebens) oder aqua ardens (brennbares Wasser) versteht man entweder das *Einfache (simplex)* oder das *Zusammen-gesetzte (compositam)*. Das »*Einfache*«, auch *anima vini* (Seele des Weines) genannt, ist das Wasser, so wie man es dem Weine entlockt[35]; das geschieht auf chemischem Wege[36], nämlich durch Destillation, die man dreimal und auch noch öfter vornimmt, denn je öfter sie wiederholt wird, desto vollkommener und brennbarer wird das Wasser; sie erfolgt aber unter Anwendung des mit der Schlange versehenen Ambix[37], »so wie du schon weißt«. »Man nimmt besten stärksten Wein, roten oder weißen, doch ist Ersterer geeigneter, denn er ergibt das köstlichste der Wässer in viel größerer und reichlicherer Menge. Bringe ihn in das dir bekannte Gefäß[38], dichte es gut, destilliere langsam[39], und fange das Wasser auf, das mit den ersten Dämpfen entweicht, dieses ist nämlich brennbar[40]; läßt also die zu destillierende Masse nach zu destillieren, so sammle [das noch Übergehende] für sich auf, und stelle es weg, denn es taugt nicht zu medizinischen Zwecken[41].«

»Das destillierte aqua ardens tue in ein gläsernes Gefäß und verschließe es gut. Vom Destillat ist das erste Drittel das beste und brennt[42], das zweite Drittel taugt weniger, das dritte Drittel noch weniger, und der Rückstand im Destilliergefäße gar nichts. Bei der ersten Destillation erhält man im ganzen aus 10 Raumteilen[43] des Weines 1 Teil aqua vitae, aus dem allerstärksten Wein auch bis 2 Teile; eine zweite Destillation ergibt aus 2 Teilen dieses ersten Wassers nur 1 Teil, eine dritte aus 5 Teilen dieses zweiten Wassers nur 4 Teile; von der vierten an erfolgt keine oder fast keine Abnahme mehr, doch wird das Wasser immer besser; nach 7 Destillationen heißt es ›perfecta‹, nach 10 Destillationen ›perfectissima‹; es ist dann von nicht zu über-bietender Vortrefflichkeit, doch ist die Bereitung so mühselig und kostspielig, daß man sich für die gewöhnlichen Heilmittel[44] mit dem höchstens drei bis vier mal destillierten begnügt. Jenes aqua vitae, das man zumeist aus rotem, dichtem, starkem, nicht süßem Wein bereitet, jedoch aus jedem Wein in größerer oder kleinerer Menge erhalten kann, ist nach mindestens viermaliger Destillation im Schlangenapparat[45] ›perfecta‹; das Kennzeichen hierfür ist, daß es nicht nur in Berührung mit dem Feuer brennt[46] und alles in Flammen setzt, was mit ihm bestrichen wird[47], sondern daß ein damit getränktes leinenes Tuch oder Gewebe[48] nicht nur entzündet, sondern völlig verbrannt wird; geschieht das nicht, so ist das Wasser zwar gut, aber nicht perfekt.«

Vom »Zusammengesetzten« gibt es unzählige Arten, da das brennbare Wasser die »Kräfte«[49] fast aller Kräuter und Heilmittel auszieht; man kann diese auch gleich zusammen mit dem starken Wein destillieren, nicht »*per sacculum*«[50], sondern durch den Ambix[51], wobei aus dem Destilliergefäß, dem »Aludel«[52], sofort das gewünschte Destillat übergeht. – Das *aqua ardens* oder *aqua vitae* ist, in allen seinen Gestalten, wie der Verfasser aus eigener reicher Erfahrung[53] bestätigt gefunden hat, Mutter, Herrin und Königin aller Heilmittel, von unvergleichlichem Ruhme und von unvergleichlichen Tugenden; diese aufzuzählen wäre unmöglich, denn es hilft gegen alle nur denkbaren inneren und äußeren Übel (beim Einnehmen und Einschmieren, besonders in Form der Komposita), es vernichtet alles Gift, es schützt vor Fäulnis und Ver-wesung. Vor allem aber wirkt es geradezu wunderbar bei allen der Kälte entspringenden Leiden; denn es stärkt die natürliche Wärme[54] des Körpers, bewahrt dadurch die Jugendlich-keit[55] und verlängert so das Leben[56]. Dieser großen Kräfte wegen ist es aber nur mit aller Vorsicht anzuwenden, und unvermischt überhaupt nur in ganz kleinen Mengen, und bloß bei solchen Greisen zulässig, die an besonders »kaltem Magen« leiden; sonst setzt man nur 2–3 Tropfen, eine Haselnußschale, eine halbe Eischale, oder einen halben Löffel[57] zu einem

Becher oder einer Schale Wein zu, oder gestattet auch dem Patienten, vier Tage lang seinen Becher Wein mit ¼ Teil des einigemal destillierten Wassers zu vermischen[58]; die Erfolge sind dann ausgezeichnete und großartige. »Daher halte dieses Wasser strengstens geheim[59]; denn es wird dir Ehre und Ruhm bringen, so wie Jenen, die mit seiner Anwendung, wie du schon weißt, bereits Versuche machten[60], teils jenseits des Meeres[61], teils in der ›Provincia‹[62], teils in der Stadt Bologna[63].«

Es kann nicht wundernehmen, daß Alderotti den tiefsten Einfluß von allen Autoren auf die Späteren ausgeübt hat und am meisten kopiert worden ist; »es ist sein Verdienst, das Destillationsverfahren im Abendland allgemein bekanntgemacht zu haben«. Noch stärker hebt Thaddaeus sich durch die Tatsache hervor, daß ein Teil seiner »Konkurrenten« vor der Forschung keinen Bestand gehabt hat, weil es sich um berühmten Namen nur untergeschobenes Gut handelt[64].

Auch die »Consilia« machen freilich bei dem Brannt-Traktat nicht den Eindruck, der Autor habe alles erfunden und seine Forschungsergebnisse niedergeschrieben, sondern es sind – wenigstens in den erhaltenen Codices – sichtlich Auszüge aus verschiedenen Quellen[65]. Dafür spricht auch der Schlußsatz *expliciunt consilia Thadei compilata secundum eum* (»hier enden die Consilia des Thaddaeus, die nach ihm kompiliert worden sind«) – vielleicht nach seinen Angaben, vielleicht auch erst nach seinem Tod von einem Schüler. Das mindert den Wert für uns nicht; denn das Überlieferte »erschließt eine überraschende Reihe von Kenntnissen, Einsichten und Bezeichnungen, die bisher wohl niemand der zweiten Hälfte des 13. Jahrhunderts, wenn nicht einer noch früheren Zeit, zugetraut hätte!«[66]

Einer noch früheren Zeit? Gewiß; denn zwischen dem Magister Salernus und Taddeo Alderotti liegt mindestens ein Jahrhundert, vielleicht anderthalbe[67], und die Bemerkungen über die Gefäße, »die dir schon bekannt sind«, über das Verfahren, »so wie du es schon kennst«, lassen darauf schließen, daß in dieser Zeit erhebliche Fortschritte erzielt worden sind, die in den uns erhaltenen Quellen durch Alderotti erstmals festgehalten werden.

Diesen zeitlichen Abstand finden wir auch dadurch bestätigt, daß Alderotti in erster Linie vom *aqua vitae* spricht, »das mit anderm Namen auch *aqua ardens* heißt«. Während im Anfang die Brennbarkeit das eigentlich Aufregende war, haben sich nun die heilenden Anwendungen des »Lebenswassers« in den Vordergrund geschoben, was längere medizinische Praxis mit Alkohol voraussetzt. Das wird bestätigt durch den technischen Fortschritt vom ersten, einfachsten Brenngefäß für das *aqua rosacea* bis zum entwickelten Schlangenkühler des Alderotti; vom wasserhaltigen Destillat, das das damit getränkte Leinen beim Brennen unversehrt läßt, bis zum konzentrierten, das es völlig zerstört und ohne wesentlichen Rückstand selbst verbrennt, und vom Kryptogramm des Feuerbuchs bis zum Bestandteil »gewöhnlicher Heilmittel« und »geradezu unzähliger Komposita«. Es ist auch bemerkenswert, daß Alderotti sich nicht selbst als Erfinder oder Entdecker darstellt, sondern nur von der vielfältigen Erfahrung spricht[68], die er besitzt.

Die Zeit der »Consilia«, der Beginn des 14. Jahrhunderts, ist jene, in der in Deutschland die ersten Weinbrenner greifbar werden; nicht Handwerker, wie wir wissen, sondern großenteils Ärzte und Apotheker, die die Anweisungen und Beschreibungen der »Consilia« im Latein ohne Schwierigkeit lesen; man denke an die Anfänge in Nürnberg oder Berlin.

Sie brauchen sich dazu keine Handschriften aus Italien kommen zu lassen; denn Alderotti wird auch in Deutschland reichlich abgeschrieben[69] und bearbeitet[70].

Auf die »deutsche« Alderotti-Überlieferung (die im eigentlichen Sinn deutschsprachige wie

Fiet aqua vite dupliciter vno ex vino solo... at eem vinum ru
bru grossum potens no dulce q distillat... ai mistruo...
et de distillari ad nuc iiij vicibus

Aqua vo vite composita ex talibus fiet. Rc euforbij...
esquinanti spodij piperis longi cubebe castorij zedoarij
... 3 i ossis de corde cerui et ambre pte... vl iij vl iiij...
pistentur bene pistatura grossa et in x libris vini mittantur
3 i. si istas spec... secundum...

Que sic distillata est tute utilis qd si ebriu... in ea pona...
... erit... sic est... aqua bullieta si sit de prima
distillatue. Ite os saporis libam et spec... q in ca pona...
trahit et ee libam... ear. Si gariofili in ea aqua pona
tur et misceatur cu vino statim factus est gariofilati vini. Ite
si saluia in ea ponat statim trahit ad se totu sapor... si misceatur
cu vino statim fiet vinu saluiatu. Ite sic fit de qualibet gne her
b... Ite vinu corrupti quoncuq... corrupat... reducit ad
suu pristinu statu si in eo ponatur et sic arch... Ite pisces et
carnes conseruat a putrefactoe si in ea ponantur. Et qd... putrefactu
corrodit et bn coseruat. Ite os vermes venenosi ut bufo et
aranea erodere... nec... affligere pnt. Ite val... et
picturam et morsu serpentis et scorpionis seu cui... vermis si po
natur in loco puncture seu doloris statim curat. Et bibit plus in...
om... venena frigida q tiriaca... si de ea sciat...
... Et per... in oibus locis... tiriaca... no... si...
... clarificat et desiccat et superfluitates amouet ita qd erit
similis vino veteri. Si... detur ad potandu in... sue acces
sionis no hebit accessione aliqua ille die. Et si de ea habet tunc
accessio... misceret... et istud ego probaui et iu...
...bibies in empiteni... infra x dies... purgat. Omnes tumo
rem et omnes fluxu... et si apostea eet... curat cu lo
... missa... Omnes oculi... palpebrarum lacri
mosam... telam et vngulam et... et ordeu... et
... et confortat visum acuit et clarificat si cu oculis media...
Ite albugines... et passiones... et omnes... visus si sit
... aut nouu... frigida curat. Et ist... probat magr Tadeus

»Fiet aqua vite dupliciter« (Traktat nach Magister Thaddaeus, 14. Jahrhundert, in
der Bibliothèque de la Faculté de Médecine, Montpellier)

die niederfränkische) gehen wir in andern Kapiteln ein[71], lassen aber hier zum Abschluß ein sehr typisches Beispiel dafür folgen, wie der Branntraktat der Consilia in Deutschland aussieht.

Die Herzog-August-Bibliothek in Wolfenbüttel hat zwei Handschriften[72], deren Texte fast sämtlich, wenn auch mit mehr oder weniger großen Veränderungen, dem Traktat des Alderotti entnommen sind. Wir stellen einen lateinischen Text der deutschen Übersetzung gegenüber[73].

»Incipit tractatus de virtutibus aque ardentis.
Incipiunt virtutes aque ardentis vel vite secundum inanandare et sunt LXIII Jor in aqua ista, quia ardet sine corumpcione subiecti et valet contra omnes infirmitates et languores et dolores de frigida causa...

... Aqua vite alia simplex, alia conposita. Simplex est, quando sine commixtione simpliciter de vino elicitur, et dicitur anima vini. Est enim gloria inestimabilis omnium medicinarum simplicium et compositarum mater et domina, cuius mirabiles sunt effectus, et specialiter contra omnes frigidas humani corporis passiones, que tali ingenio cum vino fit: Recipe vini rubei vel albi optimi et fortissimi. Rubeum tamen magis forte est et maioris efficacie. Magis valet contra frigidas passiones. Ulterius enim et largius preciosissimam aquam reddit. In vase noto decem mensuras pone et diligenter clauso cum suo alembico distilla lente igne. Que post primam(!) vaporem exierit, collige eam diligentissime, et hec aqua ardet. Cum vero distillatur et ardere desierit, amplius non distilles, quia, quod residuum est in hoc opere, non valet, sciasque, quod de decem mensuris consuevit una pars tantum exire. Si vinum tamen fuerit forte, recipies partes duas de decem mensuris vel unam partem tantum, quod melius est. Si secundo distillaveris modo predicto, de duabus mensuris habebis unam partem, quam in distillacione posuisti, si quid est distillatum. Tercio de quinque mensuris quatuor habere debebis. Si quarto distillaveris et recte operatus fueris, mensuram, quam posuisti, in nullo invenies diminutam. Si vero ad summam perfectionem pervenire desideras, in prima distillacione de decem mensuris recipies unam tantum, in secunda distillacione similiter recipies decimam partem, et sic distillabis de decem inclusive recipiendo in qualibet distillacione decimam partem. In septima tamen distillacione – talis enim aqua nobilitat, perficit et illustrat – perfecta dicitur, quia mirabilia operatur. In decima vero operacione dicitur perfectissima. Omnia nobilitat, perficit et illustrat. Propter difficultatem tamen operacionis expensarum facimus primo modo iam dicto. In tercia siquidem et quarta distillacione, si quis ea uti scierit, fere omnibus passionibus de causa frigida curam certissime prestat. Omnium si qualis(!)[74] herbarum preter solas violas, florum, radicum et specierum contrahit proprietatem et terre, si per tres horas morentur in ea. Huius aque in corpore humano effectus universales sunt. Tam mirabiliter et cito curat omnes egritudines de causa frigida, que tamen curande sunt, et maxime egritudines cerebri et nervorum et iuncturarum in potu sumpta et exterius membris debilibus illinita...

... Effectus autem aque vite ad corpus humanum sunt, quoniam, quidquid ex ea linitur, accenditur et ardet vinum corumptum et accetum reparat et pristinam bonitatem reducit, si modicum ex ea misceatur et fortiter conquassetur. Multum clarificat et hoc statim, si ex ea modicum inponatur. Per secundum autem modum usque ad decimam distillacionem aqua deducta omnia fere facit, que de aqua vite et oleo philosophico in libro Aristotilis perfecti magisterij sunt conscripta. Aqua vite conposita cum speciebus et floribus, herbis et radicibus secundum exigenciam et convenienciam cuiuslibet passionis, quod prudentis medici iudicio et discrecioni parcens prolixitati relinquo. Experigencia tamen doctus modum componendi aquam et operandi cum ea trademus fideliter, sicut in aliquibus egritudinibus sumus experti votumque nostrum et finem laudabilem consecuti.

Aqua vita composita contra passionem yliacam...«; zu deutsch:

»Es beginnt der Traktat über die Tugenden des brennbaren Wassers.
Es beginnen die Tugenden des brennbaren Wassers oder Lebenswassers nach Inanandare, und sie sind 64 in diesem Wasser, weil es ohne Zerstörung des Untergelegten (d. h. der Substanz) brennt und gegen alle Krankheiten und Abspannungen und Schmerzen aus kalter Ursache hilft...

... Das eine Wasser des Lebens ist einfach, das andere zusammengesetzt. Einfach ist es, wenn es ohne Beimischung einfach aus Wein herausgelockt wird, und es wird Seele des Weines genannt. Es ist nämlich der unschätzbare Ruhm aller einfachen Medizinen und die Mutter und Herrin der zusammengesetzten, dessen Wirkungen wunderbar sind, und speziell gegen alle kalten Leiden des menschlichen Körpers, welches auf folgende Weise mit Wein entsteht: Nimm von rotem oder bestem und stärkstem weißen Wein. Roter ist dennoch stärker und von größerer Wirksamkeit. Er hilft mehr gegen kalte Leiden. Mehr und reichlicher ergibt er nämlich das kostbarste Wasser. In das bekannte Gefäß tu zehn Maß hinein und destilliere es, nachdem es sorgfältig verschlossen wurde, mit Hilfe seines Alembiks, auf leichtem Feuer. Was nach dem ersten Dampf herausgeht, sammle sehr sorgfältig, und dieses Wasser brennt. Wenn aber destilliert wird und es zu brennen aufhört[76], destilliere nicht weiter, weil das, was bei diesem Werk übrig ist, nicht wirkt, und du sollst wissen, daß von 10 Maß ein Teil nur herauszukommen pflegt. Wenn der Wein dennoch stark war, wirst du zwei Teile erhalten von zehn Maß oder nur einen Teil, was besser ist.

Wenn du zum zweitenmal auf die vorgesagte Weise destillierst, wirst du von zwei Maß, die du in das Destilliergefäß *(destillacio)* getan hast, einen Teil erhalten, wenn überhaupt etwas destilliert wurde. Beim drittenmal mußt du von 5 Maß 4 haben. Wenn du zum viertenmal destillierst und richtig vorgegangen bist, wirst du das Maß, das du hineingetan hast, in nichts vermindert finden. Wenn du aber zur höchsten Vollkommenheit zu gelangen ersehnst, wirst du bei der ersten Destillation von 10 Maß nur eins erhalten, bei der zweiten Destillation ebenfalls den zehnten Teil, und so wirst du destillieren, indem du jeweils von 10 Teilen den zehnten Teil erhältst. Bei der siebenten Destillation – ein solches Wasser macht berühmt, vollendet und erleuchtet – wird es vollendet genannt, weil es Wunderbares ins Werk setzt. Bei der zehnten Operation wird es das vollendetste genannt. Alles macht es berühmt, vollendet und erleuchtet. Wegen der Schwierigkeit der Kosten der Operation machen wir es auf die erste bereits gesagte Weise. Bei der dritten freilich und der vierten Destillation, wenn jemand es benutzen kann, gewährt es fast allen Leiden aus kalter Ursache ganz gewiß Heilung. Aller Kräuter (mit Ausnahme allein der Veilchen), der Blüten, Wurzeln und Spezereien Eigenschaften und die der Erde zieht es zusammen, wenn sie drei Stunden in ihm verbringen. Dieses Wassers Wirkungen in menschlichen Körpern sind universell. So wunderbar und schnell heilt es alle Krankheiten aus kalter Ursache, wenn sie überhaupt heilbar sind, und vor allem die Krankheiten des Gehirns und der Nerven und der Gelenke, als Getränk zu sich genommen oder äußerlich den schwachen Gliedern eingerieben...

... Die Wirkungen aber des Lebenswassers auf den menschlichen Körper kommen daher, daß, was auch immer mit ihm bestrichen wird, angezündet wird und brennt. Verdorbenen

Wein und Essig stellt es wieder her und bringt die frühere Güte zurück, wenn er mäßig mit ihm vermischt wird und stark zusammengeschüttelt wird. Es klärt viel und dies sofort, wenn eine mäßige Menge von ihm aufgelegt wird. Das auf die zweite Weise aber bis zur zehnten Destillation hervorgebrachte Wasser macht fast alles, was über das Lebenswasser und das philosophische Öl im Buch des Aristoteles vom perfekten Magisterium geschrieben ist. Das zusammengesetzte Lebenswasser mit Spezereien und Blüten, Kräutern und Wurzeln nach Erfordernis und Übereinstimmung für ein beliebiges Leiden überlasse ich zur Vermeidung von Weitschweifigkeit dem Urteil und Unterscheidungsvermögen des klugen Arztes. Durch Erfahrung dennoch belehrt in der Art der Zusammensetzung des Wassers und des Umganges mit ihm, überliefern wir es, wie wir es bei gewissen Krankheiten erfahren und unseren Wunsch und ein lobenswertes Ende erreicht haben. Zusammengesetztes Lebenswasser...«

Das Jahr 1321, mit dem die deutsche Überlieferung nach Alderotti beginnt, ist genau die Zeit, in der die ersten deutschen Zeugnisse dafür vorliegen, daß Weinbrenner am Werk sind. Wenn in dieser Zeit des Weindestillat schon »aqua ardens vel vite« heißt, »brennbares oder Lebenswasser«, wird deutlich, daß wir in gleicher Weise mit beiden und mit deutschen Lehnbildungen für sie zu rechnen haben.

Die Lehre vom einfachen und vom zusammengesetzten Lebenswasser ist ebenfalls eine Grundidee, die den Deutschen von vornherein bekannt wird und sie veranlaßt, nach immer neuen Verfahren zu suchen, um die Wirkung zu verstärken. Dazu gehören das Geißmilch- und das Kuhdreckwasser, deren Beschreibung wir abbilden, ebenso wie das wiederholte Destillieren und Rektifizieren. Eine andere Wolfenbütteler Handschrift[76] spricht sogar von 15 Destillationen, die jeweils eine andere Anwendung in der Medizin haben.

In noch andern Handschriften mischen sich längere Passagen aus Alderotti mit Traktaten von Raymundus Galfredus (Gualfredus), der von 1250 bis 1311 lebte und von 1289 bis 1295 General der Franziskanermönche war, mit Stücken des (angeblichen) Marcus Graecus und der »De conservanda sanitate« des Vitalis a Furno, der 1327 starb. Dies alles ist also bei uns zu Land bekannt, als das Weinbrennen beginnt.

Daß es sich nicht nur um Latein handelt, das in deutschen Klöstern kopiert wird und die Weinbrenner nicht erreicht (obgleich die privilegierten Apotheker zum mindesten Latein lesen können und auch lesen), sondern es auch deutsche Texte jener Zeit zum gleichen Thema gibt, hat uns schon beschäftigt.

Haben wir nach Kenntnis der auf Thaddaeus Florentinus beruhenden Überlieferung, die im Aufbau dieses Buches erst nach viel jüngeren Quellen erscheint, zu modifizieren, was zu Brunschwygk oder Schrick oder Ryff gesagt wurde? Keineswegs; denn wir sahen deutlich, daß Überlieferung – in guten Fällen, wie bei Brunschwygk, durch praktische Erfahrungen untermauert – wiedergegeben wird. Keiner unserer Autoren aus Deutschland bezeichnet sich als Erfinder; jeder sagt (der eine offener, der andere verschämter), er habe das von ihm Beschriebene zusammengelesen. Nicht nur aus Alderotti; aber weitere Forschung wird offenlegen, in welchem Maße alle Spätern bis zum Ausgang des 16. Jahrhunderts (und nähmen wir die Enzyklopädien hinzu, bis in das 19. Jahrhundert!) dem Taddeo Alderotti verpflichtet sind.

Blick auf den Nachbarn

Französischer Brannt aus Wein wird ganz selbstverständlich als Cognac oder Armagnac verstanden, und das sind seine Spitzen – heute. Wer den Ursprüngen nachgeht (was nicht allein Aufgabe dieses Buches sein kann) wird möglicherweise auf andere Namen und andere Gegenden geführt.

In dem Urteil des Europäischen Gerichtshofs gegen die Bundesrepublik Deutschland vom 20. Februar 1975, durch das die ausschließliche Benutzung der Begriffe »Sekt«, »Prädikatssekt« und »Weinbrand« für deutsche Erzeugnisse untersagt wird, ist auf Cognac nicht eingegangen. Wozu auch? Geographische Herkunftsangaben sind durch andere Abkommen geschützt, und »Cognac« ist gebrannter Wein aus Cognac, wahrscheinlich seit Urzeiten.

Immerhin – aus Cognac? Kaum anzunehmen, daß dort Weintrauben wachsen. »Cognac« bezeichnet gebrannten Wein aus mehreren Departements, deren Hauptstadt keineswegs Cognac heißt.

Sehen wir uns die Sache historisch an, etwa in Zedlers Universallexikon von 1733 – einem unverdächtigen Zeugnis; denn das Werk ist Seiner Allerchristlichsten Majestät dem König von Frankreich gewidmet. Cognac ist eine Stadt in der Landschaft Angoumois, erfahren wir[1], berühmt als Geburtsort des Königs Franz I. Gebrannter Wein? Kein Wort, 1733.

Immerhin, der »Zedler« ist ein deutsches Lexikon. Das berühmteste französische, die »Encyclopédie« von Diderot und d'Alembert[2] weiß, daß Cognac, nach Saintes die zweite Stadt im Angoumois, »est célèbre par la naissance de François Ier, et par ses eaux-de-vie«. Mehr erfahren wir nicht vom Brannt. Die »Encyclopédie« hat einen Artikel über *eau-de-vie* von fünfzehn Spalten[3], und darin kommt das Wort Cognac nicht einmal vor; ebensowenig in dem Artikel *distillation* von zwanzig Spalten[4]…

Ein wenig Historie, damit die vielen Namen uns nicht verwirren. Vor der territorialen Neugliederung vom Jahr 1791 bestand das Gebiet der damals geschaffenen Départements Charente und Charente inférieure aus den beiden alten Provinzen Aunis und Saintonge und einem Teil einer dritten, dem Angoumois. Deren Hauptstädte waren La Rochelle, Saintes und Angoulême. Nur die Provinz Aunis liegt am Meer und bietet günstige Transportbedingungen; deshalb entwickelt sich der Hafen von La Rochelle seit dem Beginn des 13. Jahrhunderts zum Exportzentrum des Weins aller drei Provinzen. 1408 heißt es vom »pays d'Aulnis, où il n'y a que vignes«. Seit 1205 schon gewährt der englische König (Johann ohne Land) den Rochelois Privilegien, um ihre Weine in Flandern zu verkaufen. Bis nach Dänemark und Norwegen werden die Weine des Aunis ausgeführt, wie wir von dem Troubadour Henry d'Andély[5] wissen. Auch die Exporte nach England und in alle Teile Frankreichs, die nach Menge und Güte durch die Jahrhunderte gerühmt werden, laufen unter dem Namen La Rochelle, obgleich sie gewiß aus allen drei Provinzen kommen; »so wie es seither geschah und noch immer für unsern Brannt geschieht, der nur unter dem Namen eaux-de-vie de Cognac bekannt ist, obgleich Cognac keineswegs das einzige Handelszentrum der beiden Charente ist«[6].

Wahrscheinlich sind eines Tages die alten Rebsorten durch reicher tragende ersetzt worden, wobei man freilich feststellte, daß ihre Weine von geringerer Haltbarkeit waren. So ist es wohl gekommen, daß die Weine der drei Provinzen von den Tafeln der Könige verschwinden.

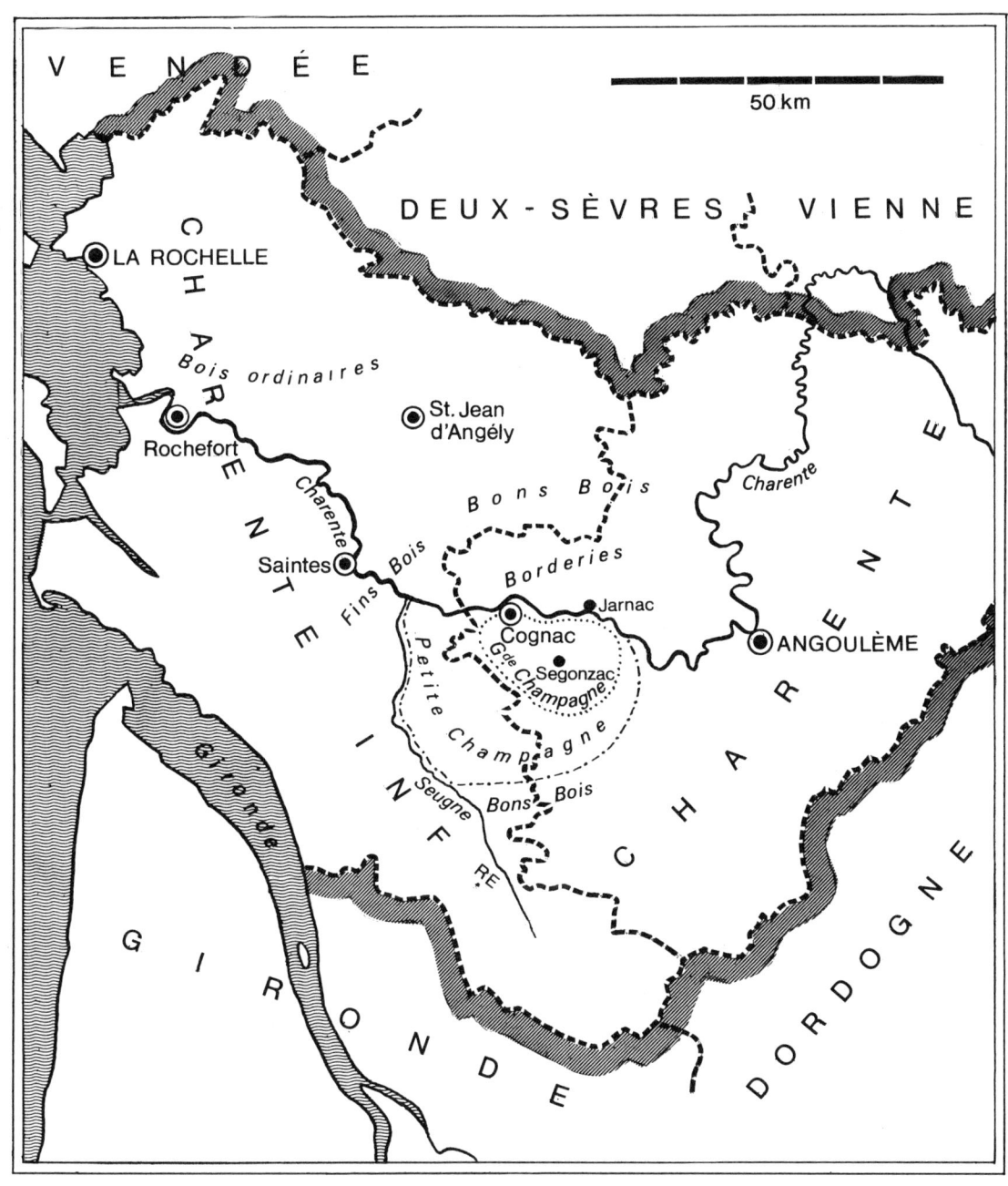

Das Erzeugungsgebiet französischen Brannts aus Wein mit der geschützten Bezeichnung Cognac[37]

Dafür beginnt man sie zu destillieren. Diesen Zeitpunkt können wir mit großer Präzision bestimmen und zugleich ausmachen, warum nun erst *Cognac* in das Blickfeld rückt. Holländer sind es, die zuerst Kommissionäre nach Cognac schicken, um dort Weine aufzukaufen und sie über den Hafen von La Rochelle zu verschiffen. Die Käufe sind so bedeutend, daß die Bewohner ermutigt werden, ihre Weinberge auszudehnen. »Les Borderies«, die Umgebung von Cognac, reicht bald nicht mehr aus, um die Bestellungen zu erfüllen, und rasch füllt sich auch das linke Ufer des Charente-Flusses mit Weinbergen[7]. Die Produktion steigt so schnell, daß die Winzer mit dem Verkauf nicht nachkommen, den Wein aber auch nicht lagern können, ohne daß er verdirbt. Auf den Rat eines Mediziners beginnen sie um 1630, ihn im großen zu destillieren, was bisher nur im kleinen durch Alchemisten und Apotheker geschehen war.

Auf das gleiche Datum führt das Zeugnis des Ingenieurs Masse, Autor wertvoller Manuskripte über Aunis und Saintonge. 1712 schreibt er, seit noch nicht einmal neunzig Jahren habe man in den beiden Provinzen begonnen, Wein in Brannt zu verwandeln[8]; also zwischen 1622 und 1630. Masse gibt auch ein Qualitätszeugnis: »D'ailleurs le vin qu'on y recueille est plus propre en général pour l'eau-de-vie que pour boire.«

Eine dritte Bestätigung: Unter den »Destillateuren« der französischen Protestanten, die in England gegen Ende des 17. Jahrhunderts bezeugt sind (den Ardouin, Mallet, Lasserre, Mazière, Lamillière usw.), finden sich die Delamain, die 1625 von Jarnac nach Irland ausgewandert sind; Jarnac liegt unmittelbar ostwärts von Cognac.

1630 – das ist die Zeit, von der Masse berichtet, daß der kleinste Bauer, wenn er nur ein wenig geschickt ist, seinen Wein brennt und deshalb alle Welt Reben pflanzt, so daß es kaum noch ein Stück unbebautes Land gibt. Aber diese Woge des Brennens wird Vorläufer gehabt haben, und sie sind in zwei Zeugnissen festgehalten. Von 1549 ab – dies ist das älteste – belegen die Aufzeichnungen des Notars Lecourt den Einkauf eines Händlers aus La Rochelle »de quatre barriques playnes d'eau-de-vie bonne et marchande, au prix de 60 livres tournois les quatre«. 1571 finden sich in den Akten des Notars Tharazon mehrere Verkäufe von eau-de-vie »enfustées en barriques neufves et de jaulge« durch die Witwe eines Jehan Serazin, der als »marchand et faiseur d'eau-de-vie«, also als Brannthändler und -brenner, bezeichnet wird[9].

Seit der Mitte des 17. Jahrhunderts läßt sich aus den regelmäßigen Exporten in die Niederlande, die Normandie, die Picardie, Flandern und Irland (damals noch sehr wenig nach England) auf die Bedeutung schließen, die der Brannthandel inzwischen erreicht hat; offenbar ausschließlich durch Kommissionäre und Aufkäufer von außerhalb. Erst seit 1643, dem Gründungsdatum des ersten Cognac-Hauses, Augier, werden die Charentais Exporteure auf eigene Rechnung. Weiter kommt aber der Brannt von überall her, wo es in Aunis, Saintonge oder Angoumois Weinberge gibt, und wird über den Hafen von La Rochelle verschifft.

Der Staat liefert uns ein sicheres Zeugnis für den Zeitpunkt, zu dem der Brannt als Einnahmequelle interessant wird; denn 1640 belegt ein königlicher Erlaß ihn mit einem »droit de barrage de 10 sols par muid«.

Die Enzyklopädien, die wir eingangs zitiert haben, sind also keine verläßlichen Wegweiser, und es hat für uns kaum noch Nachrichtenwert, wenn ein Jahrhundert nach dem »Zedler« das Lexikon von Ersch & Gruber berichtet, daß jenes Schloß, in dem Franz I. geboren wurde, »jetzt zu einem Branntweinsmagazin eingerichtet ist« und das Hauptgeschäft von Cognac auf Branntbrennereien und Brannthandel beruht.

In einem Bericht, den Ende des 17. Jahrhunderts de Bernage, Generalintendant von Limoges, dem König erstattet, erscheint das Gebiet um Cognac schon als Region der ausgedehntesten Weinberge, und zu den weißen Weinen heißt es: »Wenn sie in Brannt umgewandelt sind, was ihre normale Bestimmung ist, kommen die Engländer und Dänen in Friedenszeiten mit ganzen Flotten, um ihn in den Häfen der Charente zu laden – ein gutes Geschäft für die Provinz.« Noch hier, gegen 1700, gibt es keinen Hinweis darauf, daß der Charentebrannt »Cognac« genannt worden sei.

Jener Brannt aus der Charente hieß, wenn er nicht einfach als »Franzbranntwein« exportiert wurde, in Frankreich wahrscheinlich »Charente«. Daß der Name »Cognac« zum Generalbegriff wird, datiert in den Quellen, die uns zugänglich sind, erst seit 1726, als ein Monsieur Gervais aus Angoulême schreibt: »Das Eau-de-vie de Cognac gilt als das beste der Welt. Unter diesem Namen wird aller Brannt aus Wein erfaßt, der in den verschiedenen Bezirken der Provinz Angoumois erzeugt wird.« Dieses Zeugnis deckt sich genau mit dem des grundlegenden Werks von Vivier[10]: »La transformation de nos vins en eau-de-vie n'a guère commencé avec quelque importance qu'au commencement du XVIIIe siècle«, wenn wir unterstellen, daß der enorme Aufschwung der Branntproduktion parallel dem Aufbau der Handelshäuser in Cognac geht. Die sechs Cognac-Zonen der Gegenwart, von der Grande Champagne bis zu den Bois Ordinaires, gehen erst auf das Jahr 1860 zurück.

Die Deutschen haben »Cognac« als Gesamtbegriff noch später aufgenommen. Charentebrannt aus Wein ist einer jener vielen »Franzbranntweine«, die 1847 im »Großen Meyer«[11] genannt sind: »Der Hauptmarkt des Franzbranntweins von Languedoc ist Pezenas... Marseille versendet viel Provence-Franzbranntwein... Blois liefert viel nach Paris... Angers und Saumur liefern Franzbranntwein...« Wir sehen, wie allenthalben in Frankreich gebrannt wird (und nicht nur in Frankreich; denn in dem Artikel folgt, daß Spanien und Neapel ebenfalls viel Franzbranntwein produzieren).

Wenige Jahrzehnte vorher erfahren wir noch einige weitere Bezeichnungen bei Hermbstädt[12]: »Wenn man in Deutschland die Ausdrücke Franzbranntwein und Coignac (so!), wie solches gewöhnlich geschiehet, als gleichbedeutend gebraucht, so ist dieses sehr unbestimmt. In Frankreich nennt man den Branntwein in so fern er in den südlichen Theilen aus Wein bereitet wird, nach der Provinz, wo der Wein herstammt. Daher unterscheidet man Coignac, Rousillon, Haut-Barsac, Sautern, Cette-Branntwein etc.«

Das langsame Vordringen des Cognacs im Qualitätsbewußtsein der Deutschen läßt sich in den Hermbstädtschen »Grundsätzen« 1817 ablesen, wo dem in Frankreich hergestellten Brannt die Ordnung Cognac, Lannac, Languedoc, Provençal, Roussillon gegeben ist. »Der Weingeist hat aber keine so bestimmte Ordnung, weil derselbe fast ausschließlich in Languedoc fabricirt wird[13].« Hier ist auch bereits dem Brannt aus Wein Vorrang gegenüber dem aus Weinhefe gegeben; denn der Geschmack hänge (außer vom Bukett des Weins) ab von der Hefemenge, dem Gehalt an Weinstein und färbenden Teilen, die im Wein enthalten sind. »Derjenige Wein, der am wenigsten mit dergleichen Beimischungen beladen ist, gibt auch den wohlschmeckendsten Branntwein.« Dies ist der Fall bei dem aus weißen Weinen gewonnenen; »dagegen der Branntwein, der aus einem mit dergleichen fremdartigen Stoffen« (wozu also auch die rote Farbe gerechnet wird!) »beladenen Wein gezogen ist, stets einen rohen, oft brenzlichen Geschmack besitzt«.

Die geradlinige Entwicklung des Brannts aus Frankreich wird unterbrochen und geradezu in ihr Gegenteil verkehrt durch eine Periode, in der »französischer Cognac« zu einem Teil gebrannte Weine aus dem Ausland – zum Beispiel aus dem damaligen Österreich-Ungarn eingeführte Produkte – sind, die erst in Frankreich den Namen »Cognac« erhalten und in großem Umfang als solcher wieder ausgeführt werden. Ein anderer nicht geringerer Teil des »Cognacs« ist in Frankreich aus fuselfreiem Industriealkohol und Cognacöl hergestelltes Kunstprodukt. Da diese schlimme Entwicklung bleibende Folgen für die Reputation des gebrannten Weins ebenso wie für das Vordringen von Brannt aus andern Grundstoffen und sogar die Entwicklung des Industriealkohols hat, müssen wir uns ein wenig damit beschäftigen.

Das ist auch nötig, um den Eindruck auszuräumen, die Franzosen seien zu irgendeiner Zeit auf den Gedanken gekommen, den Cognac, an dessen Ruhm ihnen so viel gelegen ist, durch Surrogate zu deklassieren. Nichts kann ihnen unerwünschter sein als das Auftreten der Reblaus seit 1868, die große Teile des französischen Weinanbaugebiets vernichtet und besonders hart jene beiden Departements (die Charente und die Charente inférieure) trifft, deren Weine die Grundlage der Cognacproduktion sind. Um 1880 liegt die Erzeugung von Brannt aus Wein in Frankreich unter 20000 Hektolitern[14]. Sie ist damit im Verhältnis noch mehr abgesunken als die Weinernte, die durchgängig bei über 50, in guten Jahren über 80 Millionen Hektolitern lag; 1878 sind es noch ganze 24 Millionen Hektoliter[15].

Da die genannten 20000 Hektoliter nur einen Bruchteil des Bedarfs decken können, kommt es nicht nur zu dem Cognac, der keiner ist, sondern auch zu dauerhaften Umstellungen. Vor dem Reblauseinbruch konnte aus Weintrestern und frischer Weinhefe so viel Alkohol für Industriezwecke geliefert werden, daß die Alkoholproduktion aus Getreide und Kartoffeln sehr gering war[16]. Dieser Brannt aus Weintrestern und Weinhefe für industrielle Zwecke kam auch aus den Departements Gers, Landes, Côte de Garonne, Hérault und Gard, wurde sorgfältig rektifiziert und entfuselt und verstärkte nicht nur Wein, sondern trug durch seine edlen Weincharakteristika wesentlich zum internationalen Ruhm zum Beispiel der französischen Parfums und Liköre bei. Typisch war das Departement Hérault, in dem fast die gesamte enorme Weinernte zu Industriealkohol verarbeitet wurde. Dieser wurde so weit rektifiziert, daß sechs Raumteile Sprit drei Raumteile Alkohol enthielten; daher die Bezeichnung »trois-six«.

Die Verwüstungen durch die Reblaus bringen die französische Ausfuhr von Industriealkohol aus Wein zum Erliegen. Dadurch werden andere Länder, in denen die eigene Weinproduktion schon immer nicht ausreichte, die industriellen Bedürfnisse zu befriedigen, immer stärker auf Industriealkohol aus andern Stoffen (in Deutschland vor allem Kartoffeln) verwiesen. In Frankreich selbst führt die Reblaus zum raschen Vordringen von Alkohol aus stärkehaltigen Substanzen. Das kann im industriellen Bereich auch dann nicht mehr rückgängig gemacht werden, als die Neubepflanzung der Charente-Weinberge mit Amerikanerreben es dem »Cognac« erlaubt, wieder Cognac zu sein. Bleibende Folgen sind, daß mangels französischer Ausfuhren der Begriff »Franzbranntwein« verschwindet (außer in ganz andersartiger medizinischer Bedeutung) und »Cognac« wegen der Einfuhren aus aller Welt nach Frankreich ein Allerweltsbegriff wird und bleibt – allen französischen gesetzgeberischen Maßnahmen zum Trotz. In der landläufigen Verwendung dieser Benennung für den gebrannten Wein spiegelt sich, historisch betrachtet, nicht Ehrfurcht vor einer besonderen Qualität, sondern es ist der Niederschlag einer Zeit, als irgendwo produzierter Brannt von den Franzosen wegen des Reblauseinbruchs freudig aufgenommen und als »Cognac« deklariert wurde.

Die Erschütterung, die dem sorgfältig aufgebauten Ruf des »Franzbranntweins« (und dabei seit etwa 1720 immer stärker des Cognacs) durch die Verwüstungen zugefügt wird, die die Reblaus seit 1870 verursacht, wirkt um so tiefer, als es bereits viele Jahrzehnte vorher üblich war, den Franzbranntwein nachzumachen. Man darf sagen, diese Imitation gehöre so sehr zum Alltag der Destillation, daß die Lehrbücher sie mit Selbstverständlichkeit erwähnen und Rezepte angeben. Das sichere Gefühl, aus irgendwelchem Ausgangsstoff mit einigen Zusätzen »Franzbranntwein« (und folgerichtig »Cognac«) herstellen zu können, hat gewiß dazu beigetragen, daß auch nach dem Schutz dieser Benennung durch den französischen Gesetzgeber das Publikum in allen Ländern weiter »Cognac« (oder, sprachlich ganz schlecht, »Kognak«) sagt; sogar für Brannt, dessen Grundlage gar kein Wein ist.

Da dies ein Problem ist, das oft sogar die Gerichte beschäftigt hat, sollten wir ein wenig der Denkweise der »Franzbranntwein-Imitatoren« nachspüren.

»Außer dem eigenthümlichen Geruch und Geschmack, wodurch die verschiedenen Sorten von Franzbranntwein sich auszeichnen, kann man in allen den eigenthümlichen obstartigen Geruch des Essigäthers nie verkennen; und es bleibt daher allemal Hauptbedingung, daß da, wo aus einen Getreidebranntwein ein, dem ächten Franzbranntwein ähnliches Getränk gebildet werden soll, der Essigäther darin nie mangeln darf.

Die Abstammung des Essigäthers im ächten Franzbranntwein ist leicht zu begreifen, wenn man erwägt, daß man in den meisten Fabriken in Frankreich zu dem Behuf solche Weine anwendet, die schon einen säuerlichen Stich besitzen, in welchen sich also Essigsäure erzeugt hat; ferner pflegt man auch den, auf den Fässern sich abgesetzten, trüben Wein dazu anzuwenden, der gleichfalls nicht frei von Essigsäure ist. Jene Essigsäure ist es dann, welche, durch die Vereinigung mit den geistigen Theilen des Weins, in Aether übergehet, der sich nun dem Branntwein mittheilt und den eigenthümlichen Geruch und Geschmack desselben erzeugt.«[17]

Solche Auffassungen um 1820 wirken fort und »gaben Anlaß zu vielfacher Nachahmung, indem jeder Destillateur einen guten Cognac darstellen zu können glaubte, wenn er einem gewöhnlichen Kartoffelsprit eine bestimmte Quantität Essigäther beimischte. Die Hauptsache... ist jedoch, ... alles Fuselige... zu entfernen«, weshalb Anwendung von Kohle empfohlen wird; oder von schon gereinigtem Brannt statt Essigäther, oder Destillation mit Salpeter- und Schwefelsäure; aber: »Alle diese Producte bleiben weit hinter dem ächten Franzbranntwein zurück[18].«

Die Imitation reicht viel weiter, möglicherweise bis zu den Anfängen des Kornbrennens, zurück. »Einer meiner einsichtsvollsten Freunde... verfertiget jetzt einen Körnerbranntewein, der dem Franzbrannteweine wenig an Güte, Geruche und Geschmacke nachgibt«, lesen wir beim Berg-Commißair Westrumb 1793[19] (wobei die Form »Körnerbranntewein« eine besondere Hervorhebung wert ist); und nach Beschreibung des Verfahrens, aus dem Malz erst Bierwürze zu brauen und dann zu destillieren, um das Anbrennen zu verhüten: »In Stettin... besteht eine privilegirte Franzbrannteweein-Fabrik, die dem Hofapotheker (! 1793) Herrn Meyer gehört. Irre ich mich nicht, so wird dieser sogenannte Franzbranntewein auf die hier eben gedachte Art bereitet. Man nimmt, so viel ich weiß, keine andere Grundlage als Weizenmalz zu diesem Fabricat...«[20]

Andere Methode: pulverisierte Holzkohle beim Brennen zugeben. »Der Kornbranntwein, der nach dieser Vorschrift aus Weizenmalze bereitet wird, hat eine so große Aehnlichkeit mit dem besten Franzbrannteweine, daß selbst Kenner keinen Unterschied unter beyden bemerken werden[21].«

All dies liegt lange vor der Reblausinvasion. Es sind Gewerbebilder des 18. und des frühen 19. Jahrhunderts, die uns zeigen, welche Wege Erziehung und Gesetzgebung bis zu den heutigen Markenschutz- und Lebensmittelschutz-Bestimmungen zurückzulegen hatten (in Deutschland ebenso wie in Frankreich). Nun wird es klarer, warum erst »Franzbranntwein«, dann »Cognac« als ein Gattungsbegriff für eine bestimmte Geschmacksrichtung verwendet wird, der weder über den Grundstoff noch eine geographische Herkunft etwas aussagt.

Aber zurück zu Frankreich, dessen Charentedepartements uns keine Belege für Brannt vor dem 16. Jahrhundert liefern konnten. Fast ein Jahrhundert früher ist der Armagnac bezeugt. Das älteste Dokument, das ihn nennt, der Stolz des Archivs der Kreisstadt Auch im Département Gers, stammt von 1461, nur siebzehn Jahre nach der vernichtenden Niederlage der »Armagnaken« bei Sankt Jakob an der Birs. 1909 wird das genau umgrenzte Gebiet »Armagnac« gesetzlich festgelegt.

Beide Gebiete führen uns also nicht an den Beginn des Weinbrennens in Frankreich, von dem wir annehmen möchten, daß es nicht jünger ist als in Deutschland. Leider liefern die französischen Namen, anders gebildet als die deutschen, kein Äquivalent zu den Bernewater und Bernewin, und es scheinen noch viele Vorarbeiten zu fehlen. Ganz unbewiesen ist, worauf schon v. Lippmann hingewiesen hat, die Behauptung, Aquavithändler hätten in Paris in der ersten Hälfte des 13. Jahrhunderts ihr Gewerbe betrieben. Boileaus berühmtes »Livre des métiers«, das angeblich 1254 verfaßt wurde und damit das älteste Pariser Statutenbuch wäre, schweigt sich über ein *eau-de-vie*-Gewerbe völlig aus[22]. Auch aus Dujardins »Rückblick« läßt sich kein Anhaltspunkt gewinnen[23].

Das älteste Zeugnis, das wir für Paris besitzen, ist das Recueil des Statuts, Déclarations du Roy, Arrests du Conseil, du Parlement, Cour des Aydes, Sentences de Police, Election, & du Prévôt des Marchands, de la Communauté des Maistres Vinaigriers, Verjutiers, Moutardiers, Premiers Inventeurs, Distillateurs & Vendeurs d'Eau-de-Vie et Esprit-de-Vin, en gros & en détail, de la Ville, Fauxbourgs & Banlieüe de Paris, ebendort 1744 erschienen.

Das Buch beginnt mit »Quarante-trois Articles des Anciens Statuts renouvellés en 1349«, was aber ein Druckfehler ist; denn der Text verweist an erster Stelle auf die 1394 unter Karl VI. (1368–1422) erlassenen Statuten. Die Articles, Statuts, Ordonnances et Règlements des... Distillateurs & Vendeurs d'Eau-de-Vie & Esprit de Vin[24]... dressés par Maître René-Harenger, Avocat en Parlement, & aux Conseils d'Etat & Privé du Roy, beginnen:

»Parce que l'expérience fait connoître, que les... Distillateurs en Eau-de-vie & Esprit de Vin... n'ont de plus forte passion, que celle de contenter en leur Art la délicatesse des goûts, soit de Sa Majesté ou de ses Peuples... ils jouiront seuls des graces que les Rois, prédécesseurs de sadite Majesté, leur ont accordé.«

Die Statuten sind, wie wir weiter erfahren, vom Provost von Paris am 28. Oktober 1394 angenommen worden; die Pariser »Zunft« ist damit die älteste, die uns bekannt ist. Nach brieflicher Mitteilung des Generaldirektors der französischen Archive, Jean Favier[25], ist der Originaltext verschwunden. Wir kennen ihn durch eine Bestätigung vom 22. März 1412[26]. Dieser Urtext ist mehrfach (1514, 1559, 1567) umgearbeitet worden und hat zu der endgültigen Ausgabe in 43 Artikeln vom August 1658 geführt[27], die erst 1886 veröffentlicht worden ist[28].

Noch einige Jahrzehnte älter ist das in den Archives du Doubs in Besançon aufbewahrte »rouleau de comptes de la prévôté d'Arbois« für die Jahre 1352–1353: »C'est li compte que Guienet Libaul, garde des clers de la vote d'Arbois madame de Flandres, rent à Haymonet de Cerdon, recevours pour ma dicte dame de Bourgoigne, des vins de la dicte vote de une année des vendenges de la S. Michiel l'an McccLII tanque a la dicte feste l'an LIII.«[29]

Der uns interessierende Text lautet:

»Item le juedi apprès Saint Martin d'estel, venist Arbois dame Alix de Bracon et Hugue, li apotiquare de Quingey et demorairent tanque le Sambadi a soir pour faire l'aigue ardant pour ma Dame, se dépandierent en vin que pour despans que pour faire l'aigue... 1 quarril et III channes.«

»Ebenso kamen am Donnerstag nach Sankt Martin Madame Alice de Bracon und Hugo, der Apotheker von Quingey, nach Arbois[30]. Sie blieben dort bis Samstagabend, um für meine Herrin[31] das aqua ardens zu bereiten. An Wein verbrauchten sie sowohl zum Verzehr wie für die Herstellung des brennbaren Wassers ein quarril und drei Kannen.«

Wie in Deutschland gibt es also *aqua ardens (l'aigue ardant)* neben *aqua vitae (eau-de-vie)*; das erste ist bis heute im spanischen *aguardiente* erhalten. Als *eau ardente* erscheint auch das Abtreibemittel, das du Cange nach einem Dokument von 1447 zitiert[32]: »Lequel Frobert conseilloit à icelle femme qu'elle beust de la rue ou de l'Eau ardente; et que c'estoit la chose au monde qui plustost la feroit affouler d'enfant.« Da dies der einzige Beleg im Glossarium latinitatis ist, wird *aqua ardens* kurzerhand als *potio abortiva* übersetzt.

Im Gegensatz zu dem Dokument aus Arbois, in dem offenbar ein Apotheker den Brannt bereitet, geben die zitierten Statuten keinen Grund zu der Aussage, »die Destillation sei lange offizielles Privileg der Apotheker und Gewürzhändler« gewesen[33]. Wenn eine Satzung vom 7. September 1624 und 13. Oktober 1634 Apotheker und Brenner in einer Zunft vereinigt, ist das eine 250 Jahre jüngere Entwicklung; sichtlich ohne Bestand zudem; denn fast gleichzeitig gibt es eine eigene Brennerzunft, die »corporation des distillateurs et marchands d'eau-de-vie et eau forte«[34], zu der auch die Essigmacher, die vinaigriers, gehören. Später (1637) nennen sich die Brenner »distillateurs en l'art de chimie et vendeurs d'eau-de-vie« und ab 1639 »distillateurs d'eau-de-vie, d'eaux fortes et autres eaux, huiles, essences et esprits«; nun umschließt die Zunft also das gesamte Destillationsgewerbe.

Die französische gedruckte Alkoholliteratur ist wesentlich jünger als die deutsche. Sie beginnt mit dem Theatre d'agriculture et Message des Champs von Olivier de Serres (1539 bis 1619) und mit L'Agriculture et maison rustique von Charles Estienne († 1564) und Jean Liébaut († 1596), vor allem aber Liébauts »Quatre livres des secrets de médecine et de la philosophie chimique lesquels sont descrits plusieurs remèdes singuliers... traittées bien amplement les manières de distiller eaux huiles et quintessences de toute sorte de matières...«, zuerst 1593 erschienen.

Vor der gedruckten Literatur gibt es reiche Handschriften, großenteils in der Alderotti-Nachfolge, wie die Handschrift der Bibliothèque Nationale aus dem 15. Jahrhundert mit medizinischen Anwendungen »Cy après s'ensuyt les vertus et propriétez de l'eau-de-vie«[35], oder die Handschriften des dem Marcus Graecus zugeschriebenen Liber ignium ad comburendos hostes[36]. Das aber ist gesamteuropäisches Wissen, nicht auf Frankreich beschränkt und nicht aussagefähig für die Entwicklung dort, deren Aufhellung dieses Kapitel galt.

Weinbrand

Das Wort, mit dem die Weinbrenner ihr Erzeugnis bezeichnen, ein Destillat aus Wein und nichts als Wein im Gegensatz zu den Inhalten, die im Lauf der Jahrhunderte der Benennung Branntwein zugewachsen sind – nun, dieses Wort ist für uns natürlich Weinbrand. Es hat nicht eine Wortgeschichte, sondern deren zwei, eine ganz alte und eine sehr junge, mit einer Lücke von fast einem halben Jahrtausend dazwischen.

An den kärglichen Belegen für die Namen Bernewater und Bernewin haben wir gleich zu Beginn unseres Buches gelernt, wie zufällig oft die Bewahrung und damit die Bekundung ist. Wir werden also auch jetzt, da dieses Buch dem Ende zugeht, nicht erstaunt sein, wenn wir dem »Weinbrand« in alter Zeit nur spärlich begegnen.

Der Kronzeuge ist sogar ausgefallen, jener *Dietericus dictus Ymbrant* aus dem Glottertal im frühen 14. Jahrhundert, der einst, als *Winbrant* gelesen, den Bernewater und Bernewin in Norddeutschland fast aufs Jahr gleichaltrig und älter als alle Winbrenner-Belege angesehen werden durfte.

Dafür konnten wir Namen im rheinischen Raum, um Limburg und Hachenburg, vielleicht auch in Eßlingen am Neckar, mit ihrem *winbränder, brender* als Ableitung von *winbrand* deuten wie *Minnesänger* zu *Minnesang, Rossetränker* oder *Linkshänder*[1].

Dieser Name, in alter Zeit nur als Ableitung belegt, erscheint in den Niederlanden als *Wijnbrand* und *Wijnbrands* (des *Wijnbrand* Sohn, wie *Peters* zu *Peter*)[2] und fünfmal in Danzig, einmal in Berlin als *Wienbrand* in Adreßbüchern dieses Jahrhunderts[3].

Der Sprachwissenschaftler wird es nicht ganz ausschließen, daß der altdeutsche Name Winebrand hineinspielt, der aus *wini* »Freund« und *brand* in der Bedeutung »leuchtendes Schwert« (wie in Hiltibrant und Hadubrant) zusammengesetzt ist.

Diesen Winebrand gibt es, als einen illustren Mönch sogar, der im 9. Jahrhundert gelebt und seiner historisch-biographischen Tätigkeit wegen die Literarhistoriker beschäftigt hat[4]. Die Weinbrecht, Winholt, Weinold und andere sind seine Namensverwandten. Andererseits machen es sich die Namenbücher zu leicht, wenn sie Namen wie *Weingart, Weinmann, Weinreich, Weinholz, Weinlein* usw. auf *wini* »Freund« zurückführen. In vielen Fällen, vor allem bei Übernamen, läßt sich nachweisen, wie produktiv der »Wein« als Namenelement geworden ist, und auch unser Weinbrand würde, als eine Bildung wie Pechbrand, Ziegelbrand, Schwefelbrand, Aschenbrand aufgefaßt, in bester Gesellschaft stehen.

Eine tiefe zeitliche Kluft trennt, sagten wir, die alten Belege vom heutigen Wort Weinbrand. Sie wird nicht dadurch überbrückt, daß in Quellen des 17. und 18. Jahrhunderts ein Wort *Weinbranntwein, Weinbrandtwein*[5] vorkommt, das auch *Weinbrandwein* geschrieben wird; denn sein Gegenstück ist Fruchtbrandwein, die Abteilung also *Wein-Brandwein*. Auch daß daneben in den gleichen Nachschlagewerken ein Artikel *Branntwein, Brandtwein, Brandwein* steht[6], hat mutmaßlich nicht zu einer Wortbildung *Weinbrand* beigetragen.

Daß zum Weinbrennen und den Weinbrennern der Weinbrand gehört, scheint uns so selbstverständlich, daß wir zu fragen geneigt sind, warum dieses Wort der Sprache einmal fehlte. Die Antwort ist, daß es ein eindeutiges Wort gab, solange nur Wein gebrannt wurde: den *bernewīn* in Norddeutschland, den *gebrannten Wein, brennten Wein, Branntwein, Brandwein* und wie immer die Formen lauten mögen, in den übrigen Gebieten; darunter *Brandwein* als Wortbildung wie Brandziegel oder Brandfleck »durch das Brennen entstandener Ziegel oder Fleck«. Die Sprache ist tolerant und konservativ; sie hat es zunächst hingenommen, daß auch aus andern Substanzen gebrannt wurde und der »Branntwein« kein gebrannter Wein mehr war.

Kritisch wurde es erst, als (wofür wir gleich Beispiele finden werden) das zu Destillierende im Getreide auch »Wein« genannt wurde und es zu so unsinnigen Bildungen wie *Weinhefebranntwein* oder *Weintresterbranntwein* kam. Der Gesetzgeber dürfte sie gar nicht zulassen; denn als erster Wortbestandteil ist »Wein« darin Wein im Sinne des Weingesetzes, als letzter hat er mit »Wein« nichts zu tun – armer Verbraucher.

Es ist schon den alten Schriftstellern aufgegangen, daß der Sprache und dem Verständnis Gewalt angetan wird, wenn Destillate aus andern Stoffen als Wein Branntwein heißen. Am schärfsten hat in Deutschland J.F. de Pre die Unterscheidung vollzogen, und sein Kapitel »Von dem nominalen Mißbrauch des Brandteweins«, den er nicht weniger geißelt als den medizinischen, wollen wir unsern Lesern nicht vorenthalten[7]:

»Mit den Nahmen Brandtewein / werden in denen Brandtewein=Buden mancherley Säffte beleget: Also wird *improprie* und Mißbrauchs=Weise ein jedweder Safft / der entweder von Wacholder oder Holunder=Beeren / von Aniß und Fenchel / von Birn oder Aepfeln / Pflaumen oder Kirschen / und andern Garten=Früchten / oder von Korn und Gerste, Weitzen und Hafer / und andern Feld-Früchten / nach verhergegangner Einweichung und *fermentation,* ohne Zuthuung des Weins / durch die Blase abgezogen wird / Brandtewein genennet: Alle diese Säffte sind zwar wohl *Spiritus,* aber nicht *Spiritus vini* oder Brandteweine / denn sie sind weder von Wein noch von denen Hefen des Weins abgezogen, und haben auch eine viel andere Würckung als andere *Spiritus,* welche sie, ausser denen die schon oben angeführet worden / aus mancherley / ich weiß nicht was vor Unflat / mühsam heraus pressen / zum Exempel / aus denen Bier=Hefen nach vorhergegangener Gährung wird ein hitziger *Spiritus* gezogen / der wegen der Schwere der Feuchtigkeit / so in ihm steckt / genugsam nicht kan erhöhet werden / dieses zurückgebliebene / (wenn es einige Säure gewinnet) schadet an allermeisten / und solte man dahero solche Säffte vielmehr ein Fußel=Wasser heissen, als sie mit so einen herrlichen und *Spiritueusen* Titul des Wassers des Lebens belegen. Und ob gleich andere hitzige *Spiritus,* bey Lobens=würdigem Gebrauch / ihre Würckung / der *Materie,* woraus sie gemacht sind / gemäß, erweisen; es mag demnach der Wacholder=*Spiritus* den steinigten Grieß und die sandigte Feuchtigkeit aus Nieren und Blase ausführen; es mag der Holunder=*Spiritus* durch den Schweiß und Nässe, oder andere unempfindliche Ausdunstung / die böse Feuchtigkeit aus dem Leibe austreiben; Es mag demnach der *Spiritus* von Aniß zubereitet aus der *œconomia animali* die Würmer abtreiben / und die Blähungen abführen; Es mag der *Spiritus* aus Fenchel= Samen die Engbrüstigkeit vertreiben / er mag die zähen Feuchtigkeiten in der Lunge auflösen / er mag die Verstopfungen öffnen / und die übrigen *Spiritus* mögen alle diejenigen Würckungen thun / die die *Materie* thut / davon sie sind abgezogen worden / so sind es zwar hitzige und weinichte *Spiritus,* aber sie sind doch keine Brandteweine.«

Als das Wort »Weinbrand«, das neue nun, unser heutiges also, geschaffen wurde, war gewiß eines der Motive, der schillernden Bedeutung, die »Branntwein« angenommen hatte, eine eindeutige entgegenzustellen. Dabei scheint der Gegner nicht einmal in erster Linie Korn- oder Kartoffelbrannt gewesen zu sein, sondern um 1890 muß es um das, was unter dem Generalbegriff »Kognak« dem deutschen, »Cognac« dem französischen Verbraucher angeboten wurde, trübe ausgesehen haben. »Cognac, aus Weinsprit durch Destillation mit Schlempe von Charente-Wein gewonnen«, »Cognac, aus Kartoffelsprit mit künstlichem Zusatz von Furfurol«, »Cognac, kein Weindestillat enthaltend, Furfurol künstlich zugesetzt«, »Cognac, Kunst-cognac, mit Weinfuselöl versetzt« lauten die Tabellenüberschriften jener Zeit[8]; einem auf-rechten Weinbrenner mußte sich das Herz umdrehn.

Aus dem Aufbegehren gegen solche Praktiken kommt es noch vor 1900 zur Bildung von »Weinbrand«, nach unsern Quellen zuerst in einer Preisliste des Hauses Asbach & Co. in Rüdesheim, das damals noch »Export-Gesellschaft für Rheinischen Cognac« heißt. Die Liste ist zwar undatiert; aber durch Geschäftsakten, Werbebild und Orthographie wird sie mit Sicherheit auf das 19. Jahrhundert festgelegt, wahrscheinlich das Jahr 1896 (oder sogar 1894).

Unter den darin genannten »Edelsten Erzeugnissen der Weinbrennerei«, also den Special-Marken, gibt es neben Cognac Charente, Medicinal und Cabinet den Cognac Weinbrand, einen Dreisternecognac zu 3 Mark, als Viersternecognac 4 Mark je Flasche. 1902 teilt das Haus Asbach in einer andern Preisliste mit, daß »für Cognac, der keinen Industriesprit enthält, der Name ›Cognac-Weinbrand‹ zur Einführung gelangt«, und am 13. Januar 1908, als das Wort-Bildzeichen »Asbach alt« beim Kaiserlichen Patentamt eingetragen wird, heißt es, dieser sei »ein echter alter Weinbrand Cognac erzeugt aus edlen erlesenen Weinen«.

Die Entwicklung ist deutlich: 1896 eine Marke unter vielen, 1902 eine feste Wortverbindung für eine auserlesene Produktgruppe unter Voranstellung von Cognac, 1908 die Voranstellung von Weinbrand. Folgerichtig entfällt »Cognac« bald ganz: »Diese Gesamterzeugung an Wein-brand...«, heißt es in der Preisliste von 1910, und ein Rundschreiben von 1911 sagt, »...durch Erzeugung unbestrittener Qualitäts-Weinbrände...«.

Nach unserer Kenntnis wird die Wortschöpfung ebenso wie ihre konsequente Entwicklung Hugo Asbach verdankt, und die Durchsetzung ist vor dem Ersten Weltkrieg abgeschlossen. Dies zu betonen scheint uns wichtig, weil es gängige Meinung ist, die Deutschen hätten sich wegen der Bestimmungen des Versailler Vertrags von 1919 einen Ersatzbegriff suchen müssen und seien so auf Weinbrand gekommen; häufig verknüpft mit der Behauptung, diese Wort-schöpfung sei 1921 dem Germanisten Eduard Engel gelungen[9].

Mit der Jahrhundertwende bereits tritt »Weinbrand« aus dem Kreis einer einzigen Firma heraus. Am 8. Januar 1901 tagt die durch den Verband selbständiger öffentlicher Chemiker Deutschlands eingesetzte »Cognaccommission« in Berlin[10], der sechs Vertreter der »Deut-schen Cognac-Industrie« angehören[11]. Als Beratungsunterlage dient ein Gutachten des Ver-bandes der Deutschen Cognacbrennereien. Es ist leider nicht erhalten, wohl aber die Be-schlüsse, die von den fünfzehn Kommissionsmitgliedern einstimmig angenommen werden. Die beiden ersten, die für unser Thema entscheidend sind, lauten:

»1. Cognac ist ein mit Hilfe von Weindestillat hergestellter Trinkbranntwein.

2. Cognac, welcher unter einer Bezeichnung in den Verkehr gebracht wird, die den Anschein erwecken muß, daß es sich um reines Weindestillat handelt, darf seinen Alkohol nur dem Destillat aus Wein oder Tresterwein verdanken.

Die Versammlung erklärt, daß sie den Namen Cognac-Weinbrand als eine geeignete Be-zeichnung für einen derartigen Cognac ansieht.«[12]

Es ist unschwer zu erkennen, daß diesem Beschluß, der das Wort »Weinbrand«, wenn auch noch in Verbindung mit »Cognac«, zur offiziellen Anerkennung bringt, die Wortschöpfung von Hugo Asbach zugrunde liegt.

Daß die für die Jahre 1910 und 1911 aufgezeigte logische Fortentwicklung wiederum nicht eine Firma beschränkt bleibt, belegt das vom Bund Deutscher Nahrungsmittel-Fabrikan-ten -Händler e.V. publizierte »Deutsche Nahrungsmittelbuch«, 1905 erschienen. In den

»Festsetzungen für die Beurteilung der einzelnen Nahrungsmittel« bezieht es sich auf Beschlüsse, die auf der VI. ordentlichen Hauptversammlung des Verbandes selbständiger öffentlicher Chemiker Deutschlands am 30. September 1901 in Gera gefaßt worden sind[13] und die von uns wiedergegebenen vom Januar bestätigt haben[14].

Das Nahrungsmittelbuch setzt hinzu: »Es soll mißbräuchlichen Anwendungen gegenüber daran festgehalten werden, daß ein Kognak, der als ›ärztlich empfohlen‹ oder unter ähnlichen Bezeichnungen in den Verkehr gebracht wird, jenen Anforderungen entsprechen muß, welche von der gesetzlichen pharmazeutischen Unterlage ärztlicher Verordnungen, d. i. von dem Arzneibuch für das Deutsche Reich, gestellt werden. Der Käufer ist berechtigt, anzunehmen, daß ein als ärztlich empfohlener oder unter einer ähnlichen Bezeichnung in den Verkehr gebrachter Kognak ein solcher ist, wie er auf ärztliche Ordination als Heil- oder Kräftigungsmittel von den Apotheken geliefert werden muß, d. h. reines Weindestillat, *Weinbrand*.«[15]

Diese Ausführungen bedürfen keines Kommentars: Weinbrand ist im Jahr 1905 bereits das Synonym für einen »Kognak, wie er auf ärztliche Ordination als Heil- oder Kräftigungsmittel von den Apotheken geliefert werden muß, das heißt reines Weindestillat«.

Wir glauben sogar sagen zu können, wie Hugo Asbach (wenn wir keine Urzeugung annehmen wollen) auf die Idee verfällt, das Wort »Weinbrand« zu gebrauchen. Im Kornbrennen, dessen Erzeugnis allgemein Fruchtbranntwein (Fruchtbrantewein, Fruchtbrandwein) heißt, nimmt Nordhausen seit dem Ende des 17. Jahrhunderts eine Spitzenstellung ein.

»Eines Nordhäusers güldene Kunst Brantewein zu brennen, Welche Nach Anweisung einiger Tabellen und beygefügten Erläuterungen Die wahren und bisanhero gar geheimgehaltenen Vortheile des Brantewein=Brennens aufrichtig entdecket, und deutlich zeiget: Wie aller mögliche in den Früchten steckende Wein aus selbigen heraus zu bringen, ingleichen Wie zu verhüten, daß der Brantewein keinen branderichen Geschmack bekommen möge«, mußte einen Weinbrenner schon wegen des »in den Früchten steckenden Weines« interessieren; denn von Wein im Getreide hatte er möglicherweise noch nichts gehört.

Das Buch über die güldene Kunst liegt vor, »Alles aus vieljähriger Erfahrung aufgesetzet, und nunmehr zum Dienste des Nächsten durch den Druck mitgetheilet von Johann August Grotjan. Nordhausen, bey Johann Heinrich Groß, 1754«.

Mit der Randnotiz »Ein Brand oder Frucht-Brand, was so genennet werde«, teilt Grotjan gleich zu Anfang mit, daß er »künftig nur Frucht-Brände oder auch schlechtweg Brände« sagen werde, und tut es; etwa in

»§ 5: ... indem mancher Brand zur Winter- oder späten Herbst-Zeit sich wohl artet...

§ 6: Ob ein Frucht-Brand in der Blase angeklebt...

§ 7: Frucht-Brände, von welchen wir finden...

§ 8: Es ist rathsam, mehr als einen Frucht-Brand ausfündig zu machen... Sind aber mehrere Brände bekannt...

§ 11: In der Tabula 1. sind auf die 120ley Gattungen von Frucht-Bränden... zu einem Brande zum einbrauen entworfen...«

und so geht es weiter bis

§ 110: ... daß er einen Frucht-Brand nach dem andern... in der Blase probiret, bis er endlich diejenigen Frucht-Brände antrift...«

So selbstherrlich verfügen die Kornbrenner über das Wort »Wein«, daß es bei ihnen sogar Wein-Wasser gibt, das sich als heißes Wasser-Maischegemisch herausstellt, um dem Brenngut zugefügt zu werden; so § 63: »Diejenigen Guthe, welche ohne Wein-Wasser oder in ein neu

Meisch-Faß eingebrauet werden, müssen etwas wärmer gestellet werden, dieweil sie auf rein Wasser nicht so bald tüchtig werden, als wenn mit Wein-Wasser eingebrauct ist«; oder § 122, der von noch anderen Ursachen des Anbrennens spricht, das vermieden werden kann, »wenn ein guth Wein-Wasser eingebrauet wird«.

Die Ausdrücke Frucht brennen und Wein brennen, Frucht-Brandwein und Wein-Brandwein standen seit langem nebeneinander. Aus ihrer Verkürzung zu Brand und Fruchtbrand ergab sich automatisch Brand und Weinbrand. Das braucht nicht von 1754 bis 1894 gedauert zu haben; es könnten uns jederzeit Belege für ein Wort Wein-Brand oder Weinbrand entgegentreten.

Es ist in diesem Zusammenhang auch bemerkenswert, daß »Brand« und »Brände« in dem Lehrbuch von Simon fortlaufend benutzt wird, das offenbar vor den Schriften von Hermbsdorff eine unangefochtene Stellung hatte[16].

In einem Buch, das fast ausschließlich vom Getreidebrannt handelt[17], genügte es, Brand zu sagen, ohne mißverständlich zu sein. Um so mehr mußten die Weinbrenner bestrebt sein, sich durch das Wort »Weinbrand« (als Gegensatz zu Brand = Fruchtbrand) zu akzentuieren.

Bei Simon lesen wir etwa: »Hat man endlich auch des andern Fäßchens voll Brand gesammelt; so macht man Anstalt, beyde Brände in der hierzu besonders vorhandenen Läuterblase zu läutern«[18], wobei »läutern« ferner erklärt wird: »Läutern heißt: Wenn man das von dem ersten Brande erhaltene Brandwasser, den Brand oder den ersten Brandwein, noch einmal herüber treibt, und von seinem allzu häufigen Wasser befreyet... Je älter das Brandwasser ist, je besseren Brandwein erhält man[19].«

Dieser Gebrauch von Brand und Fruchtbrand mußte um so mehr den Weg für »Weinbrand« bereiten, als das Ergebnis »Wein« ist; nicht nur, wie schon im Titel der güldenen Nordhäuser-Kunst, der im Getreide steckende, sondern auch das Resultat des Brennens; z.B. »Ob ein Frucht-Brand in der Blase angeklebt und also branderichen Wein verursacht habe...«[20]; »Branteweins Probe, der Wein hält Probe, sagen die Fuhrleute«[21]. Die Vermutung, daß das durch Wein, Brand und Frucht-Brand so naheliegende Wort uns bald nach 1754 begegnen könnte, ist bislang nur hypothetisch, und solange müssen wir Rüdesheim am Rhein als den Ort ansehen, an dem die Bezeichnung »Weinbrand« für das Erzeugnis der Weinbrenner gebildet wurde.

Anmerkungen

Archipoeta

1 Wir kennen weder das Geburts- noch das Todes-
jahr des Dichters, den wir nach den Überschriften
im Göttinger Cod. philol. 170 Archipoeta nennen.
Seine erhaltenen neun Gedichte lassen sich auf die
Zeit von 1159 bis 1165 begrenzen. Da die Verse
auf Salerno zur ersten Gruppe zu rechnen sind,
kann der Aufenthalt in Salerno noch vor 1162 gelegen haben.

2 Karl Langosch, Die Lieder des Archipoeta, lateinisch und deutsch: Reclam, Stuttgart, Univ. Bibl.
Nr. 8942, 1965, S. 11; derselbe, Hymnen und Va-
gantenlieder. Lateinische Lyrik des Mittelalters
mit deutschen Versen. 4. Aufl., Darmstadt 1975,
S. 225. Vergleiche auch: Die Gedichte des Archipoeta, kritisch bearbeitet von Heinrich Watenphul,
herausgegeben von Heinrich Krefeld, 1958.

3 Auch die Schmeidlersche Übersetzung, zitiert bei
Karl Sudhoff, Salerno, eine mittelalterliche Heil-
und Lehrstelle am Tyrrhenischen Meere. Prome-
theus 1921, S. 253–260 (abgedruckt in: Ausge-
wählte Abhandlungen von Karl Sudhoff. Zum
75. Geburtstag hrsg. von Henry E. Sigerist, Leipzig 1929, S. 43–62), können wir deshalb nicht ak-
zeptieren:
»Ewiges Lob verdient gewiß das ferne Salerno,
Wo von überall her strömt leidende Menschheit
    zusammen.
Nicht verächtliche Kunst bringt oft den Kranken
    dort Hilfe.«
Schmeidler bringt aber durch die Weglassung des
zweiten »Salerno« zum Ausdruck, daß auch er die
Wiederholung als dem Dichter nicht gemäß emp-
findet.

Nicolaus Bernewater

1 K. Müller, Barther Personennamen im Spätmittel-
alter, Greifswald 1933, S. 90.135. – Brechenmacher I, S. 433. – Zu Wetzlar: Bahlow, Deutsches N., S. 434.

2 das zieht die böse Hitze aus dem Kopf ab; Ulr.
Boner, Der Edelstein, herausgegeben von G. F.
Benecke, Berlin 1816, 48, S. 95 ff.; dazu K. von
Megenberg, Das Buch der Natur, hrsg. v. Pfeif-
fer, Stuttgart 1861, 345, 26 ff.

3 auf den Verwundeten... aus Salbei und aus Rauten (Ruta graveolens); Lexer II, Sp. 496; Heyne,
S. 380.

4 Gundolf Keil, Zeitschrift für deutsche Wortforschung 18, 1962, S. 199 mit Belegen.

5 Birgittas uppenbarelser 3, S. 418: *bränt vin älla
brant vatn;* siehe K. F. Söderwall, Ordbok öfver
svenska medeltidsspråket, Lund 1884–1918, Band
I, S. 157.

6 Roland Brieskorn, Bidrag till den svenska namn-
historien, Uppsala 1912–1915, Band 2, S. 31;
Danmarks gamle Personnavne. – Gustav Edvard
Klemming, Läke- och Örte-Böcker från Sveriges
medeltid, Stockholm 1883–1886, S. 94.

7 Helene Brockmüller, Die Rostocker Familiennamen bis 1304. Diss. Rostock 1933, S. 106.

8 Hans Bahlow, Die Stralsunder Bürgernamen um
1300 (Baltische Studien N. F. XXXVI), Stettin
1934, S. 52.

9 Westfälisches Urkundenbuch, herausg. von dem
Verein für Geschichte und Alterthumskunde
Westfalens, Münster 1871 ff., Band 8, S. 438.

10 Das älteste Stralsunder Bürgerbuch (1319–1348),
bearb. von R. Ebeling, Stettin 1926, S. 19.

11 Das älteste Stader Stadtbuch von 1286, Stade
1882–1890, S. 263.

12 Martin Behrmann, Stettiner Stadtbuch, 1921.

13 Mecklenburgisches Urkundenbuch, Schwerin
1863 ff., Band X, S. 415, Band XIII, S. 134 f.

14 Pfingstblätter des hansischen Geschichtsvereins,
Blatt XV, 1924, S. 62.

15 Lübecker Urkundenbuch, Lübeck 1843 ff., Band
II, S. 518.

16 Cord Bote = Conr. Botho, Chron. (= Cronecken
der Sassen, 282 Bl. Fol. 1492; gedruckt in Leibn.
script. rer. Brunsv. III, S. 276–423), fol. 170a.

17 Zeitschrift des märkischen Geschichtsvereins V,
S. 361.

18 Auf die mit *Brand* gebildeten Orts- und Personennamen gehen wir später ein.

19 Schiller – Lübben I, S. 250. Die Quelle ist ein niederdeutscher Vocabularius ex quo aus dem 15.
Jahrhundert, der sich jetzt in Mainz befindet.

20 Vocabularius alphabeticus s. scripture authore,
s. l. s. a. (zitiert bei L. Diefenbach, Glossarium
Latino-Germanicum, 1857, S. 21).

21 Vocabularius ex quo, 1440 (mitteldeutsch, jetzt in
Mainz).

22 Vocabularius rerum, 15. Jahrhundert (mitteldeutsch, mit Neigung zum Oberdeutschen, jetzt
in München).

23 Vgl. auch du Cange I, S. 174; E. O. v. Lippmann,
Entstehung und Ausbreitung der Alchemie,
Band I, Berlin 1919, S. 480.

24 Svenskt Diplomatarium, Stockholm 1829 ff.,
Band VI, S. 57; dazu Birger Sundqvist, Hennichinus Brænnewatn. Funderingar kring ett me-
deltida personbinamn, Ortsnamnssällskapets i
Uppsala årsskrift 1954, S. 56–60; vor ihm Elof

Hellquist, Fornsvenka tillnamn, in: Xenia Lideniana, Stockholm 1912, S. 99f.; Roland Brieskorn a.a.O.

25 B. S. XII 11, S. 438, Nr. 1199.

26 Lasch-Borchling, Sp. 223.

27 ebda., Sp. 224. – Lübben, Mittelniederdeutsches Handwörterbuch, 1888, S. 42.

28 Bahlow, S. 82.

29 Bahlow, Deutsches N., S. 48.

30 So Bahlow unter Heranziehung von *mit einem barnen blase*. Zu *Blase* Trübner I, 1939, S. 347f.

31 Elof Hellquist, Fornsvenska tillnamn, a.a.O., S. 112; z.B. *arnaldo wærmekyrkya* Sv. Diplomatarium (Stockholm 1829ff.), Band IV, S. 601, orig. zum Jahr 1338, ein Bürger in Skänninge.

32 Almuth Reimpell, Die Lübecker Personennamen bis zur Mitte des 14. Jahrhunderts. Diss. (Hamburg). Lübeck 1928, S. 43.

33 E. Hellquist, a.a.O., S. 111f.; Th. Hjelmqvist, Imperativiska substantivbildningar i svenskan. Lund 1913, S. 172ff.

34 *Weckbecker* hingegen ist, wer *Wecken* (Gebäck, Brötchen) backt.

35 Lasch-Borchling s. v.

Henricus Bernewin

1 Briefl. Mitteilung von H. Bahlow (10.1.1974) unter Hinweis auf Band 11 (den Registerband zu den Bänden 5–10= 14. Jahrhundert) des Mecklenburgischen Urkundenbuchs.

2 Bahlow a.a.O.

3 Vocabularius Engelhus. Dieser und die folgenden Belege nach Schiller-Lübben I, S. 250, und Heyne, S. 381.

4 Von gebrannten Wassern, Lübeck 1484, fol. 161.

5 Zeitschrift für Niedersachsen 1870, S. 111, Nr. 2. Die Stelle aus dem Göttinger Urkundenbuch von 1448 gibt Anweisungen, das Pulver mehrfach zu besprengen und wieder trocknen zu lassen: *so dat du dat aver besprengest myd bernewyne und weder droge werde.*

6 § 106; siehe A.F. Riedel, Codex diplomaticus Brandenburgensis, Berlin 1838–1863, I, 25, S. 357; Heyne a.a.O.

7 A.L.J. Michelsen, Sammlung Altdithmarscher Rechtsquellen, Altona 1834, S. 181.

8 Nic. Gryse, Leien-Bibel, Rostock 1604, fr. 4.

9 Schiller-Lübben, Nachtrag S. 52. – Alanne 1950, S. 153.

10 Förstemann, S. 228. 318f.

11 Urkundenbuch der Stadt und Landschaft Zürich, hrsg. von Escher und Schweizer, Zürich 1888, Band I, S. 162.

12 I mgln barnwiins xiii kr., in *Ts.* 21, 132 (Oud-archief v. Zutfen 21 r°, 1464).
Bernwyn Vinum crematum, *Teuthonista* B 51 r°b (Kleve, 1477).
Die die bernewin nyet aen en brocht, tgeen hy innegeslegen hadde, als de chijsmeister omme-

gaet, die verbuert 5 Beyers gulden, *Rechtsbr. v.h. Nedersticht* 1,263 (Amersfoort, 1530).
Item out rait, nye ende gemeente zijn overcomen, dat se de bernewinchijs laten belenen willen op sulcker condiciën: zoe wie *enz* (ebenda).
Die Belege werden Dr. de Tollenaere vom Instituut voor Nederlandse Lexicologie in Leyden verdankt.

13 Diefenbach, S. 620.

14 Alanne 1950, S. 152–166.

15 Diefenbach, S. 15. 156.

16 Bach I, S. 281.

17 Johan Granlund, Artikel Brännvin, In: Kulturhistoriskt lexikon för nordisk medeltid, Band II, 1957, Sp. 300–303.

18 Zu *winberner* vgl. Lasch-Borchling s. v. Der Brandweiner kommt im Deutschordensland bei Nikolaus von Jeroschin (Deutschordenspriester des 14. Jahrhunderts) vor. 1351 schon *brandwijner* in Mechelsen (eingehend behandelt im Kapitel Brannt und Medizin).

19 Fritz Reuter 1863 (Sämtliche Werke, Ausgabe Carl Friedr. Müller, Band 13, S. 143).

Weinbrenner, Weinbränder, Brandweiner

1 Hans Apel, Jenas Einwohner aus der Zeit von 1250 bis 1600, Görlitz 1937, S. 272; siehe Brechenmacher S. 764f.

2 Dominica ante purificationem (19. 1. 1363): ... Clewelin Winbrenner f.c. ab sim huse (Bürgerlisten 1361–1494, S. 21).

3 Die Familiennamen der Reichsstadt Eßlingen im Mittelalter (Veröffentlichungen der Kommission für geschichtliche Landeskunde in Baden-Württemberg, Band XV), 1961, S. 370.

4 Der Seldener Buch, herausgegeben von G. Meyer-Erlach, Leipzig 1932, S. 2; Brechenmacher S. 765.

5 Die Steuerbücher der Stadt Konstanz, Teil I, 1418 bis 1460. Bearbeitet vom Stadtarchiv Konstanz (Konstanzer Geschichts- und Rechtsquellen, Band IX), S. 18. 46.

6 Der lateinische Bericht, abgedruckt in den Geschichtsquellen der Provinz Sachsen und angrenzender Gebiete, Halle 1870ff., Band 26–28, Urkundenbuch der Stadt Magdeburg 1892–1896, Bd. XXVII, S. 275, berichtet von dem Bürger der Neustadt Johann Dreger, der festgenommen und mit Gewalt und unerlaubterweise in die Altstadt gebracht wird. Die Festnahme geschieht vor dem Haus einer Dame, die »die Winbennersche« (statt: Winbernersche) genannt wird: ante domum cuiusdam matrone dicte dy Winbennersche captivarunt. Die Jahreszahl wird fälschlich mit 1432 angegeben; es steht aber MCCCCXXVIII da.

7 Colmarer Kaufhausbuch Nr. 23, S. 23, Nr. 709: Adelheit Schniderin von Sletzstatt, Walther Schniders seligen dochter, Hanns Winbrenners

eliche hußfrowe... (bekundet, daß sie auf Erbansprüche verzichtet).

8 Hermann Flamm, Geschichtliche Ortsbeschreibung der Stadt Freiburg im Breisgau, Band II: Häuserstand 1400–1806, Freiburg i. Br. 1903, S. 200.

9 Unter den Zinsen, mit denen am 19. 2. 1483 die Herzöge Ernst und Albrecht von Sachsen Berlt Lawen belehnen, sind »von der Wynbornerinn zu Ihene 6 Pfennig an einem Weingarten unter dem Troge bei dem Wege der Tirgartenn« (Urkundenbuch der Stadt Jena, S. 294).

10 Das Zeugnis, eine Handschrift im Stadtarchiv zu Zerbst, veröffentlicht in den Geschichtsquellen der Provinz Sachsen und angrenzender Gebiete, Halle 1870ff., Band 26–28, Urkundenbuch der Stadt Magdeburg, Band 28, S. 362 (Nr. 636), ist kein Ehrenmal; denn der Zerbster Bürger »nemliken by namen Hans Wynberner« schuldet dem Drewes Lenyn zu Magdeburg »negenteyn schock groschen und eyne tunne bers«, die hiermit angemahnt werden.

11 Die Matrikel der Universität Leipzig, 1409–1559, herausg. von G. Erler, Leipzig 1895ff., Band III (= Band 18 des Codex diplomaticus saxoniae regiae), S. 554; siehe auch: Die Matrikel des Hochstifts Merseburg 1469–1558, herausg. von G. Buchwald, Weimar 1926, S. 38.

12 In einem 1496 begonnenen Schultheißen-Gerichtsbuch.

13 K. F. Söderwall, Ordbok över svenska medeltidsspråket, Supplement (2), 1953–1973, S. 1069.

14 Philipp der Großmütige. Beiträge zur Geschichte seines Leben und seiner Zeit. Herausgegeben von dem Historischen Verein für das Großherzogtum Hessen, Marburg 1904.

15 Brechenmacher, S. 765: »Weinbrenner, ursprünglich (seit dem 8. Jahrhundert) der Scheidekünstler, der aus Wein (und nur aus Wein) Alkohol zu medizinischen Zwecken gewinnt; dann (bei uns seit dem 14. Jahrhundert) der Gewerbetreibende, der durch Destillation vergärter zuckerhaltiger Substanzen Branntwein herstellt. Dieser letztere wird in Europa erstmals 1361 genannt...«

16 Gelegentlich tritt (zum Beispiel in Straßburg) Weinborn neben Weinbörner auf (Brechenmacher S. 805); doch führt das nicht (wie Branntwein neben Branntweiner) auf ein neues Wort für Weinbrant. Wahrscheinlich ist Weinborner als Weinbrunner (mit dem Ursprunge wie in Paderborn neben Heilbronn) aufgefaßt und das Substantiv »Weinbrunnen« (Weinborn) so in die Namen gelangt.

17 Brechenmacher, S. 765.

18 Ein älterer Beleg hat der Nachprüfung nicht standgehalten, jener Dietericus dictus Ymbrant aus dem Glottertal, Zinsmann zum Jahr 1319, der früher Winbrant gelesen wurde.
Am 23. August 1319 verzichtet das Domkapitel zu Konstanz auf die durch das Johanniterhaus zu Freiburg im Breisgau von dem streitig gewesenen Glottertaler Lehengut erhobenen Zinse: super possessionibus sitis in valle dicta Glottertal, quas colunt Dietericus dictus Ymbrant, Eberhardus dictus vnder dem Wege et Maehtilt dicta de Richenbach – alle drei haben also bereits den Taufnamen neben dem Über- bzw. Herkunftsnamen. Siehe Zeitschrift für die Geschichte des Oberrheins 20, Karlsruhe 1867, S. 371 f. Die Urkunde hat die Faszikel-Nr. 21/191 im Generallandesarchiv in Karlsruhe. Eine genaue Schriftanalyse im Hauptstaatsarchiv Düsseldorf (Dr. D. Weber) bestätigte das y (das gleiche wie im genau darüberstehenden Wort dyocesis). Der i-Punkt von »vinbrant« scheint ein Tintenfleck zu sein.

19 Manfred Hofmann, Reformierte Kopulationen, Hachenburg, 1587–1817, Bl. Nr. 1234.

20 Brechenmacher, S. 805: »... könnte auch Wienbrandt aus Weinbrenner destilliert (so!) sein«.

21 ebda.: »Das Wort Weinbrand wurde erst 1921 (von Ed. Engels) geschaffen und amtlich an die Stelle des uns durch das Versailler Diktat entzogenen Wortes Kognak gesetzt.«

22 Briefliche Mitteilung von H. Bahlow, 10, 1. 1974.

23 Sammlung der Kurpfalz-baierischen Landes-Verordnungen, I, S. 472.

24 Brechenmacher I, S. 200.

25 Die Sippe der Nordmark, Folge 4: Handwerkerheft, Kiel 1940, S. 7.

26 Brechenmacher I, S. 200.

27 In den Urkunden des 16. Jahrhunderts bis in das 19. hinein werden wir die »Branntweinbrenner« (bisweilen auch die Brannthändler oder die Branntschenken) ganz geläufig als Branntweiner, Brantweiner, Brandweiner, Brandtweiner bezeichnet finden.

28 G. Keil, Zeitschrift für deutsche Wortforschung 18, 1962, S. 200.

29 E. Schultheiß, Archiv für Kulturgeschichte 42, S. 237.

30 Centaurus 7, S. 75.

31 XIV, Sp. 874.

32 H. Fischer, Schwäbisches Wörterbuch VI, S. 610.

33 Eßlinger Studien 7, 1961, S. 147.

34 Brechenmacher, S. 805.

35 Urkundenbuch der Stadt Quedlinburg, bearbeitet von C. Janicke, Halle 1873ff., S. 127. Später soll es (was zur Abwertung von »Gebräu« stimmt) auch den Weinpantscher bezeichnet haben.

Basel

1 Isoliert steht auch 1552 am Unteren Heuberg 401 (neben 402) ein Lienhardt Winbrenner; aber er gehört wohl überhaupt nicht hierher, sondern ist in der Pfändungssache, um die es geht, irrtümlich als Nachbar genannt worden.

2 Briefl. Mitteilung (5. 2. 1975) von Staatsarchivar Prof. Dr. A.Staehelin, Staatsarchiv des Kantons Basel-Stadt.
3 Lammert, Volksmedizin, 1869, S. 9f.
4 In der Basler Altstadt, am Aufstieg vom Marktplatz zur Peterskirche, steht das Haus »Zum vorderen Sessel«, bereits 1316 als Badestube »unter den Krämern« erwähnt. Die Gegend hieß »Unter den Krämern«, weil sich dort im Haus »Zum Imber« die erste Trinkstube der Gewürzkrämer befand (Führer durch das Schweizerische Pharmazie-Historische Museum in Basel, S. 2).
5 drei wahrscheinlich (wenn nach St.Alban kein Komma steht).
6 *billig* »verdientermaßen«.
7 Frühneuhochdeutsch *aufricht, aufrecht* »in die Höhe gerichtet«, daher »geraden Sinns, aufrichtig«.
8 *geferde* »List«, *mit geferde* »hinterlistig«; die Rechtsformel *on geferde* »ohne böse Hintergedanken«.
9 Das obere und untere Basel.
10 jenseits des Rheins.
11 Das Fünfergericht ist uns in den Dokumenten mehrfach begegnet.
12 »Pein«, noch im Sinne von lat. *poena* »Strafe«.

Die Zünfte der Brannthändler und Weinbrenner

1 »Sätz vnd Ordnung« können wir etwa mit »Satzung und Ausführungsbestimmungen« wiedergeben; die Münchner ist Gewerbeamt Nr. 2765.
2 die Zunffts Püchsen.
3 *vierer* zu »führen« (nicht zu *vier*).
4 darin ist die christliche Abkunft eingeschlossen.
5 *redlich abgeschiden*.
6 *Burckhrecht*.
7 *der wäre das Burckhrecht zekhauffen vertragen*.
8 *khaufftigelich in die Zunft eingelassen wurde*.
9 *aignen Rauch*.
10 *ain wittiber* oder *witibin*; diese sind also von der Vorschrift ausgenommen, zur Gewerbeausübung verheiratet zu sein.
11 *an einer Suppen* (pars pro toto).
12 Wenn die Zunftlade es nicht hergibt, müssen alle Zünftigen zu gleichen Teilen beisteuern, damit für ihren neuen Genossen Waffen und Schanzzeug, wie vorgeschrieben, angeschafft werden können.
13 *vnuertzogenlich* »unverzüglich«.
14 *2 helnpartn, 4 lange hand Rohr oder Puchßen*.
15 *Puckhl* = frühneuhochdeutsch *bickel* »Spitzhacke«.
16 *ainigungen*.
17 *straffpers oder puesfälligs*.
18 *vertedingen* »durch Vergleich beilegen«.
19 *hinlegen* »schlichten, erledigen, abtun«.
20 *fridbot,* das Gebot, Frieden zu halten, ist eine zentrale Rechtsvorschrift.
21 *ichts*.
22 *der Zunfft zusamben*.

23 *ohn eehaffte not*.
24 *verhrint*.
25 Für Bekanntmachungen von Rats wegen und ähnlich wichtige Programmpunkte erfolgt Einladung mit erhöhten Strafbestimmungen für Abwesenheit.
26 Briefl. Mitteilungen des Stadtarchivs München (12. und 27. 6. 1975).
27 19.–21. Verbotene Zeit des Ausschenkens.
28 *»zu nachts nach dem hoßaus«* – wenn also geboten ist, zu Bett zu gehen.
29 *nit gewarnet*.
30 *Wer das überfuert gibt...* (zu frühneuhochdeutsch *überfaren* »übertreten«).
31 Wir erfahren auch die zulässigen Stoffe, »wie von alters herkhomen: Coriander, Anis, Roßmarin, Höpffen, Salue, Ehrenpreiß, Lauendul, Spicanardi, doch deren khains mit vbermaß oder zuuil«. § 27 befiehlt, daß kein Met ausgeschenkt wird, der nicht mindestens vier Wochen lang vergoren ist. Als Giftstoffe zur Metverfälschung erscheinen Pülsensamen, Cermentat und Ruebsamen.
32 »unflätig« zu frühneuhochdeutsch *unflat* »Scheusal«; *herd* ist ein süddeutsches Wort für »Erde«; mittelhochdeutsch *unvlætic* »dreckig, unrein«. Eine andere Möglichkeit ist, daß *herd* in dem hastig geschriebenen Nachtrag für *hend* »Hände« verschrieben steht.
33 *vnder den Panten*.
34 *das gewonlich stadl gelt*.
35 Das kann man als Handel en gros bezeichnen; der en détail wird in § 59 geregelt. Da es sich um Händler handelt, ist jede Art von Kundenbedienung oder Ausschank in Gläsern verboten; § 59 spricht also nur von dem Fall, daß ein Händler den Inhalt eines Fäßchens mit Brannt »nach der Maß schenkhen wil«. Dieses Faß darf er dann – was nicht ausdrücklich gesagt ist – in sein Haus einlagern.
36 *das vässl reißen lassen*; frühneuhochdeutsch *reißen* ist auch »zeichnen«; Preis und Inhalt werden also eingekerbt.
37 *Quatember* »Quartal«, vor allem in bezug auf Steuern und Abgaben.
38 Ergo kann er auch höher verungelet werden.
39 *vertheung* »Abtreibung« zu *vertuon* »wegtun, wegwerfen« (briefl. Mitteilung von G. Keil).
40 »nach den Pfenwarten«, also im Kleinhandel.
41 Da auch der »Biedermann« nicht weniger als eine halbe (nach dem Anfang des Paragraphen) oder ganze Maß bekommen kann, wird es sich weitgehend um Apotheker und Ärzte handeln.
42 »ist auf vorsuechen vergunnt und zueglassen«.
43 *verhalten* »zurückbehalten, verhehlen«.
44 Der Text schreibt *wein vnd Pierhepfen*; aber aus dem Schluß des Paragraphen ergibt sich, daß es sich um Weinhefe und Bierhefe handelt.
45 Die »Brenner« sind also in die Bezeichnung *Prantweiner, Prandtweiner* nicht eingeschlossen.

46 Dies also der Name des Berufsstandes.
47 *gewislich.*
48 »den *vngelt* gebe an dem *vmbgelt*«, die beiden verschiedenen Sprachformen sind recht merkwürdig.
49 *vngesetzt.*
50 *aufgehebt.*
51 »der vnzeitige geburd abtreibt vnd was desgleichen ist«. Diese Bestimmung entspricht dem Paragraphen 60. Offenbar ist in München Kornbrannt nicht in erster Linie verboten, um die Ernährung zu sichern, sondern weil er im Ruf steht, die Leibesfrucht abzutreiben. Das mag man im 16. Jahrhundert geglaubt haben; erstaunlich ist, daß das Verbot bis in das 19. Jahrhundert aufrechterhalten wird.
52 Die Bierbräuer zählen 1370 3, 1500 38 und 1618 69 Zünftige; die Branntweiner 1618 erst 14.
53 b., bl. sind Abkürzungen für *verburgerte, bürgerliche.*
54 Die Zunftordnung ist, soweit sie die Lebzelter und Metschenken betrifft, also im Auszug, abgedruckt bei Schlichthörle II, S. 371 ff.; die auf die Branntweiner bezüglichen Teile sind hier behandelt. Leider gibt es für die Jahre 1565 bis 1598 nur ein summarisches Ratsprotokoll, das keinen Hinweis auf die Ordnungen enthält. Auf der letzten Seite der Zunftordnung von 1575 ist vermerkt: »28. martii anno [15]75 haben nachvolgende metschenken vnd prantweiner ir ordnung abgehört« (folgen zehn Namen); von den drei Zunftbüchern, in die sie dann eingeschrieben wurde, ist aber (nach Mitteilung des Stadtarchivs München) keines erhalten.
55 ebda. II, S. 374f.
56 über das Verschließen der Metfässer beschwert.
57 täglich drei oder viermal Met in die noch nicht gärende Flüssigkeit füllen müssen, damit die Gärung beginne.
58 wenn die Fässer vor Gärungsbeginn verschlossen würden, zerplatzten sie.
59 erst nach dem Gären die Ausschenkfäßchen kreuzweis zubinden.
60 *geuarliche Rumorn geyebt.*
61 Ihre Zunft (ursprünglich *Obser*) ist in München im Jahre 1300 mit 5, 1500 16 und 1618 13 Mitgliedern belegt.
62 Artikel 62,
63 »das Gästesetzen«.
64 Schlichthörle II, S. 345.
65 Auch die Weinwirte, die im Unterschied zu den Gastwirten ein »unvollkommenes Wirtschaftsgewerbe« ausüben, dürfen aus dem eigenen Weingeläger Brannt (und Essig) herstellen und en gros verkaufen.
66 Schlichthörle I, S. 386f.
67 hergebracht.
68 Also Mitglieder der Zunft geworden sind, um sich auch deren Privilegien zu sichern.
69 Ehefrauen.
70 die beiden verpflichteten.

71 Fälliges.
72 allen überflüssigen Verzehrs.
73 revidirt hier »amtlich überprüft«. – onera »Lasten«.
74 Zwischenraum; der Betrag ist offengelassen.
75 Der Wechsel zwischen den Formen *Brantwein, Brandtwein* und *Brandtewein* entspricht dem Text des Dokuments. – Mit freundlicher Genehmigung der Universitätsbibliothek Erlangen-Nürnberg (vgl. E. Schmidt-Herrling in Band V des Katalogs der Handschriften, 1940) Wiedergabe der »Trew«-Zeichnungen.
76 Fehler statt *soll.*
77 aus unserer Mitte.
78 weigern.
79 Gehör.
80 einkehren.
81 Ergänz. 1649, 1657 und 1689; siehe G.F. Buchholz, Sammlung Lübeckischer Verordnungen, Decrete etc. 15. Band: Handwerker überhaupt. Rollen. 1780.
82 Mittelhochdeutsch *wette* ist auch »Rechtsverbindlichkeit, Gesetz«; es hat hier den Sinn der Institution, etwa »Rechtsamt«, angenommen.
83 eines aus ihrer Mitte = Mitglieds.
84 derzeit im Amt befindlichen.
85 aus Altersgründen.
86 ihnen die Einnahmen und Ausgaben noch einmal vortragen.
87 Die Apotheker haben und behalten also alle Privilegien, die mit Veredelung des »gemeinen« Brannts, Zusätzen und Likörbereitung verknüpft sind.
88 Nur Großhandel; kein Ausschank.
89 Ein sozialer Gesichtspunkt: Das Holz darf für die Armen weder verringert noch verteuert werden.
90 Strafe nach Ermessen des Rates, die bis zum Entzug der Konzession gehen kann.
91 Locus Sigilli Magistratus.
92 *brudlen, brodlen* »brauen, sieden« (H. Fischer, Schwäbisches Wörterbuch).
93 Zunftschilder und Siegelabdrücke der alten Breslauer Brenner-Zunft. Die Branntweinwirtschaft 1972, S. 237f.

Aqua vitae

1 Bisweilen flektiert: des *aquae vitae,* ein gutes *aquam vitae* (oder gute *aquas vitae*) bereiten.
2 Quintessenz, der »Stein der Weisen«.
3 *Aurum potabile* »trinkbares Gold«.
4 *tingieren* »färben«; wir haben das Substantiv »Tinktur« bewahrt. – *aufenthalten* »aufrecht erhalten, beschützen, erhalten«.
5 *blödigkeit* »Schwäche«.
6 *übergēn* »überschreiten«.
7 künstlicher. – Wundarzt.
8 deren es unzählig viele gibt.
9 Zustand.
10 dem Geläger.

11 der Hefe.

12 Druckfehler: *vrsach.*

13 brennend, *aqua ardens.*

14 *anima vini.*

15 immaterieller.

16 Gold aufzulösen würde freilich auch nach zehn-facher Destillation nicht gelingen!

17 den man besser nennen würde.

18 unzählig viele.

19 Im Rückstand, der fortgeschüttet wird.

20 Im Essig ist also keine Quintessenz.

21 Der Titel »Thesaurus pauperum« stammt von Petrus Hispanus, bei dem er sich nicht auf die sozial schwachen, sondern auf die leidenden Menschen bezieht (Hinweis von G. Keil). Bei Brunsch-wygk (»die armen als wol als die reichen«) hat sich die Bedeutung schon zum heutigen Sinn von »arm« gewandelt: »darumb armen leutē .. verdorbener wein nit zůuerwerffen ist ...«.

22 *garbey* »fast, kaum«. – *fast* »sehr«.

23 Theriak, ein Antidot.

24 des Galenus.

25 Dieses Magenpulver war ursprünglich Karl dem Großen verordnet (Hinweis von G. Keil) und wurde später auf Friedrich III. (1440–1493) bezogen.

26 Gallenstein.

27 Ysop.

28 in der Wärme von Spreu und gehacktem Stroh.

29 jählings.

30 Mittelhochdeutsch *geistlich* ist auch »geistig«.

31 Tüchtigkeit, Kraft (was *taugt*).

32 äußeren.

33 Rosenöl.

34 Betonia.

35 *Lenz,* Frühjahr.

36 3 Tage.

37 *galrat, galrei* »Gelee, Sülze«.

38 Wieder sehr geschickt: daß er »nicht fault«, wird sogleich dahin korrigiert, daß der Körper »langsamer verwest«.

Brannt und Medizin

1 Peters, Der Arzt und die Heilkunst, S. 43.

2 G. Lammert, Volksmedizin, S. 14.

3 Peters, a. a. O., S. 86. – Zu den fürstlichen Frauen, die im 16. Jahrhundert Arzneien bereiten, siehe S. 91.

4 Der Äbtissin Hildegard von Bingen Ursachen und Behandlung der Krankheiten (Causae et curae), übersetzt von Hugo Schulz, München 1933; Neuauflage Ulm 1955 (mit einem Geleitwort von Ferd. Sauerbruch). – Hildegard von Bingen, Heilkunde. Das Buch von dem Grund und Wesen und der Heilung der Krankheiten. Nach den Quellen übersetzt und erläutert von Heinrich Schipperges, Salzburg 1957.

5 Lammert, a. a. O., S. 4.

6 Eine Aufzählung mit den lateinischen Namen ebda. S. 2.

7 Nürnberg autorisiert 1546 das Dispensatorium pharmaceuticum des Valerius Cordus († 1544) und führt damit ein für alle deutschen Apotheken gültiges Arzneibuch ein.

8 Lammert, a. a. O., S. 12. Der Theriak unterschied sich vom Mithridat durch den Zusatz von Schlangenfleisch. – Peickert, Geheimmittel im deutschen Arzneiverkehr, 1932, S. 32. – G. L. Kriegk, Deutsches Bürgertum im Mittelalter, Frankfurt am Main 1868, S. 65 f.

9 keine.

10 teurer berechnen; Peters, a. a. O., S. 20.

11 Mitgeteilt von G. Lammert, Volksmedizin, 1869, S. 44.

12 Ausführlich über Schrick im Kapitel über die deutschen Autoren, S. 98, und S. 82.

13 Joseph Haupt, Über das md. Arzneibuch des Meisters Bartholomaeus. In: Sitzungsberichte der Kais. Akademie der Wissenschaften, Wien; phil.-hist. Classe 71, 1872, S. 451–566; unser Text: S. 542–544.

14 Der Brannt-Traktat des Alderotti, dem wir ein eigenes Kapitel widmen, ist von Edmund O. v. Lippmann und Karl Sudhoff im Archiv für Geschichte der Medizin 7, 1914, S. 379–389, herausgegeben worden.

15 Gundolf Keil, Zum Geltungsbereich der »gebrannten Wässer« Gabriels von Lebenstein. Sudhoffs Archiv 50, H. 4, 1966, S. 418–422.

16 Einzelheiten bei G. Keil, Der deutsche Branntweintraktat des Mittelalters, Centaurus 7, 1960–1961, S. 53–100.

17 Wilhelm Wackernagel, Kochbuch von Maister Hannsen des von Wirtenberg Koch. Zeitschrift für deutsches Altertum 9, 1853, S. 367 f. (nach einer Kopie von 1460). – Rudolf Kaiser, Deutsche und lateinische Texte des 14. und 15. Jahrhunderts über die Heilwirkungen des Weingeistes (med. Dissertation). Leipzig 1925. – Josef Hoffmann, Ein fränkisches Arzneibuch von 1398 mit Ortolfs von Bayerland »Mark aller Erzneien«. Mainfränkisches Jahrbuch für Geschichte und Kunst 7, 1955, S. 119–142. – Erich Johannes Rau, Ärztliche Gutachten und Polizeivorschriften über den Branntwein im Mittelalter (med. Diss.). Leipzig 1914. – Franz Pfeiffer, Zwei deutsche Arzneibücher aus dem 12. und 13. Jahrhundert. Sitzungsberichte der Kais. Akademie der Wissenschaften in Wien, phil.-hist. Classe 42, 1863, S. 150–156. – Die Arbeiten von Haupt, Keil und Vandewiele sind besonders zitiert.

18 Balsam.

19 bald.

20 Zähnen.

21 Gicht.

22 Stelle.

23 zu diesen Augenkrankheiten siehe S. 219 mit Anm. 18.

24 gießt.

25 rotfarbenen Flecken.

26 Wohl verschrieben für *vmb daz hertz.* – Harnstein; Blasenstein.

27 verloren.

28 Stärke.

29 Keine Krankheit kann ihn befallen als der Tod selbst.

30 allewege.

31 unfruchtbar.

32 Öl sinkt in ihm auf der Stelle zu Boden.

33 Eingehend behandelt und abgedruckt von Gundolf Keil (Anm. 16), S. 72.

34 *Swer hat gebrenneten win.*

35 *vberlit* = frühneuhochdeutsch *überlied.* – *parli* = Paralyse.

36 *schrvnden,* eigentlich Risse.

37 *den tvnkeln* = frühnhd. *dünkel* »Dunkelheit«. Die »dunklen Augen«, also Verlust der Sehschärfe, kehren in andern Handschriften wieder.

38 Keil hat darauf hingewiesen, daß hier die lateinische Vorlage mißverstanden ist.

39 Die Handschrift sagt zwar *vazz* und *fas;* aber schon die Vorschrift »soll oben bedeckt sin« zeigt, daß es sich um ein Gefäß handelt (wie bei der Destillation ohnehin zu erwarten).

40 Wir haben durchgängig »er« und »der gebrannte Wein« gesagt. So beginnt die Handschrift auch; aber dann wechselt »er« mehrfach mit »es«, wobei deutlich das lateinische aqua ardens und aqua vitae hineinspielt: »es« ist das gebrannte Wasser.

41 Codex Palatinus germanicus 673; abgedruckt bei Keil a. a. O., S. 76–78.

42 Codex Palatinus germanicus 695; abgedruckt und erläutert bei Keil, ebda. S. 78–89.

43 Leo Jules Vandewiele, De eerste publikatie in het nederlands over alkohol. In: Pharmaceütisch Tijdschrift voor Belgie 41, 1964, Nr. 4, S. 66–80: Manuskript 15624–15641 der Königlichen Bibliothek, Brüssel (Vgl. vom selben Autor: De Arabieren en de Farmacie, Pharmaceütisch Tijdschr., Oktober 1962). Das Jahr der Niederschrift ist durch einen Druckfehler in Vandewieles Publikation als 1531 angegeben. Die durch Vandewiele angefügten Anmerkungen sind hier, soweit tunlich, verwertet worden.

44 Der Verfasser wendet sich an ein größeres Publikum, das wir um der Eindringlichkeit willen in die Einzahl gesetzt haben.

45 IX. *stopen:* der *stoop,* ein Flüssigkeitsmaß (deutsch *Stauf*) faßt 2 Liter.

46 »Les vins de Poitou, d'Aunis et de Saintonge, indistinctement connus en Flandre sous le nom de vin de Poitou, de vin de la Rochelle (Rutsele) ou de Saint-Jean (Saint-Jean d'Angély)... Ce commerce était aux mains de marchands de la Rochelle, de Niort et de Saint-Jean d'Angély.

Le triangle formé par ces trois villes était, bien plus que Bordeaux, le grand centre d'exportation des vins vers la Flandre, où ses crus étaient connus sous le nom de vins de la Rochelle, de Poitou ou de Saint-Jean«: Jean Craeybeckx, Un grand commerce d'importation: Les vins de France aux anciens Pays-Bas (XIIIᵉ–XVIᵉ siècle), S. E. V. P. E. N., Paris 1938.

47 Der Alembik heißt *alembijt.* Das ist sehr interessant im Hinblick auf den niederdeutschen embolicus; denn es zeigt, daß das griechisch-arabische Wort allerart Umgestaltungen und Volksetymologien unterworfen war.

48 Der Text zeigt, daß der Verfasser sich für die Technik weniger interessiert; wir müssen deshalb dem Sinn nach übersetzen. Wörtlich heißt es zuerst, daß der Alembik passend zur Mündung (dem Auslauf) des Topfes gemacht sein soll; dann wird der »Mundkragen« des Alembiks verstopft, und zwar mit Mehl, Eiweiß und »gepflastert mit Leinentüchern«, während doch, um zu halten, erst Mehl und Eiweiß angerührt, dann die Tücher getränkt und zum Verschließen verwendet werden.

49 Weil dann nicht mehr der *spiritus vini,* sondern Wasser übergeht und die Destillation umsonst wäre.

50 Diese Kerzenprobe findet sich noch 1782 in der Encyclopédie von Diderot und d'Alembert vorgeschrieben. Wieder scheint unser Verfasser das Verständnis seiner Leser vorauszusetzen; sonst müßte er sagen, daß sein Destillat brennt, ohne den damit angefeuchteten Stoff zu verbrennen, weil es genügend Wasser enthält.

51 *disteleren.* Auch hier geht der Verfasser großzügig mit seinen Lesern um; denn die Vorschrift, das Destillat in einem Glasgefäß aufzufangen, versieht er mit dem Zusatz »wie es vorher beschrieben wurde«, obgleich das *glasen vat* hier zum erstenmal erscheint.

52 *subtil,* das auf den Verstand geht, ist hier mit *hoefsch* »höfisch, von feiner Lebensart« zusammengestellt.

53 *tegen vasten lichame* »gegen den festen Leib«.

54 *ricolissie* = Glycyrrhiza glabra L.

55 In dem Codex palatinus germanicus 695 (G. Keil, Centaurus 7, S. 89), heißt es: Item gebrant win ist gut wer nit wol gehoret, der laß ez des nachtes mit eyner bomwollen in die oren, so wirt er gehorende als ee.

56 *Hets oec goet dien tansichte of den mont an dene side gaen staen,* eine Übersetzung der *tortuositas faciei,* bei Diefenbach (S. 589) *tortuositas = krumpheit.* Eine hochdeutsche Handschrift gibt den unverstandenen Begriff mit *dem sin antli*ce *ist ußgeflogen* wieder, was G. Keil (ebda. S. 80) mit Recht als stümperhaft bezeichnet.

57 *quade humoren;* nach der Humoraltheorie kommt der phlegmatische Leibessaft aus dem Kopf.

58 Hier ist der Codex palatinus germanicus 695

(Anm. 55) ausführlicher: Item der gebrant win ist güt wo einem mensch geswindelt vnd vor amacht hinfellt. Nim ein lynen duch... und netze es in dem wine und lege ez ime uff daz hercze grübel, so kumet iz wider zu hant; vgl. auch ebendort Anm. 38.

59 triacle.

60 Dieses »Rezept« ist stark verballhornt. Es stammt aus der hochmittelalterlichen Theriak-Tradition; siehe Thomas Holste, Die Theriakkrämer, med. Diss. Würzburg 1975 (Hinweis von G. Keil). Hier fehlt die Vorschrift, beiden Hühnern vorher Theriak zu trinken zu geben; aber Theriak war ein Heiltrank!

61 skoninx evel »das Königsübel«: morbus regius, die Gelbsucht.

62 Aus solchen Sätzen wird deutlich, daß keine logische Folge vorliegt, sondern zum Preis des Lebenswassers niedergeschrieben wurde, was gerade in den Sinn kam.

63 Item der gebrant win ist auch güt gedruncken den frauwen die vnfruchtber sint von kalter natüre (CPg. 695).

64 Dies ist der Sinn, wie sich aus vergleichbaren Handschriften ergibt, in denen die Eigenschaft des aqua ardens, leichter als Öl zu sein, besonders gerühmt wird. Der Text ist, wie schon Vandewiele gesehen hat, an dieser Stelle korrumpiert, aber auf einfachere Weise, als er annahm: Der Schreiber hat olye boven olye statt olye boven water geschrieben.

65 Vandewiele deutet lanc als »verlängert, verwässert«; lang werden ist aber ein technischer Terminus für »zäh gewordenen« Wein. Das ergibt sich auch aus dem »und verdorben«, was für nur mit Waaser versetzten Wein nicht zutreffen würde.

66 Vandewiele deutet »Wein mit zedewale = mit Valeriana officinalis L. oder Valeriana phu L.«, wie eine Stelle der gleichen Handschrift nahelegt.

67 Wörtlich »eine lange Stunde«.

68 Dies ist sicher nicht zur Herstellung von Muskat- oder Nelkenwein gemeint, sondern zur Verstärkung des Zittwanweins sollen auch Muskat, Nelken und Kräuter in aqua vitae ausgezogen werden.

69 Charles Schmidt, Historisches Wörterbuch der elsässischen Mundart, Straßburg 1901, S. 442; Medard Barth, Der Rebbau des Elsaß, S. 317f.

70 A. Hanauer, Etudes économiques sur l'Alsace ancienne et moderne, Band II, Straßburg 1878, S. 249.

71 Geiler, Seelenparadies.

72 Fries, Spiegel der Artznei, Straßburg 1518, Bl. 45a.

73 J. G. Lehmann, Urkundliche Geschichte der Grafschaft Hanau-Lichtenberg, Mannheim 1862–1864, Band II, S. 443.

74 Der Claretwein war ebenfalls ein Gewürzwein.

75 Vandewiele zitiert das Antidotarium Gandavense 1652, wo Claretum so beschrieben wird: mellis optimi bene despumatis, aquae communis, zingiberis, piperis nigri, cinnamoni electi et vini albi optimi. Dieses Rezept enthält also gewöhnliches Wasser, keinen Brannt.

75 Es handelt sich also um getrocknete Kräuter.

76 2 Liter, s. oben.

77 So der Text; in Wirklichkeit ist es umgekehrt: Wenn das Wasser »den Wein durchfließen und nach oben kommen« soll, muß nicht Brannt auf Wein, sondern Wein auf Brannt gegossen werden.

78 Charles Schmidt, Histor. Wörterbuch der Elsässischen Mundart, Straßburg 1901, S. 231. – M. Heyne, Das deutsche Nahrungswesen, S. 369f. – M. Barth, Der Rebbau des Elsaß, S. 316.

79 Straßburger Urkundenbuch IV, 1, 43, Nr. 35.

80 Theodor von Liebenau, Das Gasthof- und Wirtshauswesen der Schweiz in älterer Zeit, Zürich 1891, S. 116.

81 Der gebrant win ist auch gut... abe zu nemen fellen vnd flecken von den augen, ob man ez dar uff düt, sagt der C. Palat. g. 695.

82 Foeniculum vulgare Mill., Ruta graveolens L., Verbena officinalis L.

83 Euphrasia officinalis L., Cichorium endivia L., Stachys betonica Benth., Laserpitium siler L.

84 Man möchte meinen, daß alles in einen Kürbis geschüttet und darüber der Alembik gestülpt wurde; der Text sagt es aber umgekehrt. Später wird Alembik zum Namen für das gesamte Brenngefäß (cucurbita, Hut und Auslaufrohr).

85 Diese Bezeichnung ist aus dem Antidotar des Pseudo-Mesue entnommen, wo dieses Öl heißt »Oleum philosophorum ›Alchemistenöl‹. Auch genannt Öl der Weisheit, gesegnetes Öl, göttliches Öl, heiliges Öl und Öl von vollkommener Meisterschaft. Und je älter desto besser – et quanto antiquius tanto melius.«

86 Vergleiche oben zu den Frauen, die ihrer kalten Natur wegen unfruchtbar sind. In dem mehrfach zitierten Cod. Pal. germ. 695 ist die Rede vom »kalten siechtum des hirnes«, dem »kalten Gegichte« (Gicht) usw.

87 der gebrant win ist gut gedruncken für zitterunge aller gelider, ist ez daz man sich auch domitde salbet, heißt es im Palat. 695.

88 senkt den Blutdruck.

89 wormer kann auch als »Würmer« gemeint sein; item des gebranten wines gsmag dotet die worme, sagt der Palat. 695.

90 Die Kühdreck-Rezepte sind uns schon vertraut.

91 dat willic nu bescriven alsoet vonden es int latijn.

92 Wohl »ein heißes Eisen«, was nicht gesagt wird, bringt das Terpentinöl zum Brennen.

93 Valet passionibus nervorum et paralisi.

94 Josef Werlin, Ein Rezeptbuch des Kaisers Maximilian I.? Neun dem deutschen Kaiser zugeschriebene medizinische Texte. In: Fachliteratur

des Mittelalters, Festschrift für Gerhard Eis. Stuttgart 1968, S. 469–480.

95 im Wasserbad, das Brenngefäß gut verpicht.

96 Gerhard Eis, Vor und nach Paracelsus, S. 40f.

97 Druckfehler: *nim*.

98 Hauptstaatsarchiv Dresden, Locat 8534: Briefwechsel der Kurfürstin Anna von Sachsen mit Gräfinnen und Freiherrinnen.

99 Zitiert nach Heinz Peickert, Geheimmittel im deutschen Arzneiverkehr. Ein Beitrag zur Wirtschaftsgeschichte der Pharmazie... Phil. Diss., Leipzig 1932, S. 35.

100 ebda., S. 42f.

101 ebda., S. 120.

102 Gernet, Mitteilungen aus der älteren Medizinalgeschichte Hamburgs. Hamburg 1869. – Deichert, Geschichte des Medizinalwesens im ehemaligen Königreich Hannover. Hannover 1908.– Historische Studien und Skizzen zur Naturwissenschaft, Industrie und Medizin am Niederrhein. Düsseldorf 1898. – Lammert, Zur Geschichte des bürgerlichen Lebens und der öffentlichen Gesundheitspflege. Magdeburg 1880.– Mummenhoff, Die öffentliche Gesundheits- und Krankenpflege im alten Nürnberg. Festschrift zur Eröffnung des neuen Krankenhauses der Stadt Nürnberg. Nürnberg 1898. – Wustmann, Geschichte der Stadt Leipzig, Band I, Leipzig 1905. – Erich Johannes Rau, Aerztliche Gutachten und Polizeivorschriften über den Branntwein im Mittelalter (med. Diss.). Leipzig 1914. – Weitere Literatur unter den einzelnen Städten.

103 Abgedruckt bei Rau, a.a.O., S. 14f.

104 im Wachstum.

105 unter keinen Umständen.

106 weil das Blut sich leicht davon entzündet.

107 säugen.

108 dunkelfarbige.

109 mit schleimiger Feuchtigkeit.

110 Aus dem Frankfurter Stadtarchiv: Aktenband »Medicinalwesen I Bl. 108«.

111 Rau, a.a.O., S. 16–21.

112 Pfarrer.

113 Pfarreitür.

114 Der »Zettel«, den die Ärzte gegeben haben, ist wohl das Gutachten der Doctores Boil und von Cuba, das damit genauer auf die zweite Jahreshälfte 1487 datierbar wäre.

115 Großes vollständiges Universal-Lexikon, herausgegeben von Zedler. Halle und Leipzig 1732–1754; Band IV, 1733, Sp. 1083f. (hier sind die Literaturangaben fortgelassen).

116 Jan Baptiste van Helmont, Aufgang der Arzneykunst, 1683.

117 Noch 1789, als D. Johann Georg Krünitz den VI. Theil seiner »Oeconomischen Encyclopädie oder allgemeines System der... Landwirthschaft« in Brünn erscheinen läßt, wird (auf Seite 502) diese Mär weiter überliefert: »Dasjenige, was einige Schriftsteller von Polen, wo das Branntweinsaufen ziemlich im Schwange geht, berichten, als wenn bey einigen Personen, die eine allzu übermäßige Menge Brandwein zu sich genommen hätten, kurz vor ihrem Ende eine blaue Flamme zum Munde heraus führe, auch nach ihrem Ende eine kleine Weile fortwährete, hat Hr. Gmelin auch hin und wieder nicht nur in Sibirien, sondern auch in Rußland, bekräftigen gehört.« Das war im Jahr der Französischen Revolution, vor nicht einmal zweihundert Jahren...

118 Anscheinende Wiederholungen sind auf die verschiedenen Quellen zurückzuführen, deren Meinungen der Autor im Verlauf seiner Darstellung wiedergibt.

119 James Follan, Das Arzneibuch Ortolfs von Baierland (= Veröffentlichungen der Internat. Gesellschaft für Pharmazie e.V., N.F. Band 23), Stuttgart 1963. – K. Sudhoff, Ortolf von Baierland. In: Die Deutsche Literatur des Mittelalters, Verfasserlexikon, hrsg. von W. Stammler, Band III, 1938–1943, Sp. 647–650. – ders., Deutsche medizinische Inkunabeln, 1908, S. 20–34, bes. S. 29ff. Schon Sudhoff sind rund zwei Dutzend Handschriften und Drucke (auch niederdeutsch, 1484), seit 1477 bekannt.

120 S. Fuchs, Schulgeschichte von Heilsbrunn, Beilage 6 (§ 6 des Statuts). – G. Lammert, a.a.O. S. 16.

Der Beitrag der deutschen Autoren

1 Der volle Text steht auf Seite 82.

2 sie stehen auf Seite 271.

3 in meinem Verlag aufgenommen.

4 Karl Sudhoff, Deutsche medizinische Inkunabeln, Leipzig 1908, beschreibt bis zum Jahr 1500 21 Ausgaben.

5 Die distellacien ende virtuyten der wateren.

6 The vertuose Boke of Distyllacyon of the Waters.

7 täglich.

8 Forbes, S. 111.

9 Das im Jahr 1500 (zwölf Jahre zuvor) erschienene Liber de arte distillandi de simplicibus.

10 übergehenden, des Destillats.

11 Schon von Lippmann hat darauf hingewiesen, daß Blei gemeint sein muß. Das Mißverständnis konnte leicht entstehen, da Zinn *plumbum album* »weißes Blei« hieß.

12 mit Eiweiß bereiteter Kitt.

13 Der Rückstand ist Wasser, das Destillat »Wein«; das ist das Gegenteil der Vorstellung, die wir im Namen Bernewater fanden.

14 Die Blase faßte also schon 500 Liter (750 sogar, da ein Drittel leer bleiben sollte).

15 verschlossen.

16 »er nicht«, also das Weindestillat noch nicht stark genug (genügend wasserfrei) ist.

17 Mittelhochdeutsch *zanger, zenger* »beißend, scharf« (schmeckend oder riechend).

18 jähe.

19 13 zeigt die Abbildung; der Text sagt sogar: »also magst du mit eim feür zwētzig oder dreyssigerley vff einmal brennen«.

20 Gabriel Christ. Benjamin Busch, Handbuch der Erfindungen. Dritten Theils zweite Abtheilung, den Buchstaben D enthaltend. 4. Auflage, Eisenach 1806, S. 66 f.

21 Eine Definition von »Destillation« findet sich bei G. B. della Porta, De destillatione (Anhang zu Magia naturalis), wo er das Wort richtig auf lateinisch *destillare* »träufeln, tröpfeln« zurückführt: »Die Destillation geht Tropfen auf Tropfen vor sich, und weil der Alembik das Destillat nach und nach liefert, heißt der Vorgang so.«

22 Hier zitiert nach der Ausgabe von 1680, Band II, S. 26.

23 J. M. Stillmann, Chemistry and Medicine in the Fifteenth Century. Scientific Monthly VI, 1918, S. 167–175. – ders., The Story of early Chemistry. New York 1924. – Forbes, S. 109.

24 Deutscher Wortlaut von Weimann.

25 Karl Sudhoff, Paracelsus-Ausgabe, Band VIII, S. 84.

26 Diese Meinung wird auch von Gianbattista della Porta vertreten, dessen erste gedruckte Ausgaben aber rund ein halbes Jahrhundert später liegen.

27 die mit mehr phlegmatischer Feuchtigkeit behaftet sind.

28 Die Verfeinerung durch mehrfache Destillation ist ihm vertraut. Bei della Porta wird durch siebenfache Rektifikation ein reiner Alkohol erzeugt, den er *aether* nennt.

29 einem (reisenden) Zahnklempner, Juden, Mönch (den Klostergeistlichen ist die Ausübung der ärztlichen Kunst verboten!) oder alten Weibern.

30 ein Abziehen, Hinwegnehmen.

31 *bôsheit* hat im Mittelhochdeutschen auch den Sinn »schlechte Eigenschaft«.

32 *fürnemlich* »vor allem«.

33 Auch hier ist die mittelhochdeutsche Bedeutung »dicht« erhalten.

34 Lateinisch *faeces* »Abfälle«.

35 Ryff, S. XI.

36 *brunst* »Brand«.

36 Wohl nur als Kompositum »Kothefen« im Sinn von schlechten (»Misthefen«) zu verstehen; denn *hefen* sind geradezu vorgeschrieben.

37 Das Verriechen der gebrannten Wässer, wenn ihr Gehalt »mit eröffnetem geschirr an der Sonnen verzert werden müß«.

38 *krusel* erde, zu mittelhochdeutsch *krûse* »Krug, irdenes Gefäß«.

39 »verschlucken«.

40 Zitiert nach der Ausgabe von 1680, Band I, S. 22 f.

41 ebda., S. 19 f.

42 ebda., S. 25 f.

43 umgeschlagen.

44 *rappe* »Traubenkamm«.

45 Diese Vorschrift erhärtet unsere Vorstellung, daß Ryff nicht für die zünftigen Weinbrenner schreibt; sie konnten ohne *hefen* und *trusen* gar nicht auskommen.

46 kupferne. – verleimt, verschlossen.

47 Druckfehler: hernach.

48 Eigentlich »Metall verkalken«, dann »rösten«.

49 herausgelöst.

50 Druckfehler: filtriert.

51 Quent, kleines Gewicht (Unterteilung – eigentlich »ein Fünftel« – von Lot).

52 abgesogen = abgezogen, abgeseiht.

53 Rückstand.

54 Druckfehler: forne.

55 In der deutschen Übersetzung Die güldne Arch, Schatz- und Kunstkammer... 1614.

56 Joseph du Chesne (Quercetanus).

57 Das Constelyc Destillierboec erschien 1552; aber erst die Ausgabe von 1622 enthält den Anhang.

58 »Wie man auß dem Gedreydig / als Weitzen / Rocken / Maltz / etc. Brandtwein destilliren soll«; Band II, 1680, S. 91–103 (hier S. 94).

59 »eingetaucht« (lat. *imbuere*); vermischt.

60 *schwachheit* »Schwächlichkeit« geht auf den Gehalt, *ponderosität* »Schwere« auf die Materie.

61 eigentlich »geronnen«, hier: wieder verdichtet.

62 *capella* heißt auch die zylindrische Schüssel im Feuerraum des Ofens.

63 Topf.

64 *quadrieren* auch »passen, sich angemessen erweisen«.

65 brandiger Geschmack.

66 Conr. Khunrath II, 1680, S. 40–42.

67 ebda., I, 1680, S. 33.

68 ebda. II, 1680, S. 73 f.

Berlin

1 Am Meinardustag; die Festschrift sagt einmal 10. 11., einmal 10. 12.; Meinhard ist aber Namenspatron des 21. Oktobers.

2 Konfekt, »Zuckergebackenes« wurde auch in Apotheken verkauft.

3 verkaufen (englisch *to sell*).

4 Die Urkunde wurde um 1850 vom Direktor des Dresdner Haupt-Staatsarchivs Karl v. Weber wiedergefunden und in seinen »Mitteilungen aus vier Jahrhunderten«, Leipzig 1859, veröffentlicht.

5 Etwas mehr als ein Liter.

6 Meister Johannes stammte aus dem Dorf Tempelhof bei Crailsheim, heute Baden-Württemberg (im Hohenlohischen), das damals zur Markgrafschaft Brandenburg-Ansbach gehörte.

7 Veröffentlicht in: Die Alkohol-Industrie, 64 Jgg., Nr. 11.

8 Von Johann Stradanus gezeichnet, dann von Jan Gollaert in Kupfer gestochen und so erhalten.

9 1549 in Bernau in der Mark geboren.

10 Also zur Rektifikation; denn als »Brandtewein« ist er bereits destilliert.

11 Aquavit also = Spirituose schlechthin.

12 Es fällt auf, daß keiner der genannten Destillateure einen Hugenottennamen trägt.

13 Der Silbergroschen galt 12,5 Pfennige.

Nürnberg

1 Bayerisches Staatsarchiv Nürnberg, Amts- und Standbuch Nr. 227, Blatt 31; siehe J. Baader, 1861, S. 203f. 264f.

2 Daher von Baader »Nürnberger Polizeiverordnungen des 13.–15. Jahrhunderts« genannt.

3 Baader a. a. O., S. 203f., 264f.

4 Maurizio irrt also, wenn er *diese* Bestimmung (S. 225) in das 13. Jahrhundert datiert.

5 Abgedruckt im Archiv des Historischen Vereins für Unterfranken, Band V.

6 ebda. III, H. 3, S. 165.

7 Hermann Hoffmann, Würzburger Polizeisätze, Gebote und Ordnungen des Mittelalters (1125 bis 1495). (= Veröffentlichungen der Gesellschaft für Fränkische Geschichte, X. Reihe, Nr. 5). Würzburg 1955, S. 68.

8 Der Straßenname »Weinmarkt« ist bereits um 1285 in Nürnberg belegt und haftet bis heute an der gleichen Stelle.

9 Abdruck der Bestimmungen bei Baader, a. a. O., S. 203.

10 Ratsbuch des Staatsarchivs Nürnberg Nr. 4, Blatt 55; siehe A. Jegel, Ernährungsfürsorge des Nürnberger Rates. In: Mitteilungen des Vereins für Geschichte der Stadt Nürnberg, Band 37, 1940, S. 158–161.

11 Abgedruckt bei Rau, 1914 (Handschriften der Staatsbibliothek München CLM 441, Bl. 151f.; CLm 151/152, Bl. 96–101; CLm 25060, Bl. 132 bis 134).

12 Ebenfalls bei Dr. Hartmann Schedel festgehalten (Sammelband CLm. 224, Bl. 100).

13 Abgedruckt bei Baader, S. 264f.

14 Am Rande steht: Actum et decretum in consilio tercia vigilia petri et pauli anno 1496.

15 Es wurde von der Reichspolizeiordnung gestützt.

16 Dienstherren.

17 Geboren ist Volz zwischen 1435 und 1450 in Worms; er starb 1513 in Nürnberg. Seine Lieder finden sich in Handschriften in Weimar (Q 566), München (CGm 6353) und Berlin; außerdem besitzt die Staatsbibliothek München (CGm 407, Bl. 298') Sprüche von ihm um 1490 in Abschrift des 15./16. Jahrhunderts. Der Bamberger Druck befindet sich in Dresden; ein noch jüngerer von 1559 in der Britischen Bibliothek (früher Britisches Museum) in London. Wir drucken den ältesten (Nürnberg, um 1490) Druck hier nach Rau, S. 30–37, ab.

18 jedermann.

19 *experienz* »Erfahrung«.

20 sehr.

21 Bierhefen.

22 »haben immer Widerpart gehalten«.

23 *merdum* (französisch *merde*) »Kot«.

24 Baumwolle.

25 unversehrt.

26 *brinnen*, neudeutsch durch *brennen* ersetzt.

27 riecht.

28 Frühneuhochdeutsch *smecken* »riechen«.

29 *schad, schaden* hier im Sinn von »Verletzung«.

30 *freisch = freiß* »Fallsucht, epileptischer Anfall«.

31 *flos* »Fluß« im Sinne einer Krankheit (lateinisch *gutta*).

32 Schlaganfall, Schlagfluß.

33 *fürkumen* »vorbeugen«.

34 von jungem Aussehen (*gestalt* ist »Aussehen«).

35 *die graen falb gefar* »die grauen (Haare) blondfarben«.

36 Kampfer.

37 der Zunge.

38 Theriak (ein Wunderheilmittel).

39 *erneren* »retten, heilen«.

40 *tropf* »Schlagfluß«.

41 *üchse* »Achselhöhle«.

42 eine Frau wegen ihrer kalten Natur nicht empfängt.

43 vergeht der Schmerz.

44 *ein supen* »eine Suppe«.

45 *sûpen* »saufen«.

46 Vernunft.

47 *schänden* = schmähen.

48 »tobt und wirbelt der Kopf«.

49 *streim* »Streifen, Strahl«.

50 Frühneuhochdeutsch *klecken* »ausreichen«.

51 Frühneuhochdeutsch *ungeschwungen* »grob, unziemlich«. – *schaffen* »bewirken«.

52 Ein weiterer Druck (Nürnberg 1529) ist abgedruckt bei Kanzler und Meißner, Zeitschr. für ältere und neuere Literatur, Jahrgang II, 1784, Quart. 3, Heft 1, S. 69. – Siehe auch Sudhoff, Inkunabeln, 1908, S. 149–158, vor allem 157f.

53 Ratsverlaß und Nachtrag vom 17.3.1567.

54 So die Verordnung vom 14.–20.11.1644; siehe Mitteilungen des Vereins für Geschichte der Stadt Nürnberg 37, 1940, S. 160.

55 Stadtarchiv Nürnberg, Cod. man. 25-2°, Blatt 320.

56 Vertreter, Beauftragter, Gehilfe. – Frühneuhochdeutsch *nichtzit* »nichts«.

57 »alle gute Polizei und Ordnung in Confusio gebracht« sagt der Vorbericht zur Branntweinordnung von 1655 (Stadtarchiv Nürnberg, Ungeldamt Nr. 222).

58 Archiv des Pfragnerhandwerks im Germanischen Nationalmuseum (Archiv Nr. 2, Bl. 8).

59 Ein Eimer faßte rund 70 Liter.

60 Archiv des Pfragnerhandwerks, Nr. 341.

61 Stadtarchiv Nürnberg, Schöffenamt Nr. 436.

62 ebda., Ungeldamt Nr. 201.

63 Vgl. die Handschrift Nr. 14, Blatt 2 im Pfragnerarchiv des Germanischen Nationalmuseums Nürnberg.

64 Verlag Joh. L. Buggel, Nürnberg.

65 »Cüriöses und wohlverfaßtes Frauenzimmerkunst- und Handbuch…« von J.L.K., Verlag Sebastian Trautner, Nürnberg 1715.

66 Kunst- und Wunderbuch, von A.R., 2. Auflage (1. nicht bekannt), Verlag A. Zeh, Nürnberg, Teil I, S. 95–108.

67 Mit Kupfern, Verlag Raw, Nürnberg 1792.

68 J.F. Roth, Geschichte des Nürnberger Handels, Leipzig 1800–1802, Band I–IV; Band III, S. 29.

69 ebda. Band IV, S. 212.

70 Im einzelnen siehe den »Akt über die Konzessionsgesuche um Rosoli- und Likörfabrikation, dann Verkauf 1808–1839« (Stadtarchiv Nürnberg, Ältere Magistratsregistratur Nr. II 8/4 Nr. 10) und Nr. 825 ebda.

71 Die weitere Entwicklung bei Paul Wießner, Die Anfänge der Nürnberger Fabrikindustrie. Diss. Frankfurt am Main 1929.

München

1 *bot* »Rechtsgebot«.

2 *ungleicher, irriger Verstand* »Mißverständnis«.

3 *landseß* »Bürger«.

4 *statlich* »gründlich«.

5 Frühneuhochdeutsch *panze* »Magen, Bauch« hat im Bairisch-Österreichischen die Bedeutung »Faß«.

6 *pfeningwert, pfenwert* »in ganz kleinen Mengen«.

7 *schragen* (:*schräg*), ein Holzgestell mit schrägen Füßen, besonders als Untergestell des Verkaufstisches.

8 damit es nicht zu viele Stellen gibt, an denen Brannt feilgehalten wird.

9 den Branntschenken.

10 neben *lauter* »rein« steht *lauter, lauters* »geradewegs, kurzerhand«.

11 *wesen* »Verhältnisse«; sonst auch »Treiben, Getue, Sache«.

12 *verschulden* bedeutet das Abtragen einer Schuld, Partizip *verscholt, verschult,* hier also »die in ihrem Bereich anfallen«.

13 *gelten* »kosten, wert sein«; es geht darum, daß das Getreide (wegen der Ernährung) von großer Bedeutung ist.

14 »Verteuerung«; zu *steigern* »den Preis in die Höhe treiben«.

15 Bier-Geläger = Bierhefe.

16 Im Mittelhochdeutschen bedeutet *biderbe* »zuverlässig«; der Biedermann ist also ursprünglich der unbescholtene Bürger.

17 Hier spielt der Sinn von *gevarlich* »hinterlistig« stark hinein; es geht um die Vermeidung von Gesetzesumgehungen, nicht um »Gefahr«. – *eruodern* ist mitteldeutsch für *eruordern* »zusammenholen«.

18 *vnnotturfftig* »ohne daß ein Bedürfnis vorliegt«.

19 *vntugennde* ist sonst »Untauglichkeit, Bosheit«, hier schon im heutigen Sinn.

20 »eingebundene liebe«: *einbinden* »einschärfen, ans Herz legen«.

21 *zurückstellen* »unberücksichtigt lassen«, also »Mißachtung«.

22 *unrat* ist »Gefahr, Widerwärtigkeit, Verschwendung« und hier »Schaden, Unheil«.

23 *unachtsam* »treulos, abtrünnig, unscheinbar« und hier »faul«.

24 irgendwelcher.

25 *wa…ainich geuar bey Ainen oder meren gespurt wurde. gevar, gefer* ist auch »Hinterlist, Schädigung«; s. Anm. 17.

26 jedermann.

27 Bögen. – Gemäß der Erlaubnis in Titel 5, Artikel 2 der Landesordnung sind wegen der Größe der Stadt mehrere Ausschankstellen zugelassen.

28 Wenn jemand sich übermäßig mit Branntwein vollgeladen hat und sich deshalb nicht mehr richtig verhält; *ungeschickt* ist eigentlich »unzweckmäßig«.

29 Deshalb ist die vorher zitierte Ordnung beschränkt auf die, »so ainem E. Rath vnderworffen«.

30 *vberweinte,* mit zu viel Wein beladene.

31 *verschozzen* »versteuern«; *vnuerscheucht* »unversteuert«.

32 in den Turm geworfen und sonst nach Bedarf gestraft.

33 *mer nit erschoffen, zu schaffen* »hervorbringen«.

34 *abstricken* »wegnehmen, verbieten«; *abstrickung* »Vorenthaltung, Sperre«.

35 förderlich.

36 in großen Mengen verbraucht.

37 der gebührende Anteil und notwendige Bedarf.

38 Visierer.

39 für den Marktverkauf sind bekanntlich Stühle oder Schrägen zugelassen.

40 *aufheben* »wegnehmen, wegführen«.

41 Also, wie im ganzen süddeutschen und Westraum, nicht Wein, sondern nur Weinhefe.

42 Wacholderbeeren.

43 Mittelhochdeutsch *in-gehiuse* ist das »Ingesinde«, die Dienerschaft.

44 »im Gau«, also auf dem Lande.

45 auf vielerlei Weise.

46 unbillig, nicht rechtens.

47 Brauereien.

48 »irgendwelchen Brannt, woraus auch immer er gebrannt sei«.

49 den erwähnten.

50 Es ist sprachlich nicht ohne Interesse, daß konsequent *Pranntwein,* aber *brennen* und *gebrennt* geschrieben wird; der sprachliche Zusammenhang ist offenbar nicht mehr erkannt.

51 *Biergleger* = Bier-Geläger, Bierhefe.

52 besonders.

53 Mittäterschaft.

54 Dienststellung.

55 Der über den Geld-*Kasten* verfügt; Kassenverwalter, Finanzbeamter.

56 »Säer«; Landleute, Gärtner.

57 »die in amtlichen Diensten über Land reiten«, Landgendarmen.

58 Gulden.

59 *erfinden* ist auch »entdecken«.

60 erfahren. – Geldstrafen kann man nur »von denen vermöglichen« einziehen; die andern kommen ohne Umschweife ins Zuchthaus, um die verwirkte Strafe abzuarbeiten.

61 Mittäterschaft.

62 ausgeschenkt.

63 zum Nachteil; *verschlagen* eigentlich »verschwinden lassen, verbergen, vergeuden«; der eigene kommt durch diese Machenschaften nicht zum Zuge.

64 Kessel.

65 Tiroler (aus dem Etschtal) gebrannter Wein darf also eingeführt werden.

66 bestimmt.

67 Die Ausführungen in Mitt. f. Archivpfl. in Oberbayern 1947, Nr. 26, berücksichtigen die von uns zitierten Dokumente nicht und sind daher irrig.

68 Schlichthörle I, S. 127.

69 Die Konzessionierung ist keine zunftmäßige Beschränkung.

70 Schlichthörle I, S. 125 f.

71 zu *leitgebe;* hier im generellen Sinn von »abgeben, verkaufen«.

72 Das häufige b. oder bl. ist Abkürzung von *verburgert* oder *bürgerlich*.

73 Schranne ist eine Bank zum Feilhalten; dann der Getreidemarkt.

74 Schlichthörle II, S. 353.

75 ebda. II, S. 345.

76 ebda. I, S. 102.

77 ebda. II, S. 203.

78 ebda. II, S. 209 und I, S. 128.

79 Über die Apotheken, die in andern Städten – zum Beispiel Berlin – zunächst ein Brennmonopol besitzen, ist in München, obgleich dort im Jahr 1500 schon drei Apotheken nachgewiesen sind, nichts zu bemerken.

Colmar und Straßburg

1 Colmarer Statutenbuch, S. 31 f.

2 Statuts de Sélestat XI, folio 51^v.

3 Medard Barth, Der Rebbau des Elsaß, Straßburg und Paris 1958, Band II, S. 21.

4 Straßburger Urkundenbuch, Band IV, Teil 2, S. 224, Nr. 20. Die gleichen Weine kehren im »Zollbuch des Zollkellers« im 15. Jahrhundert wieder (Foliant, Straßburg, Archives Municipales, V.D.G., 116, S. 10). Sowohl der gefeuerte wie der gesottene Wein sind Weine, die durch Erhitzen süß gemacht oder süß gehalten werden sollten, keine gebrannten.

5 Barth, a.a.O., Band I, S. 317.

6 *daugen* »Faßdauben«, mittelhochdeutsch *dūge*.

7 *mehrschatz* »Wucher«, mittelhochdeutsch *mērschaz*.

8 *harre* »Handgeld«.

9 *vürkouf* ist ein vorab getätigter Kauf zum Zweck des Wiederverkaufs mit hohem Gewinn.

10 von guten Weindrusen. Das muß sich auf echte Weinhefe beziehen, so daß der Weintresterbrand *(eau-de-vie de marc)* ausgeschlossen wird.

11 Nach Eugène Waldner, La distillation et le commerce de l'eau-de-vie à Colmar au seizième et au dix-septième siècle, d'après les Archives de la ville. In: Bulletin du Musée historique de Mulhouse 1890, S. 27–36. Diese Publikation wurde für Teile des Kapitels benutzt; sie erschien auch separat (1891, bei Bader & Cie., Mülhausen/Elsaß. 12 Seiten).

12 Ordonnances d'Alsace, I, Colmar 1775, S. 416 bis 418.

13 »celles de lies, baissières et marc de raisins.«

14 Da in der Kopie der Rand fehlt und das Original nicht auffindbar war, stehen die ergänzten Wörter hier und im folgenden in Klammern. – *vnd Kummerschafften* steht deutlich dort, ist aber mit Sicherheit für *vnd Kaufmannschafften* verschrieben.

15 Auch hier sind die Kaufleute »Herren«; dieser Titel steht nur dem Patriziat zu.

16 Wenn Hanauer, Etudes économiques sur l'Alsace ancienne et moderne, Paris–Straßburg 1878, Band II, S. 350, daraus auf eine geringere Bedeutung des Brennthandels schließt, hat er übersehen, daß dieser in den Händen der Kaufleute lag.

17 Waldner, a.a.O., S. 36.

18 Das Fuder zu 1100 l.

19 Joerg Wickram, Das Rollwagenbuechlin. Ein neüws / vor vnerhoerts Buechlein / dariñ vil gůter schwenck vnd Historien begriffen werdē ... an Tag bracht vnd zůsamen gelesen, durch Joerg Wickrammen / Stattschreiber zů Burckhaim / Anno 1555 (herausgegeben durch H. Kurz, Leipzig 1865, S. 49).
Dieser Text hat die Sprachformen *branntenwein, geprenten weyn, gebrenten weyn, brentenwein, brenntenwein,* fünf verschiedene an der Zahl, und für den Händler den Ausdruck *branntenweinmann*.

20 Alsatia illustrata, II., Colmariae 1761, S. 357.

21 Verordnungen des Magistrats von Straßburg vom 9.3.1629 und 13.10.1669.

22 Schon vor den Colmarern hatten die Straßburger zu hören bekommen, ihr Brannt sei mit Obst, »biertrusen und andern ohnzulässigen stoffen« hergestellt (Bierdrusen ist Bierhefe).

Köln

1 fortab.

2 Die Kölner Stadtrechnungen des Mittelalters mit einer Darstellung der Finanzverwaltung. Bearbeitet von Dr. Richard Knipping. Bonn 1897/98. 2 Bände (= Veröffentlichungen der Gesellschaft für Rheinische Landeskunde, Nr. 15). C. Die mittelalterlichen Einnahmequellen der Stadt

Köln, S. XLIX, Anm. 12 (demgegenüber vom Fuder Romanye 50 m, vom Fuder Malvasier sogar 100 m).

3 Der Trinkweinordnung, *der gemeiner dranckweins ordnungen nach.*

4 aus eidlicher Pflicht obliegt und gebührt.

5 jeglicher.

6 *Akzise,* in Köln zu *Accinß, Zins* mißverstanden; die indirekte Steuer.

7 jedermann, zu *ider* »jeder«.

8 anteilige Akzise, zu *gebür* »gebührender Anteil«.

9 Erweiterung von *ame* »Ohm«.

10 *strack* »genau«.

11 *vorhalten* »vorenthalten«.

12 *abnehmen* bedeutet auch »vermuten«; die Brenner fürchten nicht zu Unrecht, daß der Rat ihnen die uneigennützigen Motive nicht »abnehmen« wird.

13 *ersizen* »unterbleiben«.

14 die »andern« sind die Kollegen, *consorten* die Teilhaber.

15 Betrug.

16 Lehm.

17 Schreibfehler für: anschließenden.

18 Berechtigten, d.h. den Bewohnern der Häuser.

19 angewiesen.

20 *enker* »Anker«; *aenckerger* »Ankerschiffe«.

21 *fuste* »leichtes Korsarenschiff«; *fustage* heißen alle Fässer, Ballen usw., in denen Waren verpackt sind (D. Sanders, Fremdwörterbuch² I, Leipzig 1891, S. 417).

22 *Weinmutter* »Weinhefe«.

23 Druckfehler: Kayserl.

24 Bierhefe; wirklicher Met im Sinn von vergorenem Honig ist 1714 nicht mehr anzunehmen.

25 Einlagerung.

26 Lateinisch *mitigare* »mildern«.

27 *erobern, eröbern* »erwerben«.

28 *werschaft* »Bürgschaft, Kaution, Sicherheit«.

29 *vertedingen* »durch Gerichtsspruch festlegen, gerichtlich beilegen«.

30 Mittelhochdeutsch *gelten* »zurückzahlen, erstatten, entschädigen, büßen, zahlen«.

31 *fleißig* »energisch, nachdrücklich«.

32 *beschweren* auch »schädigen, Schaden zufügen«.

33 *billig* »verdient, verdientermaßen, angemessen«.

Von den Steuern

1 Bothe, Geschichte, S. 370f.

2 Wahrscheinlich ist *ungelt* als Übersetzung des lateinischen *indebitum* die richtige Form und mittelhochdeutsch *umgelt, umbgelt* (sogar *ohmgelt, ahmgelt,* weil die Steuer vor allem auf Wein lag) daraus entstellt.

3 Sammlung der Kurpfalz-baierischen allgemeinen und besonderen Landesverordnungen, Band 1, S. 511f.

4 Wolf, Die Gesetze der Stadt Frankfurt am Main, S. 440. 458.

5 In dem kurzen Text stehen also *gebrant, geprant* und *geprandt wein.*

6 Beyerbach, Verordnungen, 1. + 2.T., S. 380f.

7 »zu feylem Kauff«.

8 Es ist deutlich, daß *accise,* hier *accinß* geschrieben, mit *Zins* in Verbindung gebracht wird; deshalb heißt es später statt »die accinß«: »*die erlegte zinß*«.

9 Das »über-Bord-Setzen« bedeutet, daß der Brannt nicht zum Verkauf in Köln bestimmt ist, sondern auf ein Schiff verladen wird, um ausgeführt zu werden.

10 *gelder* zu *gelten,* das im Mittelrheingebiet eine alte Bedeutung »kaufen« bewahrt hat.

11 »die erlegte zinß in dem Kauf anrechnen«.

12 »im Oberlandt«.

13 »soll der Schiffmann darfür angesehen, vnd jm kein arbeyt ahn den Kranen gestattet werden.«

14 Die Formen *Brandtwein* und *Brandtenwein* wechseln im Dokument, wie hier angegeben.

15 ohne Nachlaß = ohne Gnade.

16 Die Kölner Weinmaß hatte 1,4 Liter. Ein Ohm hatte 27 Viertel zu vier Maß zu vier Schoppen. Getreidemaß war das hier genannte Malter = 3,5 preußische Scheffel = 192,37 Liter.

17 Sammlung der Kurpfälzisch-baierischen Landes-Verordnungen, Band I, Theil 4, S. 620.

18 *Wein-Brandwein* im Gegensatz zum Kornbrannt, der *Frucht-* oder *Früchtebrandwein* heißt.

19 Eidbuch 25–27, S. 463.

20 Jegel, a.a.O., S. 151, Ratsbuch Blatt 175.

21 Die Neuordnung von 1657 bringt für alle 52 Personen, die eine Ausschankgenehmigung erhalten, die Entrichtung eines Standgelds.

22 Weinmutter = Weinhefe.

23 D. Herms, Die Anfänge der bremischen Industrie (Veröff. aus dem Staatsarchiv Bremen, Bd. 22), 1952, S. 107–110.

24 Zitiert nach Eugen Nübling, Ulms Weinhandel im Mittelalter (= Ulms Handel und Gewerbe im Mittelalter, Heft 4), S. 22: »Ordnung und Gelübde derer, welche gebrannten Wein feil haben«, vom Mittwoch nach Bartholomä, 1527.

25 derselbe, Die Reichsstadt Ulm am Ausgang des Mittelalters (1378–1556), Ulm 1907, S. 256f.

26 Als S. 51–66 angehängt an Johann Friedrich Dorn, Anleitung zur Kenntniß und Beurtheilung der wichtigsten Operationen in der Bierbrauerei und Branntweinbrennerei. Auf Befehl der höheren Verwaltungsbehörden ausgearbeitet. Berlin 1811.

Vermutete Vorläufer

1 So wenigstens berichtet es R. Dumay in seinem »Guide des alcools«, Nancy 1973, der freilich viele unbewiesene Behauptungen enthält.

2 Conradus Khunrath, Edelstes Kleinod menschlicher Gesundheit... Destillier- und Artzeney-Kunst, Franckfurt und Leipzig 1680, Band II, S. 304 (Neuausgabe der »Medulla« von 1582). –

Das Rezept über das »allerköstlichste *Aqua vitae*« steht auf Seite 113–115.

3 Examen critique de l'histoire de la géographie du nouveau continent, Paris 1857, Band II, S. 300.

4 Siehe dazu Forbes, S. 3 f., mit vielen Beispielen »primitiver« Destillation.

5 ebda., S. 5 f., kritische Bemerkungen, denen wir uns, soweit es um »Geräte« geht, anschließen. – Einzelheiten bei Andreae-Arntz, Alle Schnäpse dieser Welt², 1974, S. 205 f.

6 J. F. Demachy, L'art du destillateur des eaux fortes. In: Description des Arts et Métiers, Acad. des Sciences, Paris, Band XIV, 1773. – derselbe, De sterkstooker, zoutzuur- en vitrioolbereider, Dordrecht 1788. – derselbe, Receuil de dissertations physico-chimiques, etc. Amsterdam und Paris 1774. – R. Pique, Histoire de l'alcool et de la distillerie. Chimie et Industrie, No. spécial 1928, S. 785–803. – A. E. Crawley, Drinks. In: Hastings Encyclopedia of Religion and Ethics, Band V, Edinburgh 1912.

7 Einzelheiten bei Forbes, S. 7.

8 T. L. Davis, The Problems of the origin of alchemy. Scient. Monthly, Band XLIII, 1936, S. 551 bis 558. – F. Sherwood Taylor, The beginnings of Alchemy. Chemistry and Industry 1937, S. 38–42 (AMBIX Band I, S. 30–47).

9 Andrew Ure, A dictionary of arts, manufactures and mines. New York 1843.

10 I. A. Davidsohn, in: Intern. Monatsschrift zur Erforschung des Alkoholismus, 1912, Heft 8. – A. Maurizio, Geschichte der gegorenen Getränke, Berlin 1933.

11 E. O. v. Lippmann, Zur Geschichte der Destillation und des Alkohols. Chemikerzeitung 37, 1913, S. 1 ff.

12 »trinkbar«.

13 »Der gewöhnliche Wein hat eine leichte Ausdünstung; deshalb gibt er eine Flamme von sich« (Meteorologika IV, 9): Aristoteles, opera ed. Didot, Band III. Paris 1887, S. 622, Zeile 23: ὁ τυχὼν δ'οἶνος μικρὰν ἔχει θυμίασιν. διὸ ἀνίησι φλόγα. Auch in den folgenden Texten bezeichnet φλόξ brennbare Stoffe (: φλέγω »entzünde; brenne«).

14 De igne 67: Theophrasti opera ed. Friedr. Wimmer, Leipzig 1862, Band II, S. 70.

15 ἐκλάμπει.

16 Naturalis historia lib. XIV cap. VI sect. 8, ed. Sillig, Vol. II, 1852, S. 423.

Die Alexandriner

1 J. H. Jensen, Die älteste Alchemie, Kopenhagen 1921. – Forbes, S. 19.

2 Zosimos von Panopolis, Werke (herausgegeben von Berthelot und Ruelle, Collection des anciens alchemistes grecs, 2. Lieferung, Paris 1888).

3 E. O. v. Lippmann, Entstehung und Ausbreitung der Alchemie I, 1919; III (herausg. von R. v. Lippmann), 1954.

4 Kennzeichnend ist die Art, wie Dioskorides die Gewinnung von Quecksilber beschreibt: »Ein Eisenlöffel voll Zinnober in einen tönernen Topf, mit Lehm gut verschließen, ein Kohlenfeuer darunter; wenn man dann den Ruß von der Innenseite des Topfes abschabt, erhält man Hydrargyrum.« Aber Dioskorides (II. 95) hat, vor allem zur Gewinnung von Fetten, auch schon das Wasserbad benutzt, das später solch große Rolle spielt.

5 A. J. V. Underwood, The historical development of distilling plant. Transactions Instit. Chem. Engineers XIII, 1935, S. 34–63. – derselbe, Alcohol through the Ages, Chem. Trade Journal 96, 1935, S. 146–148.

6 Wahrscheinlicher ist uns (siehe Anmerkung 4), daß schon Dioskorides das Wasserbad für chemische Prozesse verwendete.

7 Die europäischen Formen teils mit, teils ohne den arabischen Artikel: mittellateinisch *alembicum*, *alambicum*, spanisch *alambique* usw. gegenüber portugiesisch *lambique*, italienisch *lambicco* usw.; z. B. Karl Lokotsch, Etymol. Wörterbuch der europäischen Wörter orientalischen Ursprungs, Heidelberg 1927, Nr. 79.

8 Forbes, S. 24.

9 Bisweilen mit (hohlen) Spiegelflächen gekoppelt.

10 Forbes, S. 28.

11 Refutationes omnium haeresium.

12 hier »Schaum des Meeres« genannt.

13 καταχυθὴν τῆς κεφαλῆς.

14 Plinius, Hist. nat. lib. 22, cap. 164; lib. 14, cap. 149; siehe E. O. v. Lippmann, Chemiker-Zeitung 1913, S. 1346.

15 E. Chassinat, Un papyrus médical copte. Mémoires de l'Institut Français d'Archéologie Orientale 32, 1921, S. 140. 196. 220. – J. R. Partington, Origins and development of applied chemistry, London 1935.

16 Es ist nicht auszuschließen, daß der Qur'ān, ein wesentliches Mittel zur Erhaltung der maurischen Identität in Spanien, bewirkte, daß man sich mit Wein – und folglich auch mit seiner Destillation – in Spanien weniger beschäftigte als zum Beispiel in Italien, auf das Gerhards Übersetzungen so starken Einfluß ausüben.

Die Araber

1 F. Sherwood Taylor, The beginning of Alchemy. Ambix I, 1937, S. 30–47. – T. L. Davis, The problems of the origin of alchemy. Scient. Monthly XLIII, 1936, S. 551–558. – Forbes, S. 29.

2 A. J. V. Underwood, Alcohol through the ages. Chem. Trade Journal 96, 1935, S. 146–148. – Forbes, S. 31 f.

3 In englischer Übersetzung aus der »Belehrenden Einführung« (Madhkal at-Ta'līmū) abgedruckt bei Forbes, S. 35–37.

4 Über Circa Instans z. B. Hans Wölfel, Das Arzneidrogenbuch Circa Instans. Math.-nat. Diss., Berlin 1939.

5 *oleum emanat ad inferiorem ollam.*

6 *excoctam aquam rosaceam.*

7 R. Pique, Histoire de l'alcool et de la distillerie. Chimie et Industrie, no. spécial 1928, S. 785 bis 803. – H. Schelenz, Geschichte der Pharmazie, Berlin 1904.

8 In der lateinischen Übersetzung des Gerardus von Cremona (1114–1187): *Secundum hanc disciplinam, potest distillare vinum qui vult ipsum distillatum.*

9 Manuel de la cosmographie du moyen-âge par al-Dimašqī. Publié par A. F. M. Mehren, Kopenhagen 1874. – Forbes, S. 49f. – J. C. Wilcke, Om Snöns Kyla vid Smältningen. K. Svenska Vetensk. Akademiens Handlingar 33, 1772, S. 97.

10 E. O. v. Lippmann, Beiträge zur Geschichte des Alkohols. Chemiker-Zeitung 1913, S. 1347.

11 siehe Anmerkung 9.

12 Richter, Beiträge, S. 444.

13 De arte confectionis aquae vitae (gedruckt bei Koblan in Hagenau, 1532).

14 Andreas Libavius, Alchemia e dispersis passim optimorum auctorum... collecta. Frankfurt am Main 1595 u. öfter. – derselbe, Praxis Alchymia. Frankfurt am Main 1604.

Mappae clavicula

1 Lynn White, Jr., Medieval Technology and Social Change. Oxford 1962. – Bernhard Bischoff, Die Überlieferung der technischen Literatur. In: Artigianato e tecnica nella società dell'alto medioevo occidentale, Settimane di studio... XVIII, 1, Spoleto 1971, S. 278.

2 1739 schon von Lud. Ant. Muratori im II. Band seiner Antiquitates Italicae medii aevi veröffentlicht.

3 H. Degering, Ein Alkoholrezept aus dem 8. Jahrhundert. Sitzungsberichte der Preußischen Akademie der Wissenschaften 36, 1917, S. 503–515 (Handschrift des Klosters Wieszenau, 13. Jahrhundert). – M. Berthelot, Introduction à l'étude de la chimie des anciens et du moyen âge, Paris 1893, Band I, S. 26.61. – Richter, Beiträge, S. 444. – E. O. v. Lippmann, Beiträge zur Geschichte des Alkohols, Chemiker-Zeitung 1913, S. 1358.

4 Lynn Thorndike, A History of Magic and Experimental Science I, New York 1929, S. 767ff.

5 Th. Phillipps, Mappae Clavicula or »Little Key to Painting«. A Manuscript Treatise on the Preparation of Pigments, and on Various Processes of the Decorative Arts Practised during the Middle Ages, Archaeologia 32, 1847, S. 183–244. – Cyril Stanley Smith and John G. Hawthorne, Mappae Clavicula. A Little Key to the World of Medieval Techniques. In: Transactions of the American Philosophical Society, New Series, Vol. 64, Part 4, 1974. – Das Manuskript ist derzeit nicht zugänglich; denn nach Mitteilung von Ms. Virginia Wright, Assistant Librarian, The Corning Museum of Glass, wurde es 1972 bei dem großen Hurrikan von Wasser überschwemmt und wird noch restauriert.

6 Von Marcellin Berthelot irrtümlich »mit drei Teilen Salz« übersetzt; *cum III parte* (statt *partibus*) *salis* wäre auch im Mittellatein unverzeihlich. Das Original hatte sicher III ᵃ = *tertia*. – Ein Fehler der Handschrift liegt dagegen im Kryptogramm vor; denn das zweite *n* in *vini* ist nicht verschoben.

7 So Degering; ebenso H. Diels, Die Entdeckung des Alkohols. Abh. d. Preuß. Akad. d. Wiss., phil.-hist. Klasse 1913, Nr. 3.

8 Edmund O. v. Lippmann, Zur Geschichte des Wasserbades. Beiträge zur Geschichte der Chemie, Wien 1908, S. 143. – J. Ruska, Ein neuer Beitrag zur Geschichte des Alkohols. Der Islam IV, 1930, S. 320–324. – Karl Sudhoff, Alkoholrezept aus dem 8. Jahrhundert? Naturwissenschaftliche Wochenschrift 16, 1917, S. 681–683. – E. O. v. Lippmann, Chemiker-Zeitung 1913, S. 1314f.

9 H. Diels (Anm. 7), S. 29. – Smith und Hawthorne nennen den Code »the Caesar mono-alphabetic cypher«.

10 *aqua excocta.*

11 E. O. v. Lippmann, Abhandlungen und Vorträge, Band I, S. 173. – ders., Chemiker-Zeitung 1913, S. 1358. – Nach mdl. Mitteilung von G. Keil wird die Ausstoßung des Berthold Schwarz aus seinem Orden durch neue Forschungen nicht bestätigt.

Liber ignium ad comburendos hostes

1 Marcus Graecus, Liber ignium ad comburendos hostes = Livre des feux pour brûler les ennemis; siehe M. Berthelot, La chimie au moyen âge, Band I, Paris 1893, S. 89–135, besonders S. 117. 122f.

2 ebda., S. 89–91.

3 Der Marcus-Graecus-Text hat große Ähnlichkeit mit dem Albertus Magnus zugeschriebenen »de mirabilibus mundi«, das wir als unecht bezeichnet haben, so daß wir nicht darauf eingehen müssen (vgl. auch Richter, Beiträge, S. 445. – E. O. v. Lippmann, Chemiker-Zeitung 1913, S. 1359). – Siehe auch S. J. von Romicki, Geschichte der Explosivstoffe, Band I, Berlin 1895, S. 114–132. – Ferdinand Höfer, Histoire de la chimie, Band I, Paris 1842, S. 491–497.

4 *s.* = *scrupulus,* etwas mehr als 1 Gramm.

5 Bei Berthelot irrig »alambic de plomb«, aus Blei. *plumbatus* »plombiert«, allenfalls »verbleit«, wahrscheinlicher »verzinnt«, da das Zinn »weißes Blei« *(plumbum album)* hieß; vielleicht aber nur, wie auch wir »plombiert« gebrauchen, »fest gedichtet«. – Der Wein war wohl rot (im Text »schwarz«). Die Brennblase ist »Gurke« genannt, der Alembik sichtbar als »Hut« aufgesetzt. Dann erst kann abgedichtet werden; der Text, der das Abdichten vorausnimmt, zeigt auch an dieser Stelle, daß die

Technik nicht interessiert. Der Alembik heißt Rosenhut, was wohl nichts mit der »Rose« zu tun hat, sondern (mit weggekürztem Mittelglied) ein »Rosenwasser-Hut« ist, also eine Bezeichnung aus der Zeit vor der Weindestillation.

6 Daß hier ursprünglich das *aqua-ardens*-Rezept stand, wird schlagend dadurch bewiesen, daß das Terpentinöl »aqua ardens« genannt ist.

7 Explicit liber ignium a Marcho Graeco compositus.

8 Die Nummern sind die von Berthelot der Handschrift nach der Reihenfolge zugefügten; das Manuskript selbst hat keine.

9 Der Topf (der nicht umsonst in dem andern Rezept *cucurbita* »Gurke« heißt), muß also einen verlängerten Hals haben. Das ist in der Beschreibung aber mit dem durchlochten Deckel durcheinandergeraten; denn der »Hals« gehört mit dem »Deckel« *(coperculum)* nicht zum »Topf«, sondern zum Alembik.

10 CLM fol. 75 v⁰. Berthelot übersetzte an dieser Stelle, der Dampf sei identisch mit dem *aqua ardens*; aber *eadem* kann sich nur auf *egressio* beziehen. Das »Schulexperiment« wird also vereinfacht und beschleunigt, wenn man statt Wein sogleich *aqua ardens* erhitzt (»das Austreten von Dampf erreichst du ebenso bei Verwendung von brennbarem Wasser«).

11 *madefecerit* Richter, S. 446.

12 Nach Richter.

13 *intinxeris* Richter (Anm. 16).

14 *non* (Richter) ist richtig: was zuletzt kommt, ist für medizinische Zwecke nicht mehr brauchbar, da zu stark. Ebenso E.O. v. Lippmann, S. 1359.

15 *colirium* Richter.

16 *intinxeris* (Anm. 13) wäre »in es eintauchst«.

17 »ausgetrieben wird«.

18 *collirium ad maculam vel pannum oculorum* hat G. Keil (brieflich, 19.2.1975) freundlicherweise gedeutet: »Bei dem Kollyrium handelt es sich um die erste, nicht allzu hochprozentige Fraktion, die mit einer Feder ins erkrankte Auge eingestrichen wurde. Der Terminus *maculum* bezieht sich auf das Leukom, die bindegewebige Veränderung der Cornea, die die Hornhaut für den Strahlengang undurchlässig (wenn auch nicht völlig lichtundurchlässig) macht, so daß eine Form der Blindheit ähnlich wie beim grauen Star resultiert – vorausgesetzt freilich, daß die gesamte Hornhaut und nicht nur einzelne Areale bindegewebig verändert sind. – *pannus* kennzeichnet eine gleichfalls bindegewebige Veränderung der Augenoberfläche, die aber von der Bindehaut ausgeht und zunächst über der Hornhaut liegt, bevor sie dann in die oberflächlichen oder gar tiefen Schichten der Cornea eindringt.«

Dazu gibt es eine deutsche Entsprechung in der von J. Haupt (Über das mitteldeutsche Arzneibuch des Meisters Bartholomaeus, Sitzungsber. der Kaiserl. Akad. d. Wiss., Phil.-hist. Classe 71, Wien 1872) herausgegebenen Wiener Sammelhandschrift: ez zerpricht und vertreybet auch die flekch (= *maculam*) und die fel (= *pannum*) der augen.

Magister Salernus

1 Salvatore de Renzi, Collectio Salernitana, Neapel 1852–1859, Band I–V. – ders., Storia documentata della scuola medica di Salerno, Neapel 1857.

2 Rudolf Creutz, Der Magister Salernus Aequivocus und sein »Compendium Salerni«. In: Quellen und Studien zur Geschichte der Naturwissenschaften und der Medizin, Band V, Heft 4, 1936, S. 481–517.

3 Die Tabulae sind in der Collectio Salernitana, Band V, S. 233–253, der Kommentar ebenda, S. 269–328 abgedruckt; Wiedergabe des Zitats nach Creutz.

4 Hugo Falcandus, Historia de regno Siciliae; herausgegeben von Gianbattiste Siragusa, Rom 1897, in den Fonti per la Storia d'Italia.

5 Francesco Puccinotti, Storia della medicina, volume secondo, parte prima, Livorno 1855 (Anhang »Documenti« Nr. VI, S. LXIV). – Siehe auch Richter, Beiträge, S. 429–452.

6 Dieses wird von E.O. v. Lippmann, Chemiker-Zeitung 1913, S. 1359, angezweifelt; ebenso von Karl Sudhoff, Ein Alkoholrezept aus dem 8. Jahrhundert. Naturwissenschaftliche Wochenschrift N.F. 16, 1917, S. 681–683, und sogar von Puccinotti selbst mit den Worten: »risalgono alle scritture tra il duodecimo e decimoterzo secolo«, so daß die Cambridge-Handschrift Nr. 379 möglicherweise die älteste ist.

7 Creutz, a.a.O., S. 488.

8 Creutz, a.a.O., hat auf S. 489–517 die 130 Kapitel des Compendium nach der Handschrift der Würzburger Universitätsbibliothek Cod. Lat. Quart. No. 2 aus dem 13. Jahrhundert abgedruckt.

9 BMh 3719, 14c, ff. 6ᵛᵇ–14 (Harley Mss.).

10 Joh. Skelton, De Medicina. CUg 451 (392) 15c, pp. 1–17.

11 Cod. Palatinus Vat. lat. 1363, 15c, ff. 149ᵛᵇ–151ᵛᵇ.

12 Lynn Thorndyke, Collection of Reproductions, Microfilms etc., TR 277h; siehe auch Ann. of Medical History (AMH) 8, 1939, S. 304.

13 Ms. lat. 4⁰ 761–5 (Schutzblatt am Ende des 4. Bandes der Handschrift).

14 Ms. 1161; das Rezept daraus veröffentlicht bei K. Sudhoff, Naturwissenschaftliche Wochenschrift, N.F. 16, S. 682.

15 K. Sudhoff, ebda.

16 Montague Rhodes James, A Descriptive Catalogue of the Manuscripts in the Library of Gonville and Caius College, Vol. I, Cambridge 1907 (Ms. 379, Inhaltsverzeichnis auf S. 431: Liber de compendio Salerni f. 21); »mostly in small good hands; curious intitials in red and blue« (ebenso die des Sangimignano-Codex: Le iniziali hanno

ornati dipinti in rosso e celeste (Puccinotti). Die vatikanische Handschrift (Anm. 11) stammt nach L. Thorndyke (Osiris VIII, 1948, S. 81) aus dem 13.–14. Jahrhundert; brieflich bestätigt von La Biblioteca Apostolica Vaticana am 14. 12. 1974.

17 Kapitelzahl und Reihenfolge wechseln; im Würzburger Codex ist es im Inhaltsverzeichnis Nr. 47, im Text Nr. 48.

18 Wie v. Lippmann bemerkt hat, wäre der Weinstein besonders beachtenswert, wenn gebrannter Weinstein gemeint ist, also kohlensaures Kalium, das entwässernd und den Alkohol verstärkend wirkt.

19 *unde non habeas flammam.*

20 Der Druck von Puccinotti hat *contrhait.*

21 Meiste Übersetzer »Drachmen«; dagegen K. Sudhoff, Naturwiss. Wochenschrift N.F. 16, 1917, S. 682, der demgemäß *uncie* liest.

22 Der Alembik heißt *ventosa* »Schröpfkopf«, offenbar aus der Vorstellung, daß er den Alkohol aus dem Wein nach oben saugt.

23 *cera optime cooperiatur,* sagt die Würzburger Handschrift.

24 Wahrscheinlich ist, daß hier das Rezept endet und, wie in der Würzburger Handschrift, in der die Überschrift »De aqua ⟨alia⟩ laxativa« über dem nächsten Kapitel steht, ein neues Rezept beginnt. Ebenso endet die Cambridge-Handschrift mit dem Schwefel-Zusatz und dem »*confidenter experiri*«, für das leider keine Beispiele gegeben werden.

25 Auch bei Baudry de Balzak, der aus vier Pariser Handschriften einen vollständigen Text des Compendium Salerni zusammengestellt hat (abgedruckt bei de Renzi, a.a.O. Band V, S. 201–232), lautet die Stelle: »... a qua aquosite pannus intinctus servabit flammam illesus. Item facit bonbax absque perditione substanciae...«

26 Die Handschrift hat deutlich *rubi* (= *rubei* oder *rubri*).

27 Nach den anderen Handschriften wäre an dieser Stelle der Weinstein (*uncias quatuor tartari*) zu erwarten.

28 *perdictione* (statt *perditione* oder *perdicione*) ist deutlich.

29 *olei* ist von anderer Hand nachträglich übergeschrieben.

30 ohne Mengenangabe. – Bernhard Bischoff, München (brieflich, 16. 3. 1975), setzt die hier wiedergegebene Handschrift »etwa um 1200, vielleicht im frühen 13. Jahrhundert« an.

31 A. J. V. Underwood, Alcohol through the ages. Chem. Trade Journal 96, 1935, S. 146–148.

32 Diese spielt schon bei der Destillation des Rosenwassers eine Rolle.

33 K. Sudhoff, a.a.O., S. 683.

34 Gernot Rath, Montpellier im Urteil des deutschen Mittelalters. In: Fachliteratur des Mittelalters, Festschrift für Gerhard Eis, Stuttgart 1968, S. 307 bis 310.

35 Gerhard Eis, Salernitanisches und Unsalernitanisches im »Armen Heinrich« des Hartmann von Aue. Forschungen und Fortschritte 31, 1957, S. 77 bis 81.

36 Einen Überblick gibt die Einleitung zu: Hans Wölfel, Das Arzneidrogenbuch Circa Instans in einer Fassung des XIII. Jahrhunderts. Diss. Berlin 1939, S. V–XV.

37 fol. 91^{r-v}.

Taddeo Alderotti

1 Ad divum Leonellum Marchionem Estensem libellus de aqua ardenti Michaellis Savonarole phisici sui feliciter incipit. Pisa 1484; siehe Vorrede S. 3; S. 28. 34f.

2 Cod. Vatic. lat 2418.156; Cod. lat. Monacensis 363, Bl. 78^r–81^v; Cod. Plut. XXIV. III destro, Bl. 61/62 der Biblioteca Malatestiana. Über die Wolfenbütteler Codices Guelferbytanae siehe unten.

3 Nach andern nur bis 1295.

4 Mauri Sarti et Mauri Fattorini, De claris archigymnasii Bononiensis professoribus. Bononiae, fol., 1769, S. 475; Neuausgabe Bononiae 1888 bis 1896, 4°, S. 563. – Henschel, Janus 1847, S. 379.

5 v. Lippmann (Anm. 7, S. 1360) ermittelt für die erste Destillation rund 40°, für die zweite rund 57° und für die dritte rund 80° Alkohol, so daß weitere Rektifizierung jene mindestens 90° ergibt, bei denen das getränkte Leinen völlig verbrennt.

6 Gundolf Keil, Zum Geltungsbereich der gebrannten Wässer Gabriel von Lebensteins. Sudhoffs Archiv 50, 1966, S. 418.

7 Deutscher Text nach Edmund O. v. Lippmann, Beiträge zur Geschichte des Alkohols, Chem. Zeitung 37, 1913, S. 1359f. Von diesem sind auch die in eckigen Klammern stehenden Ergänzungen zugefügt.

8 Edmund O. v. Lippmann, Thaddäus Florentinus (Taddeo Alderotti) über den Weingeist. Archiv für Geschichte der Medizin 7, 1914, S. 379 ff. Publikation nach dem Codex Vaticanus Latinus Nr. 2418.156 aus dem Beginn des 14. Jahrhunderts) mit dem Münchner CLM 363, Bl. 78^r–81^v und teilweise dem Plut. XXIV.III. destro, Bl. 61/62, der Biblioteca Malatestiana in Cesena (14. Jahrhundert). Die genaue Durchsicht und den Handschriftenvergleich hat Karl Sudhoff besorgt.

9 *cucurbitae cum alembico.*

10 *sit totum unum.*

11 *canale.*

12 *rostrum.*

13 *aequales per totum.*

14 *canale conclusum serpentinum.*

15 *serpente.*

16 *cauda* = Schweif.

17 *bene consolidata.*

18 *cannetum.*

19 *recipiatur.*

20 *destillatorii.*
21 *cannetum cannae serpentis.*
22 *recipiatur ab una vitrea.*
23 *lutetur.*
24 *ne respiret.*
25 *capsedra.*
26 *ne respiret vas.*
27 *medietatem.*
28 *receperis.*
29 *quod destillatum est.*
30 *in fundo.*
31 *virtutes.*
32 *scribuntur.*
33 *in alkimia.*
34 *incitantur cum ea medicinae.*
35 *ellicitur.*
36 *opere alkimico.*
37 *per alembicum serpentinum.*
38 *in vase noto.*
39 *cum igne lento.*
40 *ardet enim.*
41 *in medicina nihil valet.*
42 *ardet enim.*
43 *mensuris.*
44 *in communibus medicinis.*
45 *instrumento serpentis.*
46 *ardet, posita ad ignem.*
47 *quicquid ex ea linitur.*
48 *coccum.*
49 *virtutes.* – v. Lippmann übersetzt *ardens* mit »brennend«, was wir um der Klarheit willen durch »brennbar« ersetzt haben.
50 *per sacculum* »durch den Filtersack«.
51 *per alembicum; cum alembico.*
52 arabisch *al udal* = das Rohr.
53 *ex frequenti experiencia.*
54 *calorem naturalem.*
55 *juventutem conservat.*
56 *causa longitudinis vitae.*
57 *dimidium cochlearis.*
58 *temperet paciens vinum suum de quarto, in quartam diem.*
59 *secretissimum.*
60 *experimentatores illos.*
61 *ultra mare.*
62 *provinciae.*
63 *in civitate Bon[onia].*
64 G. Keil, a.a.O., faßt es so zusammen: »Untergeschoben ist das Testamentum novissimum des Raimundus Lullus... und gleichfalls unecht sind die pseudoalbertinischen Secreta mulierum..., die Forbes (S. 58) mit einigen Vorbehalten noch Albert dem Großen zuschreibt. Was schließlich Arnaldus von Villanova über Brannt berichtet, beansprucht keine Selbständigkeit und stammt aus »Werken verschiedener Vorgänger«.
65 v. Lippmann: »Man bemerkt sichtliche Unordnungen und umfangreiche Wiederholungen, einzelne nötige Wörter fehlen, andere stehen zweimal...«.
66 v. Lippmann, a.a.O., S. 1360.
67 G. Keil, Sudhoffs Archiv 50, 1966, S. 418, sagt, daß »die Überlieferung 1288, bald nach Entstehung des (Alderotti-)Textes, einsetzt«; damit würden die Consilia der Zeit um 1285 zugewiesen?
68 *ex frequenti sapientia.*
69 Vgl. z.B. Archiv für Geschichte der Medizin 7, 1914, S. 379f. u. G. Keil, Centaurus 7, 1960/61, S. 53.
70 G. Keil verweist auf die Angaben in der Dissertation von Rudolf Kaiser, Deutsche und lateinische Texte des 14. und 15. Jahrhunderts über die Heilwirkungen des Weingeistes, Leipzig 1925.
71 Darunter auch auf den ältesten deutschen Text, 1321 in Speyer aufgezeichnet, den G. Keil, Centaurus 7, S. 54. 71f. 79–82, publiziert hat (oben S. 85).
72 Beschrieben von Gustav Milchsack, Kataloge der Herzog-August-Bibliothek Wolfenbüttel. Die Alte Reihe, 9. Band: Die Gudischen Handschriften – Codices Guelferbytani... Latini (= Nr. 4305 bis 4662). Wolfenbüttel 1913 (Nachdruck Frankfurt a. M. 1966, S. 188f.).
73 Codex Gudianus Latinus 200 aus dem Jahr 1326, f. 136ra bis 138rb (Nr. 4504 im Katalog). Die Übersetzung stammt von Dr. Christian Hünemörder.
74 lies *siquidem*.
75 inhaltlich richtig: ...hat die Fähigkeit zu brennen. Wenn (das übergehende) diese nicht mehr besitzt...
76 Codex Blankenburg 188 vom Jahr 1471, f. 151^v bis 153^v.

Frankreich

1 Band VI, 1733, Sp. 632.
2 Encyclopédie, ou Dictionnaire raisonné des sciences, des arts et des métiers, Tome VIII, Lausanne und Bern 1782, S. 436. (Die hier benutzte Ausgabe ist der bei Pellet um 1750 erschienenen wörtlich nachgedruckt.)
3 Tome XI, 1782, S. 531–538.
4 ebda., S. 87–96.
5 In der »Bataille des vins« bringt der von La Rochelle die andern zum Verstummen und sagt: »Je repais toute l'Angleterre, les Bretons, Flamands, Normands, Ecossais, Irlandais, Norwégiens et Danois...«.
6 E. Jourdan, Essai historique sur les vignes et les vins d'Aunis, 1866.
7 Alphonse Vivier (s. Anm. 9), S. 242.
8 »Il n'y a pas encore 90 ans – à ce que m'ont assuré les anciens du pays – que l'on a commencé dans les dites provinces à convertir le vin en eau-de-vie.«
9 Alphonse Vivier (Avocat à Cognac), Histoire du commerce des eaux-de-vie de Cognac, Angoulême 1900, S. 243.
10 ebda., S. 239.
11 Band X, 1847, S. 1111/1113.

12 Hermbstädt I, 1823, S. 510f.
13 ders., Grundsätze, 1817, S. 530.
14 Zum Vergleich: Für 1813 wird die Menge des in Frankreich destillierten Brannts aus Wein mit 650000 Hektolitern angegeben; sie sei anschließend noch gesticgen, sagt J. Meyer, Großes Conversationslexicon X, 1847, Sp. 1112.
15 Josef Bersch, Die Praxis der Weinbereitung. Handbuch für Weinproduzenten, Kellermeister und Weinhändler, Berlin 1889, S. 686–688.
16 Ausführlich dazu Meyer, ebda. Sp. 1112.
17 Hermbstädt I, 1823, S. 511.
18 J. Meyer, Großes Conversations-Lexicon I, 1847, Sp. 1112 f.
19 Johann Friedrich Westrumb, Bemerkungen und Vorschläge für Brannteweinbrenner, Hannover 1793, S. 94.
20 ebda., S. 30f.
21 ebda., S. 90f.
22 Auch die Apotheker werden darin nur an einer Stelle und ganz kurz erwähnt; siehe Ed. Depping, Paris 1837, S. 322; E. v. Lippmann, Beiträge, S. 102. Genannt werden nur die Essigmacher, *vinaigriers*.
23 Dujardin, Recherches rétrospectives sur l'art de la distillation. Paris 1900 (»schöpft«, sagt v. Lippmann, »nur aus zweiter Hand und ist daher vielfach ganz unzuverlässig«).
24 Approuvés... 28. 10. 1394; confirmés... 4. 9. 1514; 6. 3. 1548; Avril 1567; ... 20. 7. 1594.
25 Ministère des Affaires Culturelles, Le Directeur général des Archives de France, 21. 5. 1975.
26 Original JJ 166, n° 201; Ausgabe Lespinasse.
27 R. de Lespinasse, Les métiers et corporations de la ville de Paris, Paris 1886, Band I, S. 579–590.
28 Urschrift des Dokuments: X¹A 8662, fol. 285.
29 Trésor des Chartes du Comté de Bourgogne, Nr. IB 109.
30 Quingey liegt etwa 25 km sw von Besançon, der Hauptstadt des Départements Doubs in der Franche-Comté; Arbois noch etwas weiter südlich; beide an der Hauptstraße Lyon–Bourg–Besançon.
31 Die oben genannte »ma Dame de Bourgoigne«.
32 Lit. remiss. ann. 1447 in Reg. 178. Chartoph. reg. ch. 259; siehe du Cange I, S. 338.
33 Forbes, S. 102.
34 A. Franklin, Dictionnaire historique des Arts, Métiers et Professions. Paris 1906.
35 BN 7478.
36 BN 7156 (13./14. Jahrhundert) und BN 7158 (15. Jahrhundert); unten Seite 218–220.
37 Nach X. Roques, Les eaux-de-vie et liqueurs, Paris 1898, S. 19.

Weinbrand

1 Oben Seite 26f.
2 Schreiben der Koninklijke Bibliotheek, Den Haag, 6. 6. 1974.
3 Brechenmacher s. v.; dazu Schreiben von H. Bahlow, 30. 8. 1974.
4 Jacques Lelong, Bibliothèque historique de la France, contenant le Catalogue de tous les ouvrages tant imprimez que manuscrits, Paris 1768, Band I, Nr. 8414, S. 568. – Histoire litéraire de la France, Band VI (qui comprend le dixième Siecle de l'Eglise), Paris 1742, S. 176f. (Winebrand, Mönch von St. Allire in Clermont, um das Jahr 920).
5 Zum Beispiel Universal-Lexikon, herausgegeben von Johann Heinrich Zedler, Leipzig und Halle 1847: »Weinbranntewein ist der Geist, oder das subtileste und kräfftigste von dem Weine, welches mit Hinterlassung des Wässerigen, so er an sich hat, daraus gezogen worden.«
6 z. B. ebda., Band IV, S. 1082.
7 Des berühmten Erfurtischen Medici Herrn Johann Friedrichs de Pre Physicalische und Medicinische Untersuchung vom Brauch und Mißbrauch des Brandteweins, Franckfurt und Leipzig 1723, S. 4f.
8 Zeitschrift für öffentliche Chemie VII, 1901, S. 13 f.
9 z. B. Brechenmacher s. v.
10 Vertreter des Kaiserlichen Gesundheitsamtes ist Prof. Dr. von Buchka.
11 Albert Hünlich, Carl Scherer, Hugo Asbach, Johannes Gothmann, Sigmund Metzger, Max Winkelhausen.
12 Zeitschrift für öffentliche Chemie VII, Heft 1, 15. 1. 1901, S. 4.
13 Zeitschrift für öffentliche Chemie VII, 1901, S. 393 bis 404.
14 Mit der einzigen, für unser Thema unwesentlichen Ausnahme, daß in Gera auch aus Tresterwein hergestelltes Weindestillat als »cognacwürdig« angesehen wurde.
15 Deutsches Nahrungsmittelbuch, Heidelberg 1905, S. 89.
16 Johann Christian Simon, Vollständiger ökonomischer Unterricht von Brandweinbrennen, Abziehen der Aquavite, Essigbrauen, und zur Holzersparniß vortheilhafterer Einrichtung der Brennereyen. Neue verb. Auflage, Dresden 1795.
17 nur ebda. S. 120–123 Brannt aus Weinhefen.
18 ebda. S. 117.
19 ebda. S. 130.
20 Grotjan, a. a. O., S. 3.
21 ebda., S. 9.

Literatur

Die jeweils einschlägige Literatur ist in den Anmerkungen (Seite 251 bis 270) zitiert. Das vorgesehene bibliographische Kapitel mußte aus Umfangsgründen entfallen. Auf die Bibliographie bei Forbes (S. 363–396), die 673 Publikationen und Patente nennt, wird verwiesen. Das deutsche Schrifttum über den gebrannten Wein wird vollständig in der »Bibliographie zur Geschichte des Weines« von Renate Schoene verzeichnet sein, die die Gesellschaft für Geschichte des Weines Anfang 1975 in der Südwestdeutschen Verlagsanstalt, Mannheim, herausbringt.

1. Verzeichnis häufig benutzter und abgekürzt zitierter Literatur

Alanne 1950	= E. Alanne, Die deutsche Weinbauterminologie in althochdeutscher und mittelhochdeutscher Zeit (= Annales Acad. Scient. Fennicae), Helsinki 1950.
Alanne, Niederländisch	= E. Alanne, Der Ursprung und die Entwicklung der niederländischen Weinbauterminologie. Mit besonderer Berücksichtigung der mittel-niederländischen Zeit. Mémoires de la Société Néophilologique de Helsinki XXV, 1. Helsinki 1961.
Baader	= Nürnberger Polizeiverordnungen aus dem 13.–15. Jahrhundert. Herausgegeben von J. Baader. Stuttgart 1861.
Bach	= A. Bach, Deutsche Namenkunde, Heidelberg 1952–1953.
Bahlow	= H. Bahlow, Niederdeutsches Namenbuch, Walluf 1972.
Bahlow, Deutsches N.	= H. Bahlow, Deutsches Namenbuch, München 1967.
Beyerbach	= Johann Konradin Beyerbach, Herausgeber, Sammlung der Verordnungen der Reichsstadt Frankfurt. Frankfurt am Main 1798–1801.
Bothe, Geschichte	= Friedrich Bothe, Geschichte der Stadt Frankfurt am Main in Wort und Bild. Band I, Text- und Dokumentband, 1913. Band IIa (IIb nicht erschienen), Bilderatlas von Bernard Müller, Frankfurt am Main 1916.
Brechenmacher	= J. K. Brechenmacher, Etymologisches Wörterbuch der deutschen Familiennamen, Limburg/L., I, 1957. II, 1967.
Brunschwygk, Simpl.	= Hieronymus Brunschwygk, Liber de arte distillandi de simplicibus oder Buch der rechten Kunst zu Distillieren die eintzigen Dinge. Straßburg 1500.
Brunschwygk, Comp.	= Hieronymus Brunschwygk, Liber de arte Distillandi de Compositis; Das Buch der waren Kunst zu distillieren die Composita und simplicia, und das Buch thesaurus pauperū, Ein Schatz der armē genannt Micarium die brosamlin gefallen von den büchern d'Artzny und durch Experiment von mir Jheronimo brunschwick uff geclubt und geoffenbart zu trost denen die es begehren. ... Straßburg 1512.
Diefenbach	= L. Diefenbach, Glossarium latino-germanicum mediae et infimae latinitatis. Francoforti ad Moenum 1857.
Diefenbach 1867	= L. Diefenbach, Novum glossarium latino-germanicum mediae et infimae aetatis. Francoforti ad Moenum 1867.
Dietz, Handel	= Alexander Dietz, Frankfurter Handelsgeschichte. In 4 (nach dem Titelblatt 5) Bänden. Frankfurt am Main 1910–1925.
du Cange	= C. du Fresne du Cange, Glossarium mediae et infimae latinitatis, Niort 1883–1887.
DWb	= Jacob und Wilhelm Grimm, Deutsches Wörterbuch. Leipzig 1854 ff.
Eis, Pelzbuch	= G. Eis, Gottfrieds Pelzbuch. In: Südosteuropäische Arbeiten (= Nr. 38). München 1944.
Förstemann	= E. Förstemann, Altdeutsches Namenbuch. I. Band: Personennamen, 1856. II. Band: Ortsnamen, 1872. 3. Aufl. von H. Jelling. Bonn 1913–1916.
Forbes	= R. J. Forbes, A Short History of the Art of Distillation from the Beginnings up to the Death of Cellier Blumenthal. Leiden 1970.
Götze	= Alfred Götze, Frühneuhochdeutsches Glossar, 7. Aufl., Berlin 1967.
Gottschald	= M. Gottschald, Deutsche Namenkunde, 2. Aufl., München 1942.
Hauffen	= Die Trinkliteratur in Deutschland bis zum Ausgang des 16. Jahrhunderts. Vierteljahrsschrift für Literaturgeschichte II, 1889, S. 489–516.

Heinsius = Theodor Heinsius, Vollständiges Wörterbuch der deutschen Sprache, Wien 1840.

Heintze-Cascorbi = A. Heintze, Die deutschen Familiennamen, 6. Aufl. durch P. Cascorbi, Halle/S. 1925.

Heyne = M. Heyne, Fünf Bücher deutscher Hausaltertümer von den ältesten Zeiten bis zum 16. Jahrhundert. Band II: Das deutsche Nahrungswesen, Leipzig 1901.

Heyne, Wörterbuch = M. Heyne, Deutsches Worterbuch, I–III, Leipzig 1890–1895.

Hoops = J. Hoops, Reallexikon der germanischen Altertumskunde, I–IV, Straßburg 1911–1919.

Jegel = August Jegel, Ernährungsfürsorge des Nürnberger Rates. Mitteilungen des Vereins für Geschichte der Stadt Nürnberg 37, 1940, S. 73–199.

Jelinek = F. Jelinek, Mittelhochdeutsches Wörterbuch zu den deutschen Sprachdenkmälern Böhmens... (13.–16. Jahrhundert), Heidelberg 1911.

Keil = Gundolf Keil, Der deutsche Branntweintraktat des Mittelalters. Texte und Quellenuntersuchungen. Centaurus VII, 1960, Nr. 1, S. 53–100.

Kluge-Götze = F. Kluge, Etymologisches Wörterbuch der deutschen Sprache, 11. Aufl. durch A. Götze, Berlin und Leipzig 1948. 20. Aufl. durch W. Mitzka, Berlin 1967.

Lasch-Borchling = A. Lasch-C. Borchling, Mittelniederdeutsches Handwörterbuch I, Neumünster 1956.

Lexer = M. Lexer, Mittelhochdeutsches Handwörterbuch I–III, Leipzig 1872–1878.

Peters = Hermann Peters, Der Arzt und die Heilkunst in alten Zeiten. (1900); Nachdruck Düsseldorf 1969.

de Pre = Des berühmten Erfurtischen Medici Herrn Johann Friedrichs de Pre Physicalische und Medicinische Untersuchung vom Brauch und Mißbrauch des Brandteweins. Frankfurt am Main und Leipzig 1723.

Rau = E. J. Rau, Ärztliche Gutachten und Polizeivorschriften über den Branntwein. Diss. Leipzig 1914.

Richter = L. Richter, Landschaftliche Synonymik der deutschen Handwerkernamen. Diss. Freiburg im Breisgau 1917.

Richter, Beiträge = Paul Richter, Beiträge zur Geschichte der alkoholhaltigen Getränke bei den orientalischen Völkern und des Alkohols. In: Archiv für Geschichte der Naturwissenschaften und der Technik 4, Leipzig 1912, S. 429–452.

Ryff = Walter Hermann Ryff, New groß Distillirbuch, Wolgegründter künstlicher Distillation... Frankfurt am Main 1545.

Sarton = George Sarton, Introduction to the History of Science II, Baltimore 1931.

Schiller-Lübben = K. Schiller-A. Lübben, Mittelniederdeutsches Wörterbuch I–VI, Bremen 1875–1881.

Schlichthörle = A. Schlichthörle, Die Gewerbsbefugnisse in der K. Haupt- und Residenzstadt München. Ein Beitrag zur Kenntniß und Praxis des Gewerbswesens in Deutschland. Band I. II, Erlangen 1845.

Schmidt-Herrling = Eleonore Schmidt-Herrling, Die Briefsammlung des Nürnberger Arztes Chr. J. Trew. Erlangen 1940 (= Band V des Katalogs der Handschriften der UB. Erlangen).

Schottelius = Justus Georg Schottelius, Teutsche Sprachkunst, Braunschweig 1641.

Schrick = Michael Puff von Schrick, Hie nach volget ein nüczliche materi von manigerley außgeprantē wassern... Augsburg 1476.

Seiler = Fr. Seiler, Die Entwicklung der deutschen Kultur im Spiegel des deutschen Lehnworts. I–II, Halle an der Saale 1921–1925.

Socin = A. Socin, Mittelhochdeutsches Namenbuch nach oberrheinischen Quellen des 12. und 13. Jahrhunderts, Basel 1903.

Sturmfels-Bischof = W. Sturmfels-H. Bischof, Unsere Ortsnamen im ABC erklärt, Bonn 1961.

Sudhoff, Inkunabeln = Karl Sudhoff, Deutsche medizinische Inkunabeln, Leipzig 1908.

Teuthonista = Gerhard von der Schueren, Teuthonista. (Köln 1477): G. van der Schuerens Teuthonista of Duytschlender. In eine nieuwe bewerking vonwege de Maatschappij der Nederlandse Letterkunde uitgegeven door J. Verdam, Leiden 1896.

Trübner = Trübners Deutsches Wörterbuch, herausgegeben von A. Götze, I–VIII, Berlin 1939–1957.

Verwijs-Verdam = E. Verwijs-J. Verdam, Middelnederlandsch Woordenboek I–X. 's Gravenhage 1885 bis 1941.

Wackernagel = W. Wackernagel, Mete Bier Wīn Līt Lütertranc. In: Kleinere Schriften I, Leipzig 1872.

Weigand-Hirt = Fr. L. K. Weigand, Deutsches Wörterbuch, 5. Aufl. durch H. Hirt, I–II, Gießen 1909.

2. Sonstiges Schrifttum seit 1900

Adlung, Altdeutsche Rezepte. Süddeutsche Apothekerzeitung 1931, S. 285 f.

Andreae, I., Alle Schnäpse dieser Welt. Das internationale Buch der flüssigen Genüsse. Wiss. Bearbeitung: H. Arntz. Stuttgart ²1974.

Armstrong, E. F., Alcohol through the Ages. In: Chemistry and Industry 52, 1933, S. 251–257.

Badger, W. L., Some Phases of the History of Chemical Engineering. In: Journ. Chem. Education 12, 1932, S. 691–707.

Barnes, W. H., The Apparatus, Preparations and Methods of the Ancient Chinese Alchemists. In: Journ. Chem. Education 11, 1934, S. 655–659.

Bentham, M. A., Some 17th Century Views Concerning the Nature of Heat and Cold. In: Annals of Science 2, 1937, S. 431–450.

Bergler, G., Werben ist eine Kunst. München 1969.

Bergmann, W. W., Seit 400 Jahren wird der Wein destilliert. In: Fach-Drogerie, Hamburg 1950, Nr. 11.

Boissonnade, P., Life and Work in Medieval Europe. London 1927.

Boyle, R., The Sceptical Chymist (1661); in: Everyman's Library, London 1910.

Artikel Branntwein. In: Handwörterbuch des Deutschen Aberglaubens, Band I.

Bremer, W., Trinkbranntwein und Likör. Leipzig 1927.

Briefs, G., Das Spirituskartell. Karlsruhe 1912.

Brunet, P. – Miell, A., Histoire des sciences, I. Antiquité. Paris 1935.

Campbell, D. J., Arabian Medicine, Band I. II. London 1926.

Child, E., The Tools of the Chemist. New York 1940.

Chikashige, M., Alchemy. Tokyo 1940.

Cordier, V., Die chemische Zeichensprache, einst und jetzt. Graz 1929.

Crawley, A. E., Drinks. In: Hastings Encyclopaedia of Religion and Ethics, Band V, Edinburgh 1912.

Darmstaedter, E., Die Alchemie des Geber. Berlin 1922.

Davis, T. L., Primitive Science. In: Journ. Chem. Education 12, 1935, S. 3–10.

Davis, T. L., The Problems of the Origin of Alchemy. In: Scientific Monthly 43, 1936, S. 551–558.

Davis, T. L., Pictorial Representations of Alchemical Theory. In: Isis 28, 1938, S. 73–87.

Degering, H., Ein Alkoholrezept aus dem 8. Jahrhundert. In: Sitzungsberichte Preuß. Akad. Wiss. 36, 1917, S. 503–515.

Delbrück, H., Illustriertes Brennerei-Lexikon. Berlin 1915.

Diels, H., Die Entdeckung des Alkohols. In: Abh. Preuß. Akad. d. Wiss., Ph.-H. Kl. 1913, Nr. 3.

Diels, H., Antike Technik, 3. Aufl. Leipzig 1924.

Diepgen, P., Des Meisters Arnald von Villanova Parabeln der Heilkunst. Darmstadt 1968.

Dobbelaar, P. J., De branderijen in Holland tot het begin der negentiende eeuw. Rotterdam 1930.

Dubois, G., Origine de la colonne continue. In: Revue Générale des Applications Industrielles 1939.

Dujardin, J., Recherches rétrospectives sur l'art de la distillation. Paris 1900.

Egloff, G. – Lowry, C. D., Distillation Methods, Ancient and Modern. In: Industr. and Eng. Chemistry 21, 1929, S. 920–923 (deutsch in: Petroleum 25, 1929, S. 1533–1538).

Egloff, G. – Lowry, C. D., Distillation as an Alchemical Art. In: Journ. Chem. Education 7, 1930, S. 2063.

Fairley, T., Notes on the History of Distilled Spirits … In: Analyst 30, 1905, S. 293–306.

Federmann, R., Die Königliche Kunst. Eine Geschichte der Alchemie. Wien usw. 1964.

Feilchenfeldt, W., Die Stellung der Weine und Spirituosen im Friedensvertrage. Berlin 1920.

Feldhaus, Fr. M., Ein Destillierapparat vom Jahre 1500. In: Chem. Ztg. 36, 1912, S. 301.

Fester, G., Die Entwicklung der chemischen Technik. Berlin 1923.

Franklin, A., Dictionnaire historique des Arts, Métiers et Professions. Paris 1906.

Ganzemüller, W., Die Alchemie im Mittelalter. Paderborn 1938.

Der Geist des Weines. Festgabe anläßlich des Gutenbergjahres … Rüdesheim 1940.

Aus der Geschichte des Weinbrands. In: Die Branntweinwirtschaft 78, 1956, S. 369–371.

Gildemeister, E. – Hoffmann, F., Die ätherischen Oele. Leipzig 1928.

Gilg, E. – Schürhoff, P. N., Aus dem Reiche der Drogen. Dresden 1926.

Handbuch der Lebensmittelchemie, Band VII: Alkoholische Genußmittel, bearb. von E. Bames u. andern, Berlin 1938.

Hartwich, C., Die menschlichen Genußmittel. Leipzig 1911.

Haskins, C. H., Studies in the history of medieval science. Cambridge 1927.

Hasterlik, A., Von Reiz- und Rauschgiftmitteln. Stuttgart 1918.

Heilmann, K. E., Kräuterbücher in Bild und Geschichte. 2. Aufl., Wiesbaden 1973.

Hoch, J. H., Alchemistical symbols. In: Journ. Amer. Pharm. Assoc. 23, 1934, S. 431–437.

Hofman, K., Finden und Forschen in der älteren Chemie. In: Sitzungsber. Preuß. Akad. Wiss. 1931, S. LVIII–LXVI.

Holmyard, E. J., The great chemists. London 1928.

Hopkins, A. J., A defense of Egyptian alchemy. In: Isis 28, 1938, S. 424–432.

Hopkins, A. J., A study of the kreotakis process. ebda. 29, 1938, S. 326–355.

Hoppe, E., Geschichte der Physik. Braunschweig 1926.

Kaiser, E., In vino spiritus vini. Kulturgeschichte des Weinbrennens. In: VDI-Nachrichten 22, 1968, Nr. 1.

Kalle AG, Kaleidoskop '63. München 1963.

Kirchgässner, A., Das Branntweinmonopolgesetz. Stuttgart 1922.

Kling, M. – Schätzlein, C., Die Verwertung der Weinrückstände. Wien und Leipzig 1923.

Kölbl, K., Kräuterfibel. 8. Aufl., Grünwald 1973.

Koepke, P., Deutsches Branntweingewerbe. Berlin 1915.

Kuhlo, Alfred, Geschichte der bayerischen Industrie. München 1926. (Darin: Karner, Die bayerische Branntweinindustrie, S. 64–70).

Kulischer, J., Allgemeine Wirtschaftsgeschichte. München 1928.

Kulischer, J., La grande industrie aux XVIIe et XVIIIe siècle. In: Ann. d'hist. écon. et soc. 3, 1931, S. 11–46.

Labo, A., Quintessenz und Destillation bei den alten Aerzten. In: Riv. Ital. Essenze Porfumi 10, 1928, S. 25.

Lasswitz, Kurd, Geschichte der Atomistik vom Mittelalter bis Newton. Band I. II, Leipzig 1926.

Laves, Th., Die Entwicklung der Brennerei und Branntweinbesteuerung in Deutschland. In: Jhb. f. Ges. u. Verw. u. Volkswirtsch., Bd. 7.

Leist, E., Die Einwirkungen des Weltkrieges und seine Folgen auf die deutsche Spiritusproduktion. Köln 1921.

Lejeune, Fritz, Betrachtungen zur Destillierkunst. In: Die Pharmazeutische Industrie 8, 1941, S. 66–74.

Lichine, A., Encyclopédie des vins et des alcools. Paris 1967.

Lippmann, E.O. von, Abhandlungen und Vorträge zur Geschichte der Naturwissenschaften. Band I. II, Leipzig 1906/1913.

Lippmann, E.O. von, Zur Geschichte des Wasserbades. In: Beiträge zur Gesch. d. Chemie, Wien 1908, S. 143.

Lippmann, E.O. von, Einige Bemerkungen zur Geschichte der Destillation und des Alkohols. In: Z. f. angew. Chemie 25, 1912, S. 1680.

Lippmann, E.O. von, Zur Geschichte des Alkohols und seines Namens. ebda., S. 2061.

Lippmann, E.O. von, Zur Geschichte der Destillation und des Alkohols. In: Chem. Ztg. 37, 1913, S. 1.

Lippmann, E.O. von, Beiträge zur Geschichte des Alkohols. ebda., S. 1313.

Lippmann, E.O. von, Thaddäus Florentinus (Taddeo Alderotti) über den Weingeist. In: Arch. Gesch. d. Med. 7, 1914, S. 379.

Lippmann, E.O. von, Zur Geschichte der ununterbrochenen Kühlung bei der Destillation. In: Chem. Ztg. 39, 1915, S. 1.

Lippmann, E.O. von, Neue Beiträge zur Geschichte des Alkohols. ebda. 41, 1917, S. 865.

Lippmann, E.O. von, Entstehung und Ausbreitung der Alchemie. Band I. II, Leipzig 1919–1932.

Lippmann, E.O. von, Zur Geschichte des Alkohols. In: Chem. Ztg. 44, 1920, S. 625.

Lippmann, E.O. von, Das Sammelbuch des Vitalis de Furno. ebda. 46, 1922, S. 25.

Lippmann, E.O. von, Beiträge zur Geschichte der Naturwissenschaften und der Technik. Berlin 1923.

Lippmann, E.O. von, Zur Entstehung von Wasser aus Luft. In: Chem. Ztg. 55, 1931, S. 681.

Lösel, A., Seit wann gibt es in Deutschland Weinbrand? In: Alkohol-Industrie 65, 1952, S. 440.

Lüdy, F., Über die alchemistischen Zeichen. In: Schweiz. Apoth. Ztg. 64, 1926, S. 25.

Mädel, E.R., Die Königin aller Arzneien. Kleine Kulturgeschichte des Weinbrands. – Geheimnisse um Sterne und Alter. In: Hessenjournal 5, 1963, Nr. 3.

Meyer, K., Geschichte des Nordhäuser Branntweins. Nordhausen 1907.

Mez, A., Die Renaissance des Islâms. Heidelberg 1922.

Mieli, A., La science arabe et son rôle dans l'évolution scientifique. Leiden 1938.

Neugebauer, A., Die Technik des Altertums. Leipzig 1921.

Neumann, H., Die Stellung und Entwicklung der deutschen Weinbrandindustrie. In: Die Branntweinwirtschaft 78, 1956.

Pakraduny, T., Die Welt der geheimen Mächte. Wiesbaden o. J.

Pardeller, J., Die Obstweinbereitung nebst Obst- und Beerenbranntweinbrennerei und Essigerzeugung. Wien und Leipzig 1928.

Partington, J.R., Chinese Alchemy. In: Nature 119, 1927. S. 11.

Partington, J.R., Origins and development of applied chemistry. London 1935.

Partington, J.R., The chemistry of Ràzi. In: Ambix 1, 1937/38, S. 192–196.

Partington, J.R. – McKie, D., Historical studies on the Phlogiston Theory. In: Annals of Science II, 1937, S. 361–404; III, 1938. S. 1–59, 337–372.

Peters, H., Aus pharmazeutischer Vorzeit in Bild und Wort. Band I. II, Berlin 1898. 1910.

Peukert, W.-E., Der Alchymist und sein Weib. Stuttgart 1956.

Pique, R., Histoire de l'alcool et de la distillerie. In: Chimie et Industrie, No. spécial 1928, S. 785–803.

Pledge, H.T., Science since 1500. London 1939.

Plessner, M., Arabische Alchemie im lateinischen Abendlande. In: Orient. Lit. Ztg. 33, 1930, S. 722.

Rauers, F., Kulturgeschichte der Gaststätte. Band I. II. Berlin 1942.

Redgrove, H.S., Alchemy, ancient and modern. London 1922.

Richarz, J., Kognak und Weinbrand einst und jetzt. Königswinter 1965.

Richarz, J., Über die Reifung des Weinbrandes. o.O. 1973.

Richarz, J., Geisterrunde – Geisterstunde. Ein kleines Weinbrand-ABC. Stuttgart 1974.

Robinson, C.A., The elements of fractional distillation. New York, 2. Aufl., 1930.

Ruska, J., Ein neuer Beitrag zur Geschichte des Alkohols. In: Der Islam 4, 1913, S. 320–324.

Ruska, J., Chemische Apparatur bei den Arabern und Persern und im Abendlande am Ausgang des Mittelalters. In: Chem. Apparatur 10, 1923, S. 137.

Ruska, J., Chemie in Iraq und Persien im Xten Jahrhundert. In: Der Islam 17, 1928, S. 280.

Ruska, J., Über die von Abulqâsim az-Zuhrâwi beschriebene Apparatur zur Destillation des Rosenwassers. In: Chem. Apparatur 24, 1937, S. 313–315.

Sarton, G., Introduction to the History of Science. Washington 1931.

Schelenz, H., Geschichte der Pharmazie, Berlin 1904.

Schelenz, H., Zur Geschichte der pharmazeutisch-chemischen Destillierapparate. Leipzig 1911.

Schlichte, H., Das Branntweingewerbe in Steinhagen. Hamburg 1924.

Schmidbauer, W. – vom Scheidt, J., Handbuch der Rauschdrogen. 5. Aufl., München 1975.

Schreiber, W.L., Die Kräuterbücher des XV. und XVI. Jahrhunderts. München 1924.

Schreiner, O., History of the art of distillation and of distillation apparatus. In: Monograph No. 6 of the Pharmaceutical Science Series, Milwaukee, 1901.

Singer, Die Destillierkunst der Neuzeit. 4. Aufl., Berlin 1900.

Skalweit, A., Branntweinwirtschaft und Volksernährung. Berlin 1918.

Smith, E.F., Old chemistries. New York 1927.

Speter, M., Die erst-nachweislichen Anfänge der stetigen Kühlung bei der Destillation. In: Chem. Apparatur 16, 1929, S. 221–224.

Speter, M., Zur Geschichte der Wasserbaddestillation. In: Pharm. Acta Helvetica 5, 1930, S. 116.

Speter, M., Ein Destillierofen um 1500. In: Chem. Ztg. (Schweiz) 1932, S. 23.

Spirituosen-Jahrbuch. Berlin 1957 ff.

Stapleton, H.E. – Azo, R.F., Alchemical equipment of the eleventh century A.D. In: Mem. Asiat. Soc. Bengal I, 1907, S. 47.

Stapleton, H.E. – Husain, M.H., Chemistry in Irâq and Iran in the tenth century A.D. In: Mem. Asiat. Soc. Bengal VIII, 1922/29, S. 317–417.

Stephanides, M., La terminologie des anciens. In: Isis 7, 1925, S. 468.

Stillmann, J.M., Chemistry and Medicine in the Fifteenth Century. In: Scientific Monthly 6, 1918, S. 167–175.

Stillmann, J.M., The Story of early Chemistry. New York 1924.

Sudhoff, K., Deutsche medizinische Inkunabeln. Leipzig 1908.

Sudhoff, K., Weiteres zur Geschichte der Destillationstechnik. In: Arch. Gesch. Naturw. Techn. 5, 1915, S. 282–288.

Sudhoff, K., Alkoholrezept aus dem 8. Jahrhundert. In: Naturwiss. Wochenschrift 16, 1917, S. 681–683.

Süssenguth, A., Zur Geschichte der chemischen Apparatur. In: Chem. Apparatur 17, 1930, S. 133–135, 159–161.

Taylor, F.S., A Survey of Greek Alchemy. In: J. Hellenic. Soc. 50, 1930, S. 109–139.

Taylor, F.S., A Short history of science. London 1939.

Taylor, F.S., The beginnings of Alchemy. In: Chemistry and Industry 1937, S. 38–42 (= Ambix I, 1937, S. 30–47).

Thorndyke, L., History of Magic and Experimental Science. Band I. II, London 1923; III. IV, London 1934.

Tsao, Y.Y., The equipment and methods of the ancient Chinese alchemists. In: Science (Sci. Soc. of China, Shanghai) 17, 1933, S. 31–54.

Underwood, A.J.V., The historical development of distilling plant. In: Trans. Instit. Chem. Engineers 13, 1935, S. 34–63.

Underwood, A.J.V., Alcohol through the ages. In: Chem. Trade J. 96, 1935, S. 146–148.

Valentin, Hans, Geschichte der Pharmazie und Chemie. Stuttgart 1946.

Villforth, F., Trinkbranntweine und Liköre. In: Deutscher Weinbau-Kalender 11, 1960, S. 168–173.

Volksmedizin. Probleme und Forschungsgeschichte, hrsg. von E. Grabner. Darmstadt 1967.

Waley, A., Notes on Chinese Alchemy. In: Bull. School Orient. Stud. 6, 1930, S. 1–24.

Wassermann, L., Deutsche Branntweinsteuergesetzgebung im Kriege. München usw. 1917.

Wiedemann, E., Über die Naturwissenschaften im Islamischen Mittelalter. In: Der neue Orient 5, 1919, S. 52–56.

Wolf, A., History of science, technology and philosophy in the 16th and 17th centuries. London 1936.

Wolf, A., History of science, technology and philosophy in the 18th century. London 1938.

Wüstenfeld, H. – Haeseler, G., Trinkbranntweine und Liköre. 4. Aufl., Berlin-Hamburg 1964.

Sach-, Personen- und Ortsregister

Der Verfasser

dankt herzlich den Damen und Herren Archivdir. Dr. ANDERNACHT, Stadt-A Frankfurt
am Main · Dr. HANS BAHLOW, ehem. Lehrbeauftragter für Namenforschung und Hand-
schriftenkunde an den Universitäten Hamburg und Rostock · Dr. BENNINGHOVEN,
Geh. Staatsarchiv Preuß. Kulturbesitz, Berlin · Prof. RENATO BERGONZINI, Modena · Le Con-
servateur en Chef des Archives Départementales du Doubs, Besançon ·
Prof. Dr. BERNHARD BISCHOFF, Seminar für latein. Philologie des Mittelalters
der Universität München · Stadtarchivdir. Dr. BLENDINGER, Augsburg ·
Dr. A. M. BURG, Directeur des Archives de la Ville de Haguenau (Bas-Rhin) · Dr. K. DACHS,
Leiter der Handschriftenabteilung, Bayerische Staats-B München · MinRat Dr.
HELMUT DAHM, Vorsitzender des Vereins Deutscher Archivare, Düsseldorf · Dr. DELBANCO,
Niedersächsisches Staats-A Osnabrück · Pater Dr. P. DEMEL, Zentralarchiv des Deutschen
Ordens, Wien · FRIEDRICH WILHELM EULER, Leiter des Instituts zur Erforschung
historischer Führungsschichten, Bensheim · Dr. EWALD, Staatsarchiv der Freien und Hanse-
stadt Hamburg · JEAN FAVIER, Directeur Général des Archives de France, Paris ·
Dr. OLOF VON FEILITZEN, Kungliga Biblioteket Stockholm · Archiviste F. J. FUCHS,
Archives et Bibliothèque de la Ville de Strasbourg · WALTER GANTERT, Weinbrennerei
Asbach & Co., Rüdesheim am Rhein · Frau Dr. ANTJEKATHRIN GRASSMANN, Archiv der
Hansestadt Lübeck · Archivoberkommissär Dr. GRÖSSING, Wiener Stadt- und Landesarchiv,
Wien · Dr. JOSEF HEIDER, Stadt-A Neuburg an der Donau · Archivdir. Dr. HEMMERLE,
Direktor des Bayerischen Hauptstaats-A München · Dr. CHRISTIAN HÜNEMÖRDER,
Institut für Geschichte der Naturwissenschaften der Universität Hamburg ·
Dr. JÄHNIG, Staatl. Archivlager, Göttingen · Archivdir. Dr. JAROSCHKA, Bayerisches
Hauptstaats-A München · Prof. Dr. med. Dr. phil. GUNDOLF KEIL, Institut für Geschichte
der Medizin der Universität Würzburg · Dr. HELMUT KIND, Niedersächsische Staats- und
Universitäts-B Göttingen · Dr. jur. et rer. pol. RICHARD KLOSE, Betriebswirtschaftlicher
Berater der Spirituosenindustrie, Unterpfaffenhofen · Städt. Archivdir. Dr. LUNTOWSKI,
Dortmund · OArchRat Dr. MAURER, Stadt-A Konstanz · Dr. WOLFGANG MILDE,
Leiter der Handschriftensammlung, Herzog-August-B Wolfenbüttel · PAUL MONSKI,
Teningen · Prof. Dr. JOSEPH NEEDHAM, Gonville and Caius College, Cambridge (U.K.) ·
LUIGI PAPO, Direttore dell' Istituto Nazionale per la Tutela del Brandy italiano, Rom ·
Le Conservateur en Chef, Bibliothèque Nationale, Paris · Archivdir. Dr. REICHEL,
Stadt-A Frankfurt am Main · Frau Dr. EINHARDT, Stadt-A Lüneburg · Dr. RENNER,
Staats-A München · Frau OBiblRätin Dr. RÖSSLER, Handschriftensammlung der Universi-
täts-B Erlangen–Nürnberg · OStaatsarchivdir. Dr. SCHÄFER, Badisches Generallandes-A
Karlsruhe · Dr. SCHATTENHOFER, Stadt-A München · Stadtarchivar Dr. LUDWIG SCHNURRER,
Stadt-A Rothenburg ob der Tauber · Frau DiplBibl. RENATE SCHOENE, Universitäts-B Bonn ·
BiblOInsp. L. SONNENBURG, Staats-B der Stiftung Preußischer Kulturbesitz, Berlin ·
Dr. GEORG SPITZLBERGER, Stadt-A Landshut · Staatsarchivar Prof. Dr. ANDREAS
STAEHELIN, Staats-A des Kontons Basel-Stadt (Schweiz) · Archivdir. Dr. STAHLEDER,
Staats-A Landshut · Abteilungsdir. Dr. HANS-ERICH TEITGE, Deutsche Staats-B,
DDR 1086 Berlin · Dr. F. DE TOLLENAERE, Instituut voor Nederlandse Lexicologie, Leiden ·

Luc Vandevelde, Ier Technicien de la recherche, Bibliothèque Royale de Belgique, Brüssel ·
Archivdir. Dr. Vogel, Stadt-A München · Christian Wolf, Directeur des Archives
Départementales de la Ville de Strasbourg · Ms. Virginia Wright, Assistant Librarian,
The Corning Museum of Glass, Corning Glass Center, New York ·

sowie den Bibliotheken und Archiven

La Biblioteca Apostolica Vaticana, Rom · British National Library (British Museum),
London · Koninglijke Bibliotheek, 's-Gravenhage · Hessische Landes-B, Wiesbaden ·
Universitäts-B Mainz · Universitäts-B Würzburg · Archives municipales de la Ville de Colmar
(Haut-Rhin) · Staats-A Bremen · Stadt-A Coburg · Stadt-A Eßlingen ·
Stadt-A Freiburg im Breisgau · Stadt-A Hildesheim · Stadt-A Köln · Stadt-A Konstanz ·
Stadt-A Mainz · Stadt-A Modena · Stadt-A Nürnberg · Stadt-A Regensburg ·
Stadt-A Schwäbisch Hall · Stadt-A Ulm · Stadt-A Würzburg *sowie dem* Albertus-Magnus-
Institut, Bonn, *und der* Deutschen Kornbranntwein-Verwertungsstelle, Münster/Westf.

Bildnachweis

Die Bilder auf den Seiten 15, 69, 123, 191, 201 und 213 sind Wiedergaben von
Kupferstichen eines unbekannten italienischen Meisters um 1500. Die Kräuterbilder bei
Seite 113 sind aus dem Kräuterbuch des Mattiolus und werden mit Genehmigung der
Hessischen Landesbibliothek, Wiesbaden reproduziert.